职业技能培训教材　职业活动导向一体化教材

汽车维修工（中级）强化训练教程

（第二版）

主　编　刘孝恩　姜　化

参　编　王宇航　王　军　江洁莹

汽车维修工

汽车检测

汽车机械维修

汽车电器维修

★ 应试宝典 ★

中国劳动社会保障出版社

图书在版编目（CIP）数据

汽车维修工（中级）强化训练教程 / 刘孝恩，姜化主编 .--2 版 .-- 北京：中国劳动社会保障出版社，2024

职业技能培训教材 职业活动导向一体化教材

ISBN 978-7-5167-6331-5

Ⅰ. ①汽… Ⅱ. ①刘…②姜… Ⅲ. ①汽车－车辆修理－技术培训－教材 Ⅳ. ①U472.4

中国国家版本馆 CIP 数据核字（2024）第 044343 号

中国劳动社会保障出版社出版发行

（北京市惠新东街 1 号 邮政编码：100029）

*

三河市华骏印务包装有限公司印刷装订 新华书店经销

880 毫米 ×1230 毫米 16 开本 24 印张 603 千字

2024 年 4 月第 2 版 2024 年 4 月第 1 次印刷

定价：52.00 元

营销中心电话：400-606-6496

出版社网址：http://www.class.com.cn

前　言

本教程在2019年版《汽车维修工（中级）强化训练教程》的基础上进行改版，结合近年来汽车维修工职业技能等级认定考试资料收集、分析、整理经验，增加了更实用的内容，删除了不适合当前需要的部分，形成了包括理论知识强化训练、实操技能强化训练、理论知识模拟试卷、实操技能模拟试卷四大部分的教材结构。

第一部分——理论知识强化训练：为本书的重点内容，请考生认真复习。理论知识涉及面广、难度大、题量多，为了便于考生复习，对各知识点进行分类，重新排序，并采用“文题对照”的形式，将正文分为两栏，右侧为考试样题，左侧为考题相关知识点的解释，利于考生在做题的同时对相关知识点的巩固学习。该部分内容包括职业基础知识、机械基础知识、电工电子基础知识、汽车维修基础知识、汽车发动机检修、汽车底盘检修、汽车电气系统检修、发动机电控系统检修、汽车维护9个项目。

第二部分——实操技能强化训练：根据国家职业标准对汽车维修工中级操作技能的要求，结合对近一年职业技能等级认定考试的分析以及对相关资料的收集整理，提炼出33个汽车维修操作的典型案例，包括汽车维护、汽车发动机检修、汽车底盘检修、汽车电气设备检修4个项目。

第三部分——理论知识模拟试卷：共设计6套模拟试卷，旨在帮助考生在掌握考试形式的同时，通过自测检验对理论知识的掌握程度，该部分附有模拟试卷的参考答案。

第四部分——实操技能模拟试卷：通过列举1套模拟试卷，帮助考生了解操作技能部分的考试形式和评分规则。

受时间、专业水平所限，书中难免有疏漏之处，衷心希望广大读者提出宝贵的意见和建议。

编者

目　录

第一部分　理论知识强化训练

第二部分 实操技能强化训练

第三部分 理论知识模拟试卷

第四部分　实操技能模拟试卷

第一部分

理论知识强化训练

项目 1　职业基础知识

理论知识

1.1　职业道德

1. 道德

道德是一定社会阶级向人们提出的处理人与人、人与社会、人与自然之间关系的行为规范，分社会公德、个体道德、职业道德及科研道德等。

2. 职业道德的含义

职业道德是指人们在职业生活中应遵循的基本行为规范，即一般社会公德在职业生活中的具体体现，属于自律范畴，它通过公约、守则等对职业生活中的某些方面加以规范。

职业道德既是本行业人员在职业活动中的行为规范，又是行业对社会所负的道德责任和义务。

职业道德的含义包括以下八个方面：

（1）职业道德是一种职业规范，受社会普遍认可。

（2）职业道德是长期以来自然形成的。

（3）职业道德没有确定形式，通常体现为观念、习惯、信念等。

（4）职业道德依靠文化、内心信念和习惯，通过员工的自律实现。

（5）职业道德大多没有实质的约束力和强制力。

（6）职业道德的主要内容是对员工义务的要求。

（7）职业道德标准多元化，代表了不同企业可能具有不同的价值观。

（8）职业道德承载着企业文化和凝聚力，影响深远。

3. 职业道德的特征

（1）**稳定性和连续性：**任何一种职业道德都是本职业特殊利益和要求的反映，是在长期、反复的特定职业社会实践中形成的，是在继承某一职业特有的道德传统和道德习惯的基础上发展起来的。

在社会不断发展过程中，尤其是科学技术的快速发展，职业道

练习题

1. 道德是（　　）。
A. 人和市场都具有的行为规范
B. 规定人们的权利和义务的行为规范
C. 一定社会阶级向人们提出的处理人与人、人与社会、人与自然之间关系的行为规范
D. 随阶级、国家的消亡而消亡的特殊行为规范

2. 职业道德是一种（　　）。
A. 处事方法　　B. 行为规范
C. 思维习惯　　D. 办事态度

3. 职业道德是一种（　　）的约束机制。
A. 强制性
B. 非强制性
C. 自愿
D. 随意

4. 属于职业道德范畴的是（　　）。
A. 人们的内心信念
B. 人们的文化水平
C. 人们的思维习惯
D. 员工的技术水平

5. 职业道德的特征有（　　）。
A. 多样性和适用性
B. 专业性和具体性
C. 稳定性和连续性
D. 以上选项均正确

6. 职业道德的稳定性和连续性（　　）。
A. 是绝对的
B. 是相对的
C. 不受当时社会经济关系的制约
D. 不受其他道德原则的影响

7. 对职业道德具体性的理解正确的是（　　）。
A. 反映了较强的专业特点

理论知识

德也随之而发展变化，又体现为这种稳定性和连续性不是绝对的，而是相对的。

（2）多样性和适用性：各行各业都有自己的职业道德规范，有多少种职业，就有多少种职业道德。各种职业往往采取简洁明了的形式，对本职业人员提出具体的道德要求，以保证职业活动的顺利开展。

（3）专业性和具体性：不同的职业有不同的道德要求，任何一种职业道德都只是针对本行业起作用，对不属于本行业的人或本行业人员在该行业之外的行为活动往往起不到调节和约束作用。

（4）职业化与成熟化：职业道德主要表现在实际从事一定职业的人们中间，即表现在成人的意识和行为中，是家庭教育、学校教育、社会教育初步形成的道德品质的进一步发展，标志着个体的道德品质已走向成熟阶段。

4. 职业道德的作用

（1）有助于调节职业交往中从业人员内部以及从业人员与服务对象间的关系。

（2）有助于增强企业的内部凝聚力和市场竞争力。

（3）有助于维护和提高本企业的信誉，促进本企业的发展。

（4）有助于提高全社会的道德水平。

5. 职业道德与一个人事业的关系

职业道德是一个人事业能否成功的必要条件。换言之，一个人是否具备职业道德，决定了他的事业能否成功；但不等于说，只要他具备职业道德，就保证能事业成功。

人的事业成功，必须遵守职业道德，如：

（1）忠于职守，乐于奉献。

（2）实事求是，弄虚作假一票否决。

（3）依法行事，严守秘密。

（4）公正透明，服务社会。

所以，在个人事业上要严格遵守职业道德，如：

（1）对待工作

①不利用工作之便谋取私利。②不索要小费，不接受客人赠送物品。③自觉抵制各种精神污染。④不议论客人和同事的私事。⑤不带个人情绪上班。

练习题

B. 不能用以规范约束其他行业人员的职业行为

C. 对其他行业人员有较强的约束性

D. 反映了职业教育道德观念代代相传的特点

8. 各种职业道德往往采取简洁明了的形式，对本职业人员提出具体的道德要求，以保证职业活动的顺利开展，这体现了职业道德的（　　）。

A. 稳定性　　B. 专业性

C. 具体性　　D. 适用性

9. 职业道德通过（　　），起着增强企业凝聚力的作用。

A. 协调员工之间的关系

B. 增加职工福利

C. 为员工创造发展空间

D. 调节企业与社会的关系

10. 职业道德对企业的作用包括（　　）。

A. 决定经济效益

B. 促进决策科学化

C. 增强竞争力

D. 树立员工守业意识

11. 正确阐述职业道德与一个人的事业的关系的选项是（　　）。

A. 具备职业道德的人一定会获得成功

B. 要取得事业的成功，前提条件是要有职业道德

C. 事业成功的人往往并不需要较高的职业道德

D. 职业道德是人获得成功的必要条件

12. 职业道德与一个人的事业的关系是（　　）。

A. 职业道德是一个人成功的充分条件

B. 没有职业道德的人不会获得成功

C. 事业成功的人往往具有较高的职业道德

D. 缺乏职业道德的人往往也有可能获得成功

13. 职业纪律是从事这一职业的员工应该共同遵守的行为准则，它包括的

理论知识

（2）对待集体

①坚持集体利益高于一切。②坚持组织纪律观。③团结协作，友爱互助。

（3）对待客人

①全心全意为客户服务。②谨记顾客就是上帝。③虚心接受客户投诉。

6. 职业纪律

职业纪律是在特定的职业活动范围内从事某种职业的人们必须共同遵守的行为准则。它包括劳动纪律、组织纪律、财经纪律、群众纪律、保密纪律、外事纪律等。

职业纪律的特点是具有明确的规定性和一定的强制性。

1.2 职业操守

职业操守是指人们在从事职业活动中必须遵从的最低道德底线和行业规范。它具有“基础性”“制约性”的特点，凡从业者必须做到，具体要求是：

爱岗敬业

勤劳节俭

诚实守信

办事公道

待人热情

遵纪守法

1. 爱岗敬业

爱岗就是热爱自己的工作岗位，热爱本职工作；敬业就是要用一种负责的、严肃的态度对待自己的工作。爱岗敬业作为最基本的职业道德规范，旨在强化员工的职业责任，是对人们工作态度的一种普遍要求。

干一行，爱一行，认真对待自己的岗位，无论在任何时候，都尊重自己的岗位职责，对自己的岗位职责负责到底，对自己岗位工作勤奋有加，通过提高自己的职业技能，更出色地完成所在岗位的工作。

爱岗敬业要求员工在对待自己的职业和岗位时做到：树立符合实际的职业理想和规划，干一行、爱一行、专一行，遵守企业规章

练习题

内容有（　　）。

A. 交往规则

B. 操作程序

C. 群众观念

D. 外事纪律

1. 爱岗敬业的具体要求是（　　）。

A. 看效益决定是否爱岗

B. 转变择业观念

C. 提高职业技能

D. 增强把握择业的机遇意识

2. 爱岗敬业作为职业道德的重要内容，是指员工（　　）。

A. 强化职业责任

B. 热爱有钱的岗位

C. 热爱自己喜欢的岗位

D. 不应多转行

3. 对待职业和岗位，（　　）并不是爱岗敬业所要求的。

A. 树立职业理想

B. 干一行、爱一行、专一行

C. 遵守企业的规章制度

D. 一职定终身，不改行

4. 市场经济条件下，不符合爱岗敬业要求的是（　　）的观念。

A. 树立职业理想

B. 强化职业责任

C. 干一行爱一行

D. 多转行多受锻炼

5. 关于勤劳节俭的论述中，不正确的选项是（　　）。

理论知识

制度，强化个体职业责任，不断提高职业能力。

2. 勤劳节俭

勤劳节俭是中华民族的传统美德，是在市场竞争激烈的大环境下，企业生存和发展的必然选择。

勤劳的人总是受人尊敬的，生活本就是一种劳动，要想过充实的生活就需要辛勤的劳动，只有通过辛勤的劳动，才能取得劳动成果、创造财富。

成由勤俭败由奢，由俭入奢易，由奢入俭难。企业经营既需要员工勤劳工作，更需要处处节俭，节俭不等于偷工减料、以次充好，而是在保质保量的前提下，做到不浪费物料、资金、时间等宝贵资源，以高质量、高效率、高效益完成工作任务。

3. 诚实守信

诚实守信是中华民族传统美德的一个重要组成部分，也是革命传统道德的一个重要内容。所谓诚实，就是说老实话，办老实事，不弄虚作假，不隐瞒欺骗，不自欺欺人，表里如一。所谓守信，就是要“讲信用”“守诺言”，也就是要“言而有信”“诚实不欺”。

职工对企业应该做到忠诚所属企业，维护企业信誉，树立质量意识和服务意识。

市场经济条件下，企业或个体必须通过诚实合法的劳动，实现利益最大化，不违反职业道德规范中关于诚实守信的要求。

4. 办事公道

办事公道就是指从业人员在办事情、处理问题时，要站在公正的立场上，对当事双方公平合理、不偏不倚，个人与单位之间要公私分明、实事求是，不论对谁都是按照同一个标准办事。公道与公平、公正含义大致相同，意指坚持原则，按照一定的社会标准实事求是地待人处事。

5. 待人热情

在商业活动中待人热情才能使企业人气兴旺、生意兴隆。俗话说得好：举手不打笑脸人。具体来说，热情待人要做到：主动服务、细致周到，微笑大方、不厌其烦，亲切友好、宾至如归。

练习题

A. 企业可提倡勤劳，但不宜提倡节俭
B. 珍惜时间
C. 1997 年亚洲金融危机是“饱暖思淫欲”的结果
D. “节省一块钱，就等于净赚一块钱”

6. 市场经济条件下，(　　)，不违反职业道德规范中关于诚实守信的要求。
A. 通过诚实合法劳动，实现利益最大化
B. 打进对手内部，增强竞争优势
C. 根据服务对象来决定是否遵守承诺
D. 凡有利于增大企业利益的行为就做

7. 职工对企业诚实守信应该做到的是(　　)。
A. 忠诚所属企业，无论何种情况都始终把企业利益放在第一位
B. 维护企业信誉，树立质量意识和服务意识
C. 保守企业秘密，不对外谈论企业之事
D. 完成本职工作即可，谋划企业发展由有见识的人来做

8. 属于办事公道的是(　　)。
A. 顾全大局，一切听从上级安排
B. 大公无私，拒绝亲戚求助
C. 知人善任，努力培养知己
D. 原则至上，不计个人得失

9. 办事公道是指从业人员在进行职业活动时要做到(　　)。
A. 追求真理，坚持原则
B. 奉献社会，助人为乐
C. 公私分开，实事求是
D. 有求必应，服务热情

10. 商业活动中，不符合待人热情要求的是(　　)。
A. 严肃待客，不卑不亢
B. 主动服务，细致周到
C. 微笑大方，不厌其烦
D. 亲切友好，宾至如归

理论知识 练习题

6. 遵纪守法

遵纪守法是指从业人员要遵守纪律和法律，尤其要遵守职业纪律和与职业活动相关的法律法规。

1.3 企业管理

1. 企业文化

企业文化是企业在经营活动中形成的经营理念、经营目的、经营方针、价值观念、经营行为、社会责任、经营形象等的总和。它是企业个性化的根本体现，也是企业生存、竞争、发展的灵魂。

（1）构成

1）表面层次的物质文化，包括厂容，厂貌，机械设备，产品造型、外观、质量等。

2）中间层次的制度文化，包括领导体制、人际关系以及各项规章制度和纪律等。

3）核心层次的精神文化，也称为"企业软文化"，包括各种行为规范、价值观念、企业的群体意识、职工素质和优良传统等，是企业文化的核心，被称为企业精神。

（2）功能

1）导向功能：导向功能具体包括经营哲学和价值观念的指导、企业目标的指引两个方面。

2）自律功能：自律功能主要通过完善管理制度和道德规范来实现。

3）整合功能：整合功能形成了团结友爱、相互信任的和睦气氛，强化了团体意识，使企业职工之间形成强大的凝聚力和向心力。

4）激励功能：自我价值的实现是人的最高精神需求的一种满足，必将形成强大的激励。

5）调适功能：随着科学技术和社会环境的发展变化而不断调整策略以适应新的竞争环境。

6）辐射功能：企业文化关系到企业的公众形象、公众态度、公众舆论和品牌美誉度。

1. 企业文化的功能不包括（　　）。
A. 激励功能
B. 导向功能
C. 整合功能
D. 娱乐功能

2. 属于企业文化功能的是（　　）。
A. 整合功能
B. 技术培训功能
C. 科学研究功能
D. 社交功能

3. 为了促进企业的规范化发展，需要发挥企业文化的（　　）功能。
A. 娱乐
B. 主导
C. 决策
D. 自律

4. 关于创新的论述不正确的是（　　）。
A. 创新需要"标新立异"
B. 服务也需要创新
C. 创新是企业进步的灵魂
D. 引进别人的新技术不算创新

5. 企业创新要求员工努力做到（　　）。
A. 不能墨守成规，但也不能标新立异
B. 大胆地破除现有的结论，自创理论体系
C. 大胆地试、大胆地闯，敢于提出新问题
D. 激发人的灵感，遏制冲动和情感

理论知识	练习题

2. 企业创新管理

企业创新是企业管理的一项重要内容，是企业进步的灵魂。

（1）创新的方法

1）好奇——创新意识的萌芽。

2）兴趣——创新思维的营养。

3）质疑——创新行为的举措。

4）探索——创新学习的方法。

（2）企业创新的特点

1）多维性。企业创新涉及组织创新、技术创新、管理创新、战略创新等方面。

2）时效性。面对市场环境的迅速变化，企业创新有很强的时效性。

3）层次性。现代企业的组织结构呈多层次性，所以企业创新也呈现出与企业组织结构相对应的多层次性。

4）战略性。企业高层决策往往是战略性的决策。

3. 平等尊重原则

（1）平等：人和人之间的平等，不是指消除人与人之间差异的“相等”或“平均”，而是互相理解，互相尊重的精神。平等具体表现为：①人权平等原则，主要指生命健康权平等、人格权平等、劳动权平等。②法律平等原则，主要指适用法律平等。

（2）尊重：尊重的基本含义是尊敬、重视，在此主要论述尊重他人。尊重他人是一种高尚的美德，是个人内在修养的外在表现。具体表现如下：①对待他人要有礼貌。②尊重他人的劳动。③尊重他人的人格，不做有损他人人格的事情。④善于站在他人的角度感同身受，推己及人。⑤善于欣赏他人，接纳他人，不嘲笑他人的缺点与不足。⑥遵守对他人的诺言。

6. 企业管理部门生产经营活动中，促进员工之间平等尊重的措施是（　　）。

A. 互利互惠，加强协作

B. 加强交流，平等对话

C. 只要合作，不要竞争

D. 人心叵测，谨慎行事

7. 企业生产经营活动中，要求员工遵纪守法是（　　）。

A. 约束人的体现

B. 由经济活动决定的

C. 人为的规定

D. 追求利益的体现

8. 企业员工在生产经营活动中，不符合平等尊重原则的是（　　）。

A. 真诚相待，一视同仁

B. 互相借鉴，取长补短

C. 长幼有序，尊卑有别

D. 男女平等，友爱亲善

9.（　　）或服务质量是企业生产经营活动的结果。

A. 劳动

B. 工作

C. 产品

D. 商品

1.4 法律常识

1. 劳动法

（1）概念

1）狭义的劳动法：国家最高权力机关颁布的关于调整劳动关

1.（　　）是指调整劳动关系及与劳动关系密切联系的其他社会关系的法律范围的总称。

A. 狭义的劳动法

B. 广义的劳动法

C. 职业道德

D. 道德规范

理论知识

系以及与劳动关系有密切联系的其他关系的、全国性的、综合性的法律，即《中华人民共和国劳动法》。

2）广义的劳动法：调整劳动关系以及与劳动关系有密切联系的其他社会关系的法律规范的总称。

（2）劳动者的权利和义务

1）权利：①劳动者有平等就业和选择职业的权利。②劳动者有获得劳动报酬的权利。③劳动者有休息休假的权利。④劳动者有在劳动中获得劳动安全和劳动卫生保护的权利。⑤劳动者有接受职业技能培训的权利。⑥劳动者享有社会保险和福利的权利。⑦劳动者有提请劳动争议处理的权利。⑧劳动者还享有法律、法规规定的其他劳动权利。

2）义务：①完成劳动任务。②提高职业技能。③遵守劳动纪律，执行劳动安全卫生规程。④遵守职业道德。

3）权利和义务的关系：法律关系主体所拥有的全部权利，一部分以他人履行义务而获得，一部分以自己履行义务而获得，权利和义务之间的关系是相辅相成的，互为条件的，相互统一的。

（3）职业纪律：职业纪律是劳动者在从业过程中必须遵守的从业规则和程序，它是保证劳动者执行职务、履行职责、完成自己承担的工作任务的行为规则。合同员工违反职业纪律，视情节轻重，可以做出警告、罚款、撤职等处分。

（4）未成年工及童工：未成年工是指年满十六周岁未满十八周岁的劳动者。未成年工是合法劳动者，其合法权益法律有明确规定，受到法律的确实保护。

童工是指未满十六周岁，与单位或个人发生劳动关系从事有经济收入的劳动或从事个体劳动的少年、儿童。国家法律坚决禁止使用童工。

2.《中华人民共和国民法典》合同编

（1）定义：合同是平等主体的当事人或当事双方（自然人、法人、其他组织）之间设立、变更、终止民事关系的协议。

广义合同指所有法律部门中确定权利、义务关系的协议。如民法上的民事合同、行政法上的行政合同、劳动法上的劳动合同、国际法上的国际合同等。

狭义合同指一切民事合同。作为狭义概念的民事合同包括财产合同和身份合同。最狭义合同仅指民事合同中的债权合同。

练习题

2.《中华人民共和国劳动法》规定劳动者可以享受的权利是（　　）。

A. 平等就业的权利

B. 选择职业的权利

C. 提出劳动争议处理的权利

D. 以上选项均正确

3.《中华人民共和国劳动法》中权利和义务的关系是（　　）。

A. 相辅相成的

B. 互为条件的

C. 相互统一的

D. 以上选项均正确

4. 合同员工违反职业纪律，在给其处分时应把握的原则是（　　）。

A. 企业不能做罚款处罚

B. 严重不遵守企业纪律，即可解除合同

C. 视情节轻重，可以作出撤职处分

D. 警告往往效果不大

5. 未成年工是指（　　）的劳动者。

A. 小于 16 周岁

B. 已满 16 周岁未满 18 周岁

C. 小于 18 周岁

D. 等于 18 周岁

6. 合同内容由（　　）约定。

A. 代理人

B. 当事人

C. 合同建议的提出者

D. 旁观者

7. 合同是由当事人在（　　）基础上意思表达一致而成立的。

A. 有领导关系

B. 有亲属关系

C. 平等

D. 对立

8.（　　）是合同内容的载体。

A. 合同的主体

B. 合同的形式

C. 合同的订立

D. 合同的解除

9.（　　）是确定合同双方当事人权

理论知识	练习题

（2）合同形式：合同形式是合同内容的载体，有书面形式、口头形式和其他形式。法律、行政法规规定采用书面形式的，应该采用书面形式。当事人约定采用书面形式的，应当采用书面形式。

（3）合同内容：合同的内容是合同当事人的权利与义务，具体体现为合同的各项条款。

（4）合同法的基本原则：合同法的基本原则是制定和执行合同法的指导思想，是合同法的灵魂。合同当事人应遵守的原则有：

1）平等、自愿原则；2）公平、诚实信用原则；3）遵守法律、不得损害社会公共利益原则；4）合同具有法律约束力的原则。

（5）合同关系的主体：合同关系的主体又称为合同当事人，包括债权人和债务人。

（6）可变更、可撤销合同的法定情形

1）因重大误解订立的合同：当事人双方均享有撤销请求权。

2）在订立合同时显失公平的合同：当事人双方均享有撤销请求权。

3）一方以欺诈、胁迫的手段或者乘人之危，使对方在违背真实意思的情况下订立的合同：仅受损害方享有撤销请求权。

4）当事人协商一致，可以变更合同。

（7）合同转让

合同的转让，是指在合同依法成立后，改变合同主体的法律行为。即合同当事人一方依法将其合同债权和债务全部或部分转让给第三方的行为，分为以下三种。

1）合同权利的转让（通知义务）。

2）合同义务的转让（须经债权人同意）。

3）合同权利和义务的全部转让（须经对方同意）。

3. 消费者权益保护法

（1）概要：《中华人民共和国消费者权益保护法》是维护全体公民消费权益的法律规范的总称，是为了保护消费者的合法权益，维护社会经济秩序，促进社会主义市场经济健康发展而制定的一部法律。

（2）消费者的权利：1）安全保障权；2）知情权；3）自主选择权；4）公平交易权；5）求偿权；6）结社权；7）获得知识权；8）受尊重权及信息得到保护权；9）监督权。

（3）经营者的义务：1）履行法定义务和约定义务；2）听取意

利义务关系的根本依据，也是判断合同是否有效的客观依据。

A. 合同的形式

B. 合同的主体

C. 合同的内容

D. 合同订立

10.《中华人民共和国合同法》规定：合同当事人应遵守的原则有（　　）。

A. 平等原则

B. 自愿原则

C. 公平原则

D. 以上选项均正确

11. 民事法律中（　　）是合同的主体。

A. 自然人　　B. 法人

C. 其他组织　　D. 以上所有

12. 不属于可撤销合同的是（　　）。

A. 依法订立的合同

B. 显失公平的合同

C. 乘人之危订立的合同

D. 因重大误解订立的合同

13. 对被撤销的合同理解正确的是（　　）。

A. 刚订立时有法律效力

B. 撤销前有法律效力

C. 从开始时就无法律效力

D. 撤销后不再有法律效力

14. 对合同的转让理解不正确的是（　　）。

A. 合同权利的转让应有通知债务人的义务

B. 合同义务的转让须经债权人同意

C. 合同权利和义务可以一并转让

D. 合同转让只是对合同内容的变更

15.（　　）是国家对消费者进行保护的前提和基础。

A. 消费者的义务

B. 消费者的权利

C. 消费者的生产资料

D. 消费者的生活资料

16.《中华人民共和国消费者权益保护

理论知识

见、接受监督的义务；3）保证商品和服务安全的义务；4）提供真实、全面信息的义务；5）表明真实名称和标记的义务；6）出具购货凭证和服务单据的义务；7）保证质量的义务；8）履行“三包”或其他责任的义务；9）不得以格式合同、通知、声明、店堂告示等方式单方做出对消费者不利规定的义务；10）不得侵犯消费者人格权的义务。

4. 产品质量法

为了加强对产品质量的监督管理，提高产品质量水平，明确产品质量责任，保护消费者的合法权益，维护社会经济秩序，制定了《中华人民共和国产品质量法》。1993 年 2 月 22 日第七届全国人民代表大会常务委员会第三十次会议通过，自 1993 年 9 月 1 日起施行。

第八条：国务院市场监督管理部门主管全国产品质量监督工作。国务院有关部门在各自的职责范围内负责产品质量监督工作。

第十四条：国家根据国际通用的质量管理标准，推行企业质量体系认证制度。

国家参照国际先进的产品标准和技术要求，推行产品质量认证制度。

第四十九条：生产、销售不符合保障人体健康和人身、财产安全的国家标准、行业标准产品的，责令停止生产、销售，没收违法生产、销售的产品，并处违法生产、销售产品（包括已售出和未售出的产品）货值金额等值以上三倍以下的罚款；有违法所得的，并处没收违法所得；情节严重的，吊销营业执照；构成犯罪的，依法追究刑事责任。

1.5　安全消防

1. 火灾的种类

依据国家标准《火灾分类》（GB/T 4968—2008）的规定，将火灾分为六类。

（1）**固体物质火灾（A 类）**：由木材、纸张、棉布、塑胶等固体物质引起的火灾。常用水冷却或泡沫灭火器隔离法灭火。

（2）**液体或可熔化的固体物质火灾（B 类）**：由可燃性液体及

练习题

法》不包括保护消费者的（　　）权。

A. 劳动　　B. 安全保障

C. 知情　　D. 自主选择

17.《中华人民共和国消费者权益保护法》规定的经营者的义务不包括（　　）的义务。

A. 接受监督

B. 接受教育

C. 提供商品和服务真实信息

D. 出具购货凭证

18.（　　）负责全国产品监督管理工作。

A. 地方政府

B. 各省产品质量监督管理部门

C. 地方技术监督局

D. 国务院市场监督管理部门

19. 不属于《中华人民共和国产品质量法》对产品质量管理标准的是（　　）。

A. 国家及行政标准

B. 作坊自定标准

C. 产品质量认证制度

D. 企业质量体系认证制度

20. 我国对违反《中华人民共和国产品质量法》的行为规定（　　）。

A. 只要违法就予以惩罚

B. 未对消费者造成损失的违法行为，也要予以惩罚

C. 采取追究民事责任、行政责任和刑事责任相结合的制裁方式

D. 以上选项均正确

1. A 类火灾发生时可用（　　）灭火法。

A. 冷却

B. 二氧化碳

C. 绝缘灭火剂

D. 特殊灭火剂盖熄

2. C 类火灾发生时可用（　　）灭火法。

A. 冷却

B. 二氧化碳

C. 绝缘灭火剂

理论知识

固体油脂物体所引起的火灾，如汽油、石油、煤油等。不可用水冷却，可用沙子或泡沫、二氧化碳、干粉灭火器灭火。

（3）气体火灾（C类）：由气体燃烧、爆炸引起的火灾都称为气体火灾，如天然气、煤气等。可用特殊灭火剂盖熄。

（4）金属火灾（D类）。

（5）带电火灾（E类）。

（6）烹饪器具内的烹饪物（如动植物油脂）火灾（F类）。

2. 火灾急救

（1）基本要点

1）及时报警；2）集中力量；3）消灭飞火；4）疏散物资；5）积极抢救被困人员。

（2）基本方法

1）正确使用灭火器材，灭火器要专物专用，定期保养。

2）当衣服着火时，应采用各种方法尽快灭火，如水浸、水淋、就地卧倒翻滚等，千万不可直立奔跑或站立呼喊，以免助长燃烧，引起或加重呼吸道烧伤。灭火后伤员应立即将衣服脱去，如衣服和皮肤粘在一起，可在救护人员的帮助下把未粘的部分剪去，并对创面进行包扎。

3）在火场的浓烟区被困时，要冷静自救。穿过浓烟时，要尽量使身体贴近地面低姿势行走，短呼吸，用湿毛巾捂住口鼻防窒息。可用湿棉被、衣物裹在身上防热。

3. 汽车维修消防安全

（1）放泄废油时，应用容器接放，不得使废油随地流淌。

（2）搬运或拆卸汽油箱（罐）时，不得翻转，以免汽油泄漏引起火灾。

（3）使用电动设备时，必须遵守安全操作规程，并预先检查其技术状况，确认良好方可使用。

（4）作业完毕，应及时打扫卫生，做到工完料净，场地清。

练习题

D. 特殊灭火剂盖熄

3. 关于灭火器的使用正确的是（　　）。

A. 应将灭火器放在离可能发生火灾最近的地方

B. 不要把灭火器放在靠近门口的地方

C. 拉开灭火器开关前应使自己尽可能远离火源

D. 灭火器要专物专用，定期保养

4. 若在火场时衣服着火了，不正确的选项是（　　）。

A. 尽快脱掉衣帽

B. 就地倒下打滚

C. 迅速奔跑

D. 将衣服撕碎扔掉

5. 在火场的浓烟区被围困时，正确的做法是（　　）。

A. 低姿势行走

B. 短呼吸法

C. 用湿毛巾捂住嘴

D. 以上选项均正确

6. 属于正常使用汽油罐的选项是（　　）。

A. 油液一定要灌到顶

B. 将汽油最好放在车间内

C. 搬运时不得翻转油罐

D. 为了便于通风不用油时要打开加油口

理论知识

1.6 全面质量管理

1. 概念

全面质量管理（TQM）是指一个组织以质量为中心，以全员参与为基础，目的在于通过顾客满意和本组织所有成员及社会受益而达到长期成功的管理途径。

全面质量管理于20世纪50年代末由美国质量管理专家提出，后来在西欧与日本逐渐得到推广与发展。

在全面质量管理中，质量这个概念和全部管理目标的实现有关，实质上是把质量成本和效益统一起来的质量管理。

全面质量管理，主要突出一个“全”字，就是进行全过程的管理、全企业的管理和全员的管理。

2. 特点（三全一多样）

全过程：是指全面质量管理的对象，是企业生产经营的全过程。

全企业：全企业的质量管理，要保证和提高产品质量必须使企业的研制、维持和质量改进的所有活动构成一个有效的整体。

全员性：是指全面质量管理要依靠全体职工。

多样性：即多种方法的质量管理。

3. 全面质量管理的常用工具

（1）统计分析表法和措施计划表法。

（2）排列图法。把包括在累计频率0～80%的因素称为A类因素，即为影响产品质量的主要因素；把属于累计频率80%～90%的因素称为B类因素，即为次要因素；其余累计频率在90%～100%的因素称为C类因素，是一般因素。

4. PDCA 循环

质量控制一般分为四个阶段：计划（plan），执行（do），检查（check）和处理（action）。然后实施，并进行检查，对检查出的质量问题提出改进措施。

（1）计划阶段——P阶段（plan）。即首先制订工作计划。

（2）执行阶段——D阶段（do）。即按照预定的计划、标准，

练习题

1. 全面质量管理这一概念最早在（　　）由美国质量管理专家提出。

A. 19世纪50年代

B. 20世纪30年代

C. 20世纪40年代

D. 20世纪50年代

2. 全面质量管理是把（　　）和效益统一起来的质量管理。

A. 产品质量

B. 工作质量

C. 质量成本

D. 使用成本

3. 全面质量管理的主要特点是突出“（　　）”字。

A. 新

B. 全

C. 质

D. 管

4. 对全面质量管理方法的特点描述恰当的是（　　）。

A. 单一性

B. 机械性

C. 多样性

D. 专一性

5. 用排列图法所确定的影响因素中，（　　）表示主要因素。

A. A

B. B

C. C

D. 以上选项均不正确

6. 全面质量管理的基本工作方法中，（　　）阶段指的是处理阶段。

A. A

B. C

C. D

D. P

理论知识	练习题

根据已知的内外信息，设计出具体行动方法、方案，进行布局。再根据设计方案和布局进行具体操作，实现预期目标的过程。

（3）检查阶段——C 阶段（check）。即确认实施方案是否达到了目标。

（4）处理阶段——A 阶段（action）。主要是根据检查结果采取相应的措施。

PDCA 是一种在实践中发现问题并解决问题的方法。这四个阶段有先后、有联系、头尾相接，每执行一次为一个循环，称为 PDCA 循环，每个循环相对上一循环都有一个提高。

7. 全面质量管理的基本工作方法中，（　　）阶段指的是计划阶段。

A. A

B. C

C. D

D. P

项目 2 机械基础知识

理论知识

2.1 机械识图

1. 视图

用正投影法绘制的物体多面正投影图形，称为视图。视图包括基本视图、向视图、局部视图、斜视图等。

三视图的投影规律是：主、俯视图长对正（等长）；主、左视图高平齐（等高）；俯、左视图宽相等（等宽）。

2. 图纸幅面

图纸幅面是指图纸宽度与长度组成的图面。绘制图样时，应采用表 1–2–1 中规定的图纸基本幅面尺寸，尺寸单位为 mm。基本幅面代号有 A0、A1、A2、A3、A4 五种。

表 1–2–1 图纸幅面 mm

A0	841 × 1 189
A1	594 × 841
A2	420 × 594
A3	297 × 420
A4	210 × 297

3. 主要线型规定

（1）**细实线**：用于过渡线、尺寸线、尺寸界线、指引线和基准线等。

（2）**粗实线**：用于可见轮廓线、可见棱边线、相贯线等。

（3）**虚线**：用于不可见轮廓线。

（4）**点画线**：用于对称图形的中心线。

4. 几何公差

几何公差包括形状公差与位置公差。形状公差是指零件的实际形状相对于零件的理想形状所允许的变动量。位置公差是指关联实际要素的方向或位置对基准所允许的变动全量。几何公差的种类及符号见表 1–2–2。

练习题

1. 向不平行于零件任何基本投影面的平面投影所得到的视图称为（ ）。
A. 旋转视图
B. 局部视图
C. 斜视图
D. 剖视图

2. A4 图纸幅面的宽度和长度是（ ）。
A. 594 × 841
B. 420 × 594
C. 297 × 420
D. 210 × 297

3. 绘图时，尺寸线与尺寸界线所用的线型是（ ）。
A. 细实线
B. 粗实线
C. 细点画线
D. 虚线

4. 形状公差是指零件的实际形状相对于零件的（ ）所允许的变动量。
A. 理想位置
B. 理想形状
C. 极限形状
D. 极限位置

理论知识

表 1-2-2　　几何公差的种类及符号

公差类型	几何特征	符号	有无基准
形状公差	直线度	—	无
	平面度	▱	无
	圆度	○	无
	圆柱度	⌭	无
	线轮廓度	⌒	无
	面轮廓度	⌓	无
方向公差	平行度	//	有
	垂直度	⊥	有
	倾斜度	∠	有
	线轮廓度	⌒	有
	面轮廓度	⌓	有
位置公差	位置度	⌖	有或无
	同心度（用于中心点）	◎	有
	同轴度（用于轴线）	◎	有
	对称度	⌯	有
	线轮廓度	⌒	有
	面轮廓度	⌓	有
跳动公差	圆跳动	↗	有
	全跳动	⌰	有

5. 表面粗糙度

表面粗糙度指加工表面具有的较小间距和微小峰谷的不平度。其两波峰或两波谷之间距离（波距）很小（在 1 mm 以下），属于微观几何形状误差。表面粗糙度越小，说明表面越光滑，加工成本越高。所以，在满足工件表面功能要求的情况下，应尽量选用较大的表面粗糙度数值。

2.2　汽车常用材料

1. 金属材料力学性能

（1）**脆性**：在外力作用下仅产生很小变形即断裂的特性。

（2）**强度**：在外力作用下抵抗永久变形或断裂的力学性能。

（3）**塑性**：在外力作用下产生永久变形而不被破坏的力学性能。

（4）**硬度**：表面抵抗比其更硬的物体压入的能力。

（5）**韧性**：金属材料抵抗冲击载荷而不被破坏的能力。

练习题

5. 直线度属于（　　）公差。
A. 尺寸
B. 形状
C. 位置
D. 形位

6. 符号“//”代表（　　）。
A. 平行度
B. 垂直度
C. 倾斜度
D. 位置度

7. 符号“⌖”代表（　　）。
A. 平行度
B. 垂直度
C. 倾斜度
D. 位置度

8. 在满足工件表面功能要求的情况下，应尽量选用（　　）表面粗糙度数值。
A. 较大的
B. 较小的
C. 不同的
D. 相同的

1. 不属于金属材料的力学性能的是（　　）。
A. 塑性
B. 韧性
C. 渗透性
D. 强度

2. 不属于金属材料的工艺性能的是（　　）。
A. 可焊性
B. 可锻性
C. 耐磨性
D. 韧性

理论知识

2. 金属材料的工艺性能

（1）**铸造性**——浇注时，液体能充满铸型并得到优质铸件的能力（可铸性）。

（2）**可锻性**——材料进行压力加工的性能。

（3）**可焊性**——材料进行焊接及保证焊缝质量的能力。

（4）**切削加工性**——可进行机械切削加工的能力。

3. 金属分类

（1）**有色金属**：有色金属通常指除去铁（有时也除去锰和铬）和铁基合金以外的所有金属。如铜、铝、金、银、钾、钙、钠、镁、锂等。

（2）**黑色金属**：黑色金属是以铁为基本成分的金属及合金，目前我们常说的黑色金属主要是指铁、铬、锰及合金。如钢铁、生铁、不锈钢等都属于黑色金属。

4. 合金钢

合金钢是在普通碳素钢基础上添加适量的一种或多种合金元素而构成的铁碳合金。主要有以下几种：

（1）**合金结构钢**：合金结构钢主要用于建筑工程或机械零件制造，具有较高的强度和良好的韧性。

（2）**合金工具钢**：合金工具钢又名量具钢，属于高碳型合金钢，合金元素含量较低；具有高的硬度和耐磨性，机加工性能好，稳定性好；常用于量具材料。

（3）**特殊性能钢**：特殊性能钢包括低温钢、耐热钢及耐腐蚀钢。

5. 磁性材料

磁性材料按性质分为金属和非金属两类，前者主要有电工钢、镍基合金和稀土合金等，后者主要是铁氧体材料。

常见材料磁导率：非铁磁性物质的 μ 近似等于 μ_0。

铁磁性材料的相对磁导率 $\mu_r=\mu/\mu_0$ 很高，如铸铁为 200 ~ 400；硅钢片为 7 000 ~ 10 000。

汞、银、铜、碳（金刚石）、铅等均为抗磁性物质，其相对磁导率都小于 1，分别为 0.999 971、0.999 974、0.999 90、0.999 979、

练习题

3.（　　）是指金属材料是否容易被切削工具进行加工的性能。

A. 可焊性

B. 延展性

C. 切削加工性

D. 渗透性

4. 属于有色金属的是（　　）。

A. 碳素钢

B. 合金钢

C. 铸铁

D. 轴承合金

5.（　　）具有较高的强度和良好的韧性，在汽车上主要用于制造受热、受磨损和冲击载荷较强烈的零件。

A. 合金结构钢

B. 合金工具钢

C. 特殊性能钢

D. 碳素钢

6. 银的相对磁导率（　　）。

A. <0

B. <1

C. >1

D. 为 ∞

理论知识	练习题

0.999 98。

2.3　机械测量

1. 游标卡尺

（1）**作用：**游标卡尺是一种测量长度、内外径、深度的量具。游标卡尺由主尺和附在主尺上能滑动的游标两部分构成。若从背面看，游标是一个整体。主尺一般以毫米为单位，而游标上则有 10 个、20 个或 50 个分格，对应的分度值分别为 0.1 mm、0.05 mm 和 0.02 mm。

（2）**测量方法：**用软布将量爪擦干净，使其并拢，查看游标和主尺的零刻度线是否对齐。把卡尺的活动量爪张开，使量爪能自由地卡进工件，把零件贴靠在固定量爪上，卡尺两测量面的连线应垂直于被测量表面。

2. 千分尺

（1）**简介：**千分尺是比游标卡尺更精密的长度测量仪器，它的量程为 0 ~ 25 mm、25 ~ 50 mm、50 ~ 75 mm 等，分度值是 0.01 mm。千分尺由固定的尺架、测砧、测微螺杆、固定套管、微分筒、测力装置、锁紧装置等组成。

（2）**测量方法**

1）将被测物擦干净。

2）松开千分尺锁紧装置，校准零位，转动微分筒，使测砧与测微螺杆之间的距离略大于被测物体。

注意：使用千分尺时要轻拿轻放。

3）一只手拿千分尺的尺架，将待测物置于测砧与测微螺杆的端面之间，另一只手转动微分筒，当测微螺杆将要接近物体时，改旋测力装置直至听到“咔咔”声后再轻轻转动 0.5 ~ 1 圈。

4）旋紧锁紧装置（防止移动千分尺时测微螺杆转动），即可读数。

3. 百分表

（1）**简介：**百分表是利用精密齿条齿轮机构制成的表式通用长度测量工具。通常由测量头、测量杆、套筒、挡帽、表圈、表盘及

练习题

1. 游标卡尺常用的分度值是（　　）。
A. 0.10 mm、0.02 mm、0.05 mm
B. 0.01 mm、0.02 mm、0.05 mm
C. 0.10 mm、0.20 mm、0.50 mm
D. 0.10 mm、0.20 mm、0.05 mm

2. 游标卡尺上游标的刻线数越多，则游标的（　　）。
A. 结构越小
D. 长度越短
C. 分度值越大
D. 读数精准度越高

3. 精度为 0.05 mm 的游标卡尺其游标的刻线格数为（　　）。
A. 10 格
B. 20 格
C. 30 格
D. 40 格

4. 用（　　）测量工件时，读完数后需倒转微分套筒后再取出工件。
A. 游标卡尺
B. 百分表
C. 千分尺
D. 千分表

5. 用千分尺测量工件时，先旋转微分套筒，当（　　）时改用旋转测力装置，直到测力装置发出“咔咔”声时，开始读数。
A. 测砧与工件测量表面接近
B. 测砧远离工件表面
C. 测砧与测微螺杆接近
D. 测砧远离测微螺杆

理论知识

指针等组成，如图 1–2–1 所示。

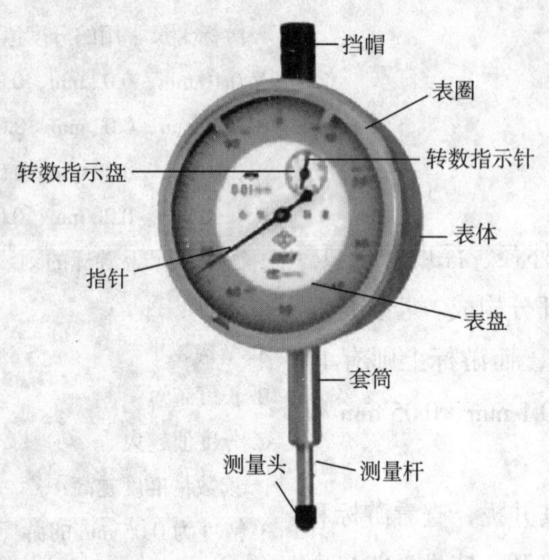

图 1–2–1　百分表

（2）**测量方法：**百分表是一种比较性测量仪器，主要用于检测工件的形状和位置误差（如圆度、平面度、垂直度、跳动等之类的偏差值），也可用于校正零件的安装位置以及测量零件的内径等。

（3）**读数方法：**1）读短指针转过的刻度线（每格 1 mm）；2）读长指针转过的刻度线并估读一位（每格 0.01 mm），并乘以 0.01；3）两者相加，即得到所测量的数值。

练习题

6. 百分表是一种比较性测量仪器，主要用于测量工件的（　　）。
A. 公差值
B. 偏差值
C. 实际值
D. 极值

7. 百分表中的短指针转动一格为（　　）mm。
A. 0.1
B. 0.2
C. 1
D. 2

8. 百分表的分度值为（　　）。
A. 0.01
B. 0.02
C. 0.001
D. 0.002

2.4　钳工基础

1. 锯削

（1）**锯条：**锯条是开有齿刃的钢片条，齿刃是锯条的主要部分。

锯条的规格用其两端的安装孔距表示，常用的是 300 mm 的锯条。手用钢锯条型号数字代表每 25.4 mm（1 in）长度内的齿数。

（2）**基本操作**

1）锯条安装：根据工件材料及厚度选择合适的锯条，安装在锯弓上，锯齿应向前，松紧应适当。2）工件安装：工件伸出钳口不应过长，防止锯削时产生振动。工件要夹紧，并应防止工件变形和夹坏已加工表面。3）锯削姿势与握锯要正确。

1. 锯条锯齿的大小用（　　）mm 长度包含的锯齿数表示，此长度内包含的齿数越多锯齿越细。
A. 15
B. 15.4
C. 25
D. 25.4

2. 安装锯条时，锯齿的齿尖要（　　）。
A. 朝前
B. 朝后
C. 倾斜
D. 无要求

理论知识	练习题

2. 台虎钳

台虎钳又称虎钳，是用来夹持工件的通用夹具。

（1）**规格**：台虎钳的规格以钳口的宽度表示，有 100 mm、125 mm、150 mm 等。

（2）**注意事项**：1）夹紧工件时要松紧适当，只能用手扳紧手柄，不得借助其他工具加力。2）强力作业时，应尽量使力朝向固定钳身。3）不许在活动钳身和光滑平面上敲击作业。4）对丝杆、螺母等活动表面应经常清洗、润滑，以防生锈。

3. 划线工具

（1）**划线平台**：划线平台又称划线平板，由铸铁毛坯精刨和刮削制成。其作用是安放工件和划线工具，并在其工作面上完成划线及检测。

（2）**划针**：划针是直接在毛坯或工件上划线的工具。

（3）**划规**：划规是用来画圆和圆弧、等分线段、等分角度及量取尺寸的工具。

4. 錾削

錾削是用锤子打击錾子对金属工件进行切削加工的方法。

（1）**分类**：钳工常用的錾子有扁錾、尖錾和油槽錾。

（2）**注意事项**：1）佩戴防护眼镜作业；2）不得錾削淬火的工件；3）在台虎钳上錾切时，錾子的后面部分要与钳口平面贴平，刃口略向上翘以防錾坏钳口表面。

5. 刮削

刮削是指用刮刀在加工过的工件表面上刮去微量金属，以提高表面形状精度、改善配合表面间接触状况的钳工作业。

（1）**粗刮**：当工件表面还留有较深的加工刀痕，工件表面严重生锈时，都要进行粗刮。

（2）**细刮**：使刮削面进一步改善其不平现象，比粗刮刀痕更窄、行程更短。

（3）**轴瓦刮削**：先粗、细刮下瓦，再粗、细刮上瓦，之后精刮整瓦，最后刮侧隙及存油点。技术要求：瓦背与瓦座的接触面积应大于 70%，修刮后的轴承内部接触面积应不小于 75%。

练习题

3. 台虎钳的丝杆、螺母及其他活动表面（　　），并保持清洁。

A. 要随用随加润滑油
B. 要经常加润滑油
C. 不用加润滑油
D. 不准加润滑油

4. 划线时放置工件的工具称为（　　）。

A. 划线工具
B. 基准工具
C. 辅助工具
D. 测量工具

5. 有关錾削的叙述，正确的是（　　）。

A. 不需佩戴防护眼镜
B. 不得錾削淬火的工件
C. 錾子头部需要淬火
D. 一般情况使用高速钢材做錾子

6. 细刮比粗刮时（　　）。

A. 刀痕要窄，行程要长
B. 刀痕要宽，行程要长
C. 刀痕要窄，行程要短
D. 刀痕要宽，行程要短

7. 用手工刮削的轴承要求接触面积不小于轴承内部面积的（　　）。

A. 45%
B. 60%
C. 75%
D. 90%

理论知识

6. 液压传动

液压传动是指以液体的压力进行能量传递和控制的一种动力传动方式。

（1）**液压传动的原理**：密闭环境下液体各处的压强是一致的，这样，在平衡的系统中，比较小的活塞上面施加的压力就比较小，而大的活塞上施加的压力就比较大，比较典型的如液压千斤顶，操纵手柄按压小活塞后，可获得较大的压强，如果大液压缸的直径越大，则能顶起的重物就越重。

（2）**液压传动的缺点**

1）由于在传动过程中能量需经过两次转换，存在压力损失、容积损失和机械摩擦损失，所以效率较低。

2）由于工作性能易受到温度变化的影响，因此不宜在很高或很低的温度条件下工作。

3）液压元件的制造精度要求较高，因而成本较高。

4）由于液体介质的泄漏及可压缩性影响，不能得到严格的传动比。

5）液压传动出故障时不易找出原因；使用和维修要求有较高的技术水平。

（3）**典型液压控制阀**

1）平衡阀：是一种由单向阀和顺序阀组成的复合阀。在液压回路中，当管道或容器的各个部分存在较大的压力差或流量差时，为减小或平衡该差值，在相应的管道或容器之间装设用以调节两侧压力的相对平衡，或通过分流的方法达到流量平衡的阀门就叫平衡阀。

2）换向阀：是具有两种以上流动方向和两个以上进出油口，能实现液压油流的沟通、切断和换向，以及压力卸载和顺序动作控制的阀门。按阀芯在阀体内停留的工作位置数可分为二位、三位、四位等；按与阀体相连的油路数分为二通、三通、四通和六通等。

3）溢流阀：是一种稳定液压传动系统压力的控制阀，一般用于主油路的油压调节，在旁油路节流调速回路中，溢流阀在正常工作时不抬起。

练习题

8. 液压传动靠（　　）来传递动力。
A. 油液的容积
B. 油液的黏度
C. 油液的压力
D. 油液的压缩性

9. 重物应置于油压千斤顶（　　）。
A. 大液压缸上
B. 小液压缸上
C. 单向阀的一侧
D. 以上选项均不正确

10. 属于液压传动缺点的是（　　）。
A. 不便于过载保护
B. 传动效率低
C. 不易实现无级调速
D. 润滑条件差

11. 液压传动的基本回路中，平衡阀是由（　　）组成的复合阀。
A. 减压阀和溢流阀
B. 单向阀和溢流阀
C. 单向阀和顺序阀
D. 节流阀和顺序阀

12. 液压传动过程中，换向阀的“位”是根据（　　）来划分的。
A. 对外接的油口数
B. 阀芯的控制方式
C. 阀芯的运动形式
D. 阀芯在阀体内的工作位置

13. 液压传动系统中的下列节流调速回路中溢流阀在正常工作时不抬起的是（　　）。
A. 进油路节流调速
B. 回油路节流调速
C. 旁油路节流调速
D. 容积调速回路

项目 3　电工电子基础知识

理论知识

3.1　电学基础原理

1. 电荷

（1）**简介：**物体或构成物体的质点所带的正电或负电称为电荷。

物体由原子组成，而原子由带正电的原子核和带负电的电子组成。当原子由于某种原因（如摩擦、化学变化等）而失去一部分电子时，就带正电；额外获得电子时就带负电。

（2）**电荷量：**电荷的量称为“电荷量”。在国际单位制里，电荷量用字母 Q 表示，单位是库仑，简称库，符号为 C。

2. 电流

导体中的自由电荷在电场力的作用下做有规则的定向运动就形成了电流。单位时间里通过导体任一横截面的电量叫作电流强度，简称电流，通常用字母 I 表示，它的单位是安培，简称安，符号为 A，分为交流电（大小和方向都发生周期性变化）和直流电（方向不随时间发生改变）。

3. 电压

电压是衡量单位电荷在静电场中由于电势不同所产生的能量差的物理量，是电路中自由电荷定向移动形成电流的原因。电压通常用字母 U 表示，单位是伏特，简称伏，符号为 V。

4. 电阻

（1）**简介：**在物理学中，用电阻表示导体对电流阻碍作用的大小。导体的电阻越大，表示导体对电流的阻碍作用越大。

导体的电阻通常用字母 R 表示，电阻的单位是欧姆，简称欧，符号为 Ω。1 Ω=1 V/A。常用单位还有千欧（kΩ）、兆欧（MΩ）。

（2）**串联电阻：**串联电路中，总电阻等于串联电阻之和，即：$R=R_1+R_2+\cdots+R_n$，总电阻大于任一串联电阻。

练习题

1. 电荷有规律的定向运动形成（　　）。

A. 电压

B. 电流

C. 导体

D. 半导体

2. 在一定的温度下，导体的电阻与导体的长度成（　　），与导体的截面积成（　　）。

A. 反比　正比

B. 无关　反比

C. 正比　反比

D. 正比　无关

理论知识

（3）**并联电阻**：并联电路中，总电阻的倒数等于并联电阻的倒数之和，即：$1/R=1/R_1+1/R_2+\cdots+1/R_n$，总电阻小于任一并联电阻。

5. 欧姆定律

（1）**简述**：在同一电路中，通过某一导体的电流跟这段导体两端的电压成正比，跟这段导体的电阻成反比，这就是欧姆定律。

（2）**公式**

1）标准式：$I=U/R$

2）变形公式：$U=IR$，$R=U/I$

3）全电路欧姆定律公式：$I=E/(R+r)$

式中 I——电路中的电流，A；

U——外电路两端电压，V；

E——电源电动势，V；

R——外电路负载电阻，Ω；

r——电源内阻，Ω。

6. 电桥

（1）**概念**：电桥是由电阻、电容、电感等元件组成的四边形比较法测量电路。

（2）**种类**：惠斯通电桥（见图 1-3-1）、麦克斯韦电桥、文氏电桥。

（3）**原理**：主要用于测量电阻器 Rx 的电阻值，电桥平衡方程式为：$R_1R_3=R_2R_4$。

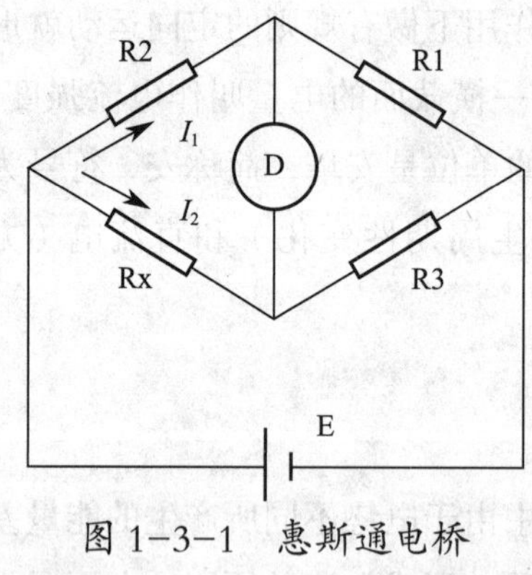

图 1-3-1 惠斯通电桥

利用已知的 R1、R2、R3 这 3 个电阻值，通过计算即可得到 Rx 的阻值。

7. 电容

（1）**定义**：电容是电容器容纳电荷的能力，用符号 C 表示，单位为法拉，简称法，符号为 F。

（2）**电容器**：由两块金属电极之间夹一层绝缘电介质构成，当在两金属电极间加上电压时，电极上就会存储电荷。任何两个彼此绝缘又相距很近的导体都可组成一个电容器。

练习题

3. 不含电源的部分电路欧姆定律的表达式是（　　）。

A. $I=U/R$

B. $I=E/(R+r)$

C. $I=U^2/R$

D. $I=E^2/(R+r)$

4. 由电阻 R_1、R_2 组成的串联电路具有（　　）的特点。

A. $U_1=U_2$

B. $1/R_1+1/R_2=R$

C. $I=I_1+I_2$

D. $I_1=I_2$

5. 下列测量电阻的方法中属于比较测量法的是（　　）。

A. 万用表测电阻

B. 电桥测电阻

C. 欧姆表测电阻

D. 伏安法测电阻

6. 电容器充电时（　　）。

A. 两个极板都带正电

B. 两个极板都带负电

C. 两个极板带相反电荷

D. 两个极板都不带电

7. 任何两个彼此绝缘而又相互靠近的导体，可以看作（　　）。

A. 电阻器

B. 电容器

C. 继电器

D. 开关

理论知识

(3)**充、放电**：在充电和放电过程中，两极板上的电荷有积累过程，即电压有建立过程，因此，电容器上的电压不能突变。

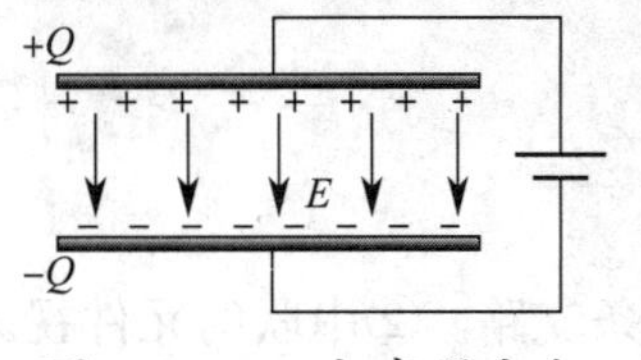

图 1-3-2　电容器充电

1）电容器的充电：两板分别带等量异种电荷，每个极板带电量的绝对值称为电容器的带电量，如图 1-3-2 所示。

2）电容器的放电：电容器两极正负电荷通过导线中和。在放电过程中，导线上有短暂的电流产生。

(4)电容器的作用

1）耦合——起隔直流、通交流的作用。

2）滤波——将一定频段内的信号从总信号中去除。

3）谐振——用在 LC 谐振电路中。

4）定时——通过电容充电、放电进行时间控制。

8. 电功

(1)**概念**：电能可以转化成多种其他形式的能量。转化的过程就是电流做功的过程，有多少电能发生了转化就说明电流做了多少功，即**电功**是多少。

(2)**公式**：电流做功的多少跟电流的大小、电压的高低、通电时间长短都有关系。加在用电器上的电压越高、通过的电流越大、通电时间越长，电流做功就越多。研究表明，当电路两端电压为 U，电路中的电流为 I，通电时间为 t 时，电功 W（或者说消耗的电能）为：$W=UIt$。

(3)单位

1）法定计量单位为焦耳，简称焦，符号为 J。

2）日常生活中用电的计量单位为“度”，即 kW · h（千瓦时）。

(4)**电功率**：电功率是电流在单位时间内所做的功，电功率用 P 来表示，$P=W/t=UI$。单位为瓦（W）或千瓦（kW）。

(5)电功计算公式

1）$W=UQ$，电荷量 Q 在电压 U 推动下做的电功。

2）$W=UIt$，电荷量 Q 等于电流 I 乘以时间 t。

3）$W=Pt$，电功 W 等于电功率 P 乘以时间 t。

4）$W=I^2Rt$，纯电阻电路的电功与电流平方、电阻和通过电流的时间成正比。

练习题

8. 下列式子中不能用来计算电功的是（　　）。

A. $W=UIt$

B. $W=I^2Rt$

C. $W=U^2t/R$

D. $W=UI$

9. 已知两个分别为 40 W 和 20 W 的灯，所加的电压均为 220 V，则下列叙述不正确的是（　　）。

A. 40 W 的灯比 20 W 的灯亮

B. 40 W 的灯比 20 W 的灯的电阻要小

C. 40 W 的灯要比 20 W 的灯消耗的功率大

D. 40 W 的灯要比 20 W 的灯消耗的功率小

理论知识

9. 基尔霍夫定律

（1）基本概念

1）**支路**：①每个元件就是一条支路。②串联的元件视为一条支路。③在一条支路中电流处处相等。

2）**节点**：①支路与支路的连接点。②两条以上支路的连接点。③广义节点（任意闭合面）。

3）**回路**：①闭合的支路。②闭合节点的集合。

4）**网孔**：①其内部不包含任何支路的回路。②网孔一定是回路，但回路不一定是网孔。

（2）基尔霍夫第一定律：基尔霍夫第一定律又称基尔霍夫电流定律，简记为 KCL：假设流入某节点的电流为正值，流出这节点的电流为负值，则所有涉及这节点的电流的代数和等于零。

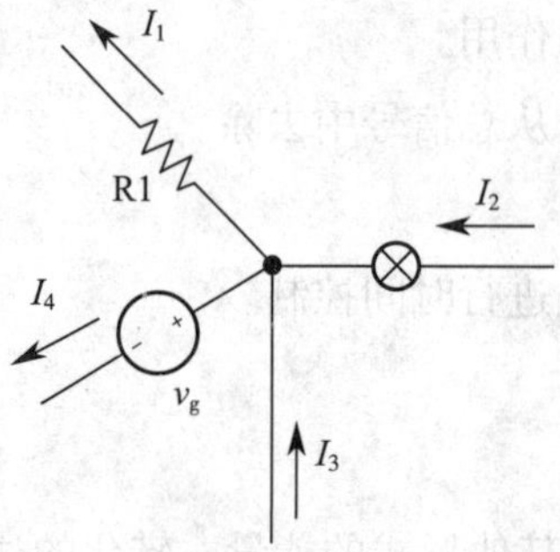

图 1-3-3　基尔霍夫第一定律

如图 1-3-3 所示：$I_1+I_2+I_3+I_4=0$。

（3）基尔霍夫第二定律：基尔霍夫第二定律又称基尔霍夫电压定律，简记为 KVL：沿着闭合回路所有元件两端的电势差（电压）的代数和等于零。

练习题

10. 电路中三个或三个以上元件的连接点叫（　　）。

A. 网孔

B. 节点

C. 原点

D. PN 结

11. 由基尔霍夫第一定律可知：对于任何节点，流入的净电流为（　　）。

A. 正数

B. 负数

C. 零

D. 不确定的数

3.2　电磁感应原理

1. 电磁感应现象

（1）定义：电磁感应现象是指因为磁通量变化产生感应电动势的现象。

（2）条件：电磁感应现象的产生条件有两点（缺一不可）。

1）闭合电路。

2）穿过闭合电路的磁通量发生变化。

（3）磁感应强度：描述磁场强弱和方向的物理量，是矢量，常用符号 B 表示，国际通用单位为特斯拉，简称特，符号为 T。磁感应强度也被称为磁通密度。

1. 磁感应强度的单位是（　　）。

A. Wb

B. T

C. A/m

D. Wb/m^2

2. 当穿过线圈的磁通量发生变化时，线圈就会产生感应电动势，其大小与（　　）成正比。

A. 磁通量

B. 磁通量变化量

C. 磁感应强度

D. 磁通量变化率

理论知识	练习题

2. 感应电动势

（1）**定义**：在电磁感应现象中产生的电动势，叫作感应电动势。其方向由低电势指向高电势，其大小与磁通量变化率成正比。

（2）**产生感应电动势的条件**：穿过回路的磁通量发生变化。

（3）**物理意义**：感应电动势是反映电磁感应现象本质的物理量。

（4）**方向规定**：内电路中的感应电流方向，为感应电动势方向。

（5）**反电动势**：在电动机转动时，线圈中也会产生感应电动势，这个感应电动势总要削弱电源电动势的作用，这个电动势称为反电动势。

3. 电磁感应的应用

（1）**发电机**：发电机是指将机械运动的能量转变成电能的机械设备。当永久性磁铁相对于一导电体运动时，就会产生电动势。如果导线这时连着电负载的话，电流就会流动，并因此产生电能，把机械运动的能量转变成电能。

（2）**电动机**：发电机可以“反过来”运作，成为电动机。

（3）**变压器**：当线圈中的电流转变时，转变中的电流生成一转变中的磁场。在磁场作用范围中的第二个线圈内会有电动势，这个电动势被称为感应电动势或变压器电动势。如果线圈的两端连接着一个电负载的话，就会有电流流动。

（4）**电磁炉**：利用交变电流通过线圈产生方向不断改变的交变磁场，处于交变磁场中的导体的内部将会出现涡旋电流，这是涡旋电场推动导体中载流子（是电子而绝非铁原子）运动所致；涡旋电流的焦耳热效应使导体升温，从而实现加热。

4. 安培定则（右手螺旋定则）

（1）**定义**：安培定则也叫右手螺旋定则，是表示电流和电流激发磁场的磁感线方向间关系的定则，如图 1–3–4 所示。

（2）**安培定则一**：假设用右手握住通电导线，拇指指向电流方向，那么弯曲的四指就表示导线周围的磁场方向。

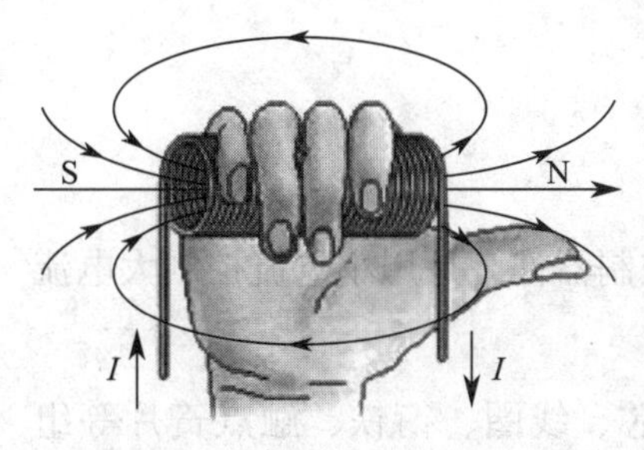

图 1–3–4 安培定则

3. 当用一段导体切割磁力线时，下列说法正确的是（ ）。
A. 一定有感应电流
B. 有感应磁场阻碍导线运动
C. 会产生感应电动势
D. 有感应磁场

4. 通电线圈插入铁芯后，其磁感应强度将（ ）。
A. 减弱
B. 增强
C. 不变
D. 不确定

5. 在均匀磁场中，原来通电导体所受磁场力为 F，如果电流强度增加到原来的 2 倍，而导线长度减少一半，则通电导体所受磁场力为（ ）。
A. $2F$
B. F
C. $F/2$
D. $4F$

6. 用安培定则（即右手螺旋定则）来判断通电螺线管中直流电的磁场方向，正确的说法是（ ）。
A. 拇指的指向为磁场方向
B. 弯曲四指的指向为磁场方向
C. 与拇指指向相反的方向为磁场方向
D. 与弯曲四指指向相反的方向为磁场方向

理论知识	练习题

（3）**安培定则二**：假设用右手握住通电螺线管，弯曲的四指指向电流方向，那么拇指的指向就是通电螺线管内部的磁场方向。

5. 左手定则

（1）**定义**：左手定则又称为电动机定则，用于判断通电导线在磁场中的受力方向。

1）判断安培力：伸开左手，使拇指与其余四个手指垂直，并且都与手掌在同一平面内；让磁感线从掌心进入，并使四指指向电流的方向，这时拇指所指的方向就是通电导线在磁场中所受安培力的方向，如图 1-3-5 所示。

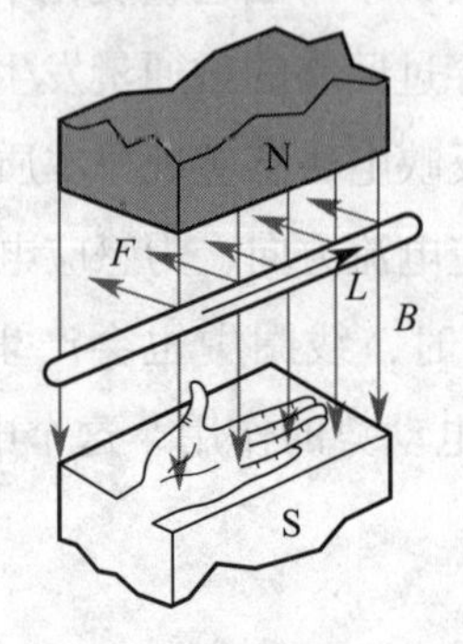

图 1-3-5 左手定则

2）判断洛伦兹力：将左手掌摊平，让磁感线穿过掌心，四指表示正电荷运动方向，则与四指垂直的拇指所指方向即为洛伦兹力的方向。

（2）**安培力**：带电导体在磁场中受到的作用力。在匀强磁场中，电磁力 F 的大小与磁感应强度 B、导体中的电流 I、导体在磁场中的有效长度 L 及导体与磁感线之间的夹角的正弦量成正比，即：

$$F=BIL\sin\alpha$$

式中 F——导体受到的电磁力，N；

B——均匀磁场的磁感应强度，T；

I——导体中的电流，A；

L——导体在磁场中的有效长度，m；

α——电流方向与磁感线的夹角。

（3）**洛伦兹力**：运动电荷在磁场中所受的力。其性质是：1）洛伦兹力方向总与运动方向垂直。2）洛伦兹力永远不做功。3）洛伦兹力不改变运动电荷的速率和动能，只能改变电荷的运动方向使之偏转。

6. 继电器

（1）**定义**：继电器是一种电控制器件，是用小电流控制大电流运作的一种“自动开关”。

（2）**电磁继电器**：一般由铁芯、线圈、衔铁、触点簧片等组成。如图 1-3-6 所示为电磁继电器工作原理。当线圈通电后，线圈中的电流产生磁场，使铁芯磁化产生足够大的电磁吸力，衔铁克服

7. 当电磁继电器的线圈电流被切断时，衔铁在弹簧的作用下迅速复位，从而使活动触点与固定（　　）断开。

A. 常开触点

B. 常闭触点

C. 铁芯

D. 以上选项均不正确

理论知识	练习题
弹簧的反作用力，带动动触点与静触点（常开触点）吸合。当线圈断电后，电磁吸力消失，衔铁就会在弹簧的反作用力下复位，使各触点恢复到原始状态。从而达到了接通或分断小电流电路的目的。对于继电器的“常开”“常闭”触点，可以这样来区分：继电器线圈未通电时处于断开状态的静触点，称为常开触点；处于接通状态的静触点称为常闭触点。继电器一般有两路电路，分别为低压控制电路和高压工作电路。	8. 当线圈中通电时，电磁继电器上的衔铁带动活动触点与固定（　　）接通。 A. 常开触点 B. 常闭触点 C. 铁芯 D. 以上选项均正确

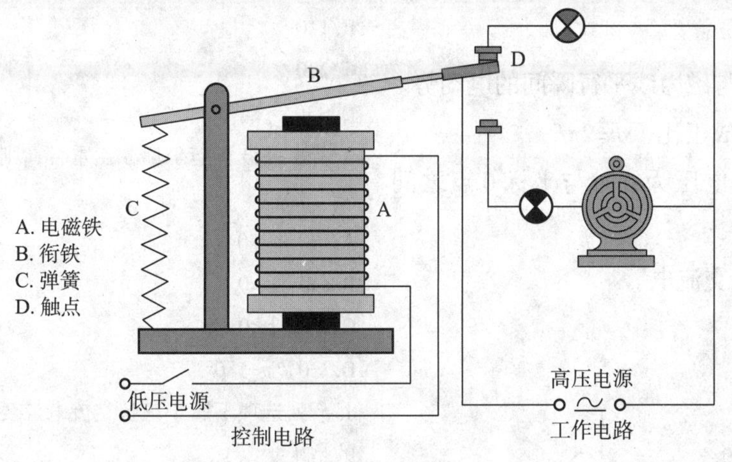

图 1-3-6　电磁继电器工作原理

（3）继电器的作用

1）扩大控制范围：例如，多触点继电器控制信号达到某一定值时，可以按触点组的不同形式，同时换接、开断、接通多路电路。

2）放大：例如，灵敏型继电器、中间继电器等，用一个很微小的控制量，可以控制很大功率的电路。

3）综合信号：例如，当多个控制信号按规定的形式输入多绕组继电器时，可以经过比较综合，达到预定的控制效果。

4）自动、遥控、监测：例如，自动装置上的继电器与其他电器一起，可以组成程序控制线路，从而实现自动化运行。

3.3　交流电知识

1. 交流电

（1）定义：交流电简称为 AC，一般指大小和方向随时间作周

理论知识

期性变化的电压或电流。在实际应用中，交流电用符号“~”表示。

（2）**形式**：交流电波形最基本的形式是正弦波形。如图 1-3-7 所示，当闭合线圈在匀强磁场中绕垂直于磁场的轴匀速转动时，线圈里就产生大小和方向作周期性改变的正弦交流电。

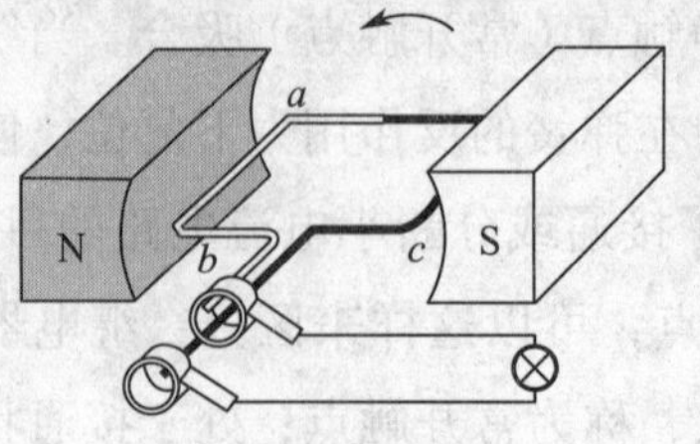

图 1-3-7　交流电

2. 正弦交流电的三要素

（1）**最大值**——U_{max}，发电机线圈与磁力线平行瞬间的电动势。

（2）**角频率**——ω，与发电机转速成正比，$\omega=2\pi f$。

（3）**初相位（初相）**——φ，瞬间电压为 0 时与坐标 0 点之间的夹角。

常见的电灯、电动机等用的电都是交流电。

我国使用的交流电频率是 50 Hz。

3. 交流电压

交流电的电压大小和方向都随时间改变。正弦交流电的电压变化规律如图 1-3-8 所示。

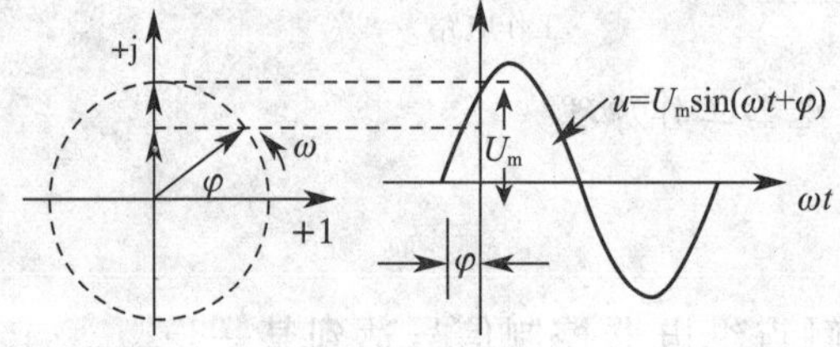

图 1-3-8　正弦交流电压波形

（1）**瞬时电压**——u，交流电压瞬时值的计算公式是：

$$u=U_m\sin(\omega t+\varphi)$$

式中　u——瞬时电压，V；

U_m——峰值电压，V；

ω——角频率，rad/s；

t——时间，s；

φ——初相位。

（2）**交流电压有效值**

交流电压的有效值大小由相同时间内有相同热效应的直流电的电压大小来等效。理论和实验都证明，正弦交流电的有效值等于最大值除以$\sqrt{2}$，即：

$$U_{有效}=U_m/\sqrt{2}$$

练习题

1. 交流电的有效值是根据（　　）来确定的。

A. 电流

B. 电压

C. 最大值

D. 热效应

2. 目前我国低压配电系统中，相电压的有效值是（　　）V。

A. 55

B. 110

C. 220

D. 330

3. 若正弦波形与坐标原点重合，则有（　　）。

A. $t=0$，$\varphi>0$

B. $t=0$，$\varphi=0$

C. $t=0$，$\varphi<0$

D. $t=0$，$\varphi=180°$

4. 下列选项不属于正弦交流电三要素的是（　　）。

A. 周期

B. 最大值

C. 角频率

D. 初相位

5. 在 220 V、40 W 的灯泡中，220 V 表示交流电的（　　）。

A. 有效值

B. 瞬间值

C. 最大值

D. 平均值

理论知识	练习题

例如，城市生活用电 220 V 表示的是有效值，而其峰值约为 311 V。

3.4　半导体电子元件

1. 半导体

（1）简介：半导体是指导电性能介于金属和绝缘体之间的材料。

（2）分类：按化学成分可分为元素半导体和化合物半导体两大类。

元素半导体根据极片材料不同，可分为锗元素半导体和硅元素半导体。

化合物半导体包括第Ⅲ和第Ⅴ族化合物（砷化镓、磷化镓等）、第Ⅱ和第Ⅵ族化合物（硫化镉、硫化锌等）、氧化物（锰、铬、铁、铜的氧化物），以及由Ⅲ－Ⅴ族化合物和Ⅱ－Ⅵ族化合物组成的固溶体（镓铝砷、镓砷磷等）。除上述晶态半导体外，还有非晶态的玻璃半导体、有机半导体等。

（3）典型半导体

1）P 型半导体：在纯净的硅晶体中掺入三价元素（如硼），使之取代晶格中硅原子的位置，就形成了 P 型半导体。它的导电特性是靠空穴导电，掺入的杂质越多，多子（空穴）的浓度就越高，导电性能也就越强。

2）N 型半导体：在纯净的硅晶体中掺入五价元素（如磷），使之取代晶格中硅原子的位置形成 N 型半导体。它的导电特性是靠多子（自由电子）导电，掺入的杂质越多，多子（自由电子）的浓度就越高，导电性能也就越强。

（4）PN 结

采用不同的掺杂工艺，通过扩散作用，将 P 型半导体与 N 型半导体制作在同一块半导体（通常是硅或锗）基片上，在它们的交界面就形成空间电荷区，称为 PN 结，如图 1-3-9 所示。

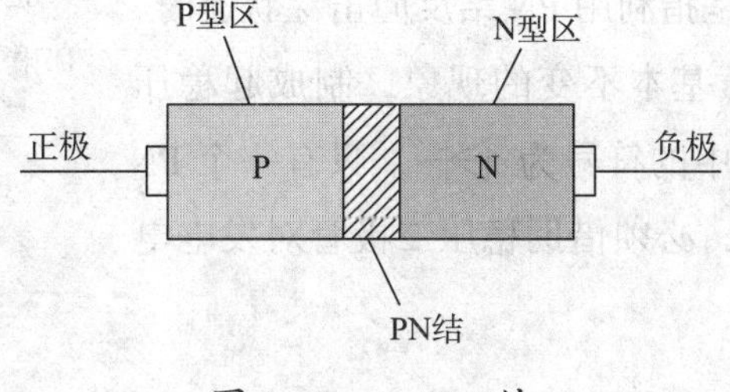

图 1-3-9　PN 结

PN 结的特性：

1）单向导电性——PN

---

1. 二极管按（　　）可分为硅二极管和锗二极管两类。

A. 用途

B. 结构

C. 尺寸

D. 极片材料

理论知识

结加正向电压时导通，PN 结加反向电压时截止。

2）反向击穿性——反向电压增大到一定程度时，反向电流将突然增大，此时电压称为击穿电压，此时如果对电流没有限制将烧穿 PN 结。二极管的最高反向工作电压一般取其反向击穿电压的 1/2 左右。

2. 二极管

二极管是一种具有两个电极、只允许电流由单一方向流过的装置。二极管最普遍的功能就是只允许电流由单一方向通过，反向时阻断，因此，二极管就起到单向阀的作用。根据使用功能的不同，二极管可分为以下几种：

（1）整流二极管：因为二极管具有单向导通特性，所以常用于将交流电变为直流电的整流电路中，用于整流的二极管一般为平面型硅二极管。整流二极管的主要参数如下。

1）最大整流电流：指二极管长期工作时允许通过的最大正向平均电流。

2）最高反向工作电压：指二极管两端允许施加的最大反向电压。若大于此值，则反向电流剧增，二极管的单向导电性被破坏，从而引起反向击穿。通常取反向击穿电压的一半作为最高反向工作电压。

汽车发电机整流器的二极管只有一个中心引脚，与普通二极管有 P、N 极两个引脚不同。如果中心引线为正，通常称该整流二极管为正极二极管，否则为负极二极管。

（2）发光二极管：发光二极管简称 LED（light emitting diode），由含镓、砷、磷、碳、硅、氮等的化合物制成。

当电子与空穴复合时能辐射出可见光，因而可以用来制成发光二极管。在电路及仪器中作为指示灯，或者组成文字和数字显示。砷化镓二极管发红光，磷化镓二极管发绿光，碳化硅二极管发黄光，氮化镓二极管发蓝光。

（3）稳压二极管：稳压二极管是指利用 PN 结反向击穿状态时，其电流可在很大范围内变化而电压基本不变的现象，制成起稳压作用的二极管。稳压二极管在电路中的符号为 ⊣▷|⊢，只有一个 PN 结。在汽车发电机的电压调节器中，必须借助稳压二极管对发电电压进行控制。

练习题

2. 二极管的最高反向工作电压一般取其反向击穿电压的（　　）。

A. 2 倍

B. 1 倍

C. 1/2 左右

D. 1/4 左右

3. 整流二极管主要参数有最大整流电流和（　　）。

A. 最高反向工作电压

B. 最低反向工作电压

C. 最高反向工作电流

D. 最低反向工作电流

4. 发光二极管的英文缩写是（　　）。

A. LBD

B. LCD

C. LDD

D. LED

5. 稳压二极管 PN 结的个数是（　　）个。

A. 1

B. 2

C. 3

D. 4

6. 下列选项具有单向导电性的是（　　）。

A. 二极管

B. 三极管

C. 稳压器

D. 电容器

7. 中心引线为负极，管壳为正极的二极管是（　　）。

A. 负极二极管

B. 励磁二极管

C. 正极二极管

D. 稳压二极管

理论知识

3. 三极管

（1）简介：三极管全称为半导体三极管，也称双极型晶体管、晶体三极管，是通过一定的制作工艺，将两个 PN 结结合在一起的一种半导体器件。可以用来放大微弱的信号，也可用作无触点开关。

（2）分类

1）按构成材料：硅管、锗管。

2）按结构：PNP 型、NPN 型。

3）按工作频率高低：低频管（3 MHz 以下）、高频管（3 MHz 以上）。

4）按功率：小功率管、中功率管、大功率管。

（3）结构和符号：由两个 PN 结、三个杂质半导体区域和三个电极组成，杂质半导体有 P 型、N 型两种，如图 1-3-10 所示。

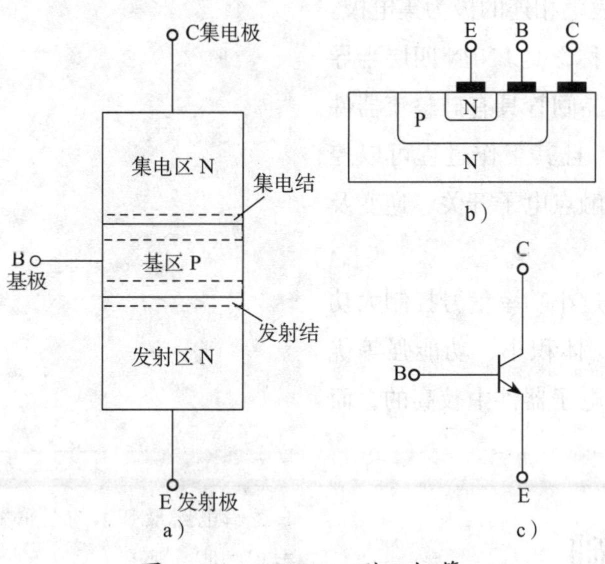

图 1-3-10　NPN 型三极管

a）结构示意图　b）管芯结构　c）符号

（4）主要参数

1）电流放大系数：

共发射极电流放大系数：$\beta=I_C/I_B$。

共基极电流放大系数：$\alpha=\beta/(1+\beta)$，$\alpha<1$，一般在 0.98 以上。

2）极间反向饱和电流：C、B 之间，C、E 之间反向饱和电流 I_{CBO}、I_{CEO} 均随温度的升高而增大。

3）集电极最大允许电流 I_{CM}，超过极限值时，β 值明显降低。

练习题

8. 下列选项中不是半导体使用性能主要影响因素的是（　　）。

A. 温度

B. 杂质

C. 光照、电压及磁场

D. 导电性介于导体和绝缘体之间

9. 锗管 PN 结的导通电压为（　　）V 左右。

A. 0.1

B. 0.2

C. 0.3

D. 0.4

10. 凡是向放大器提供输入信号的零件或设备称为（　　）。

A. 负载

B. 电源

C. 信号源

D. 负载、电源、信号源均不对

11. 放大电路中放大器有（　　）个端子。

A. 2

B. 3

C. 4

D. 5

12. 三极管的电流放大系数一般为（　　）。

A. 10 ~ 20

B. 20 ~ 200

C. 200 ~ 400

D. 400 ~ 600

理论知识

4）P_{CM}：集电极最大允许耗散功率。

（5）晶体三极管检测方法

1）基极判别：将万用表置于 $R\times1k$ 挡，用红、黑表笔搭接三极管的任意两管脚，如测得阻值大于几百千欧，将红、黑表笔对调，如果测得阻值仍然很大，则剩下的管脚必是基极，如图 1–3–11 所示。

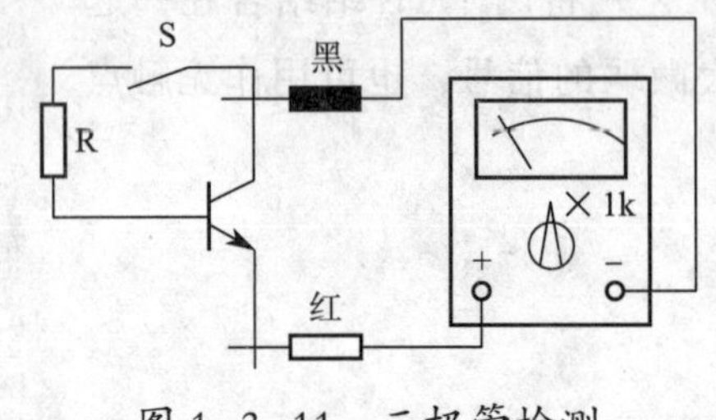

图 1–3–11　三极管检测

2）类型判别：红表笔接基极，黑表笔接另外任一管脚，如果阻值大于几百千欧，为 PNP 管；如果阻值小于几千欧，为 NPN 管。

3）集电极判别：基极连接一大电阻，红、黑表笔分别连接基极以外的两极，如果万用表指针偏转较大，则与黑表笔相连的极为集电极；如果万用表指针偏转较小，则与红表笔相连的极为集电极。

（6）晶闸管：晶闸管是晶体闸流管的简称，是 PNPN 四层半导体结构，它有三个极：阳极、阴极和门极。晶闸管具有硅整流器件的特性，能在高电压、大电流条件下工作，且其工作过程可以控制、被广泛应用于可控整流、交流调压、无触点电子开关、逆变及变频等电子电路中。

其特点是：用小电流控制大电流，可通过小功率信号控制大功率系统，有效率高、控制特性好、寿命长、体积小、功能强等优点，其能承受的电压和电流容量是目前电力电子器件中较高的，而且工作可靠。

练习题

13. 晶闸管的特点是（　　）。
A. 通过大功率信号控制小功率系统
B. 通过小功率信号控制大功率系统
C. 通过大功率信号控制大功率系统
D. 通过小功率信号控制小功率系统

3.5　计算机基础

1. 逻辑电路

（1）简介：逻辑电路是指完成逻辑运算的电路。这种电路，一般有若干个输入端和一个或几个输出端，当输入信号之间满足某一特定逻辑关系时，电路就开通，有输出；否则，电路就关闭，无输出。所以，这种电路又叫逻辑门电路，简称门电路。逻辑电路有三种基本逻辑关系，即与逻辑、或逻辑和非逻辑，实现这三种逻辑的电路分别称为与门电路、或门电路和非门电路，简称与门、或门和非门。

1. 逻辑电路最基本的逻辑关系除了“与”“非”，还有（　　）。
A. 是
B. 否
C. 或
D. 以上选项均不正确

理论知识	练习题

（2）**与门**：利用内部结构，使输入两个高电平（1），则输出高电平（1），不满足有两个高电平（1）输出低电平（0）。

（3）**或门**：利用内部结构，使输入至少一个高电平（1），则输出高电平（1），不满足有两个低电平（0）输出高电平（1）。

（4）**非门**：利用内部结构，使输入的电平变成相反的电平，高电平（1）变低电平（0），低电平（0）变高电平（1）。非门是反逻辑。

2. 传感器

（1）**简介**：能感受规定的被测量件并按照一定的规律（数学函数法则）转换成电信号或其他所需形式的信息输出，以满足信息的传输、处理、存储、显示、记录和控制等要求信号的器件或装置，通常由敏感元件和转换元件组成。

（2）**特点**：传感器的特点包括微型化、数字化、智能化、多功能化、系统化、网络化，它不仅促进了传统产业的改造和更新换代，还可能建立新型工业，从而成为21世纪新的经济增长点。微型化是建立在微电子机械系统（MEMS）技术基础上的，已成功应用在硅器件上做成硅压力传感器。

（3）**组成**：传感器一般由敏感元件、转换元件、变换电路和辅助电源四部分组成。

（4）汽车发动机传感器种类

1）空气流量计、2）进气压力传感器、3）节气门位置传感器、4）水温传感器、5）爆燃传感器、6）氧传感器、7）车速传感器、8）凸轮轴位置传感器、9）曲轴位置传感器、10）燃油位置传感器。

3. A/D 转换器

（1）**简介**：将模拟信号转换成数字信号的电路，称为模数转换器（简称A/D转换器）。它能将时间连续、幅值也连续的模拟量转换为时间离散、幅值也离散的数字信号。

（2）**A/D 转换的步骤**：模数转换一般要经过采样、保持和量化、编码这几个步骤。采样定理：当采样频率大于模拟信号中最高频率成分的两倍时，采样值才能不失真地反映原模拟信号。

（3）**A/D 转换器的工作原理**：主要有逐次逼近法、双积分法、电压频率转换法三种。

练习题

2. 在实际工作中，常采用模拟信号发生器的（　　）来断定模拟信号发生器的好坏。
A. 电流
B. 电压
C. 电阻
D. 动作

3. 将非电信号转换为可测电信号的电子器件是（　　）。
A. 放大器
B. 整流器
C. 继电器
D. 传感器

4.（　　）的作用是将传感器输入的信号去除杂波，把正弦波转变为矩形波后再转换为输入电平。
A. A/D 转换器
B. 输入回路
C. 微型计算机
D. 执行器

理论知识

4. ECU

ECU（electronic control unit，电子控制单元）的基本组成如图 1–3–12 所示。它一般由微型计算机（由 CPU、扩展内存、扩展 I/O 口、CAN/LIN 总线收发控制器组成）、A/D 转换器、D/A 转换器（有时集成在 CPU 中）、脉宽调制器（PWM）、PID 控制器、散热片和其他一些电子元器件组成，特定功能的 ECU 还带有诸如红外线收发器、传感器、DSP 数字信号处理器、脉冲发生器、脉冲分配器、电动机驱动单元、放大单元、强弱电隔离等元器件。

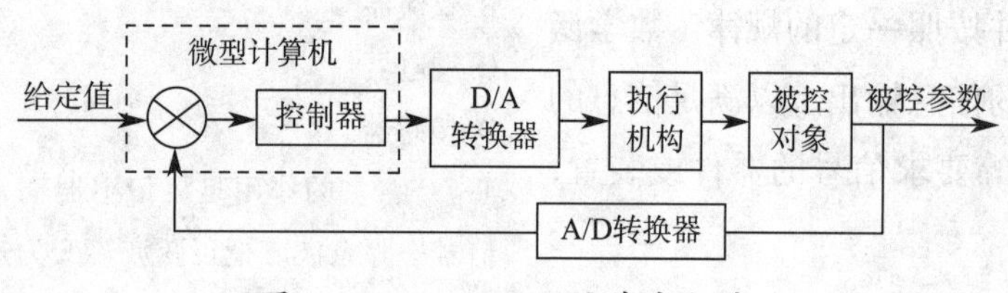

图 1–3–12　ECU 的基本组成

5. ROM

ROM（read–only memory）是只读存储器的简称，是一种只能读出事先所存数据的固态半导体存储器。其特性是一旦储存资料就无法再将之改变或删除。通常用在不需经常变更资料的计算机系统中，并且资料不会因为电源关闭而消失。

6. 显示器的种类

（1）CRT（cathode ray tube）**显示器**：是一种使用阴极射线管的显示器，目前已经在民用市场上被淘汰。

（2）LCD（liquid crystal display）**显示器**：即液晶显示器，其优点是机身薄，占空间小，辐射小。

（3）LED（light emitting diode）**显示器**：是通过控制半导体发光二极管来显示文字、图形、图像、动画、视频、录像信号等各种信息的显示屏幕。

（4）VFD（vacuum fluorescent display）**显示屏**：即真空荧光显示屏，由发射电子的阴极（直热式，统称灯丝）、加速控制电子流的栅极、玻璃基板上印上电极和荧光粉的阳极以及栅网和玻璃盖构成。它利用电子撞击荧光粉，使荧光粉发光，是一种自身发光显示器件。由于它可以做多色彩显示，亮度高，又可以用低电压来驱动，易与集成电路配套，因此被广泛应用在家用电器、办公自动化

练习题

5. 微型计算机的组成不包括（　　）。
A. CPU
B. I/O
C. A/D 转换器
D. 存储器

6. ROM 表示（　　）。
A. 随机存储器
B. 只读存储器
C. 中央处理器
D. 转换器

7. 液晶显示器的英文缩写是（　　）。
A. LBD
B. LCD
C. LDD
D. LED

8. 发光二极管的英文缩写是（　　）。
A. LBD
B. LCD
C. LDD
D. LED

9. 真空荧光管的英文缩写是（　　）。
A. VCD
B. VDD
C. VED
D. VFD

理论知识	练习题
设备、工业仪器仪表及汽车等各种领域中。 按驱动方式的不同，VFD 可以分为静态驱动（直流）和动态驱动（脉冲）。 1）静态驱动：阴极接地，栅极连在一起加上正电压，阳极全部分别引出，按数据输入，通过译码驱动电路，有选择地对阳极加上正电压。驱动电压为 10 ~ 15 V，此方式适用于位数较少的荧光显示管，经常用于车载时钟显示。 2）动态驱动：动态驱动用于位数较多的荧光显示管。各个位的相同位置上的阳极段电极在管内连在一起，因此段电极的引线数与位数无关。各位中的栅极分别按位引出。在栅极上按顺序施加选择信号，与其同步，在被选定栅极位上，对应显示的段加阳极信号。	10. 真空荧光管的栅极接至电源（　　）极，阴极与电源（　　）极相接时，便获得了一定的电压，从而显示出所要看到的内容。 A. +　– B. –　+ C. +　+ D. –　–

项目 4　汽车维修基础知识

理论知识

4.1　汽车维修常用工具

1. 千斤顶

（1）简介： 千斤顶是一种用刚性顶举件作为工作装置，通过顶部托座或底部托爪在行程内顶升重物的局部起重设备。千斤顶的起重高度小（小于 1 m），是一种最常用、最简单的起重设备，如图 1–4–1 所示。

图 1–4–1　千斤顶

（2）汽车千斤顶的种类： 汽车千斤顶可以分为齿条千斤顶、液压千斤顶、螺旋千斤顶和充气式千斤顶四种。

1）齿条千斤顶指通过杠杆和齿轮带动齿条顶举重物的千斤顶。分别由齿条、齿轮、手柄三部分组成，它依靠摇动手柄从而使齿条上升下降，是常见的一种汽车千斤顶。

2）液压千斤顶指采用柱塞或液压缸作为刚性顶举件的千斤顶。又分为通用液压千斤顶和专用液压千斤顶。其升降速度快，承重能力较齿条千斤顶大。

3）螺旋千斤顶指以螺杆或螺母套筒为顶举件，依靠螺纹自锁来撑住重物的千斤顶。其结构并不复杂，但其支撑重量较大。常用于随车工具。

4）充气式千斤顶又称气动千斤顶，一般由三层、两层或者单层气囊组成，主要工作原理是利用空气压缩机充气，将车顶起。

2. 扳手

扳手是一种常用的安装与拆卸工具，其作用是紧固或拆卸带有棱边的螺栓或螺母。

（1）分类： 根据不同的用途，汽车维修用的扳手种类如图 1–4–2 所示。

练习题

1. 主要对汽车进行局部举升的装置是（　　）。

A. 举升器

B. 千斤顶

C. 木块

D. 金属块

2. 拆卸螺栓时，最好选用（　　）。

A. 钳子

B. 活扳手

C. 梅花扳手

D. 套筒扳手

理论知识

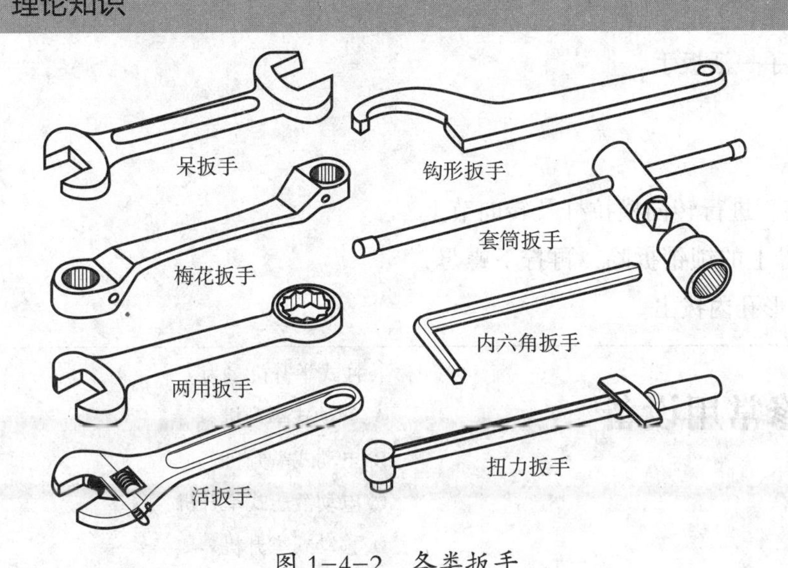

图 1-4-2　各类扳手

1）呆扳手：又称开口扳手，它的一端或两端制有固定尺寸的开口，用于拧转一定尺寸的螺母或螺栓。

2）梅花扳手：两端具有带六角孔或十二角孔的工作端，适用于工作空间狭小的场合。

3）两用扳手：一端与呆扳手相同，另一端与梅花扳手相同，两端拧转相同规格的螺栓或螺母。

4）活扳手：开口宽度可在一定尺寸范围内进行调节，能拧转不同规格的螺栓或螺母。

5）钩形扳手：又称月牙形扳手，用于拧转厚度受限制的扁螺母等。

6）套筒扳手：它由多个带六角孔或十二角孔的套筒并配有手柄、接杆等多种附件组成，特别适用于拧转位置十分狭小或凹陷很深的螺栓或螺母。

7）内六角扳手：呈 L 形的六角棒状扳手，专用于拧转内六角螺钉。

8）扭力扳手：它在拧转螺栓或螺母时，能显示出所施加的扭矩；或者当施加的扭矩达到规定值后，会发出声响信号。扭力扳手适用于对扭矩大小有明确规定的安装。

9）火花塞套筒：是一种用于拆装火花塞的专用工具，使用时，根据火花塞的装配位置和火花塞六角的尺寸，选用不同高度和径向尺寸的火花塞套筒。使用要点：拆装火花塞时，应套正火花塞套筒再扳转，以免套筒滑脱。

（2）扳手选用优先顺序：在活扳手、呆扳手、梅花扳手、套筒扳手四种工具都能拆装的情况下，为了保证螺钉不打滑，选用的优

练习题

3. 拆装发动机火花塞应用（　　）。

A. 火花塞套筒

B. 套筒

C. 开口扳手

D. 梅花扳手

4.（　　）扳手能显示扭矩的大小。

A. 开口

B. 梅花

C. 扭力

D. 活动

5. 球轴承的拆卸选用（　　）拉器。

A. 四爪

B. 球轴承

C. 通用

D. 半轴套筒

6. 拆装油底壳变速器等的放油螺栓通常选用（　　）。

A. 内六角扳手

B. 方扳手

C. 钩形扳手

D. 圆螺母扳手

7. 轮毂轴承螺栓、螺母的拆装适宜选用（　　）。

A. 内六角扳手

B. 方扳手

C. 钩形扳手

D. 专用套筒扳手

8. 下列扳手在使用中能显示扭转力矩大小的是（　　）。

A. 梅花扳手

B. 扭力扳手

C. 套筒扳手

D. 活扳手

理论知识 | 练习题

先次序是套筒扳手→梅花扳手→呆扳手→活扳手。

3. 球轴承拉拔器

球轴承拉拔器用于球轴承的拆装。进行转向横拉杆及转向节上的球头轴承拆装时，应先将锁紧螺母上的锁销拆除，再拧下螺母，最后用球轴承拉拔器将球头轴承从锥形孔内拔出。

4.2 汽车维修常用设备

1. 举升机

（1）举升机分类

1）按驱动类型可分为气动、液压、机械式三大类。其中以液压式居多，机械式次之，气动最少。

2）按照结构可分为单柱、双柱、四柱和剪式。

3）按照功能可分为四轮定位型和平板式。

4）按照占用的空间不同可分为地上式和地藏式。

（2）双柱举升机：一般为电动液压式，将汽车举升在空中的同时可以节省大量的地面空间，方便地面作业。但是双柱式汽车举升机为了最大限度地节省材料，一般都去掉了底板。由于没有底板，使立柱的扭力需要靠地面来抵消，所以对地基要求很高。

（3）四柱举升机：具有保险装置，安全可靠，举升机上升到最大举升高度时限位开关会自动断电、自动切断液压泵里的油压回路；功率大，举升能力达到 3.5 t；四柱支承，有受力更加均衡、运行更平稳可靠、举升保险系数大、经久耐用等优点。不足之处：一是成本较高，二是地面作业空间受限。

（4）剪式举升机：剪式举升机执行部分采用剪式叠杆形式，电力驱动机械传动结构，它在汽车维修保养中发挥着至关重要的作用。

2. 汽车清洗设备

（1）汽车外部清洗设备

1）固定式：主要用于快速集中清洗大客车、卡车、水泥罐车等大型车辆外部的泥沙等污物。根据结构不同，又有底座式、龙门式、有刷式或无刷式等。

2）可移式：主要用于汽车美容店进行小型汽车外部清洗作业，

1. 柱式举升机多为（　　）。
A. 气动式举升机
B. 电动式举升机
C. 电动液压式举升机
D. 移动式举升机

2. 剪式举升机为（　　）。
A. 气动式举升机
B. 电动式举升机
C. 液压式举升机
D. 移动式举升机

3. 举升 2.5 t 以下的各种小轿车、面包车适宜选用（　　）举升。
A. 气动式举升机
B. 电动式举升机
C. 液压式举升机
D. 移动式举升机

4. 大型运输企业集中使用的汽车外部清洗设备多采用（　　）。
A. 固定式
B. 可移式
C. 手动式
D. 其他形式

理论知识

包括高压洗车机、泡沫机等。

（2）汽车零件清洗

1）浸入式清洗：用于清洗的零部件为多腔体，要求清洗剂具有较强的清洗能力，对于清洗剂消泡性能要求不高。

2）转盘式喷淋清洗：汽车零部件清洗大多采用转盘式旋转喷淋清洗机，一般分为清洗、漂洗、烘干三个过程。

3）高压喷淋清洗：对零件采用定位、定点喷淋方式进行清洗，多用于去除零部件表面污物的同时去除金属表面毛刺。

4）超声波清洗：清洗范围广，可用于金属、非金属等物品清洗，清洗彻底。先用压力水冲洗物体的表面物质，然后利用旋流清洗的摩擦力清洗顽固性物质，最后利用超声波高密度的细小爆炸式精洗物体表面，使其能够出现旧件翻新的效果。

汽车清洗剂一般为中性化学溶液，可采用中性肥皂与热水的混合溶液。

3. 无负荷测功表

无负荷测功表又称为动态测功表，是指发动机在节气门开度和转速等参数均处于变动的状态下，测定发动机功率的一种仪表。

这种仪表测功率的基本方法是：当发动机在怠速或空转某一转速下，突然全开节气门，使发动机克服自身惯性和内部各种运转阻力而加速运转时，其加速性能的好坏能直接反映出发动机功率的大小。因此，汽车无负荷测功表只要测出发动机在加速过程中的某一相关参数，就得出相应的最大加速功率。

4. 车轮平衡机

（1）车轮不平衡

1）静不平衡：当轮胎静止不动，圆周上存在一个不平衡质量时，会使轮胎在转动过程中始终有一个离心力作用在车轮上，引起车轮周期性的上下跳动和绕转向轮主销来回摆动的力矩。

2）动不平衡：车轮在转动过程中，由于车轮上不均匀质量的分布，导致产生不同的离心力，这个离心力产生一个力偶，力偶方向变化，使车轮绕主销摆动，此为动不平衡。

3）危害：如果车轮不平衡，导致车辆在高速行驶时产生振动、摆动和方向盘抖动，不仅影响汽车的行驶平顺性和乘坐舒适性，同时使汽车附着力减小，车辆难以控制，影响汽车行驶的安全性，还

练习题

5. 主要用于汽车零件清洗的清洗机是（　　）。

A. 刷子式

B. 转盘式

C. 门式

D. 喷射式

6. 一般清洗用的化学溶液可采用（　　）与热水的混合溶液。

A. 中性肥皂

B. 碱面

C. 稀酸

D. 酒精

7.（　　）用于测量发动机无负荷功率及转速。

A. 汽车无负荷测功表

B. 气缸压力表

C. 发动机转速

D. 发动机分析仪

8. 就车式平衡机按（　　）原理工作。

A. 静平衡

B. 动平衡

C. 平衡块

D. 以上选项均不正确

9. 离车式平衡机按（　　）原理工作。

A. 静平衡

B. 动平衡

C. 平衡块

D. A 和 B

10. 轮胎应当定期做动平衡检查，用（　　）检查。

A. 静平衡检测仪

B. 动平衡检测仪

C. 扒胎机

D. 测功机

理论知识 | 练习题

会加速轮胎及有关机件的磨损。

（2）**离车式车轮平衡机**：需要从车上拆下车轮才能检测不平衡量。一般由车轮驱动系统、测量系统、车轮定位系统和控制显示系统组成。用于车轮动不平衡的检测。

（3）**就车式车轮平衡机**：就车式车轮平衡机，无须从车上拆下车轮，就车即可测得车轮的平衡状况。就车式车轮平衡机一般由驱动装置、测量装置、指示与控制装置、制动装置和小车等组成，主要用于车轮静不平衡的测量。

4.3 汽车基本概念

1. 汽车使用技术状况

汽车使用技术状况包括汽车的动力性、安全性、燃料经济性、润滑油消耗性。

（1）**汽车的动力性**：主要用最高车速、汽车的加速时间、汽车所能爬上的最大坡度三个方面的指标来评定。1）最高车速：是指汽车在平坦良好的路面上行驶时所能达到的最高速度。数值越大，动力性就越好。2）加速性能：表示汽车的加速能力，常用原地起步加速时间以及超车加速时间来表示。3）汽车的爬坡能力：用满载时的汽车在良好路面上所能爬上的最大坡度来表示。

（2）**安全性**：主要包括主动安全性（制动）和被动安全性（安全带、安全气囊等）。

（3）**燃料经济性**：通常用百公里油耗来表示。

2. 汽车驱动方式

（1）**简介**：汽车驱动方式最基本的分类标准是按照驱动轮的数量，可分为两轮驱动和四轮驱动两大类。根据特殊需要有些六轮或八轮汽车的车轮全是驱动轮。

（2）**两轮驱动**：一般用 4×2 表示，是指四轮汽车的四个车轮当中，只有两个是驱动轮，另外两个为支持轮。在两轮驱动形式中，可根据发动机在车辆的位置以及驱动轮的位置进而细分为前置后驱（FR）、前置前驱（FF）、后置后驱（RR）、中置后驱（MR）等形式。

前置后驱（FR）形式最常用于两驱越野车和高级轿车。

1. 乘用车的座位数不超过（　　）座。
A. 9
B. 5
C. 16
D. 20

2. 座位在 9 座以上（包括驾驶员座位在内）的载客汽车称为（　　）。
A. 小型乘用车
B. 普通乘用车
C. 高级乘用车
D. 客车

3. 汽车使用技术状况包括汽车的动力性、（　　）、燃料经济性、润滑油消耗性。
A. 启动性能
B. 加速性能
C. 工作可靠性
D. 爬坡性能

4. 最大爬坡度是车辆（　　）时的最大爬坡能力。
A. 满载
B. 空载
C. <5 t
D. >5 t

5. 运动型轿车和方程式赛车多采用的布置形式是（　　）。
A. 发动机后置后轮驱动
B. 发动机中置后轮驱动
C. 发动机前置前轮驱动
D. 发动机前置后轮驱动

理论知识

前置前驱（FF）形式通常用于普通小轿车。

后置后驱（RR）形式常用于大型客车。

中置后驱（MR）形式用于运动型轿车和方程式赛车。

（3）**四轮驱动**：一般用 4×4 或 4WD 来表示，是指汽车前后轮都有动力，可按行驶路面状态不同而将发动机输出扭矩按不同比例分布在前后所有车轮上，以提高汽车的行驶能力。四轮驱动又分为分时四驱、全时四驱、适时四驱。

3. 汽车组成

（1）**简介**：汽车一般由发动机、底盘、车身、电气系统四部分组成。

（2）**发动机**：是汽车的动力装置。其作用是使燃料燃烧产生动力，然后通过底盘的传动系统驱动车轮使汽车行驶。

（3）**底盘**：支承、安装汽车发动机及其各部件、总成，形成汽车的整体造型，并接受发动机的动力，使汽车产生运动，保证正常行驶。

（4）**车身**：容纳驾驶员、乘员和货物，并构成汽车的外壳。轿车车身一般是整体式承载结构，没有车架。

（5）**电气系统**：由电源和用电设备两大部分组成。

练习题

6. 符号 4×4 表示汽车共有（　　）个驱动轮。

A. 1

B. 2

C. 3

D. 4

7.（　　）是汽车装配与行驶的主体。

A. 发动机

B. 底盘

C. 车身

D. 电气系统

4.4　发动机基本概念

1. 四冲程发动机

四冲程发动机是汽车发动机的主流形式。四冲程汽油机和柴油机的工作循环均由进气行程、压缩行程、做功行程和排气行程 4 个活塞行程组成。四冲程发动机的工作原理如图 1-4-3 所示。

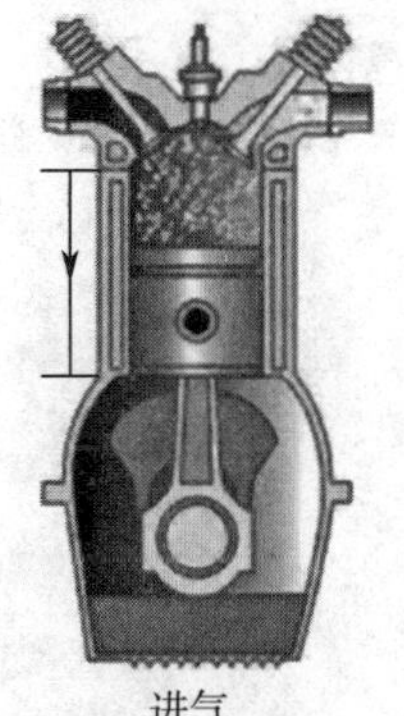
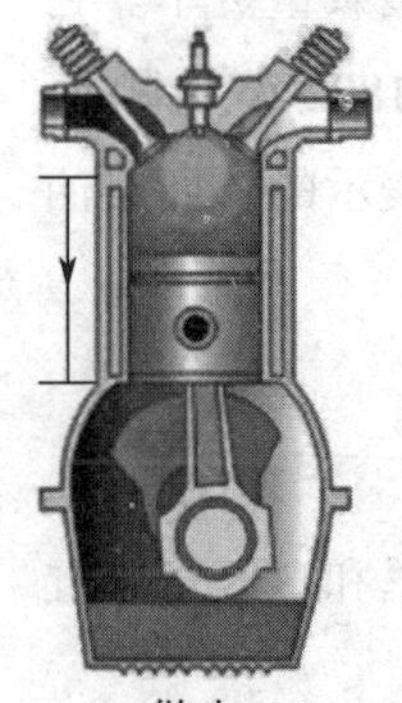
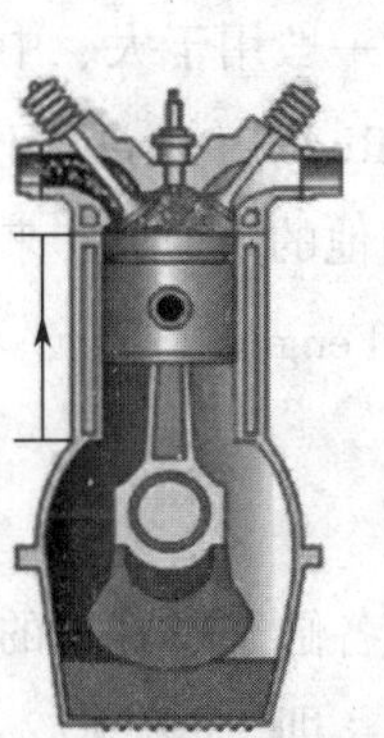

图 1-4-3　四冲程发动机的工作原理

1. 在发动机的四个工作行程中，只有（　　）行程是有效行程。

A. 进气

B. 压缩

C. 做功

D. 排气

理论知识

（1）进气行程：进气门开启，排气门关闭，活塞由上止点向下止点移动，活塞上方的气缸容积增大。

（2）压缩行程：进、排气门全部关闭，活塞向上运动压缩缸内可燃混合气，混合气温度升高，压力上升。活塞临近上止点前，可燃混合气压力上升到 0.6 ~ 1.2 MPa，温度可达 330 ~ 430 ℃。

（3）做功行程：在压缩行程接近上止点时，气缸盖上的火花塞发出电火花，点燃所压缩的可燃混合气。做功行程开始时，进、排气门均关闭。

（4）排气行程：做功行程接近终了时，排气门开启，由于这时缸内压力高于大气压力，高温废气迅速排出气缸。

（5）特点：四冲程发动机的每个工作循环曲轴转两圈、凸轮轴转一圈，凸轮轴正时轮与曲轴正时轮的齿数比为 2 : 1。

四冲程柴油机工作原理与四冲程汽油机大致相同，不同的是柴油机在做功行程开始阶段将柴油喷入气缸，在气缸内进行油气混合，不通过火花塞而是靠压缩自行发火燃烧。

2. 汽油机与柴油机

（1）汽油发动机：以汽油作为燃料，将化学能转化成动能的发动机。由于汽油黏性小、蒸发快，可以用汽油喷射系统将汽油喷入气缸，经过压缩达到一定的温度和压力后，用火花塞点燃，使气体膨胀做功。汽油机的特点是转速高、结构简单、质量轻、造价低廉、运转平稳、使用维修方便。汽油机在汽车上，特别是小型汽车上大量使用。

（2）柴油发动机：是燃烧柴油来获取能量释放的发动机。由于柴油机的燃料是柴油，黏度比汽油大，不易蒸发，自燃温度较低，因此可燃混合气的形成及点火方式都与汽油机不同。柴油机的特点是热效率高、经济性好、扭矩大，一般用于大、中型载重货车。它是由德国发明家鲁道夫·狄塞尔（Rudolf Diesel）于 1892 年发明的，为了纪念这位发明家，柴油就是用他的姓 Diesel 来表示的，而柴油发动机也称为狄塞尔发动机（Diesel engine）。

3. 发动机排量

发动机排量（V_L）是指发动机各缸工作容积的总和，等于单缸工作容积（V_h）和缸数（i）的乘积，即 $V_L=V_h \times i$。

单缸工作容积（见图 1-4-4）是指活塞从上止点到下止点所扫

练习题

2. 四冲程柴油机在进气行程时进入气缸内的是（　　）。

A. 空气

B. 柴油

C. 汽油

D. 可燃混合气

3. 四冲程汽油机和柴油机具有相同的（　　）。

A. 混合气形成方式

B. 压缩比

C. 着火方式

D. 工作行程

4. 发动机气缸排量是指（　　）。

A. 气缸总容积

B. 气缸工作容积

C. 气缸燃烧室容积

D. 气缸行程

5. 当排量一定时，短行程发动机具有（　　）的结构特点。

A. 缸径较大

B. 缸径较小

C. 活塞较小

D. 以上选项均不正确

理论知识

过的气体容积，又称为单缸排量，它取决于缸径（D）和活塞行程。即：$V_h = h\pi D^2/4$。

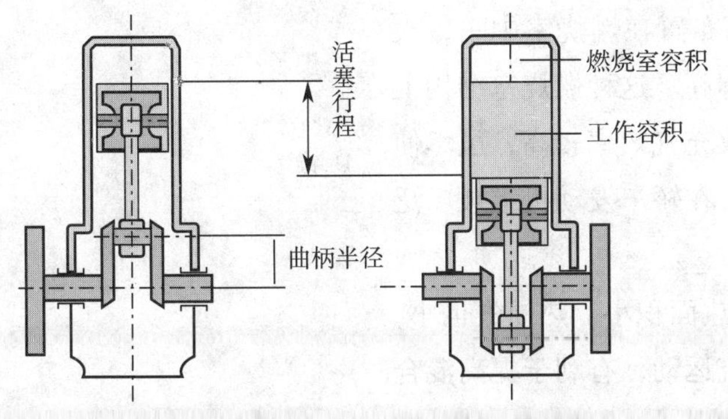

图 1-4-4　气缸容积

4. 发动机工作顺序

四冲程发动机一个工作循环曲轴转两圈，即 720°。为了保持工作平衡，各缸点火间隔角要求都相等，4 缸各缸点火间隔角为 180°，6 缸为 120°。多缸发动机各缸做功都有一个顺序，称为发动机的工作顺序或点火顺序。各种典型多缸发动机的工作顺序是：

1）L 型（直列）4 缸：1—3—4—2 或 1—2—4—3。

2）L 型 5 缸：1—2—4—5—3。

3）L 型 6 缸：1—5—3—6—2—4 或 1—4—2—6—3—5。

4）V 型 6 缸：1—4—5—2—3—6 或 1—6—5—4—3—2。

5）V 型 8 缸：L1—R1—L3—R3—L4—R4—L2—R2 或 L1—R1—L2—R2—L4—R4—L3—R3。（注：L 为左列，R 为右列）

5. 燃烧室

（1）柴油机燃烧室。柴油机燃烧室按结构形式可分为统一式燃烧室和分开式燃烧室。

1）统一式燃烧室：由凹顶活塞顶与气缸盖底面组成，几乎全部燃烧室容积都集中在活塞顶的凹下部分，其特点是结构紧凑，热损失少，热效率较高。根据活塞顶凹下部分的形状不同，统一式燃烧室有 W 形、球形、U 形、微涡流形、日野 HMMS- Ⅲ形、花瓣形。

2）分开式燃烧室：由主、副燃烧室两部分组成，主燃烧室位于活塞顶与气缸盖底面之间，副燃烧室位于气缸盖中，主、副燃烧室之间由一个或几个孔道相连。其特点是工作柔和，空气利用率较

练习题

6. 直列 6 缸四冲程发动机曲拐布置形式按工作顺序分为 1—5—3—6—2—4 和（　　）两种。

A. 1—2—3—4—5—6

B. 1—6—2—4—3—5

C. 1—4—2—6—3—5

D. 1—5—3—6—4—2

7. 直列 4 缸四冲程发动机曲拐布置形式按工作顺序分为 1—3—4—2 和（　　）两种。

A. 1—3—2—4

B. 1—2—4—3

C. 1—4—2—3

D. 1—2—3—4

8.（　　）燃烧室结构紧凑，热损失少，热效率较高。

A. 统一式

B. 分开式

C. 涡流室式

D. 预燃室式

9. 柴油机燃烧室按结构形式可分为（　　）燃烧室和统一式燃烧室。

A. 球形

B. 分开式

C. U 形

D. W 形

理论知识

高，喷射压力也较低。但热损失大，经济性差，启动困难。

（2）**汽油机燃烧室**。常见的三种形式：

1）半球形燃烧室：结构紧凑，火花塞布置在燃烧室中央，火焰行程短，故燃烧速率高，散热少，热效率高。这种燃烧室结构上也允许气门双行排列，进气口直径较大，故充气效率较高，虽然使配气机构变得较复杂，但有利于排气净化，在轿车发动机上被广泛应用。

2）楔形燃烧室：结构简单、紧凑，散热面积小，热损失也小，能保证混合气在压缩行程中形成良好的涡流运动，有利于提高混合气的混合质量，进气阻力小，提高了充气效率。气门排成一列，使配气机构简单，但火花塞置于楔形燃烧室高处，火焰传播距离长些，切诺基轿车发动机采用这种形式的燃烧室。

3）盆形燃烧室：气缸盖工艺性好，制造成本低，但因气门直径易受限制，进、排气效果要比半球形燃烧室差。捷达轿车发动机、奥迪轿车发动机采用盆形燃烧室。

练习题

10. 汽油机燃烧室的类型有半球形、（　　）、盆形。

A. 统一式

B. 楔形

C. 方形

D. 锥形

项目 5　汽车发动机检修

理论知识

5.1　曲柄连杆机构的检修

1. 曲柄连杆机构的功用

曲柄连杆机构的作用是把燃料燃烧后施加在活塞顶上的膨胀压力（直线运动）转变为曲轴旋转的转矩（旋转运动），从而向外输出动力。

2. 曲柄连杆机构的组成

曲柄连杆机构由机体组、活塞连杆组、曲轴飞轮组三部分组成。

（1）机体组

机体组构成发动机的骨架，是发动机各机构和各系统的安装基础，由气缸体、气缸盖、气缸垫、油底壳等组成。

1）气缸体：发动机各个机构和系统的装配基体，是发动机中最重要的一个部件，根据与油底壳安装平面位置的不同可分为龙门式、隧道式和一般式。根据气缸排列方式的不同可分为直列式（L型）、V 型、W 型和水平对置式。

2）气缸盖：用于封闭气缸上部，与活塞顶部和气缸壁一起构成燃烧室。

3）气缸垫：气缸盖与气缸体之间装有气缸垫，其作用是保证气缸盖与气缸体间的密封，防止燃烧室漏气、水套漏水。

4）油底壳：油底壳的主要作用是储存机油并封闭曲轴箱。油底壳受力很小，一般采用薄钢板冲压而成。

（2）活塞连杆组

活塞连杆组由活塞、活塞环、活塞销、连杆、连杆轴瓦等组成，如图 1–5–1 所示。

1）活塞：与气缸盖、气缸壁等共同组成燃烧室，并承受气缸中气体的压力，通过活塞销将作用力传给连杆，以推动曲轴旋转。

2）活塞环：活塞环安装在活塞环槽内，用来密封活塞与气缸壁之间的间隙，防止窜气，并起到刮油、布油的作用。活塞环分为

练习题

1.（　　）的作用是将活塞的直线往复运动转变为曲轴的旋转运动并输出动力。

A. 配气机构

B. 曲柄连杆机构

C. 起动系统

D. 点火系统

2. 曲柄连杆机构由机体组、（　　）、曲轴飞轮组三部分组成。

A. 活塞组

B. 活塞连杆组

C. 连杆组

D. 活塞销组

3. 曲柄连杆机构的（　　）由活塞、活塞环、活塞销、连杆等机件组成。

A. 曲轴箱组

B. 活塞连杆组

C. 曲轴飞轮组

D. 以上选项均不正确

4. 根据气缸体与油底壳安装平面位置的不同可分为龙门式、（　　）和一般式。

A. 风冷式

B. 水平对置式

C. 直列式

D. 隧道式

5. 气缸的主要排列形式有直列式和（　　）排列。

A. V 型

B. L 型

C. 双列式

D. 直列式

6. 根据气缸排列方式的不同，缸体可分成直列式、（　　）、W 型和水平对置式。

理论知识

气环和油环两种。

3）活塞销：用于连接活塞和连杆小头，并将活塞所受的气体作用力传递给连杆。

4）连杆：将活塞承受的力传给曲轴，并将活塞的往复运动转变为曲轴的旋转运动。

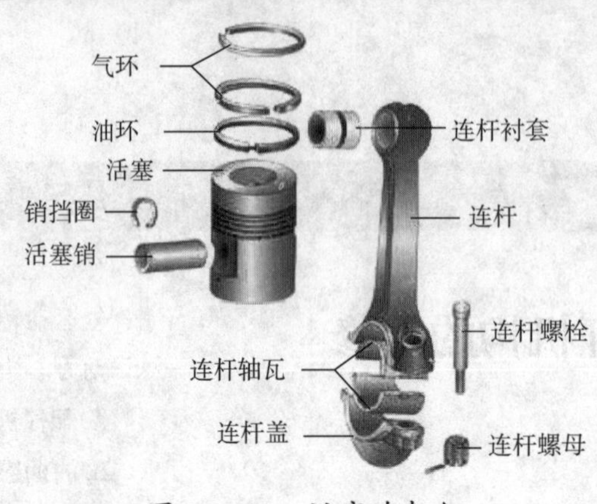

图 1–5–1　活塞连杆组

（3）曲轴飞轮组

主要由曲轴、飞轮和一些附件组成。

1）曲轴：是发动机最重要的机件之一。其作用是将活塞连杆组传来的气体作用力转变成曲轴的旋转力矩对外输出，并驱动发动机的配气机构及其他辅助装置工作。曲轴最重要的部位是主轴颈和连杆轴颈，全支承的曲轴主轴颈总数比连杆轴颈多一个，如图 1–5–2 所示。

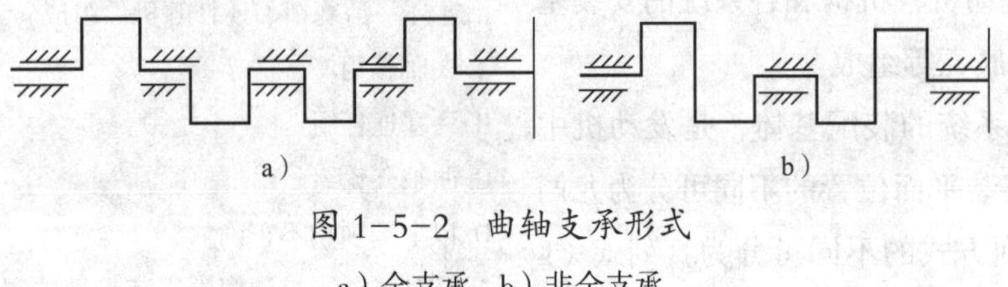

图 1–5–2　曲轴支承形式

a）全支承　b）非全支承

2）飞轮：一个转动惯量很大的圆盘，其作用是储存做功行程的能量，为非做功行程提供动力；其外缘上压有一个齿圈，与起动机的驱动齿轮啮合，供起动机驱动发动机时使用。飞轮上通常还刻有第一缸点火正时记号，以便校准点火时刻。

3. 活塞环间隙的检测

活塞环间隙有端隙、侧隙、背隙三种，活塞环间隙参考标准值见表 1–5–1。

（1）端隙：活塞环压入气缸后开口端部的间隙，就像水泥路面的切缝一样，用于防止因活塞环热胀冷缩而卡死在气缸内。测量方法：将活塞环推入气缸内，并用倒置的活塞顶部将活塞环推入气缸内相应的上止点，然后用塞尺测量开口间隙。

（2）侧隙：又称边隙，指活塞环侧面与环槽之间的间隙。测量

练习题

A. V 型

B. X 型

C. Y 型

D. 龙门式

7. 曲轴飞轮组主要由曲轴、(　　)和附件等组成。

A. 齿轮

B. 链轮

C. 带轮

D. 飞轮

8. 全支承式曲轴的主轴颈总数比连杆轴颈(　　)。

A. 少一个

B. 少两个

C. 多一个

D. 多两个

9. 发动机活塞环的安装间隙包括端隙、侧隙和(　　)。

A. 边隙

B. 背隙

C. 间隙

D. 缝隙

理论知识

方法：将活塞环嵌入相应的环槽内，用塞尺测量活塞环与环槽之间的间隙。

（3）**背隙**：首先用游标卡尺测出活塞环的径向厚度值，然后用深度游标卡尺测出相应环槽的深度值，将两者相减得出的差值，即为该活塞环的背隙。

表 1-5-1　活塞环间隙参考标准值　mm

部位	端隙	侧隙	背隙
第一道气环	0.25 ~ 0.50	0.04 ~ 0.10	0.5 ~ 1.0

4. 活塞环漏光度的检验

（1）**简介**：活塞环漏光度的检验旨在检测活塞环的外圆表面与缸壁的接触和密封程度，其目的是避免漏光度过大，使活塞环与气缸的接触面积减小，减少漏气和窜机油的隐患。活塞环漏光度的检验有仪器检验和简易检查两种方法。

（2）**仪器检验法**：将被检验的活塞环套入活塞环漏光度检验仪以三组滚轮支承并能自由转动的环规中，将挡盘、芯轴、灯泡等固定在仪器底座上，在套筒内的灯光便可透过活塞环与气缸壁的缝隙，将环规转动一圈，便可从上面观察到活塞环的漏光程度，如图 1-5-3 所示。

（3）**简易检查法**：把被检验的活塞环平装进气缸上部，然后用活塞头部将其推至气缸内该环相应的上止点位置。用一比缸径略小的遮光板盖在环的上侧，在气缸下部放置灯光，从上面看环与缸壁间是否漏光。用塞尺和量角器测量其漏光度，如图 1-5-4 所示。

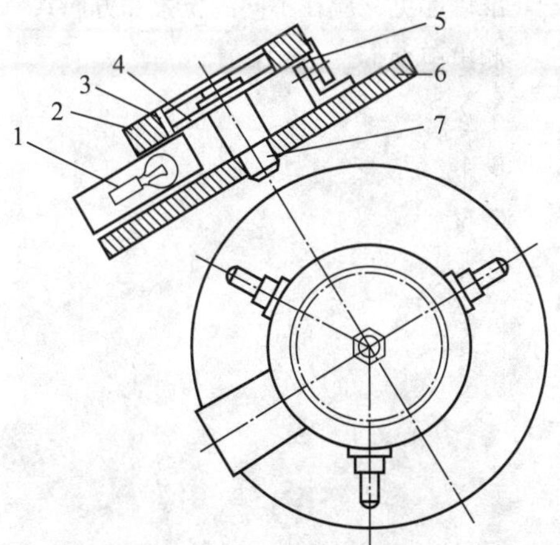

图 1-5-3　活塞环漏光度检验仪

1—灯泡　2—环规　3—活塞环　4—挡盘
5—滚轮　6—底座　7—芯轴

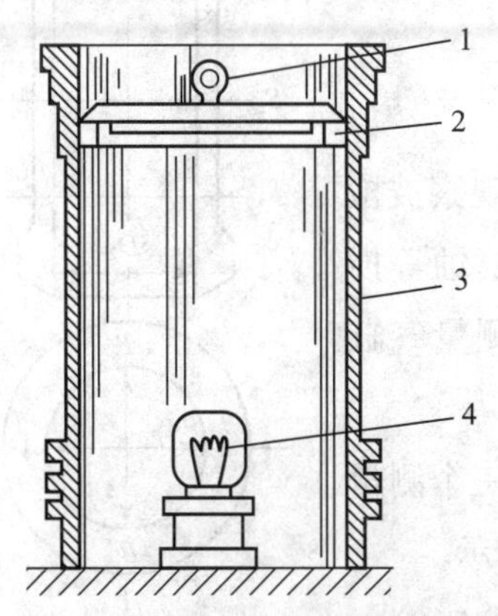

图 1-5-4　活塞环漏光度检查

1—遮光板　2—活塞环
3—气缸　4—灯泡

练习题

10. 发动机活塞环侧隙检查可用（　　）。

A. 百分表
B. 卡尺
C. 塞尺
D. 千分尺

11. 侧隙又称边隙，是指活塞环装入活塞后，其侧面与活塞环槽之间的间隙。第一环因工作温度高，间隙较大，一般为（　　）mm，其他环一般为 0.03　0.07 mm。

A. 0.15 ~ 0.50
B. 0.35 ~ 0.05
C. 0.25 ~ 0.50
D. 0.04 ~ 0.10

12. 端隙又称开口间隙，是指活塞环装入活塞后，该环在上止点时环的两端头间隙，一般为（　　）mm。

A. 0.15 ~ 0.50
B. 0.35 ~ 0.50
C. 0.25 ~ 0.50
D. 0.05 ~ 0.50

13. 活塞环漏光处的缝隙应不大于（　　）mm。

A. 0.01
B. 0.03
C. 0.05
D. 0.07

理论知识

（4）**技术要求**：在活塞环端口左右 30° 范围内不允许漏光；同一活塞环漏光不多于两处；每处漏光弧长所对应的圆心角不得超过 25°；同一活塞环上漏光弧长所对应的圆心角之和不得超过 45°；漏光缝隙不大于 0.03 mm；当缝隙小于 0.015 mm 时，其弧长所对应的圆心角之和可放宽至 120°。

5. 气缸磨损的检修

（1）气缸正常磨损的特征（见图 1–5–5）

1）纵截面（轴向）：气缸孔沿高度磨损成上大下小的倒锥形，最大磨损部位是活塞在上止点时第一道活塞环对应的位置，该位置以上几乎无磨损，磨损到一定程度有明显的“缸肩”；在气缸孔横截面上四周磨损也不均匀，形成不规则的椭圆形，一般在磨损量最大处磨损最不均匀，有时相差 3 ~ 5 倍。

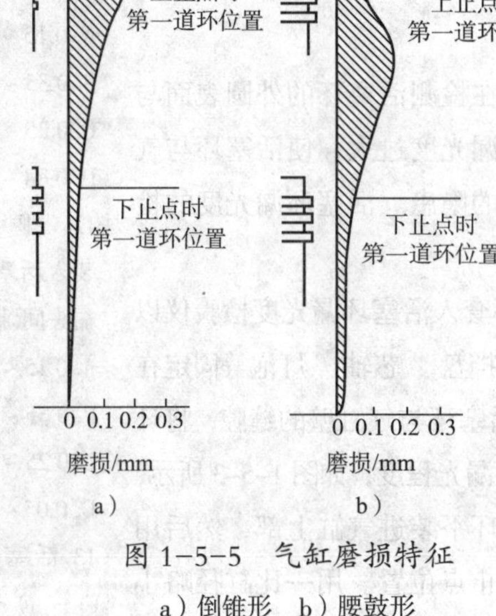

图 1–5–5　气缸磨损特征

a）倒锥形　b）腰鼓形

2）横截面（径向）：发动机工作时，在连杆回转截面上分别受到气缸工作行程的动力和压缩行程的压力，所以磨损较大，呈椭圆形。

（2）气缸磨损量的检验

1）准备：对气缸检验时，首先观察被检查气缸的表面是否有裂纹、拉伤和腐蚀等损伤，然后用量缸表（内径百分表）测量气缸的磨损量。

2）测量位置：气缸上、中、下三个测量截面的位置和两个方向如图 1–5–6 所示。

①气缸上部测量截面（S_1–S_1）位于第一道活塞环上止点顶边稍下处，此截面一般是气缸的最大磨损截面。

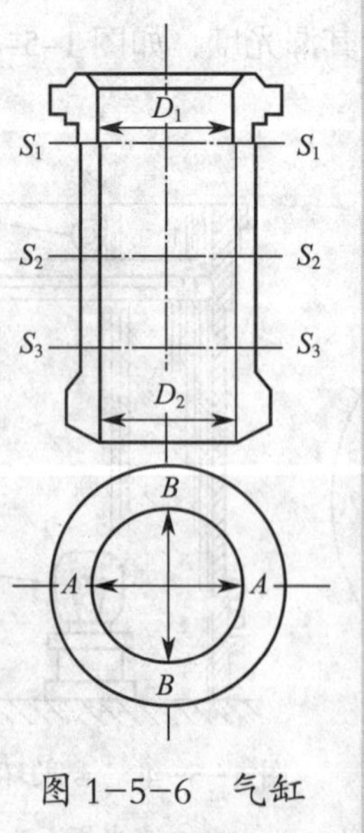

图 1–5–6　气缸磨损量测量

练习题

14. 活塞环外围开口处之外部位每处的漏光弧长所对应的圆心角不得超过（　　）。

A. 15°

B. 25°

C. 45°

D. 60°

15. 同一活塞环上漏光弧长所对应的圆心角总和不超过（　　）。

A. 15°

B. 25°

C. 45°

D. 60°

16. 发动机气缸径向磨损呈不规则的（　　）。

A. 圆形

B. 圆柱形

C. 圆锥形

D. 椭圆形

17. 发动机气缸沿轴线方向磨损呈（　　）的特点。

A. 上大下小

B. 上小下大

C. 上下相同

D. 中间大

18. 测量发动机气缸磨损程度时，为准确起见，应在不同的位置和方向共测出至少（　　）个值。

A. 2

B. 4

C. 6

D. 8

理论知识

②气缸中部测量截面（S_2–S_2）位于活塞上、下止点中间的位置。

③气缸下部测量截面（S_3–S_3）取活塞到下止点时最下一道活塞环对应的位置，约在气缸下边缘以上 10 mm 处。

④在气缸上（S_1–S_1）、中（S_2–S_2）、下（S_3–S_3）三个截面的 A–A 和 B–B 两个方向共测出 6 个数值。

3）气缸的圆度误差：在同一截面上测量到的最大与最小直径差值的一半，即为该截面的圆度误差。把在三个测量截面上测量到的最大圆度误差作为气缸的圆度误差。

4）气缸的圆柱度误差：在三个截面内所测得的所有读数中最大与最小直径差值的一半即为气缸的圆柱度误差。

5）标准：当发动机中磨损量最大气缸的圆柱度或圆度超过规定标准时（如一般汽油机的圆柱度超过 0.175 mm，或圆度超过 0.05 mm），则应进行镗缸或更换缸套。镗缸后的气缸圆度和圆柱度误差应小于 0.005 mm。

6. 曲轴轴径的检查

（1）**磨损检验：**如图 1–5–7 所示，用外径千分尺先在各轴颈的 A–B 截面测量，然后旋转 90°，再测量 C–D 截面，同一截面最大直径与最小直径之差的 1/2 即为圆度误差；轴颈各部位测得的最大与最小直径差的 1/2 为圆柱度误差。圆度、圆柱度误差大于 0.020 mm 时，应按修理尺寸级别磨修。轴颈磨损达到其使用极限时，应更换曲轴。

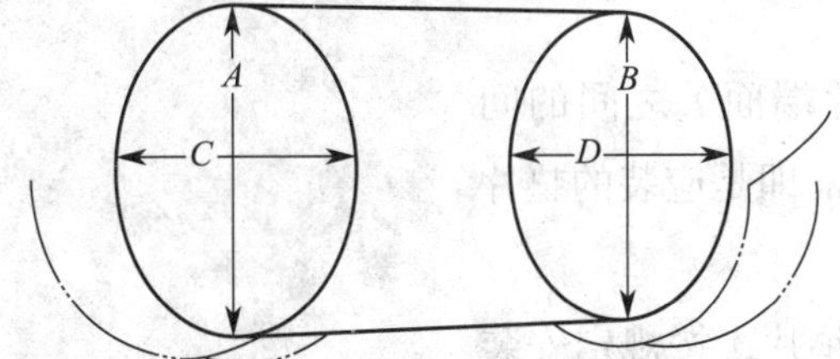

图 1–5–7　曲轴轴径检查部位

（2）**变形检验：**曲轴的变形有弯曲和扭曲两种，常用百分表来检测。确定发动机曲轴修理尺寸时，除根据测量的圆柱度、圆度进行计算外，还应考虑曲轴弯曲对修理尺寸的影响。

曲轴变形的主要原因有爆燃对曲轴造成的冲击、未按规定拧紧

练习题

19. 当气缸拉缸后，确定了某级修理尺寸，以下相应的零件可不报废的是（　　）。

A. 活塞

B. 连杆

C. 活塞销

D. 活塞环

20. 发动机镗缸后的气缸圆度和圆柱度误差应小于（　　）mm。

A. 0.000 5

B. 0.005

C. 0.05

D. 0.5

21. 发动机曲轴各轴颈的圆度和圆柱度误差一般用（　　）来测量。

A. 游标卡尺

B. 百分表

C. 外径千分尺

D. 内径千分尺

22. 确定发动机曲轴修理尺寸时，除根据测量的圆柱度、圆度进行计算外，还应考虑（　　）对修理尺寸的影响。

A. 裂纹

B. 弯曲

C. 连杆

D. 轴瓦

23. 不属于曲轴变形的主要原因的是（　　）。

A. 曲轴受到冲击

B. 按规定力矩拧紧螺栓

C. 未按规定力矩拧紧螺栓

D. 材料缺陷

24. 发动机曲轴裂纹易发生在轴颈与曲柄的连接处及（　　）周围。

A. 曲拐

B. 配重

C. 润滑油眼

D. 主油道

理论知识

曲轴固定螺栓、材料缺陷等。

（3）**裂纹检验**：曲轴承受交变载荷的作用，因而有裂纹的曲轴会很快断裂。一般采用磁力探伤方法来检查裂纹，通常裂纹易发生在轴颈与曲柄的连接处及油眼周围。

7. 曲轴轴向间隙的检查与调整

在发动机工作中，曲轴的轴向间隙过小会因机件受热膨胀而卡死；间隙过大，将使曲轴发生轴向窜动，加速气缸的磨损，影响配气相位和离合器的正常工作。

（1）**检查方法**：方法1：在轴向上来回撬动曲轴，用百分表触头抵在曲轴或飞轮端面，测量曲轴的轴向移动量；方法2：将曲轴沿轴向撬另一端，然后用塞尺直接在止推面间测量，如图1–5–8所示。

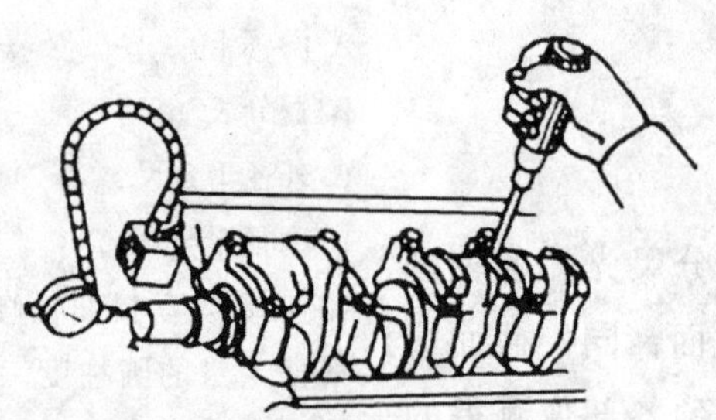

图1–5–8 曲轴轴向间隙检查

（2）**调整的方法及步骤**

1）将飞轮和主轴承盖拆下后，取出全部调整垫片。

2）在不装垫片的情况下，把主轴承盖孔座穿过曲轴轴端装入机体，按对角逐步旋入固定螺钉直至曲轴转动较紧时（即轴向间隙刚刚消除）。

3）用塞尺测量缸体平面与主轴承盖（垫片端面）之间的间隙，此间隙再加上正常的轴向间隙0.17 ~ 0.35 mm即是应装的垫片厚度。

4）把主轴承盖拆下，配上测得的合适厚度垫片，按规定安装并拧紧主轴承盖固定螺钉。

5）检查曲轴旋转情况，应能灵活转动，又无明显的轴向窜动。

8. 连杆轴承间隙的检查

（1）**径向间隙的检查**

1）清洁连杆轴颈，在轴颈中间放上一条塑性间隙规（或软金

练习题

25. 对发动机曲轴轴向间隙进行检查时，应先将曲轴用撬棍撬至一端，再用塞尺测量第（　　）道曲柄与止推轴承之间的间隙。

A. 1

B. 2

C. 3

D. 4

26. 对于曲轴前端装止推垫片的发动机，曲轴轴向间隙因磨损而增大时，应在保证前止推片为标准厚度的情况下，加厚（　　）止推垫片的厚度，以满足车辆曲轴轴向间隙的要求。

A. 前

B. 后

C. 第一道

D. 第二道

27. 用质量为0.25 kg的锤子沿曲轴（　　）向轻轻敲击连杆，连杆能沿轴向移动，且连杆大头两端与曲柄的间隙为0.17 ~ 0.35 mm。

A. 轴

B. 径

C. 侧

D. 前后

理论知识

属丝）。

2）装上清洁过的连杆大端轴承座（轴承已配装好）与盖，按规定扭矩用扭力扳手拧紧轴承盖螺母，但不得进一步拧紧，不得转动曲轴。

3）拆卸连杆盖，用测量尺与被压扁的塑性间隙规比较，测量其最宽点的宽度。从压扁后的宽度间接测量并换算成径向间隙值（或测金属丝的厚度，即为其间隙），并与规定值进行对照。塑胶间隙规的测量范围见表1–5–2。

表1–5–2 塑胶间隙规的测量范围

塑胶间隙规颜色	型号代码	测量范围 /mm
绿色	PG–1	0.025 ~ 0.076
红色	PR–1	0.050 ~ 0.150
蓝色	PB–1	0.100 ~ 0.230

（2）轴向间隙的检查

1）活塞连杆总成与曲轴连杆轴颈装配并经检查径向间隙均已合格后，尚需检查其轴向间隙，即连杆大端的端隙。

2）在轴承表面涂以清洁的机油，将轴承装在连杆轴颈上，按规定拧紧螺母，将连杆放平，以杆身的重量徐徐下垂，用手握住连杆小端，沿轴向扳动时应无松旷感。

3）用塞尺在连杆大端的侧面与曲轴臂之间检查，其值应符合规定，如超过极限值时，应换用新品。

9. 活塞销异响

（1）故障现象：怠速或略高于怠速时有较清晰并有节奏的“嗒嗒”声响，好像两个钢球相碰的声音；转速变化，响声也周期性变化，加速时响声明显，温度升高，响声不减，甚至更明显，点火过早响声明显。

（2）故障原因

1）活塞销与连杆铜套磨损过甚而松旷。

2）机油压力过低，机油飞溅不足，润滑变差。

3）活塞销锁环脱落，使活塞自由窜动。

4）活塞销与活塞销座配合松旷。

（3）故障诊断方法

1）发动机怠速运转，然后由怠速向低速急抖节气门，响声能

练习题

28. 检查连杆轴承轴向间隙时，在轴承表面涂以清洁的机油，将轴承装在连杆轴颈上，按规定拧紧螺母，将连杆放平，以杆身的重量徐徐下垂，用手握住连杆小端，沿（　　）向扳动时应无松旷感。

A. 轴

B. 径

C. 前后

D. 水平

29. 进行连杆轴承径向间隙检查时，用手（　　）向推动连杆，应无间隙感觉。

A. 轴

B. 径

C. 侧

D. 前后

30. 气缸体翘曲变形多用（　　）进行检测。

A. 百分表和塞尺

B. 塞尺和直尺

C. 游标卡尺和直尺

D. 千分尺和塞尺

理论知识

随转速的变化而变化。每抖一次节气门，如能听到清脆而连贯的“嗒嗒”响声，则有可能是活塞销响。

2）将发动机稳定在响声较强的转速上，逐缸进行断火试验。当某缸断火后响声明显减弱或消失，在复火的瞬间又能立即出现或连续出现两个响声，则可断定为此缸活塞销响。如果响声严重，并且转速越高，响声越大，此时在较大的转速下进行断火试验，往往响声不消失且变得杂乱，这一般是由于配合间隙增大所致。

以上两种方法如能配合使用，即在抖动节气门的同时，反复进行断火试验，响声会听得更清楚。

3）在微抖节气门使发动机转速不断变化的情况下，用听诊器接触发响气缸的上部，可听到清脆的响声。打开加机油口，也能清楚地听到这一响声。

10. 连杆轴承异响

（1）故障现象：当转速突然变化时，有明显、连续的“当当”敲击声（比主轴承响要轻、清、短），怠速时敲击声较小，中速时较明显，转速越高声响越大，有负荷时声响明显。

（2）故障原因

1）连杆轴承盖的固定螺栓松动或折断。

2）连杆轴承合金烧毁或脱落。

3）连杆轴承与轴颈磨损过甚而使径向间隙过大。

4）轴颈失圆，使轴与轴承间接触不良而造成的早期损坏。

5）轴承接触面积太小，单位面积上压力过大。

（3）故障诊断方法

1）变换转速试验，使发动机怠速运转，然后由怠速向低速，由低速向中速，再由中速向高速加大节气门进行试验，同时结合逐缸断火试验和在加油口处听诊等方法反复进行。响声随着转速的升高而增大，抖动节气门，在加油的瞬间异响突出。响声严重时，在任何转速下均可听到，甚至在怠速时也可听到清晰、明显的敲击声。

2）在怠速、中速和高速情况下，逐缸反复进行断火试验。如某缸断火后响声明显减弱或消失，在复火的瞬间又会立即出现，则可断定该缸连杆轴承响。

3）用听诊器或简易听诊杆触在机体上听诊往往不易听清楚，但在加油口处倾听，可清楚地听到连杆轴承敲击声。

练习题

31.（　　）不是活塞销松旷造成异响的特征。

A. 发出尖脆的“嗒嗒”声

B. 温度升高，声音减弱或消失

C. 怠速或低速较明显

D. 单缸断（油）时，声音减弱或消失，恢复工作时，声音明显或发出连续两声清晰异响

32.（　　）导致活塞销产生异响。

A. 活塞销松旷

B. 活塞磨损过大

C. 气缸磨损过大

D. 发动机压缩比过大

33.（　　）是活塞销松旷造成异响的特征。

A. 单缸断（油）时，声音减弱或消失，恢复工作时，声音明显或发出连续两声清晰异响

B. 温度升高，声音减弱或消失

C. 较沉闷连续的“当当”金属敲击声

D. 随发动机转速增加，声音加大

34.（　　）会导致连杆轴承产生异响。

A. 连杆轴承间隙过小

B. 连杆材质不符合要求

C. 润滑系统压力过大

D. 连杆轴承间隙过大

35.（　　）是连杆轴承异响的特征。

A. 较沉闷连续的“当当”金属敲击声

B. 发出较大清脆的“当当”金属敲击声

C. 尖脆的“嗒嗒”声

D. 发出散乱撞击声

理论知识	练习题

4）诊断中，要注意检查机油压力。如果响声严重并出现了机油压力低的现象，说明轴承与轴颈间隙过大。这往往成为区别连杆轴承响声与活塞销、活塞敲缸响声的重要依据。

5.2　配气机构的检修

1. 配气机构的组成

（1）**气门组**：由气门、气门导管、气门座及气门弹簧等零件组成，如图 1–5–9 所示。

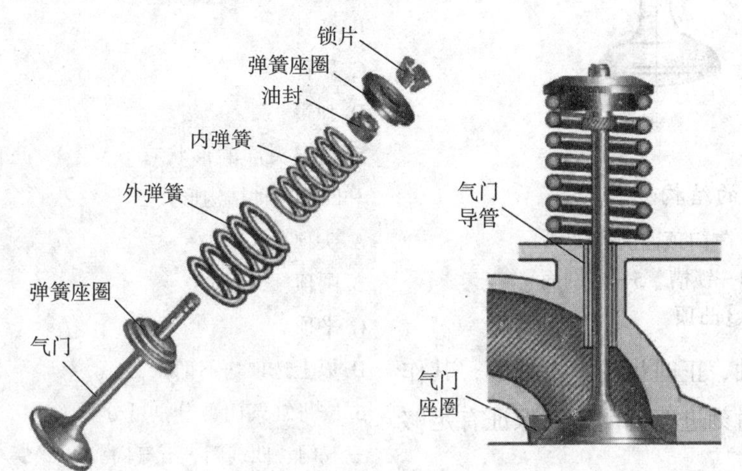

图 1–5–9　气门组

1）气门：气门的作用是用来打开或封闭气道，是气体进、出燃烧室通道的开关。

气门由头部和杆身两部分组成，气门头部的形状有平顶、凸顶和凹顶三种，如图 1–5–10b 所示。

按气门作用的不同，发动机气门可分为进气门和排气门。一般情况下，进气门头部较大、排气门头部较小。

按每缸气门数的不同，可分为双气门、三气门、四气门、五气门四种。

2）气门导管：起导向作用，保证气门做往复直线运动，使气门与气门座正确闭合。气门杆与气门导管之间有 0.05 ~ 0.12 mm 的间隙，使气门杆能在导管中自由运动。

3）气门座：与气门的头部共同对气缸起密封作用，并接受气门出来的热量。

1. 气门组主要包括气门、气门导管、(　　) 及气门弹簧等。

A. 挺柱

B. 气门传动组

C. 气门座

D. 摇臂

理论知识

4）气门弹簧：克服在气门关闭过程中气门及传动件的惯性力，防止各传动件之间的惯性作用产生间隙，从而破坏其密封性。

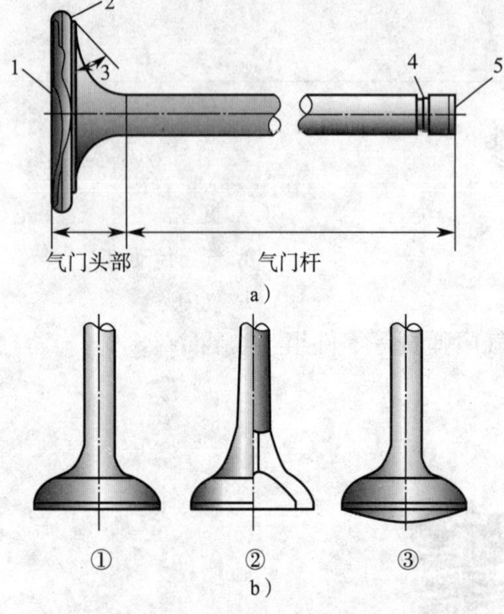

图 1-5-10　气门的结构

a）气门结构及各部名称　b）气门顶面的形状

1—顶面　2—锥面　3—锥角　4—锁槽　5—尾剖面

①平顶　②凹顶　③凸顶

（2）**气门传动组**：主要包括凸轮轴、正时齿轮、挺柱等，其作用是使进、排气门按配气相位规定的时刻进行开闭，并保证有足够的开度，如图 1-5-11 所示。

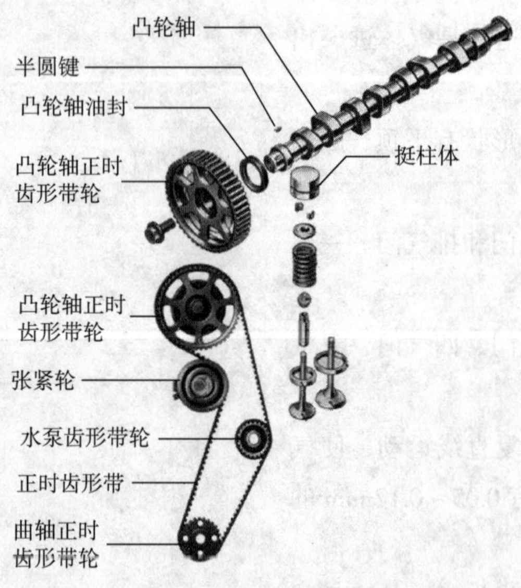

图 1-5-11　气门传动组

练习题

2.（　　）是燃烧室的组成部分，是气体进、出燃烧室通道的开关。

A. 进气门

B. 排气门

C. 气门

D. 缸盖

3.（　　）是用来打开或封闭气道的。

A. 气门

B. 气门导管

C. 气门座

D. 气门弹簧

4. 气门由头部和（　　）两部分组成。

A. 锁片

B. 杆身

C. 导管

D. 弹簧

5. 气门头部的形状有（　　）、凸顶和凹顶三种结构形式。

A. 尖顶

B. 圆顶

C. 平顶

D. 以上选项均不正确

6. 按每缸气门数分，可分为（　　）、三气门、四气门、五气门。

A. 单气门

B. 双气门

C. 单个气门

D. 多个气门

理论知识

1）凸轮轴：凸轮轴是配气机构的关键部件，由它控制各气缸的进、排气门开闭时刻，使之符合发动机工作次序和配气相位的要求，同时控制气门开度的变化规律，有些发动机还用其驱动机油泵和汽油泵。

凸轮轴布置型式有下置式（曲轴箱内）、中置式（缸体内）、上置式（缸盖上）三种。

2）气门挺柱：将凸轮的推力传给推杆（或气门杆），并承受凸轮轴旋转时所施加的侧向力。

3）推杆：将从凸轮轴经过挺柱传来的推力传给摇臂，是气门机构中最易弯曲的零件。

4）摇臂与摇臂轴：实际上是一个双臂杠杆，用来将推杆传来的力改变方向，作用到气门杆端以推开气门。

5）正时轮：曲轴与凸轮轴之间 2∶1 转速的传动装置，根据不同的传动方式分为三种类型，分别是正时齿形带轮、正时链轮、正时齿轮。

2. 配气相位

配气相位是用曲轴转角表示的进、排气门的开闭时刻和开启持续时间，通常用环形图表示。

（1）配气相位图：如图 1-5-12 所示，由于一个行程需要 180° 的曲轴转角，因此一个四行程循环就是 720° 曲轴转角。发动机的换气控制是通过气门来实现的，气门开启和关闭时间根据曲轴转角以度（°）为单位说明。为了使发动机进气充分、排气彻底，改善发动机的换气过程，提高发动机的动力性能，实际上发动机的气门开启和关闭并不恰好在上、下止点，而是适当地提前开启和延后关闭，以延长进、排气时间。也就是说，进、排气门开启行程的曲轴转角都大于 180°。

（2）进气相位：在排气终了，活塞到达上止点前，进气门就预先开启，从进气门开启到上止点间所对应的曲轴转角 α 称为进气提前角，α 一般为 10°～30°。进气门提前开启可以保证进气行程开始时气门已经有较大的开度，有利于提高充气量。

活塞越过进气下止点，掉头上行（压缩行程开始）一段后，关闭进气门。从下止点延迟至进气门关闭所对应的曲轴转角 β 称为进气滞后角。β 一般为 30°～60°。延迟进气门关闭时刻，能够充分地利用进气行程结束前气缸内存在的压力差和较大的气流惯性继续进

练习题

7.（　　）的作用是保证气门做往复运动时，使气门与气门座正确闭合。

A. 气门弹簧

B. 气门座

C. 气门导管

D. 气门

8.（　　）的作用是用来控制各气缸的进、排气门开闭时刻，使之符合发动机工作次序和配气相位的要求，同时控制气门开度的变化规律。

A. 推杆

B. 凸轮轴

C. 正时齿轮

D. 气门导管

9. 按凸轮轴的布置形式分类，可分为上置凸轮轴式、（　　）式和下置凸轮轴式。

A. 侧置凸轮轴

B. 中置气门

C. 中置凸轮轴

D. 顶置凸轮轴

10.（　　）的作用是将从凸轮轴经过挺柱传来的推力传给摇臂。

A. 推杆

B. 凸轮轴

C. 正时齿轮

D. 气门导管

11. 按照曲轴与凸轮轴的传动方式分类，可分为（　　）、正时链轮式和正时齿形带轮式。

A. 正时齿轮式

B. 正时齿条式

C. 正时绳索式

D. 正时铰链式

理论知识

气。下止点过后，随着活塞的上行，气缸内压力逐渐增大，进气气流速度逐渐减小，当气缸内外的压力差消失，流速接近 0 时，应关闭进气门。若 β 过大会引起进气倒流现象，这样进气门开启时间用曲轴转角来表示为（$180°+\alpha+\beta$）。

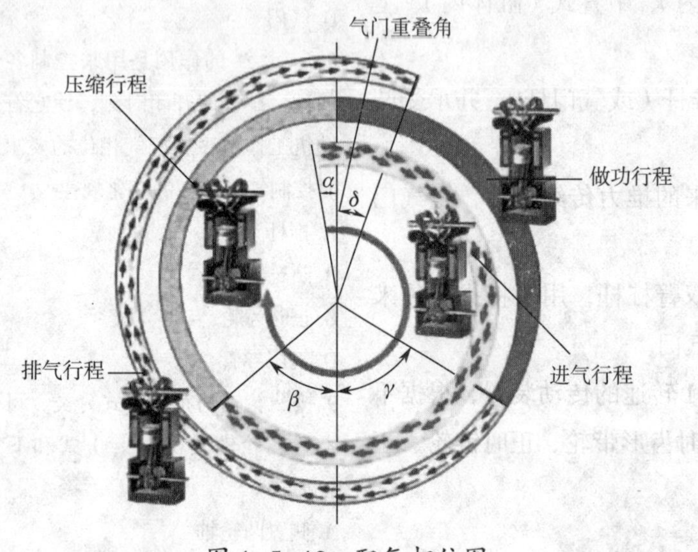

图 1–5–12　配气相位图

（3）**排气相位**：在做功行程后期，活塞到达下止点前，排气门提前打开，从排气门打开到下止点所对应的曲轴转角称为排气提前角，一般为 30°～60°。排气门适当提前打开，虽然消耗了一定的做功行程的功率，但可以利用较高的缸内压力将大部分燃烧废气迅速排出，待活塞上行时缸内压力已大大下降，可以使排气行程所消耗的功率减少。另外，高温废气提前排出也可防止发动机过热。

（4）**气门叠开现象**：当活塞处于排气上止点时，此时由于进气门提前打开（见图 1–5–12 中的 α），而排气门又延迟关闭（见图 1–5–12 中的 δ），气门重叠角为 $\alpha+\delta$。

3. 调整正时

（1）**对曲轴标记**：转动曲轴，使正时带轮上的标记与缸体上的正时标记对正，此时第 1 缸的活塞应处在压缩上止点位置。

（2）**对凸轮轴标记**：安装凸轮轴正时带前，使带轮上的标记与缸盖上的正时标记对正，双凸轮轴的标记分别对好两个凸轮轴带轮的位置，此时第 1 缸进、排气门完全关闭，活塞处于压缩上止点位置。

（3）**安装正时带 / 链条**：装上正时带 / 链条，调整张紧装置，

练习题

12. 配气相位是指用发动机曲轴的（　　）表示进、排气门实际开闭的时刻和开启的持续时间。

A. 转速

B. 转角

C. 圈数

D. 位置

13. 用曲轴转角表示的进、排气门开闭时刻和开启持续时间，称为（　　）。

A. 气门重叠角

B. 气门锥角

C. 配气相位

D. 气门迟闭角

14. 配气相位通常用环形来表示，我们把这种图称为（　　）。

A. 气门重叠角

B. 气门锥角

C. 配气相位

D. 配气相位图

理论知识	练习题

使正时带/链条的张紧度达到规定的程度。

注意：如果调整正时带或正时链条张紧装置到规定程度后，正时标记不再对正，应重新调整正时，如图 1–5–13 所示。

图 1–5–13 调整正时

4. 气门间隙的检查与调整

为保证气门密封、一定的气门升程及准确的配气相位，发动机使用一段时间或发动机拆装后，均应对气门间隙进行检查调整。检查调整气门间隙时，必须在气门完全关闭、气门挺柱落至最终位置的条件下进行。气门间隙调整方法很多，常用逐缸调整法和二次调整法。

（1）逐缸调整法

1）摇转曲轴，找准第 1 缸压缩上止点位置（通过飞轮记号、带轮记号或观察气门摇臂来确定）。

2）用塞尺检查进、排气门杆与摇臂间隙。若不符合技术要求，应予以调整。

如图 1–5–14 所示，调整时，先松开锁紧螺母，旋出调整螺钉；在排气门杆与摇臂之间插入厚度与气门间隙相等的塞尺，锁紧螺母，最后，再复查一次。

3）按工作顺序，一边拧进调整螺钉，一边不停地来回抽动塞尺，直到抽动塞尺有阻力又能抽出时为止。最后，再复查一次。摇转曲轴 180°（四缸机）或 120°（六缸机），调整该缸进、排气门的

15. 为了保证发动机气缸的进气充分、排气彻底，要求气门具有尽可能大的通过能力，因此发动机的进、排气门实际开启或关闭的时刻并不是恰好在活塞的上、下止点，而是适当（　　）。

A. 提前

B. 迟后

C. 增大

D. 提前和迟后

16. 进气门提前开启的目的是保证新鲜气体或可燃混合气能顺利、充分地进入（　　）。

A. 燃烧室

B. 配气机构

C. 气缸

D. 进气管

17. 排气门迟关的目的是：由于活塞到达上止点时，气缸内的压力仍（　　）大气压，利用排气流的惯性可使废气继续排出。

A. 低于

B. 小于

C. 大于

D. 高于

18. 由于进气门（　　）和排气门（　　），就会出现有一段时间进、排气门同时开启的气门叠开现象。

A. 早开　早开

B. 早开　晚关

C. 晚开　早关

D. 晚关　早开

19. 检查所装配的正时配气机构的安装标记是否（　　），若正时带或正时链条张紧后标记有误，应重新调整。

A. 对正

B. 对齐

C. 正确

D. 对准

理论知识

间隙。依次使下一缸处于压缩上止点位置。

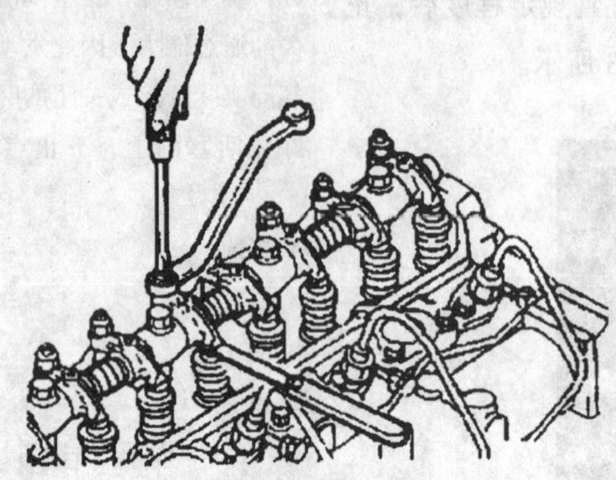

图 1-5-14 调整气门间隙

（2）二次调整法

1）摇转曲轴至第 1 缸压缩上止点，根据工作顺序及配气相位判断出完全关闭的气门，然后调整这些气门间隙。简单易记的方法是："双排不进"法。其中的"双"是指气缸的进、排气门间隙均可调，"排"是指气缸仅排气门间隙可调，"不"指进、排气门的间隙均不可调，"进"指气缸的进气门间隙可调。例如，工作顺序为 1—5—3—6—2—4 的六缸发动机，则第 1 缸处于压缩上止点时，第 1 缸进、排气门可调，第 5 缸、第 3 缸排气门可调，第 6 缸进、排气门均不可调，第 2 缸、第 4 缸进气门可调，即"1—双，3，5—排，6—不，2，4—进"可调。

2）摇转曲轴 360°，使第 1 缸处于排气上止点位置，调整剩下的气门间隙。最后复查一次。

（3）气门间隙： 通常进气门的间隙为 0.25 ~ 0.30 mm，排气门的间隙为 0.30 ~ 0.35 mm。

5. 凸轮轴的检修

（1）凸轮表面的检修： 凸轮高度可用千分尺进行测量，测量方法如图 1-5-15 所示。也可用标准样板检测发动机凸轮轴凸轮的轮廓变化来判断凸轮的磨损情况。当凸轮表面仅有轻微烧灼或凹槽时，可用砂条修磨；当凸轮表面磨损严重或最大升程小于规定值时，应予以更换。

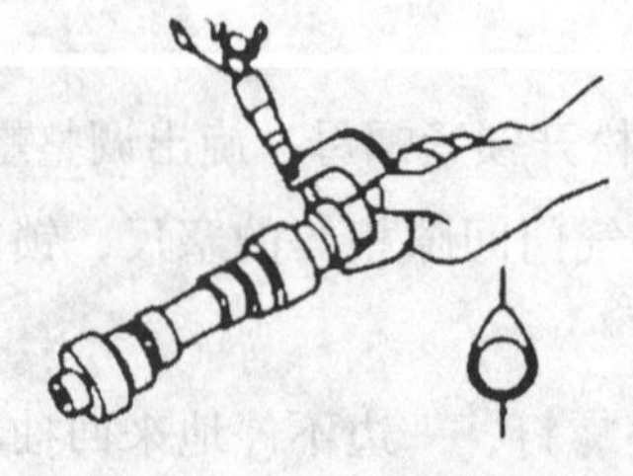

图 1-5-15 检测凸轮高度

练习题

20. 安装正时带或正时链条及导链板，调整（ ）张紧轮或正时链条导链板张紧器到规定的程度。

A. 正时齿轮

B. 发电机传动带

C. 正时带

D. 水泵带

21. 调整发动机气门间隙应在（ ）、气门挺杆落至最终位置的情况下进行。

A. 进气门完全关闭

B. 排气门完全关闭

C. 进、排气门完全关闭

D. 进、排气门不需关闭

22. 气门间隙的调整方法分别为逐缸调整法和（ ）。

A. 双缸调整法

B. 双排不进法

C. 二次调整法

D. 以上选项均不正确

23. 通常进气门的气门间隙是（ ）mm。

A. 0.10 ~ 0.20

B. 0.25 ~ 0.30

C. 0.30 ~ 0.35

D. 0.40 ~ 0.45

24. 通常排气门的气门间隙是（ ）mm。

A. 0.10 ~ 0.20

B. 0.25 ~ 0.30

C. 0.30 ~ 0.35

D. 0.40 ~ 0.45

理论知识

（2）**凸轮轴弯曲的检测：**如图 1–5–16 所示，将凸轮轴放到检验平台的 V 形铁上，同时把装有百分表的磁性表座安装到检验平台上，让百分表垂直安放在凸轮轴中间主轴颈，百分表短指针压缩 1 ~ 2 mm，锁紧磁性表座，固定百分表。

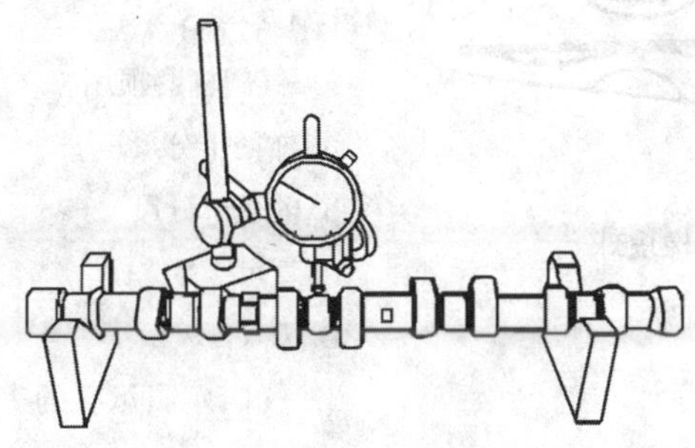

图 1–5–16　检测凸轮轴弯曲度

转动凸轮轴一周，观察百分表长指针摆动的角度，此百分表摆动的一半即为凸轮轴弯曲的形变量。此值不应超过 0.03 mm。

6. 气门密封的检查

发动机气门座圈与座圈孔应为过盈配合。

气门和气门座经过修磨后，还应检查其密封性，方法有划线法、拍击法、渗油法、气压法等，具体操作方法如下。

（1）**划线法：**洗净气门及气门座，用软铅笔沿气门锥面间隔均匀地划若干条线。然后与相匹配的气门座接触，略施力压紧并转动气门 45° ~ 90°，取出气门检查，若线条均被切断，则表示密封良好；否则，应重新研磨。

（2）**拍击法：**将气门与相配气门座轻轻敲击几次，查看接触带，如有明亮的连续光环，即为气门与座圈的密封带，其宽度应符合原设计规定，一般为 1.2 ~ 2.5 mm。

（3）**渗油法：**用煤油或汽油浇在气门顶面上，观察气门与气门座接触面内有无渗漏。

（4）**气压法：**用气门密封检测器检测气门的密封性，如图 1–5–17 所示。试验时，先将空气容筒紧密贴在气门头部周围，再压缩橡皮球，使空气容筒内具有一定压力（68.6 kPa 左右），如果在半分钟内，气压表的示数不下降，则表示气门与气门座的密封性良好。

练习题

25. 用（　　）检测发动机凸轮轴凸轮的轮廓变化，从而判断凸轮的磨损情况。

A. 游标卡尺

B. 百分表

C. 外径千分尺

D. 标准样板

26. 将凸轮轴放置在 V 形铁上，V 形铁和百分表放置在平板上，使百分表触头与凸轮轴中间轴颈垂直接触，转动凸轮观察百分表表针的摆差即为凸轮轴的（　　）。

A. 弯曲度

B. 扭曲度

C. 磨损

D. 液压挺柱磨损

27. 凸轮轴的弯曲变形是以凸轮轴中间轴颈对两端轴颈的（　　）误差来衡量的。

A. 轴向圆跳动

B. 径向圆跳动

C. 端面圆跳动

D. 以上选项均不止确

28. 发动机气门座圈与座圈孔应为（　　）。

A. 过渡配合

B. 过盈配合

C. 间隙配合

D. 过渡配合、过盈配合、间隙配合均可

29. 气门密封的检查方法有（　　）、拍击法、渗油法、气压法等。

A. 进光法

B. 水压法

C. 划线法

D. 目测法

理论知识

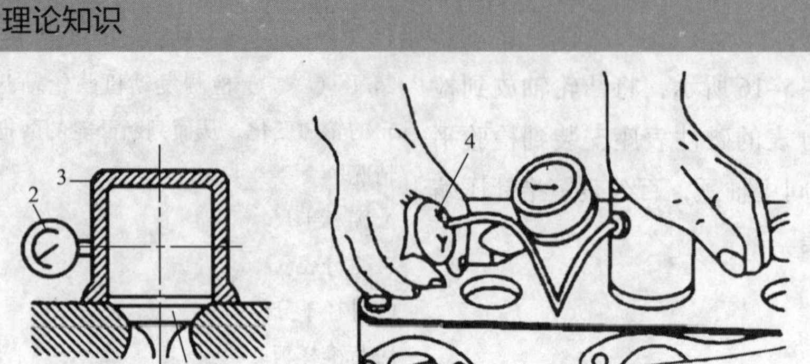

图 1–5–17　气门密封性检测

1—气门头部　2—压力表　3—空气容筒　4—橡皮球

7. 气门和气门座的检修

（1）气门的技术要求检查：气门损耗达到下列情形之一时，应予以修校或换新：1）轿车气门杆磨损量大于 0.05 mm，载货汽车气门杆磨损量大于 0.10 mm，或有明显的台阶形磨损。2）气门头圆柱面的厚度小于 1.0 mm。3）气门尾端的磨损量大于 0.5 mm。

（2）气门座的技术要求：1）气门座表面不得有任何损伤，气门座固定可靠。2）工作锥面正确，表面粗糙度 *Ra* 为 6.3 μm。3）气门座圈工作面宽度为 1.2 ~ 2.5 mm。4）气门下陷量符合要求。

（3）工艺要点

1）检查气门座。如气门座损伤严重，下限量超限，应更换气门座圈。

2）铰削座孔。若原有气门座圈，只需用专用拉具将旧座圈拉出即可；若为整体式，对应在原气门座的位置铰削座孔。铰孔的加工可在钻床或立式钻床上用专用刀杆进行，刀杆的导杆尺寸应与气门杆一致。铰削后的气门座圈承孔应符合粗糙度小于 1.25 μm、圆度误差小于 0.02 mm、圆柱度误差小于 0.05 mm 的技术要求。

3）配置气门座圈。现购的座圈应与原机型一致。自制座圈的材料应为细晶灰口铸铁或球墨铸铁，毛坯要经时效处理，座圈尺寸依座孔尺寸而定，外径与座孔过盈量在一定范围内（汽油机进气门过盈量为 –0.10 ~ –0.05 mm，排气门过盈量为 –0.10 ~ –0.05 mm）；内径等于气门工作锥面的最小直径，高度比座孔低 2.5 ~ 3 mm，座圈外圆的圆度和圆柱度误差 <0.10 mm；外圆表面对端面的垂直度误差≤0.02 mm，内外圆径向跳动≤0.03 mm。

4）镶入座圈。冷镶时直接用带台阶的铣头在压床上（或用锤

练习题

30. 气门与座圈的密封带宽度应符合原设计规定，一般为（　　）mm。

A. 1.2 ~ 2.0

B. 1.5 ~ 2.0

C. 1.5 ~ 2.5

D. 1.2 ~ 2.5

31. 气门杆磨损用（　　）测量。

A. 外径千分尺

B. 内径千分尺

C. 直尺

D. 刀尺

32. 气门座圈承孔的表面粗糙度应小于（　　）μm。

A. 1.25

B. 1.5

C. 1.75

D. 2

理论知识	练习题
子）将座圈压入座孔内。座圈与孔过盈量较大时，先将缸盖加热至250～350 ℃，然后将座圈压入。	33. 气门座圈承孔的圆度误差应小于（　　）mm。 A. 0.02 B. 0.04 C. 0.06 D. 0.08

8. 正时齿轮异响

（1）现象

1）正时齿轮的响声比较复杂，有的有节奏，有的无节奏；有的间歇响，有的连续响。

2）发动机怠速或转速变化时，在正时齿轮盖处会发出杂乱而轻微的噪声，转速提高则噪声消失。

3）发动机急减速时，噪声随即出现；响声不受温度和单缸断火试验的影响。

（2）原因

1）正时齿轮啮合间隙过大或过小；曲轴和凸轮轴中心线不平行，造成齿轮啮合失常。

2）更换曲轴和凸轮轴轴承后，改变了齿轮啮合位置；凸轮轴正时齿轮固定螺母松动。

3）凸轮轴正时齿轮轮齿折损。

（3）诊断与排除

1）发动机在怠速运转时，发出有节奏的轻微的“嘎啦、嘎啦”响声，中速时显得突出，高速时声音变得杂乱，严重时正时齿轮盖有振动，说明齿轮啮合间隙过大。

2）新车大修或更换正时齿轮后，如果发动机发出一种连续不断的“嗡嗡”声，发动机转速越高响声越大，说明齿轮啮合间隙过小。

3）齿轮啮合不良引起的响声类似“呼啸”声，响声的大小随发动机转速的变化而变化；发动机怠速运转时，发出有节奏的“哽、哽”响声，发动机转速提高，响声增大，此种响声为齿轮啮合不均引起的响声；随发动机运转而产生有节奏的清晰撞击声，则为正时齿轮个别齿损坏引起的声音。

34. 气门座圈承孔的圆柱度误差应小于（　　）mm。
A. 0.05
B. 0.1
C. 0.15
D. 0.2

35.（　　）不是正时齿轮异响的特征。
A. 间隙小，发出“嗡嗡”声，间隙大，发出散乱撞击声
B. 发动机转速升高，声音随之升高
C. 声音与发动机温度无关
D. 发动机转速升高，声音随之变小

36.（　　）是正时齿轮异响的特征。
A. 发动机转速升高，声音随之变小
B. 声音与发动机温度有关
C. 发动机转速升高，声音随之加大
D. 清脆的“嗒嗒”声

37.（　　）不是正时齿轮异响的原因。
A. 正时齿轮间隙过小
B. 正时齿轮间隙过大
C. 正时齿轮磨损
D. 正时齿轮断齿

5.3　发动机冷却系统的检修

1. 冷却系统的作用及分类

汽车冷却系统的功用是将受热零件吸收的部分热量及时散发出

1.（　　）的功用是使转动中的发动机保持在最适宜的工作温度范围。
A. 润滑系统
B. 冷却系统
C. 燃料供给系统
D. 传动系统

理论知识	练习题

去，保证发动机在最适宜的温度状态下工作。

发动机的冷却系统有风冷和水冷之分。

以空气为冷却介质的冷却系统称为风冷系统，风冷系统为了更有效地利用空气流，加强冷却，一般都装有分流板。

以冷却液为冷却介质的称水冷系统，是汽车常用的冷却系统。

2. 水冷式冷却系统的组成

目前汽车发动机上采用的水冷系统，大多是利用水泵强制水在冷却系统中进行循环流动的，这种系统称为强制循环式水冷系统。强制循环式水冷系统主要由散热器、风扇、水泵等组成。

（1）**散热器**：又称水箱，它的功用是储存冷却液、增大散热面积、加速水的冷却，将冷却液携带的热量散入大气，以保证发动机的正常工作温度。一般置于车辆前端横梁上。

（2）**风扇**：在散热器后面，既可以利用车辆行驶时迎面来风气流对散热器进行冷却，又可以通过风扇的强力抽吸使气流由前向后高速通过散热器，受热后的冷却液在流过散热器的过程中将热量不断地散发到大气中。

（3）**水泵**：将散热器内的冷却液加压后压送到气缸体、气缸盖水套内，吸收机体的热量后，经气缸盖出水孔流回散热器。

（4）**节温器**：用来控制冷却液的大、小循环，改变冷却液的大、小循环路线及流量。所谓大循环是冷却液温度较高时，水经过散热器而进行的循环流动；而小循环就是冷却液温度较低时，水不经过散热器而进行的循环流动，从而使水温很快升高。

（5）**硅油风扇离合器**：一种以硅油为扭矩传递介质的，利用散热器后面的气流温度自动控制硅油液力的传动离合器，它结构简单、工作效果好，并具有明显节省燃油的优点。

3. 水泵的原理与检修

（1）水泵的功用和结构原理

1）功用：对冷却水加压，加速冷却水的循环流动，保证冷却可靠。

2）结构：汽车发动机上多采用离心式水泵。它具有结构简单、尺寸小、排水量大、维修方便等优点，离心式水泵主要由水泵壳体、叶轮和水泵轴等组成，叶轮叶片一般采用径向叶片或后弯叶片两种结构，其数目一般为 6~8 片。冷却水泵结构如图 1-5-18

---

2. 根据冷却方式的不同，气缸体可分为水冷式和（　　）。

A. 油冷式

B. 风冷式

C. 隧道式

D. 龙门式

3. 风冷却系统为了更有效地利用空气流，加强冷却，一般都装有（　　）。

A. 导流罩

B. 散热片

C. 分流板

D. 鼓风机

4. 发动机冷却系统组成中，能将冷却水携带的热量散入大气，以保证发动机的正常工作温度的是（　　）。

A. 节温器

B. 散热器

C. 水泵

D. 水套

5. 发动机冷却系统的部件中能对冷却水加压使其循环流动的是（　　）。

A. 节温器

B. 散热器

C. 水泵

D. 风扇

6. 发动机冷却系统的组成部件中用来改变冷却液的大、小循环路线及流量的是（　　）。

A. 节温器

B. 散热器

C. 水泵

D. 风扇

7. 水泵的动力源自（　　）。

A. 曲轴

B. 凸轮轴

C. 平衡轴

D. 传动轴

8. 曲轴通过（　　）使水泵的叶轮旋转。

A. 齿条

B. 齿轮

理论知识	练习题

所示。

图 1-5-18 冷却水泵结构

3）工作原理：来自曲轴的动力通过带轮驱动水泵的叶轮旋转。当叶轮旋转时，水泵中的水被叶轮带动一起旋转，在离心力的作用下，水被甩向叶轮边缘，然后经外壳上与叶轮成切线方向的出水管压送到发动机水套内。与此同时，在叶轮中心形成局部真空，散热器中的水便经进水管被吸进叶轮中心部分。水泵连续运转，冷却水在水路中不断地循环，如图 1-5-19 所示。

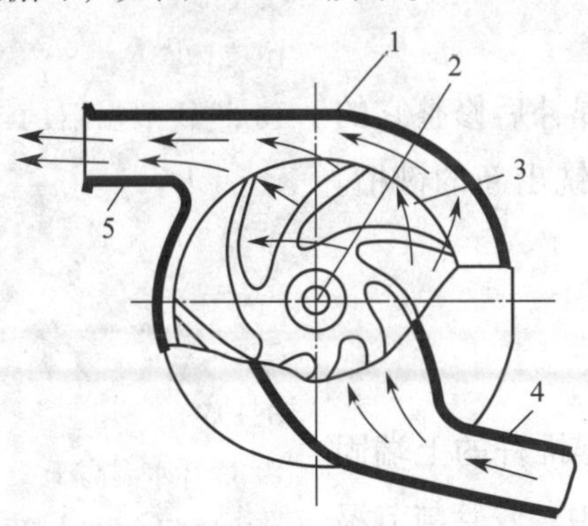

图 1-5-19 离心式水泵工作原理

1—水泵壳体 2—水泵轴 3—叶轮 4—进水管 5—出水管

（2）水泵的检修

1）检查水泵体有无裂缝和破裂，螺孔螺纹有无损坏，前后轴承孔是否磨损过限，与止推垫圈的接触面有无擦痕和磨损不平，分离平面有无挠曲变形。水泵体破裂可以用生铁焊条氧焊修理；螺孔螺纹损坏可以扩大孔径，再攻螺纹，也可焊补后再钻孔攻螺纹；轴承松旷超过规定（轴向间隙不超过 0.30 mm，径向间隙不超过

C. 链轮

D. 带轮

9.（　　）的作用是密封冷却液以免泄漏，同时将冷却液与水泵轴承隔离，以保护轴承。

A. 水封

B. 叶轮

C. 泵轴

D. 轴承

10. 更换水泵的水封总成后应进行（　　）试验，检查各处应无漏水。

A. 水压

B. 水流速

C. 漏水

D. 水质

11. 水泵在泵轴处设有（　　），其作用是确定水封是否漏水和排出水泵漏出的水。

A. 溢水孔

B. 传感器

C. 加油孔

D. 检测孔

12. 水泵在更换水封总成时，将水泵风扇轮毂装在台钳上夹紧，拆下（　　），拧下叶轮紧固螺栓，拆下叶轮后，取出水封总成，进行更换。

A. 水泵壳

B. 水泵轴

C. 水泵盖

D. 静环总成

13. 装复水泵时，水封环要放正，放好水封总成后，将水泵叶轮方孔对准（　　）装入水泵。

A. 水泵轴

B. 水泵盖衬垫

C. 水泵盖

D. 水泵壳

14. 冷却液从水泵流出，经分水管→水套→出水口→水泵，进行的是（　　）。

A. 大循环

理论知识

0.15 mm）时应该更换；轴承孔磨损超过 0.03 mm 时可用镶套法修复，套和孔配合过盈量为 0.025 ~ 0.050 mm；止推垫圈接触平面有擦痕，垫圈座有麻点、沟槽或不平时，可用铰刀修整；壳体与盖连接平面如挠曲变形超过 0.05 mm，应予以修平。

2）检查水泵轴有无弯曲，轴颈磨损是否过限，轴端螺纹有无损伤。水泵轴的弯曲一般应在 0.05 mm 以内，否则应予以冷压校正。轴颈磨损过限，可以磨光后镀铬修复。检查泵轴处的溢水孔是否畅通，其作用是确定水封是否漏水和排出水泵漏出的水。

3）检查水泵叶轮上的叶片有无破碎，装水泵轴的孔径是否磨损过限。叶轮叶片破裂，可堆焊修复，孔径磨损过限可以镶套修复。

4）检查水封、胶木垫圈的磨损程度，如不适用则应换新件。更换水封总成时，先将水泵风扇轮毂装在台虎钳上夹紧。然后依序拆下水泵盖，拧下叶轮紧固螺栓，拆下叶轮，取出水封总成进行更换或维修。在装复时，需将更换或经过维修的水封按相反的顺序装复，水封环要放正。放好水封总成后，将水泵叶轮方孔对准水泵轴装入，装入叶轮密封垫、垫圈，拧紧叶轮固定螺栓，放好衬垫，装上水泵盖，拧紧固定螺栓。

5）检查带轮毂与水泵轴的松旷情况，装水泵轴的孔径若磨损过限，可镶套修理。

6）检查水泵轴及带轮键槽的磨损情况，可以焊补后修整它的表面；也可以在与旧键槽相隔 90° ~ 180° 的位置上铣出新的键槽。键和销子已磨损不适用时应换新件。

4. 蜡式节温器的原理与检修

（1）**结构原理**：如图 1–5–20 所示，蜡式节温器推杆的上端固定于支架上端的中心处，另一端插入胶管的中心孔中，胶管与节温器外壳之间形成的腔体内装有精制石蜡。常温时，石蜡呈固态，弹簧将主阀门推向上方，使之压在阀座上，主阀门关闭；而副阀门随着主阀门上移离开阀座，小循环通路打开，来自发动机缸盖出水口的冷却液经水泵流回气缸体水套中进行小循环。当发动机水温升高时，石蜡逐渐变成液态，其体积膨胀，迫使胶管收缩，而对推杆锥状端头施加向上的推力。固定不动的推杆对胶管及节温器外壳产生向下的反推力。当发动机冷却液温度为 65 ℃时，推杆对节温器外壳的反推力可以克服弹簧预压力，使主阀门开始打开。当冷却液温

练习题

B. 微循环

C. 小循环

D. 中循环

15. 冷却液从水泵流出，经分水管→水套→出水口→上水管→散热器→下水管→水泵，进行（　）。

A. 大循环

B. 微循环

C. 小循环

D. 中循环

16. 常温时，蜡式节温器中的石蜡呈固态，弹簧将主阀门推向上方，使之压在阀座上，主阀门（　）。

A. 全开

B. 开启 1/2

C. 开启 1/3

D. 关闭

17. 蜡式节温器中使阀门开闭的部件是（　）。

A. 弹簧

B. 石蜡感应体

C. 支架

D. 壳体

18. 蜡式节温器的工作起始温度是（　）℃。

A. 35

B. 65

C. 85

D. 105

19. 冷却水温高于（　）℃时，节温器主阀门全开时，副阀门全关，冷却水全部流经散热器进行水的大循环，使发动机保持正常温度。

A. 35

B. 55

C. 65

D. 85

20. 高温型节温器在冷却液温度达（　）℃时，节温器全开，冷却液进行大循环。

理论知识	练习题

度超过 85 ℃时，主阀门全开，而副阀门此时正好完全关闭了小循环通路，这时来自气缸盖出水口的冷却水沿出水管全部进入散热器冷却，进行大循环。

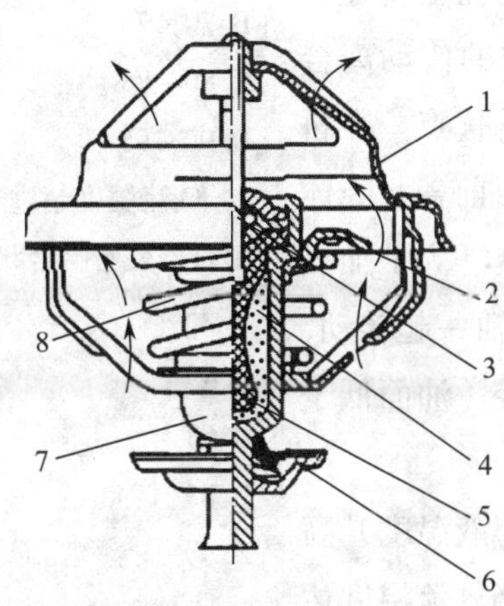

图 1-5-20 蜡式节温器的结构

1—支架 2—主阀门 3—推杆 4—石蜡 5—胶管 6—副阀门 7—外壳 8—弹簧

（2）节温器的检查与更换：当节温器失灵时，主阀门处于关闭状态，则出现过热现象，导致开锅现象的发生；反之，当节温器失灵时，主副阀门同处于开启状态，则冷却液不能进行小循环。蜡式节温器的检查如图 1-5-21 所示。检查时，将节温器浸入水容器中，并逐步加热提高水温，检查阀门的开启温度和阀门的提升情况。低温型节温器的温度为 65 ~ 70 ℃时，阀门开始开启，在达到 85 ℃时提升应大于 9 mm；高温型节温器的温度在 86 ~ 90 ℃时，阀门开始开启，在温度达到 105 ℃时阀门的升程应大于 9 mm。

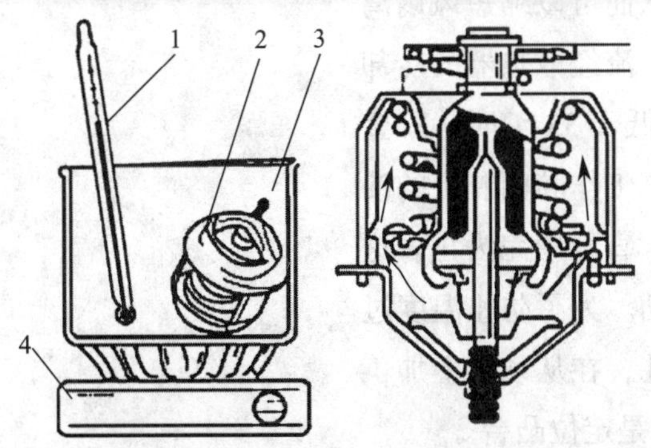

图 1-5-21 蜡式节温器的检查

1—温度计 2—节温器 3—水 4—电热炉

若冷却液不经散热器，致使发动机冷却系统节温器阀门升程很

A. 95

B. 100

C. 105

D. 115

21. 工况良好的节温器阀门全开时，要求阀门升起的高度应不少于（　　）mm。

A. 9

B. 10

C. 11

D. 12

22. 硅油式风扇离合器以（　　）为介质来传递扭矩。

A. 硅油

B. 汽油

C. 煤油

D. 柴油

理论知识

快衰减到 5 mm 以下时就不能继续使用，应予以更换。

5. 硅油式风扇离合器的原理与检修

（1）**结构特征：**硅油式风扇离合器是一种以硅油为扭矩传递介质，利用散热器后面的气流温度，自动控制硅油液力的传动离合器。它结构简单、工作效果好，并具有明显节省燃油的优点。在轿车、中小型及重型汽车发动机上都有所应用。其结构由前盖、壳体和从动板用螺钉组装为一体，通过轴承安装在主动轴上。为了加强对硅油的冷却，在前盖上铸有散热片。主动轴随水泵轴一起转动，风扇安装在壳体上。从动板与前盖之间的空腔为储油腔（油面低于轴中心线），从动板与壳体之间的空腔为工作腔。

（2）**工作原理：**当发动机负荷增加，散热器中冷却液温度升高到 90 ~ 95 ℃时，流经散热器的气流温度也随之升高，当气流温度达到 60 ~ 65 ℃时，感温器受热变形而带动阀片轴和阀片转动，进油孔打开。当吹向感温器的气流温度超过 65 ℃时，进油孔完全打开，硅油在离心力的作用下，从储油腔进入工作腔，主动板利用硅油的黏性即可带动壳体和风扇转动。此时风扇离合器处于啮合状态，风扇转速迅速升高，风扇的风量增大，冷却强度增大。在风扇离合器接合期间，硅油在壳体内不断地循环。由于主动板的转速比从动板高，因此在离心力作用下从主动板甩向工作腔外缘的油压比储油腔外缘的油压高，硅油从工作腔经回油孔流回储油腔，而储油腔又经进油孔及时地向工作腔补充油液。工作腔内的缝隙始终充满硅油使离合器处于接合状态。在从动板的回油孔旁有一个刮油凸起伸入工作腔的缝隙内，其作用是使离合器转动时回油孔一侧的硅油压力增高，使硅油从工作腔流回储油腔的速度加快，从而可以缩短风扇离合器回到分离状态的时间。若发动机负荷下降，流经散热器的冷却水温度降低，当吹向双金属感温器的气流温度低于 35 ℃时，双金属感温器恢复至原来形状，阀片将进油孔关闭。工作腔内剩余的油液在离心力的作用下继续从回油孔流向储油腔，直至用完为止。这时，风扇离合器又回到分离状态，风扇缓慢转动。为了防止温度过低，双金属感温器使阀片反向转动而打开进油孔，在从动板上加工出一个凸台，对阀片进行反向定位，这个凸台即是定位凸台。

（3）**检修方法：**发动机停止转动一段时间使发动机冷却后，用手拨动风扇叶片较为费力；当发动机启动、冷车中速运转 1 ~ 2 min 后，再用手拨动风扇叶片较为轻松，说明硅油风扇离合器工作状况正常。

练习题

23. 热状态检查启动发动机，使发动机温度接近（　　）℃时。用手拨动风扇叶片，感觉较费力为正常。

A. 60 ~ 65

B. 70 ~ 75

C. 80 ~ 85

D. 90 ~ 95

24. 气流温度超过（　　）℃时，风扇离合器处于啮合状态。

A. 25

B. 45

C. 65

D. 85

25. 吹向感温器的气流温度低于（　　）℃时，风扇离合器又恢复到分离状态。

A. 15

B. 25

C. 35

D. 45

理论知识

当温度达到 88 ℃时，将发动机熄火，用手拨动风扇，若拨不动，说明硅油风扇离合器工作正常；反之说明硅油风扇离合器有故障。

5.4　发动机润滑系统的检修

1. 润滑方式

（1）**压力润滑**：利用机油泵将具有一定压力的润滑油源源不断地送往摩擦表面，形成具有一定厚度并能承受一定机械负荷而不破裂的油膜，尽量将两摩擦零件完全隔开，实现可靠润滑的一种方式。

（2）**飞溅润滑**：利用发动机工作时某些运动零件（主要是曲轴与凸轮轴）飞溅起的油滴与油雾对摩擦表面进行润滑的一种方式。这种润滑方式形成的油膜强度较低，一般适用于暴露零件表面及相对运动速度较低、机械负荷较轻的零件润滑，如缸壁、凸轮、活塞销、挺柱等。

（3）**定期润滑**：发动机辅助系统中有些零件只需采用定期加注润滑脂的方式进行润滑，如发动机水泵轴承、发电机、起动机等总成的润滑，即采用这种方式。

2. 机油泵

（1）**作用**：建立足够的机油压力，保证机油在润滑系统内不断循环。

（2）**分类**：机油泵的结构形式可分为齿轮式、转子式和叶片式。齿轮式机油泵又分为内啮合齿轮泵和外啮合齿轮泵。

（3）**结构**：不同结构形式的机油泵有不同的结构组成，外啮合齿轮泵主要由齿轮、轴承、泵盖及传动轴等组成，内啮合齿轮泵主要由齿轮、齿圈、月牙板、泵盖等组成。

3. 机油滤清器

（1）**作用**：机油滤清器的功用是滤除机油中的金属磨屑、机械杂质和机油氧化物。如果这些杂质随同机油进入润滑系统，将加剧发动机零件的磨损，还可能堵塞油管或油道。

（2）**分类**

1）按过滤能力的不同，机油滤清器可分为集滤器、粗滤器、细滤器。

练习题

1. 发动机运转时，各运动零件的工作条件不同，所要求的润滑强度也不同，因而要采取不同的润滑方式，常用的润滑方式有（　　）、飞溅润滑、脂润滑。

A. 综合润滑
B. 压力润滑
C. 局部润滑
D. 喷射润滑

2.（　　）的作用是建立足够的机油压力。

A. 机油泵
B. 机油滤清器
C. 限压阀
D. 机油压力感应塞

3. 发动机油泵通常用外啮合齿轮泵，其结构组成主要有齿轮、轴承、泵盖及（　　）。

A. 叶片
B. 柱塞
C. 油管
D. 传动轴

4.（　　）的作用是将杂质从机油中清除。

A. 机油集滤器
B. 机油细滤器
C. 机油粗滤器
D. 机油滤清器

5.（　　）安装在发动机机油泵进油口的前端。

A. 机油集滤器
B. 机油细滤器
C. 机油粗滤器
D. 机油散热器

6. 润滑系统中，一般装有几个不同滤清能力的滤清器，即（　　）、粗滤器和细滤器。

理论知识

①集滤器安装在油泵进油口的前端，其作用是过滤油底壳沉淀的油泥或机油中其他比较粗糙的杂质，如图 1–5–22a 所示。

②粗滤器安装在气缸体的主油道上，是最常见的一种机油滤清器，如图 1–5–22b 所示。

③细滤器一般用于工作状况比较恶劣的大货车大功率发动机上，因为过滤阻力较大，只对部分润滑油进行过滤，如图 1–5–22c 所示。

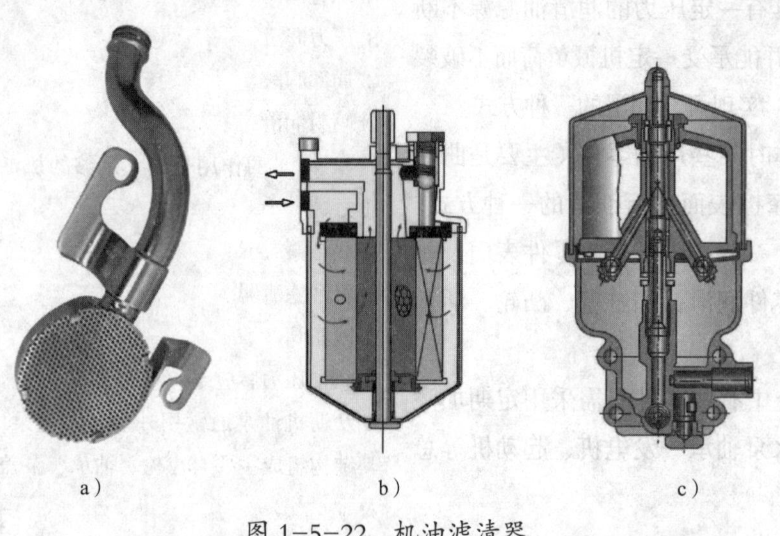

图 1–5–22　机油滤清器

a）集滤器　b）粗滤器（全流式）　c）细滤器（分流式）

2）按滤清方法的不同，机油滤清器可分为全流式（串联）和分流式（并联）两种。

①全流式机油滤清器串联于机油泵和主油道之间，因此全部机油都经过它滤清，目前在轿车上普遍采用全流式机油滤清器，也称为粗滤器。

②分流式机油滤清器并联于机油泵和主油道之间，因此只有部分机油经过它滤清，也称为细滤器。

4. 机油的选用

机油，即发动机润滑油，能对发动机起到润滑减磨、辅助冷却降温、密封防漏、防锈防蚀、减振缓冲等作用，被誉为汽车的“血液”。

（1）机油标号：机油标号包括分级和黏度规格两部分，如图 1–5–23 所示。第一个字母以 S 开头表示汽油发动机用油，以 C 开头代表柴油发动机用油；第二个字母表示分级，从 A 到 N 等级

练习题

A. 集滤器
B. 粗滤器
C. 细滤器
D. 滤清器

7. 在发动机润滑系统中并联于润滑系统内，并能滤出润滑油中微小杂质的装置是（　　）。
A. 机油集滤器
B. 机油细滤器
C. 机油粗滤器
D. 机油散热器

8. 机油滤清方法分为：滤清器与主油道串联—全流式滤清和（　　）两种。
A. 滤清器与主油道串联—分流式滤清
B. 滤清器与主油道并联—全流式滤清
C. 滤清器与主油道串联—合流式滤清
D. 滤清器与主油道并联—分流式滤清

9. 机油牌号为 SL 5W/40、10W/40、20W/40 的属于（　　）。
A. 汽油机油
B. SF 汽油机油
C. 柴油机油
D. SD 汽油机油

10. 机油牌号中，在数字后面带“W”字母，（　　），数字代表黏度等级。
A. 表示夏季使用机油
B. 表示柴油机油
C. 表示汽油机油
D. 表示低温系列，W 表示冬用

理论知识

逐步递增；5W 表示最低温度到 –30 ℃才会结冰，30 表示 100 ℃高温时的黏度规格。该标号机油质量等级为 SL 级，适用于气温范围在 –25 ~ 30 ℃的汽油发动机。

图 1–5–23　机油标号

依次类推，0W/40 的适用气温为 –35 ~ 40 ℃、5W/40 为 –30 ~ 40 ℃、10W/40 为 –25 ~ 40 ℃、15W/40 为 –20 ~ 40 ℃。

（2）注意区分柴油机油和汽油机油：根据 API 分级，S 系列属于汽油发动机机油，C 系列属于柴油发动机机油，二者之间不能替代使用。如图 1–5–24 所示，当标号中同时出现 S 和 C 时，表示该标号机油为汽、柴油通用型机油。

5. 机油检查

（1）油质检查：一般采用润滑油质量分析仪来检测发动机机油的好坏。也可用油斑检查法进行简易检查，如图 1–5–25 所示。用机油尺取出机油滴于中性滤纸上，检查其扩散的油迹。若中心沉积环颜色较深、颗粒较大，说明机油含杂质较多。

图 1–5–24　机油牌号

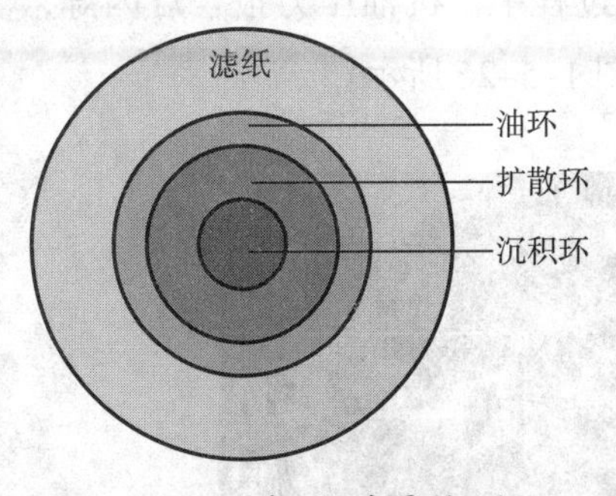

图 1–5–25　机油质量检测

（2）油量检查：检查时，汽车要停放在平地上，发动机熄火 3 min 后（待润滑油流回油底壳），抽出机油尺并将其擦净，再插回到底，重新抽出机油尺，在机油尺上就可以观察到润滑油油面位置。

练习题

11. 汽车制造厂有特别说明或标明润滑油是汽油机和柴油机的通用油时，（　　）。

A. 可以任意通用

B. 可在标明的级别内通用

C. 也不能通用

D. 大货车可以通用

12. 更换汽油发动机和柴油发动机机油时，润滑油（　　）。

A. 一般不能通用

B. 牌号相差不大时可以通用

C. 夏季可以通用

D. 冬季可以通用

13.（　　）用于发动机润滑油快速检测。

A. 润滑油质量分析仪

B. 油压表

C. 发动机分析仪

D. 尾气分析仪

14. 检查润滑油时，要求润滑油液面应位于油标尺（　　）。

A. 上刻线与下刻线之间

B. 下刻线以下

C. 上刻线以上

D. 任何位置即可

15. 更换发动机机油时，应（　　）。

A. 将汽车停在平坦的场地，在前、后车轮外垫上止滑块

B. 将汽车停放在坡道上

C. 在冷车的状态下

D. 润滑油的黏度越高越好

理论知识

若润滑油油面处于机油尺下刻度线的下方，应从加油口加注润滑油。

6. 更换机油

第一步：打开发动机罩，拧下机油加注口盖。

第二步：将车辆举升到一定高度，在油底壳下方放置旧油容器，找到油底壳的放油螺栓，在热车状态下，慢慢拧开放油螺栓，小心不要接触到热油。待机油放净后，装上放油螺栓。

第三步：将盛油容器移到油滤下方，使用机油滤清器扳手将滤清器拧松，再用手将其拧下。如果滤清器依然很热，记住一定要戴上手套。

第四步：根据车型，选择合适的机油滤清器。

第五步：使用新机油涂抹新滤芯的接口垫圈，用手将滤清器拧入，并按规定力矩拧紧。

第六步：将新机油倒入油底壳，注意参照用户使用手册的介绍。可以使用漏斗，防止将机油倒在发动机外部。检查发动机下部是否有泄漏。如果没有泄漏，放下车辆，检查机油尺，并启动发动机，启动后仪表上的指示灯应该马上熄灭。最后，关闭发动机重新检查机油量，并根据当地法规处理旧机油和滤芯。

7. 机油压力过低故障及排除方法

发动机工作时，必须保持正常的机油压力。如果机油压力过低，各摩擦表面会因得不到足够的润滑而加快磨损，进而酿成烧瓦、拉缸等严重事故。

（1）故障现象：发动机在工作过程中，机油压力报警灯闪烁，机油压力表显示低于标准压力，如图 1–5–26 所示。

图 1–5–26　机油压力过低指示

练习题

16. 更换发动机润滑油后，应该（　　），检查滤清器处应无润滑油泄漏。

A. 启动发动机

B. 清洁发动机

C. 盖上发动机舱盖

D. 检查冷却液

17. 机油指示灯亮，表示发动机润滑压力为危险界限，润滑油正常压力应为（　　）MPa。

A. 2 ~ 3

B. 1 ~ 2

C. 0.16 ~ 0.40

D. 5.40 ~ 27.4

18. 机油压力开关由膜片、（　　）及触点组成。

A. 弹簧

B. 压敏元件

C. 电阻

D. 电容

19. 机油压力报警灯开关装在（　　）上。

A. 润滑油主油道

B. 发动机曲轴箱

C. 气门室罩盖

D. 节气门体

20. 机油压力开关用于检测发动机润滑系统内有无机油（　　）。

A. 温度

B. 压力

C. 黏度

D. 流动

理论知识	练习题

机油压力报警灯开关由膜片、弹簧及触点组成，安装在润滑油主油道上，用于检测发动机润滑系统内的机油压力是否在正常范围内（0.16 ~ 0.40 MPa）。如果机油压力低于规定值，触点在弹簧的作用下闭合，机油压力报警灯点亮。

（2）故障原因及排除方法

1）机油油量不足：若机油油量不足，会使机油泵的泵油量减少或因进空气而泵不上油，致使机油压力下降。应在发动机工作温度正常后，熄火静置 5 min 后检查油底壳中的油位，保证有足够的油量。

2）机油泵停转：若机油泵的驱动齿轮与驱动轴的固定销剪断或配合键脱落，或机油泵吸入异物而将泵油齿轮卡死都会使机油泵停止运转，机油压力也随之降为零。应更换损坏的销轴或键；机油泵吸油口处应设置滤清器。

3）机油泵出油量不够：当机油泵泵轴与衬套之间的间隙、齿轮端面与泵盖的间隙、齿侧间隙或径向间隙因磨损而超过允许值时，都会导致泵油量减少，造成润滑压力下降的后果。应及时更换超差的机件或研磨泵盖平面，使之与齿轮端面的间隙恢复至 0.07 ~ 0.27 mm。

4）机油滤清器堵塞：当机油因滤清器堵塞而不能流通时，设在滤清器底座上的安全阀就被顶开，机油便不经过滤而直接进入主油道。如果安全阀的开启压力调得过高，当滤清器被堵塞时就不能及时顶开，于是，机油泵压力升高，内漏增加，对主油道的供油量相应减少，引起油压的下降。应经常保持机油滤清器的清洁；正确地调整安全阀的开启压力（一般为 0.35 ~ 0.45 MPa）；及时更换安全阀的弹簧或研磨钢珠与阀座的配合面，恢复其正常的工作性能。

5）回油阀损坏或失灵：为保持主油道有正常油压，此处设有回油阀。若回油阀弹簧疲劳软化或调整不当，阀座与钢珠的配合面磨损或被脏物卡住而关闭不严时，回油量便明显增加，主油道的油压也随之下降。应检修回油阀，将其开启压力调整至 0.28 ~ 0.32 MPa。

6）机油散热器或管路漏油会使油压下降。管路若被污物堵塞，也会因阻力增大而使油的流量减少，导致油压下降。应取出散热器，焊补或更换散热器，并经压力试验后方可使用；检查机油管路有无渗漏、破损，并清除管路污物。

21. 发动机机油压力低是由于（　　）。
A. 主油道调压阀内柱塞阀不能打开
B. 曲轴各轴承磨损超限
C. 机油黏度过大
D. 主油道调压阀内弹簧压紧力过大

22. 机油泵泵油压力过低会导致（　　）。
A. 泵油量过大
B. 曲轴轴承间隙过大
C. 凸轮轴轴承间隙过大
D. 曲轴轴承烧熔

理论知识

5.5 柴油机的检修

1. 柴油

柴油是为柴油机提供能源的燃料，其主要性能指标及分类如下。

（1）**性能指标**：①发火性。指柴油的自燃能力，16 烷值越高，发火性越好。②蒸发性。指柴油吸收热量由液态转化为气态的能力。③黏度。是液体流动时内摩擦力的量度，决定柴油的流动性。④凝点。指柴油冷却到开始失去流动性的温度。

（2）**分类**：按其所含重馏分的多少分为重柴油和轻柴油。

（3）**牌号**：根据凝点编定。轻柴油有 5、0、–10、–20、–35、–50 六个牌号。温度在 4 ℃以上时选用 0# 柴油；温度在 –5 ~ 4 ℃时选用 –10# 柴油；温度在 –14 ~ –5 ℃时选用 –20# 柴油；温度在 –29 ~ –14 ℃时选用 –35# 柴油；–29 ℃以下的高寒地区严冬选用 –50# 柴油。

2. 柴油机燃烧过程（见图 1–5–27）

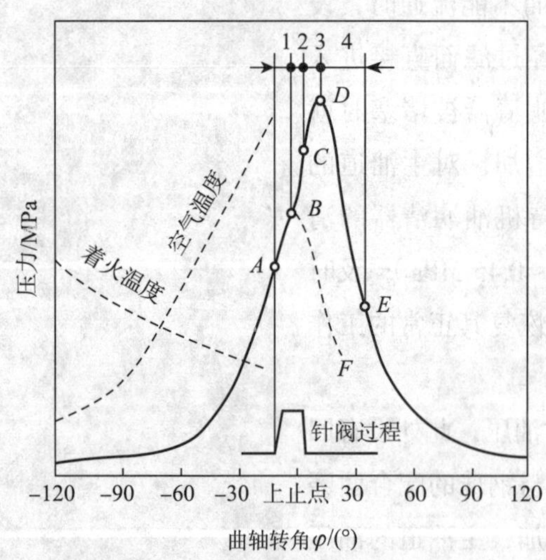

图 1–5–27　柴油机燃烧过程

（1）**备燃期**（*AB* 段）：从燃料喷入气缸到压力线脱离压缩压力线开始急剧升高这一段燃前准备时间。

（2）**速燃期**（*BC* 段）：柴油机的预混燃烧期在上止点附近快速进行，压力升高率大。形成第一峰放热。

练习题

1. 国产柴油的牌号按（　　）分类。
A. 密度
B. 凝点
C. 熔点
D. 十六辛烷值

2.（　　）轻柴油适合于高寒地区严冬使用。
A. –50#
B. –10#
C. 0#
D. 10#

3. 柴油机的燃烧过程包括（　　）、速燃期、缓燃期和后燃期。
A. 备燃期
B. 快燃期
C. 爆燃期
D. 着火落后期

4. 四冲程柴油机在进气行程时进入气缸内的是（　　）。
A. 空气
B. 柴油
C. 汽油
D. 可燃混合气

5. 柴油机的混合气形成与燃烧是在（　　）。
A. 进气管
B. 输油泵
C. 燃烧室
D. 喷油器

6. 柴油机燃烧室按结构形式可分为（　　）燃烧室和统一式燃烧室。
A. 球形
B. 分开式
C. U 形
D. W 形

理论知识

（3）**缓燃期**（*CD* 段）：柴油机的扩散燃烧期。

（4）**后燃期**（*DE* 段）：少量柴油的后续燃烧。

3. 柴油机燃油供给系统概述

与汽油机进入气缸的是一定比例的汽油—空气混合气不同，柴油机进入气缸的是纯净的空气，当曲轴转角接近压缩上止点位置时，通过输油泵从油箱汲取柴油，经喷油泵加压到足够的高压后（通常在 10 MPa 以上），由喷油器向燃烧室内喷射出高压雾状柴油，在燃烧室内形成混合气并被压燃。

（1）**柴油机燃油供给系统的组成**：主要由以下三部分组成，如图 1–5–28 所示。

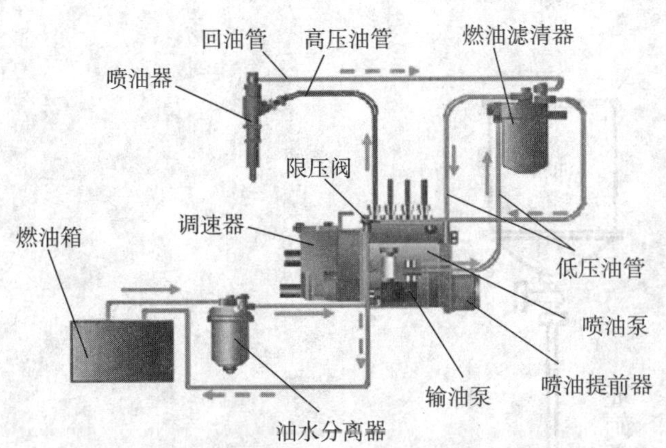

图 1–5–28　柴油机燃油供给系统的组成

1）低压油路：燃油箱→油水分离器→输油泵→低压油管→燃油滤清器→喷油泵入口端（输油泵油压：0.15～0.3 MPa）。

2）高压油路：喷油泵→高压油管→喷油器→气缸（喷油泵油压在 10 MPa 以上）。

四冲程柴油机在接近压缩行程终了（压缩上止点）时，高压柴油被喷入燃烧室。

3）调整装置：喷油提前调整装置、调速器。

（2）喷油过程

1）进油过程——柴油经低压油路进入高压喷油泵。

2）压油过程——喷油泵凸轮推动柱塞对进入泵腔内的柴油进行加压。

3）喷油过程——喷油泵内的柴油增压到一定程度时，克服针阀弹簧的压力，打开针阀，开始喷油。

练习题

7. 四冲程柴油机工作时，柴油在（　　）时进入气缸。

A. 进气行程

B. 接近压缩行程终了

C. 接近做功行程终了

D. 排气行程

8. 柴油机的喷油过程包括进油过程、（　　）、喷油过程、停油过程。

A. 输油过程

B. 增压过程

C. 压油过程

D. 保压过程

9. 泵喷嘴组成包括驱动部分、压力产生部分、（　　）、喷嘴。

A. 高压油管

B. 控制部分

C. 输油泵

D. 输油管

10. 喷油器未调试前，应做好（　　）使用准备工作。

A. 喷油泵试验台

B. 喷油器试验台

C. 喷油器清洗器

D. 压力表

11. 柴油机喷油器（　　）试验，以每秒 3 次的速度均匀地按动泵油手柄，直到开始喷油。

A. 倾斜性

B. 压力

C. 密封性

D. 防漏

12. 柴油机喷油器密封性试验，以每秒（　　）次的速度均匀地按动泵油手柄，直到开始喷油。

A. 1

B. 2

C. 3

D. 4

理论知识　　练习题

4）停油过程——喷油凸轮转过顶点后，急剧回落，喷油泵内压力骤降，针阀在弹簧力作用下重新关闭，停止喷油。

4. 喷油压力及密封性试验

喷油器试验用油应为沉淀后的“0”号轻柴油，进行喷油器密封性试验时，应以每秒 3 次的速度均匀地按动泵油手柄，直到开始喷油。具体操作步骤如下：

（1）按正确方法组装喷油器总成。

（2）做好喷油器试验台的准备工作，将喷油器与喷油器试验台按正确方法进行连接，如图 1–5–29 所示。

（3）用旋具拧松喷油器压力调整螺钉，快速摇动喷油器试验台手摇柄，排出油路和喷油器内的空气和油污。

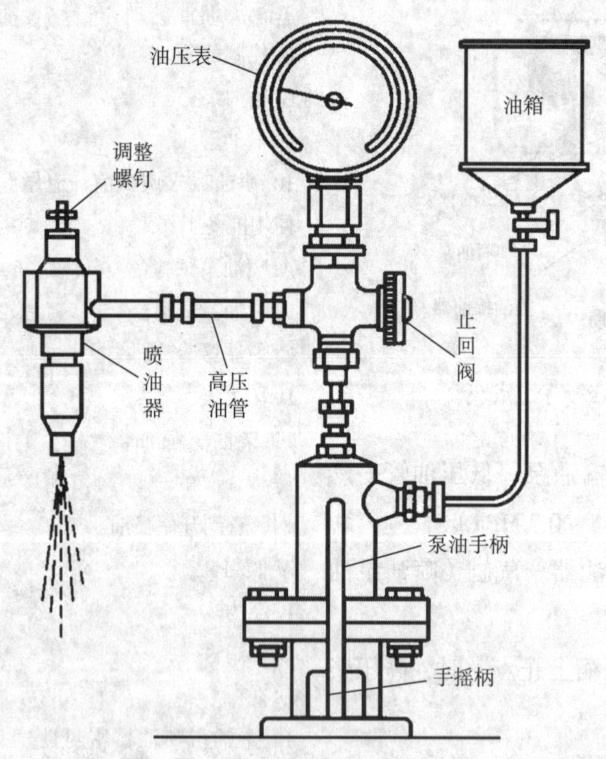

图 1–5–29　喷油器与喷油器试验台连接示意图

（4）用旋具慢慢拧紧喷油器压力调整螺钉，并缓慢泵油，当喷油器试验台油压表指针读数等于喷油器规定喷油压力值时，即拧紧喷油器压力调整螺钉锁紧螺母，继续泵油观察喷油压力是否有变化，若无变化则说明喷油压力已调至规定值。

（5）维持略低于规定喷油压力约 5 min，如喷油器喷孔处无明显滴漏，则说明密封性良好。

项目 6 汽车底盘检修

理论知识

6.1 离合器的检修

1. 离合器的作用及分类

（1）**作用：**离合器安装在发动机与传动系统之间，用来分离或接合两者之间的动力联系。在汽车行驶过程中，驾驶员可根据需要踩下或松开离合器踏板，使发动机与变速器暂时分离和逐渐接合，以切断或传递发动机向变速器输入的动力。

（2）**分类**

1）按从动盘数目可分为单片离合器和双片离合器。轿车、客车等中、小型汽车多采用单片离合器，双片离合器增加了一片从动盘，使得在其他条件不变的情况下，比单片离合器所能传动的转矩增大了一倍，多用于重型车辆上。

2）按压紧弹簧的形式可分为周布弹簧离合器、中央弹簧离合器和膜片弹簧离合器。日前，膜片弹簧离合器应用最广泛。膜片弹簧离合器的结构特点是膜片弹簧既是压紧机构，又起分离杠杆的作用，机构简单紧凑，零件少，质量轻；高速时压紧力稳定；由于压盘较厚，热容量大，不会产生过热。

2. 膜片弹簧离合器的组成

膜片弹簧离合器由主动部分、从动部分、压紧机构、操纵机构四部分组成，如图 1–6–1 所示。

（1）**主动部分：**由飞轮、离合器盖、压盘、传动钢片等组成，如图 1–6–2 所示。离合器盖与飞轮靠螺栓连接，压盘与离合器盖之间是靠 3 ~ 4 个传动钢片传递转矩的。压盘的作用是压住从动盘使从动盘跟着飞轮一起转动。传动钢片的主要作用是将离合器盖的动力传给压盘。

（2）**从动部分：**由从动盘、从动轴（又是变速器输入轴）组成。

（3）**压紧机构：**主要由压紧弹簧组成。

练习题

1.（　　）可使发动机与传动系统逐渐接合，保证汽车平稳起步。

A. 离合器

B. 变速器

C. 主减速器

D. 差速器

2. 单片离合器多应用于（　　）上。

A. 大型货车

B. 大型工程机械车

C. 中、小型汽车

D. 摩托车

3. 膜片弹簧离合器的压盘（　　），热容量大，不易产生过热。

A. 较大

B. 较小

C. 较薄

D. 较厚

4. 离合器传动钢片的主要作用是（　　）。

A. 将离合器盖的动力传给压盘

B. 将压盘的动力传给离合器盖

C. 固定离合器盖和压盘

D. 减小振动

5. 离合器的从动部分不包括（　　）。

A. 从动盘

B. 变速器输入轴

C. 离合器输出轴

D. 飞轮

理论知识

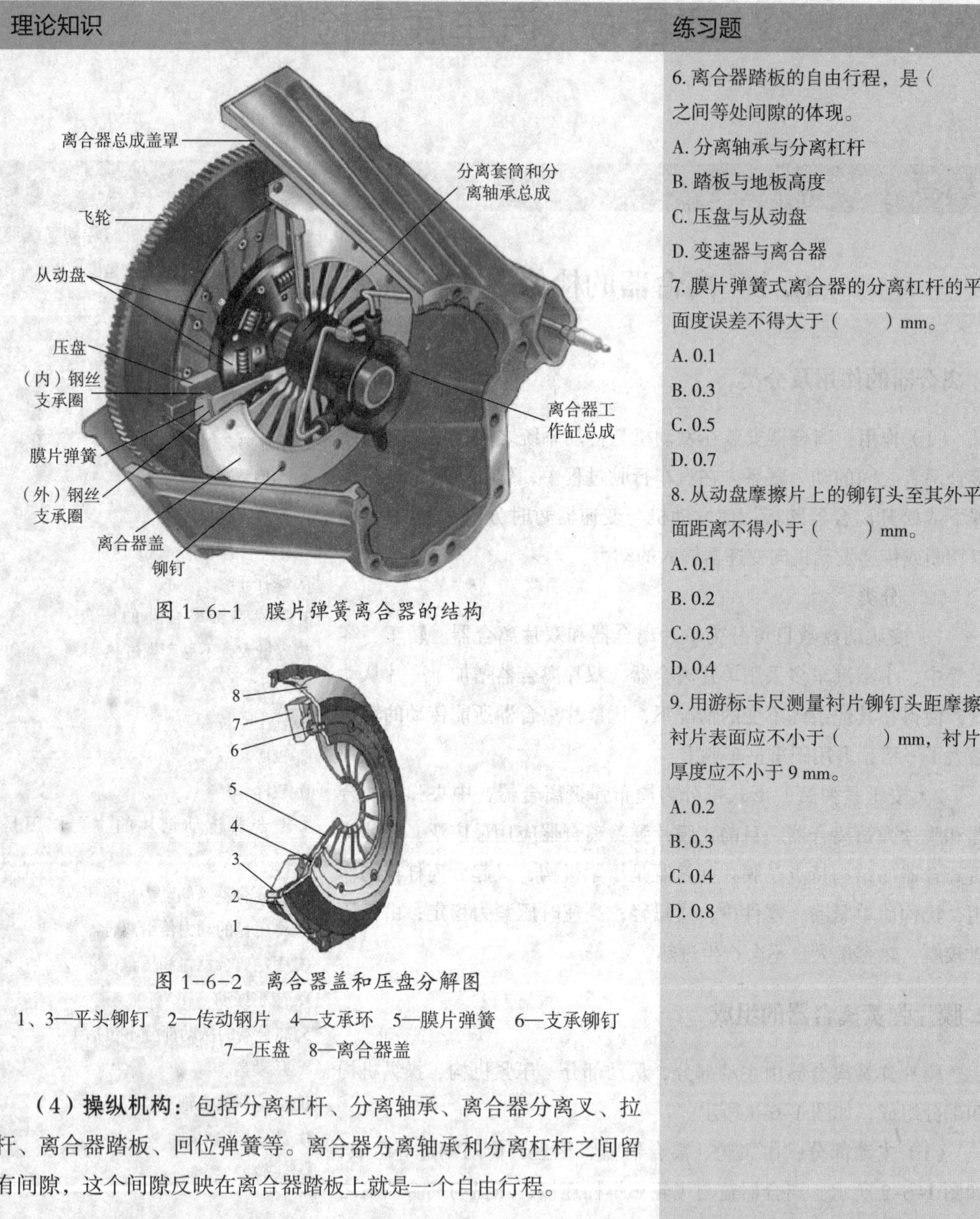

图 1-6-1　膜片弹簧离合器的结构

图 1-6-2　离合器盖和压盘分解图

1、3—平头铆钉　2—传动钢片　4—支承环　5—膜片弹簧　6—支承铆钉　7—压盘　8—离合器盖

（4）操纵机构：包括分离杠杆、分离轴承、离合器分离叉、拉杆、离合器踏板、回位弹簧等。离合器分离轴承和分离杠杆之间留有间隙，这个间隙反映在离合器踏板上就是一个自由行程。

3. 膜片弹簧离合器零部件的检修

（1）离合器从动盘摩擦片磨损、烧蚀、表面龟裂、油污、铆钉外露或松动、减振弹簧折断，均应更换新件。

（2）用游标卡尺测量从动盘铆钉头至其外平面距离不得小于0.3 mm，否则应更换新摩擦片。

练习题

6. 离合器踏板的自由行程，是（　　）之间等处间隙的体现。

A. 分离轴承与分离杠杆

B. 踏板与地板高度

C. 压盘与从动盘

D. 变速器与离合器

7. 膜片弹簧式离合器的分离杠杆的平面度误差不得大于（　　）mm。

A. 0.1

B. 0.3

C. 0.5

D. 0.7

8. 从动盘摩擦片上的铆钉头至其外平面距离不得小于（　　）mm。

A. 0.1

B. 0.2

C. 0.3

D. 0.4

9. 用游标卡尺测量衬片铆钉头距摩擦衬片表面应不小于（　　）mm，衬片厚度应不小于 9 mm。

A. 0.2

B. 0.3

C. 0.4

D. 0.8

理论知识	练习题

（3）用游标卡尺测量从动盘铆钉头与摩擦衬片表面距离，该距离应不小于 0.8 mm，衬片厚度应不小于 9 mm，如图 1–6–3 所示。

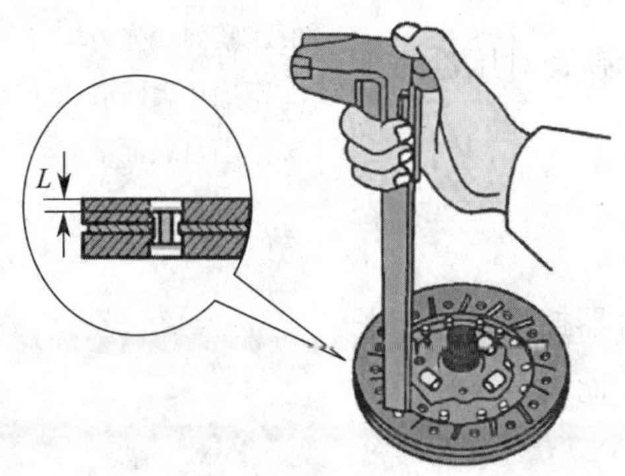

图 1–6–3　测量铆钉头部深度

（4）分离杠杆的平面度误差不得大于 0.5 mm。

4. 离合器分离不彻底的故障现象及原因

（1）故障现象：发动机怠速运转时，踩下离合器踏板，挂挡有齿轮撞击声，且难以挂入；如果勉强挂上挡，则在离合器踏板尚未完全放松时，发动机熄火。

（2）故障原因

1）离合器踏板自由行程过大。

2）离合器间隙过大。

3）从动盘钢片翘曲、摩擦片破裂或铆钉松动。

4）新换的摩擦片太厚或从动盘正反装错。

5）从动盘花键孔与变速器第一轴花键轴卡滞。

6）离合器液压操纵机构漏油、有空气或油量不足。

7）膜片弹簧弹力减弱或指端磨损。

8）发动机支承磨损或损坏，发动机与变速器不同心。

5. 离合器打滑的故障现象及原因

（1）故障现象：汽车起步时，松开离合器踏板后，汽车不能起步或起步困难；汽车加速行驶时，车速不能随发动机转速的提高而提高，驾驶员感到行驶无力，严重时产生焦臭味或冒烟等现象。

（2）故障原因

1）离合器踏板没有自由行程，使分离轴承压在分离杠杆上。

2）压盘或飞轮工作面烧蚀或磨损严重。

10. 离合器间隙过大，离合器将出现（　　）故障。

A. 打滑

B. 分离不开

C. 发抖

D. 异响

11. 离合器踏板自由行程过大，会造成离合器（　　）。

A. 打滑

B. 分离不彻底

C. 起步发抖

D. 半接合状态

12. 汽车离合器液压操纵系统漏油或有空气，会引起（　　）。

A. 离合器打滑

B. 离合器分离不彻底

C. 离合器异响

D. 离合器接合不柔和

13. 汽车离合器压盘及飞轮表面烧蚀的主要原因是离合器（　　）。

A. 打滑

B. 分离不彻底

C. 动平衡破坏

D. 踏板自由行程过大

14. 膜片弹簧离合器的从动盘磨损，压盘前移，膜片弹簧对压盘的压力将（　　）。

A. 减小

B. 增大

C. 不变

D. 消失

15. 为分析离合器打滑故障存在的原因，应最先进行检查的项目是（　　）。

A. 检查离合器踏板自由行程

B. 检查离合器盖，飞轮连接螺钉是否松动

C. 检查离合器分离杠杆内端面高低

D. 检查离合器摩擦片

理论知识 | 练习题

3）离合器盖与飞轮的连接松动，使压紧力减弱。

4）从动盘摩擦片有油污、烧蚀、表面硬化、铆钉外露、表面不平，使摩擦系数下降。

5）从动盘摩擦片磨损严重，压盘前移，膜片弹簧对压盘的压力将减小，导致离合器打滑。

6. 离合器发抖的故障现象及原因

（1）**故障现象**：汽车起步或行驶换挡后，离合器按正常操作平缓接合时，汽车不是逐渐平滑、柔和地增加速度，而是全车轻微抖动，直至离合器完全接合。

（2）**故障原因**

1）从动盘摩擦片有油污、破裂、凹凸不平或铆钉外露。

2）离合器分离杠杆内端面不在同一平面内。

3）压盘、从动盘磨损不均或翘曲不平。

4）从动盘摩擦片扭振弹簧失效。

5）离合器从动盘花键磨损过大。

16. 离合器发抖的故障原因是（　　）。

A. 离合器分离杠杆内端面不在同一平面内

B. 压紧弹簧弹力均匀

C. 摩擦片表面清洁

D. 从动盘表面平整

6.2　变速器的检修

1. 手动变速器的组成

汽车手动变速器的作用包括：改变传动比，扩大驱动轮转矩和转速的变化范围，以适应经常变化的行驶条件，同时使发动机在有利的工况下工作；在发动机旋转方向不变的条件下使汽车能倒退行驶；在离合器接合状态时可中断发动机与驱动轮之间的动力传递，以满足汽车短暂停车和润滑等情况的需要。

手动变速器由箱体与箱体盖、变速传动机构、变速操纵机构组成，如图 1–6–4 所示。

（1）**变速传动机构**：由齿轮与同步器、轴承、密封件、调整垫圈、输入轴、输出轴等组成。其作用是传递转矩并改变转矩大小或方向。

（2）**变速操纵机构**：由变速器操纵杆、拨叉与拨叉轴、自锁装置、互锁装置、倒挡锁等组成。其作用是保证驾驶员能准确可靠地使变速器挂入所需要的任一挡位工作，并可随时使之退到空挡。

1.（　　）在离合器接合状态时，可中断发动机与驱动轮之间的动力传递，以满足汽车短暂停车和润滑等情况的需要。

A. 变速器

B. 离合器

C. 差速器

D. 主减速器

2. 变速器的组成部分中用于传递转矩并改变转矩方向的是（　　）。

A. 壳体

B. 同步器

C. 齿轮传动机构

D. 操纵机构

3. 变速器操纵机构由（　　）、拨叉、拨叉轴、锁止装置和变速器盖等组成。

A. 变速器操纵杆

B. 输入轴

C. 变速器壳体

D. 控制系统

理论知识	练习题

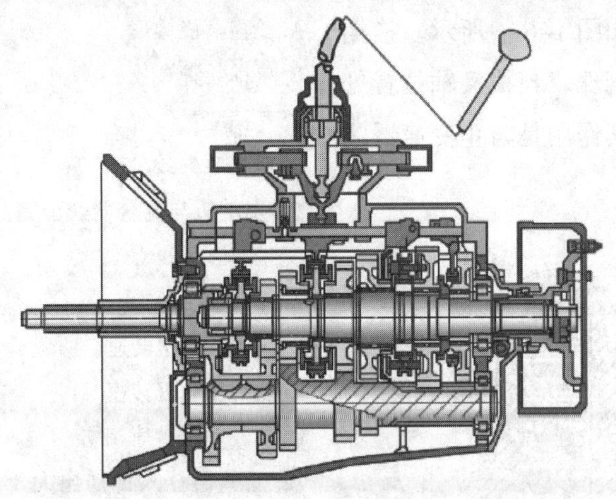

图 1-6-4　变速器的组成

2. 同步器

手动变速器在换挡过程中，必须使即将啮合的一对齿轮的圆周速度达到相同，即同步才能顺利地啮合而挂上挡。如果不同步而强行挂挡，其齿端将会发生冲击磨损，影响齿轮的使用寿命，甚至折断齿牙。为了解决这个问题，出现了同步器。目前所用的同步器几乎都采用摩擦惯性式同步器。

（1）**作用：**将两个转速不同的齿轮连接起来使之同步及减小换挡所引起的齿轮冲击。

（2）**组成：**摩擦惯性式同步器是利用摩擦原理实现同步的。锁环式惯性同步器是摩擦惯性式同步器的一种，主要由锁环、接合套、定位滑块等组成，如图 1-6-5 所示。

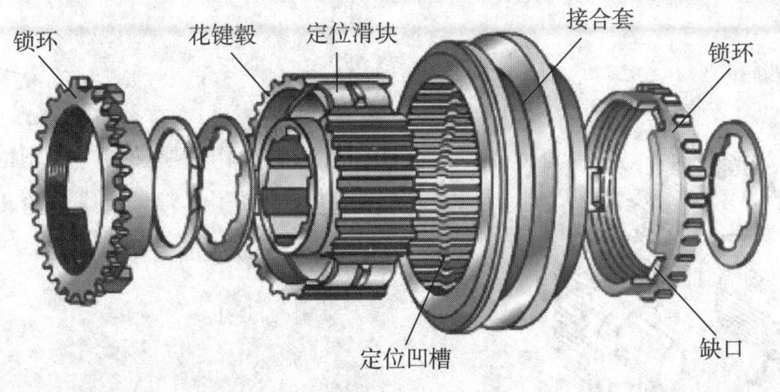

图 1-6-5　锁环式惯性同步器

3. 自锁装置和互锁装置

在振动等条件影响下，操纵机构应保证变速器不自行挂挡或自

4.（　　）不属于汽车普通变速器的组成。

A. 液力变矩器

B. 拨叉

C. 拨叉轴

D. 变速器盖

5. 变速器在换挡过程中，必须使即将啮合的一对齿轮的（　　）达到相同，才能顺利地挂上挡。

A. 角速度

B. 线速度

C. 转速

D. 圆周速度

6. 装备手动变速器的汽车，可安装（　　）来减小换挡所引起的齿轮冲击。

A. 同步器

B. 差速器

C. 离合器

D. 制动器

7.（　　）的作用是将两个转速不同的齿轮连接起来使之同步。

A. 同步器

B. 差速器

C. 离合器

D. 制动器

8. 同步器依靠（　　）来实现动力的传递。

A. 摩擦

B. 啮合

C. 链条

D. 齿带

9. 变速器自锁装置的主要作用是防止（　　）。

A. 变速器乱挡

B. 变速器跳挡

C. 变速器误挂倒挡

D. 挂挡困难

10. 造成变速器乱挡原因之一是（　　）。

理论知识

行脱挡。为此在操纵机构中设有自锁装置，如图 1–6–6 所示。换挡拨叉轴上方有三凹坑，上面有被弹簧压紧的钢珠。当拨叉轴位置处于空挡或某一挡位置时，钢珠压在凹坑内。其作用是防止变速器跳挡，起到了自锁作用。

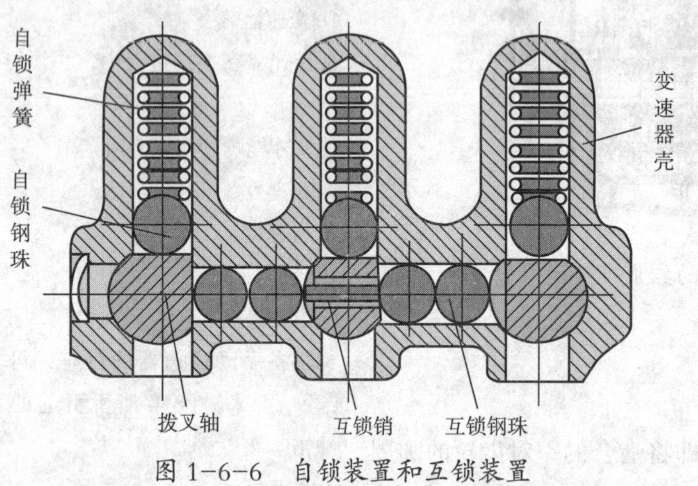

图 1–6–6　自锁装置和互锁装置

当中间换挡拨叉轴移动挂挡时，另外两个拨叉轴被钢球及互锁销锁住。其作用是防止变速器乱挡，起到了互锁作用。

4. 手动变速器的变速变矩原理

如图 1–6–7 所示，当以小齿轮为主动齿轮时（即 $z_{\mathrm{I}} < z_{\mathrm{II}}$），其转速经大齿轮传出时就降低，但扭矩增大，称为减速增扭，此时传动比 $i>1$；当以大齿轮为主动齿轮时（即 $z_{\mathrm{I}} > z_{\mathrm{II}}$），其转速经小齿轮传出时就升高，但扭矩减小，称为增速减扭，此时传动比 $i<1$。这就是手动变速器的变速变矩原理。

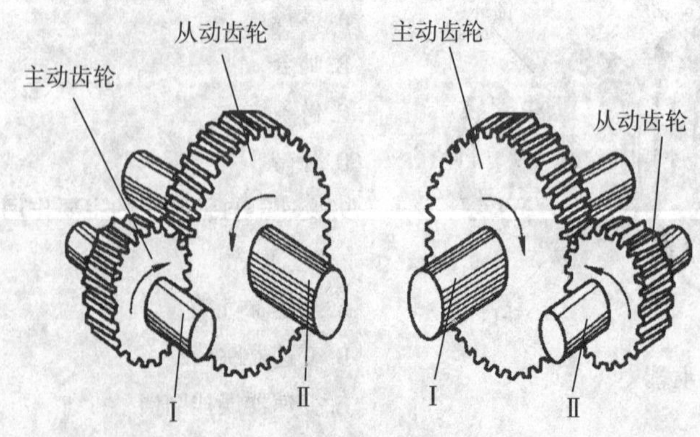

图 1–6–7　变速器的变速变矩原理

练习题

A. 轮齿磨成锥形

B. 自锁装置失效

C. 互锁装置失效

D. 倒挡锁失效

11. 发动机与离合器处于完全接合时，变速器输入轴（　　）。

A. 不转动

B. 高于发动机转速

C. 低于发动机转速

D. 与发动机转速相同

12. 变速器挂入传动比大于 1 的挡位时，变速器实现（　　）。

A. 减速增扭

B. 增扭升速

C. 增速增扭

D. 减速减扭

13. 变速器通过切换不同的传动比啮合副（换挡）达到改变转速和（　　）的目的，满足不同行驶条件对牵引力的需要。

A. 扭矩

B. 力矩

C. 转速

D. 传动比

14. 乘用车辆变速器齿轮齿长磨损不得超过原齿长的（　　）%。

A. 20

B. 25

C. 30

D. 35

15. 齿轮的工作面腐蚀斑点及剥落面积超过齿面约（　　），或齿轮出现裂纹，应予以更换。

A. 1/8

B. 1/4

C. 3/8

D. 1/2

16. 变速器不常接合齿轮齿厚磨损不得超过（　　）mm。

A. 0.2

理论知识

5. 汽车变速器修理技术条件

（1）技术要求

汽车变速器修理技术要求见表 1-6-1。

表 1-6-1　　汽车变速器修理技术要求

零部件	技术要求
齿轮与花键	齿轮损伤表现为齿面、齿顶、齿轮中心孔、花键齿磨损，齿面疲劳脱落、斑点，严重时会出现轮齿断裂、破碎等现象。齿轮的工作面腐蚀斑点及剥落面积超过齿面的 1/4，或齿轮出现裂纹时应予更换
	接合齿轮或相配合的滑动齿轮齿端部位磨损量不得超过齿宽的 15%
	商用车辆变速器常啮合齿轮齿厚磨损不超过 0.25 mm，啮合间隙一般不大于 0.50 mm；不常啮合齿轮齿厚磨损不超过 0.40 mm，啮合间隙不超过 0.60 mm；乘用车辆变速器齿轮的啮合间隙正常值为 0.05 ~ 0.15 mm，使用极限为 0.25 mm，超过极限应更换相应齿轮。齿轮内花键齿厚磨损不得超过 0.20 mm，齿长磨损不得超过原齿长的 30%；否则，应予以更换
变速器壳体	变速器壳体上各承孔轴线的平行度公差允许比原设计规定增加 0.02 mm
	壳体上平面长度不大于 250 mm 时，其平面度公差为 0.15 mm；大于 250 mm 时，平面度公差为 0.20 mm

（2）检验规则

1）磨合与试验。变速器装合后，应在试验台上磨合并进行无负荷、有负荷试验。负荷为传递最大扭矩的 30% 左右。运转前，选用并按规定容量加注清洁的汽油机润滑油。各挡运转时间的总和一般不少于 1 h。

2）运转中，第一轴转速在 1 000 ~ 2 000 r/min、油温在 15 ~ 65 ℃时，不允许有自动脱挡、跳挡现象。操纵机构和同步器换挡应轻便、灵活、迅速、可靠。运转和换挡时均不得有异常响声。变速杆不允许有明显的抖动现象。所有密封装置不得有漏油现象，润滑油温度不得比正常室内气温高出 40 ℃。

（3）变速器最大噪声及测试方法应符合国家有关规定

变速器噪声测试持续时间在 30 s 以上：乘用车变速器前进挡噪声不大于 83 dB，倒挡噪声不大于 85 dB；商用车变速器前进挡噪声

练习题

B. 0.25

C. 0.3

D. 0.4

17. 变速器常啮合齿轮齿厚磨损不得超过（　　）mm。

A. 0.2

B. 0.25

C. 0.3

D. 0.35

18. 变速器壳上各承孔轴线的平行度公差允许比原设计规定增加（　　）mm。

A. 0.01

B. 0.02

C. 0.03

D. 0.04

19. 变速器壳上平面长度大于 250 mm，平面度公差为（　　）。

A. 0.1

B. 0.15

C. 0.2

D. 0.25

20. 用百分表测量变速器输出轴的径向跳动量要求不大于（　　）mm，使用极限为 0.06 mm。

A. 0.02

B. 0.025

C. 0.03

D. 0.035

21. 变速器竣工验收时，应进行（　　）试验。

A. 有负荷

B. 无负荷

C. 热磨合

D. 无负荷和有负荷

22. 变速器验收时各密封部位不得漏油，润滑油温度不得超过室温（　　）℃。

A. 40

B. 50

理论知识

不大于 86 dB，倒挡噪声不大于 88 dB。

6. 手动变速器油的更换

（1）将车辆停放在举升机的中央位置，拉紧驻车制动装置，并将变速器置于空挡。操纵举升机，将车辆举升到轮胎最低点距离地面约 20 cm 的高度，并锁止提升臂。

（2）打开点火开关并启动发动机，保持发动机怠速运转。操纵变速手柄，将变速器挂入 1 挡。2 ~ 3 min 后，将变速器挂入空挡，并关闭点火开关。

注意：车辆带挡短时间空行，目的是提高变速器温度至温热状态，降低油液黏度，有利于彻底放油，减少变速器内残余油量。

（3）举升车辆到一定高度，拆卸放油螺栓，排出油液。油液排完后，安装放油螺栓并拧紧。通过加油口添加新变速器油，直至油位正好低于加油口塞开口为止。安装加油口塞并拧紧。

7. 自动变速器的组成

自动变速器主要由液力变矩器、机械变速器、液压控制系统、电子控制系统组成。

（1）液力变矩器：由泵轮、涡轮、导轮等组成。

（2）机械变速器：机械变速装置由齿轮变速机构和换挡执行机构组成。换挡执行元件包括离合器、制动器和单向离合器。

1）离合器：其作用是连接。将两个运动件连接在一起。

2）制动器：其作用是固定。将一个运动件和固定件连接在一起。

3）单向离合器：其作用是锁止。允许一个运动件单方向旋转。

（3）液压控制系统：由滑阀、弹簧、钢球及各种阀体（如单向阀用于控制油路，使自动变速器油只能朝一个方向流动。主调节阀是根据车速和节气门开度的变化自动调节流向各液压系统的油压，保证各系统液压的稳定，使各信号阀工作平稳）组成。

（4）电子控制系统：由各种传感器、执行器、控制开关及计算机等组成，传感器及开关检测信息（如节气门位置传感器检测节气门位置信息，ATF 油温度传感器检测自动变速器油温度信息）并传给计算机，计算机通过分析运算向各个执行器发出信号，以操纵阀体中各个控制阀的工作，实现对自动变速器的控制，如图 1-6-8 所示。

练习题

C. 80

D. 90

23. 验收变速器时，各挡噪声一般均不得高于（　　）dB。

A. 83

B. 85

C. 88

D. 90

24. 手动变速器某常啮合齿轮副只更换一个齿轮，可导致（　　）。

A. 异响

B. 挂不上挡

C. 脱挡

D. 换挡困难

25. 更换变速器齿轮油时，应先使变速器齿轮升温，齿轮油处于（　　）状态下，拧下放油孔螺栓，放出齿轮油，再将放油孔螺栓拧牢固。

A. 冷

B. 温热

C. 常温

D. 任意温度

26. 手动变速器在进行维护检查时，首先应将变速器手柄置于（　　）挡位置。

A. 前进

B. 滑行

C. 倒车

D. 空

27. 自动变速器内的离合器的作用是（　　）。

A. 连接

B. 固定

C. 锁止

D. 制动

28. 自动变速器内的单向离合器的作用是（　　）。

A. 连接

B. 固定

C. 锁止

理论知识　　练习题

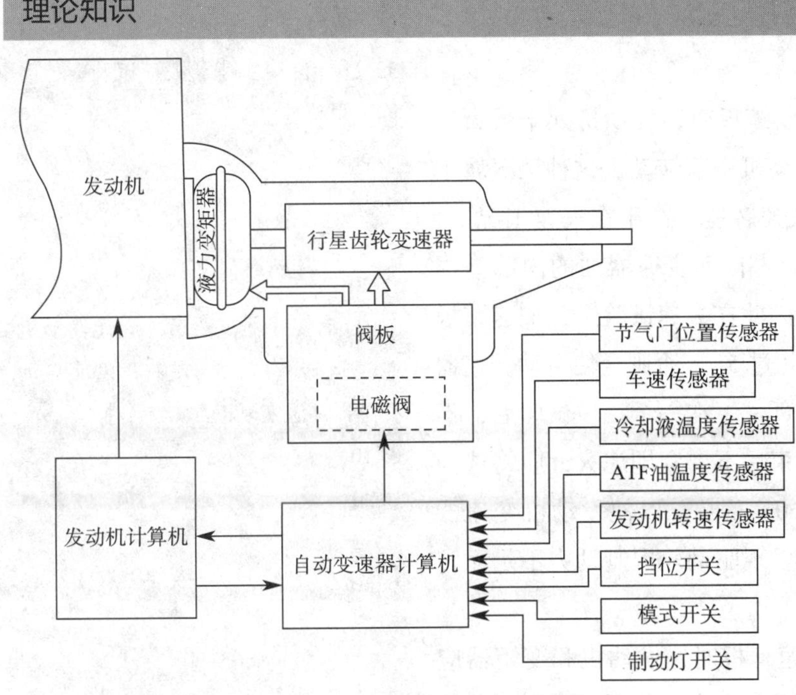

图 1-6-8　自动变速器的电控系统

8. 自动变速器失速试验

失速试验是检查发动机、变矩器及自动变速器中有关换挡执行元件工作是否正常的一种方法。

（1）准备工作

1）让汽车行驶至发动机和自动变速器均达到正常工作温度。

2）检查汽车的脚制动和手制动，确认其性能是否良好。

3）检查自动变速器液压油高度，应正常。

（2）试验步骤

1）将汽车停放到宽阔的水平路面上，车轮前后用木块挡住。

2）拉紧驻车制动，左脚踩住制动踏板。

3）启动发动机。

4）将选挡杆拨入“D”挡位。

5）在左脚踩紧制动踏板的同时，用右脚将加速踏板踩到底，迅速读取发动机的最高转速。

6）读取转速后立即松开加速踏板。

7）将选挡杆拨入“P”“N”挡位后，使发动机怠速运转 1 min 以上，以防止自动变速器油温过高变质。

8）将选挡杆拨入“R”挡位，做同样的试验。

D. 制动

29. 自动变速器内制动器的作用是（　　）。

A. 连接

B. 固定

C. 锁止

D. 制动

30.（　　）的作用是检测自动变速器油温度。

A. 自动变速器油温度传感器

B. 空挡开关

C. 车速传感器

D. 输入轴转速传感器

31.（　　）用于控制油路，使自动变速器油只能朝一个方向流动。

A. 主调节阀

B. 手动阀

C. 换向阀

D. 单向阀

32. 自动变速器进行维护作业检查时，首先应将变速器手柄置于（　　）挡位置。

A. P

B. S

C. R

D. N

理论知识 | 练习题

（3）注意事项

1）在前进挡或倒挡同时踩住制动踏板时，发动机处于最大工况，而此时自动变速器壳及泵轮随发动机一起转动，这种工况属于失速工况，此时发动机的转速称为失速转速。由于在失速工况下，发动机的动力全部消耗在液力变矩器内自动变速器油的内部磨损上，自动变速器的油温将急剧上升，因此在失速试验中，加速踏板从踩下到松开的整个过程的时间不得超过 5 s，否则会使自动变速器因油温过高而变质，甚至损坏密封等部件。在一个挡位试验后，不要立即进行另一个挡位试验，试验结束后不要立即熄火，应将选挡杆拨到空挡或停车挡，发动机怠速 60 s 左右，以使发动机变速器油温恢复正常。如果在试验的过程中发现驱动轮因制动力不足而转动，应立即松开加速踏板，停止试验。

2）另外，在试验中，当踩下加速踏板时，发动机和变矩器应有很大的轰鸣声，但不应听到任何金属撞击声和尖锐声，否则为发动机或传动系统工况不正常。

33. 进行自动变速器失速试验时，时间不得超过（　　）s。

A. 5

B. 10

C. 15

D. 20

34. 自动变速器试验后，应让发动机怠速运转（　　）s 左右，以使自动变速器油温恢复正常。

A. 10

B. 20

C. 30

D. 60

6.3　万向传动装置的检修

1. 汽车传动系统的组成

传动系统一般由离合器、变速器、万向传动装置、主减速器、差速器和半轴等组成，如图 1–6–9 所示。汽车传动系统的布置形式有以下几种：前置后驱、前置前驱、中置后驱、后置后驱、四轮驱动。其中前置后驱是传统的布置形式，大多数货车、部分轿车和客车采用前置后驱形式。

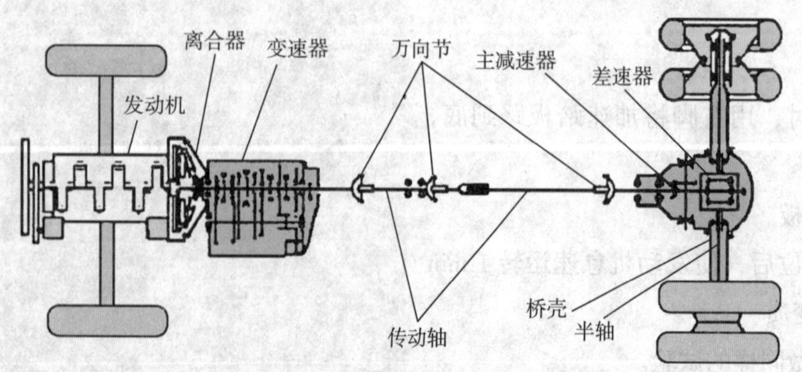

图 1–6–9　传动系统的组成

1. 通常汽车传动系统动力最后经过（　　）传递给驱动轮。

A. 离合器

B. 变速器

C. 主减速器

D. 半轴

2. 汽车传动系统的传动形式中，（　　）是一种最传统的布置形式，且主要用于大、中型载货汽车上。

A. 发动机前置，后轮驱动

B. 发动机前置，前轮驱动

C. 发动机后置，后轮驱动

D. 四轮驱动

理论知识

2. 万向传动装置的组成

万向传动装置的作用是在轴线相交且相互位置经常发生变化的两转轴之间传递动力。万向传动装置主要包括万向节、传动轴和中间支承，如图 1-6-10 所示。

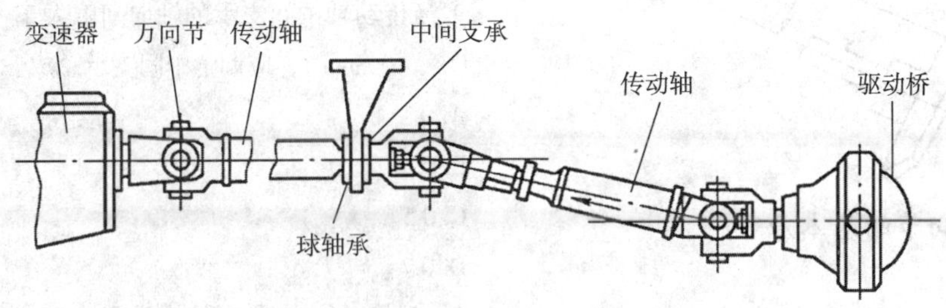

图 1-6-10　万向传动装置的组成

（1）万向节

汽车上采用刚性万向节较多，刚性万向节按其速度特性又分为不等速万向节、准等速万向节和等速万向节。不等速万向节主要用在发动机前置、后轮驱动的变速器和驱动桥之间。前轮驱动汽车普遍使用等速万向节。

1）不等速万向节：如图 1-6-11 所示，十字轴式刚性万向节为汽车上广泛使用的不等速万向节，它允许相邻两轴的最大夹角为 15°~20°。十字轴式刚性万向节主要由十字轴、万向节叉、安全阀、滚针、套筒等组成。

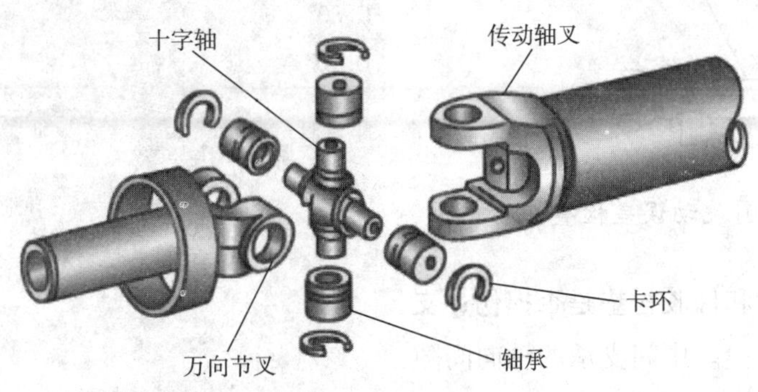

图 1-6-11　十字轴式万向节的组成

2）等速万向节：如图 1-6-12 所示，等速万向节基本原理是两个大小相同锥齿轮的接触点 P 位于两齿轮轴线夹角 α 的平分面上，由 P 点到两轴的垂直距离都等于 r，P 点处两齿轮的圆周速度相等。若万向节的传力点在其夹角变化时始终位于两轴夹角的平分面

练习题

3. 汽车万向传动装置一般由万向节、(　　) 和中间支承组成。

A. 变矩器

B. 半轴

C. 传动轴

D. 拉杆

4. 前驱动轿车的半轴上均安装（　　）万向节。

A. 普通

B. 十字轴

C. 准等速

D. 等速

5. 汽车万向传动装置的十字轴万向节主要由十字轴、万向节叉和（　　）组成。

A. 套筒

B. 滚针

C. 套筒和滚针

D. 双联叉

6. 十字轴式万向节允许相邻两轴的最大夹角为（　　）。

A. 10° ~ 15°

B. 15° ~ 20°

C. 20° ~ 25°

D. 25° ~ 30°

7. 等速万向节的基本原理是从结构上保证万向节在工作过程中，其传力点永远位于（　　）。

A. 两轴交点上

B. 两轴夹角的平分面上

C. 两轴夹角的平分线上

D. 两轴夹角的 1/2 处

理论知识

上，就能保证等角速传动，即传力点永远位于两轴夹角的平分面上。

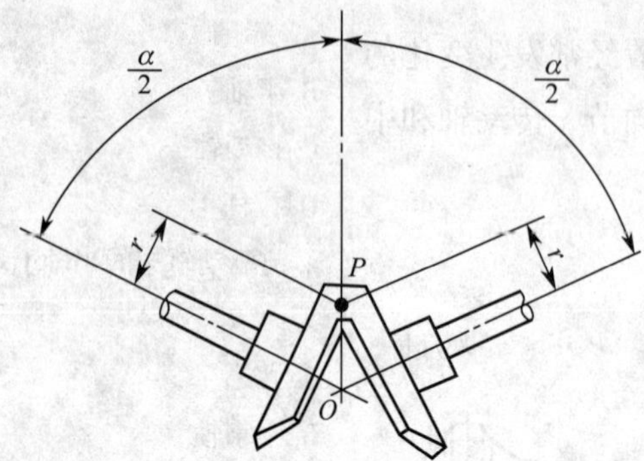

图 1-6-12　等速万向节的基本原理

（2）传动轴

传动轴是万向传动装置中的主要传力部件。通常用来连接变速器（或分动器）和驱动桥，在转向驱动桥和断开式驱动桥中，则用来连接差速器和驱动轮。

3. 传动轴的检修

（1）传动轴表面不得有明显的凹陷和任何性质的裂痕。检查传动轴的径向圆跳动误差，方法如图 1-6-13 所示，超过标准时（全长小于 1 m 的传动轴径向圆跳动误差不超过 0.8 mm；全长大于 1 m 的传动轴径向圆跳动误差不大于 1.0 mm），可采用冷压法校正。

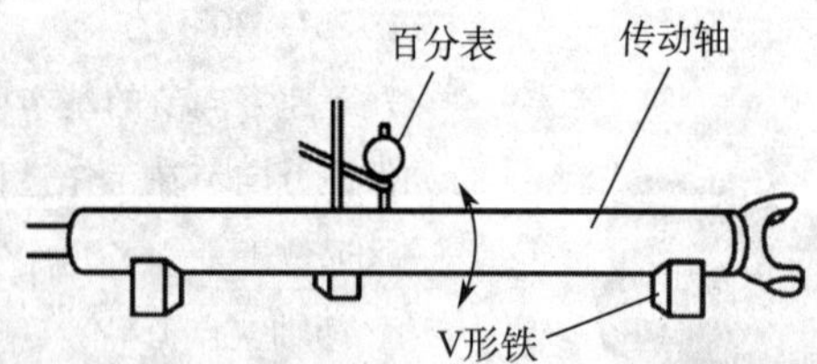

图 1-6-13　传动轴轴管的径向圆跳动误差检查

（2）检查传动轴中间支承，检查油封和橡胶衬垫是否损伤；支承轴承转动是否灵活；若不符合要求应更换。中间支承的轴向间隙应不大于 0.3 mm，径向间隙应不大于 0.05 mm。

（3）对传动轴总成进行动平衡，要求在传动轴两端的最大不平衡值不大于 10 g · cm。

（4）装传动轴时，十字轴轴颈如有压痕，压痕不严重且不在传力面时，可将十字轴由原装配位置旋转 90° 装复。

练习题

8. 检查传动轴轴管的最大径向跳动量，其值应不大于（　　）mm。

A. 0.2

B. 0.4

C. 0.6

D. 0.8

9. 当传动轴中间支承的轴向间隙大于（　　）mm 时，应调整中间支承总成。

A. 0.1

B. 0.3

C. 0.5

D. 0.7

10. 对传动轴总成进行动平衡，要求在传动轴两端的最大不平衡值不大于（　　）g · cm。

A. 4

B. 6

C. 8

D. 10

11. 装传动轴时，十字轴轴颈如有压痕，压痕不严重且不在传力面时，可将十字轴由原装配位置旋转（　　）装复。

A. 30°

B. 60°

C. 80°

D. 90°

理论知识

6.4　驱动桥的检修

1. 驱动桥的组成

驱动桥由桥壳、主减速器、差速器、半轴等组成。

（1）**桥壳**：是主减速器、差速器等传动装置的安装基础。

（2）**主减速器**：减速增扭、改变扭矩的传递方向。

（3）**差速器**：使两侧车轮不等速旋转，适应转向和不同路面。

（4）**半轴**：将扭矩从差速器传给车轮。

2. 主减速器

（1）**功用**：降速增扭，当发动机纵置时还具有改变转矩旋转方向的作用。

（2）**分类**：按参加减速传动的齿轮副数目分，可分为单级式主减速器和双级式主减速器。除了一些要求大传动比的中、重型车采用双级主减速器外，一般微、轻、中型车基本采用单级主减速器。

（3）**结构**：如图 1-6-14 所示，单级主减速器主要由主减速器壳、主动锥齿轮、从动锥齿轮、调整螺母、调整垫片等组成。

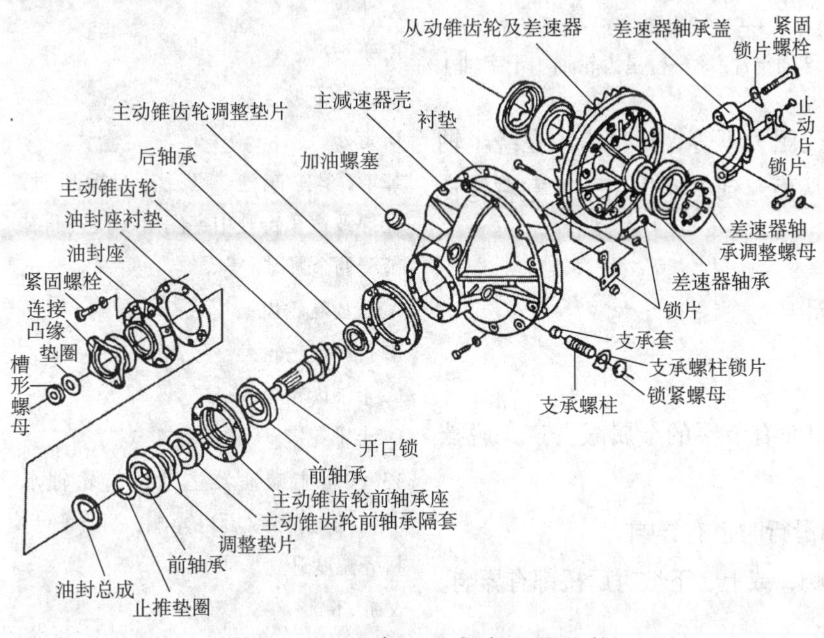

图 1-6-14　单级主减速器的结构

练习题

1. 主减速器的主要功用是（　　），并改变力的传动方向。

A. 增速增扭

B. 增速降扭

C. 降速降扭

D. 降速增扭

2. 不属于单级主减速器的零件是（　　）。

A. 调整垫片

B. 主动锥齿轮

C. 调整螺母

D. 半轴齿轮

3. 单级主减速器（　　）齿轮安装在差速器壳上。

A. 主动锥

B. 从动锥

C. 行星

D. 半轴

4. 单级主减速器由（　　）齿轮组成。

A. 一对锥

B. 两对锥

C. 一对圆柱

D. 一组行星

5. 差速器壳上安装着行星齿轮、半轴齿轮、从动锥齿轮和行星齿轮轴，其中不属于差速器的是（　　）。

A. 行星齿轮

B. 半轴齿轮

C. 从动锥齿轮

D. 行星齿轮轴

6. 当左右两侧车轮阻力不同时，差速器内行星齿轮（　　）。

A. 开始公转

B. 开始自转

C. 开始反转

D. 开始滑动

7. 汽车直线行驶时差速器（　　）。

A. 起减速作用

B. 起加速作用

C. 起差速作用

理论知识

3. 差速器

（1）功用：当汽车转弯行驶或在不平路面上行驶时，使左右驱动车轮能以不同的转速滚动，即保证两侧驱动车轮做纯滚动运动。

（2）组成：由行星齿轮、行星齿轮轴（十字轴）、半轴齿轮和差速器壳等组成，如图 1–6–15 所示。

（3）工作原理：汽车直线行驶不需要差速时，左右驱动轮所受阻力相等，行星齿轮在其轴上不会发生转动，而是在差速器壳、行星齿轮轴带动下，以相等的转矩同时带动左、右半轴齿轮旋转，即只公转、不自转，不起差速作用。

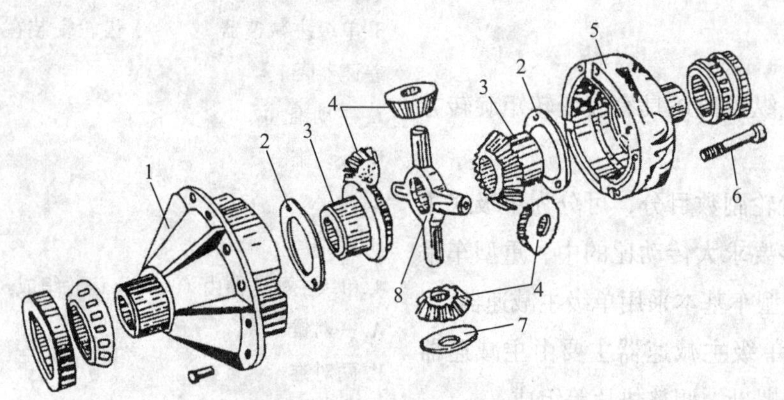

图 1–6–15　差速器的结构

1—差速器左壳　2—半轴齿轮推力垫片　3—半轴齿轮　4—行星齿轮　5—差速器右壳　6—螺栓　7—行星齿轮球面垫片　8—行星齿轮轴（十字轴）

当汽车转弯时，两侧驱动轮所受阻力不等，行星齿轮在绕半轴轴线公转的同时绕自身轴线自转，从而起到差速作用，使左右轮转速不同，但转矩相等。

4. 驱动桥异响故障的现象及原因

（1）故障现象

1）行驶时，后桥突然出现强烈而有节奏的金属敲击声，脱挡滑行时声音减弱或消失。

2）行驶时，后桥有异响，脱挡滑行时也有异响。

3）汽车上坡或下坡时后桥有异响，或上、下坡时后桥都有异响。

（2）故障原因

1）主从动锥齿轮齿面损伤或轮齿折断。

2）主动锥齿轮轴承松旷；差速器圆锥滚子轴承松旷；后桥中

练习题

D. 不起差速作用

8. 汽车转弯时，差速器中的行星齿轮（　　）。

A. 只公转

B. 只自转

C. 既公转又自转

D. 既不公转又不自转

9. 汽车左转向时，由于差速器的作用，左右两侧驱动轮转速不同，那么转矩的分配是（　　）。

A. 左轮大于右轮

B. 右轮大于左轮

C. 左、右轮相等

D. 右轮为零

10. 汽车后桥某一部位的齿轮啮合间隙过大，会使汽车在（　　）时发响。

A. 上坡

B. 下坡

C. 上、下坡

D. 起步

11. 汽车后桥某一部位的齿轮啮合印痕不当，会使汽车在（　　）时发响。

A. 上坡

B. 下坡

C. 上、下坡

D. 起步

12. 汽车主减速器（　　）折断时，会导致汽车行驶中突然出现强烈而有节奏的金属敲击声。

A. 锥齿轮轮齿

B. 行星齿轮轮齿

C. 半轴齿轮轮齿

D. 半轴花键

13. 汽车主减速器主动锥齿轮轴承（　　）会导致后桥异响，并伴随后桥壳温度升高。

A. 损坏

B. 过紧

C. 过松

D. 磨损

理论知识	练习题

某个轴承由于预紧力过大，导致间隙过小；主从动锥齿轮调整不当，间隙过小。

3）后桥某一部位的齿轮啮合间隙过小，导致汽车上坡时发响；后桥某一部位的齿轮间隙过大，导致汽车下坡时发响；后桥某一部位的齿轮啮合印痕不当或齿轮轴支承轴承松旷，导致汽车上、下坡时都发响。

5. 驱动桥发热故障的现象及原因

（1）故障现象：汽车行驶一段里程后，用手探试驱动桥壳中部或主减速器壳，有无法忍受的烫手感觉。

（2）故障原因

1）齿轮油变质、油量不足或油的牌号不符合要求。

2）轴承调整过紧。

3）齿轮啮合间隙和行星齿轮与半轴齿轮啮合间隙调整太小。

4）推力垫片与主减速器从动齿轮背隙过小。

5）油封过紧和各运动副、轴承润滑不良而产生干（或半干）摩擦。

6. 主、从动锥齿轮啮合印痕的调整

主、从动锥齿轮啮合印痕大小和位置会影响主、从动锥齿轮传递作用力和力矩，影响主减速器的使用寿命，必须给予足够重视，并认真检查与调整。

（1）检查方法：在从动锥齿轮上相隔 120° 的 3 处齿面上薄薄地涂上一层红丹油或红丹粉与机油的混合物，在齿轮的正反面各涂 2～3 个齿，再用手对从动锥齿轮稍施加阻力并正、反向转动主动齿轮数圈，观察从动锥齿轮上的啮合印痕。

正确的啮合印痕如图 1–6–16 所示，齿长方向偏向小端，齿高方向偏向顶端。主、从动锥齿轮应沿齿长方向接触，其位置控制在齿轮的中部偏向上端，接触印痕的长度不小于齿长的 2/3，齿高方向的接触印痕应不小于齿高的 1/2。

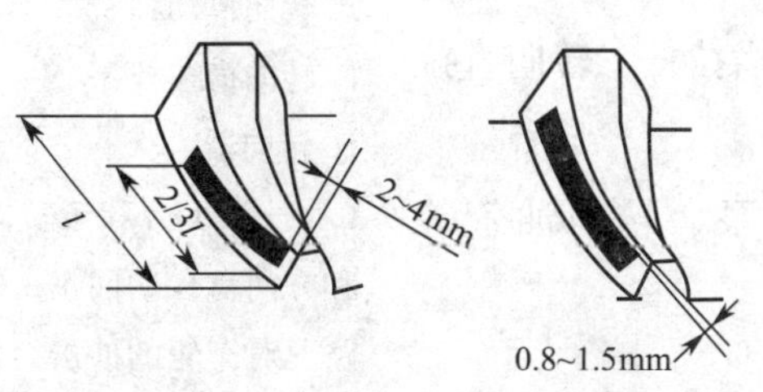

图 1–6–16　正确的啮合印痕

14. 正确的主减速器主、从动锥齿轮啮合印痕应位于（　　）。

A. 齿长方向偏向大端，齿高方向偏向顶端

B. 齿长方向偏向小端，齿高方向偏向顶端

C. 齿长方向偏向大端，齿高方向偏向底端

D. 齿长方向偏向小端，齿高方向偏向底端

15. 主减速器主、从动锥齿轮啮合印痕可通过（　　）来调整。

A. 增减主动锥齿轮前端调整垫片

B. 增减主动锥齿轮后端调整垫片

C. 增减从动锥齿轮前端调整垫片

D. 增减从动锥齿轮后端调整垫片

理论知识 | 练习题

（2）**调整方法**：如果啮合印痕位置不正确，应进行调整，方法是移动主动锥齿轮。可通过增减主动锥齿轮后端调整垫片的厚度使主动锥齿轮前后移动。

6.5　转向系统的检修

1. 转向系统的组成

转向系统的功用是改变和保持汽车的行驶方向。液压动力转向系统实现汽车转向的方法是，驾驶员通过转向操纵机构，在发动机带动的转向油泵的作用下，转向油泵将高压油液传送到转向器油缸实现助力，转向器再使汽车转向桥（一般是前桥）上装在左、右转向节上的两车轮同时偏转，实现汽车转向。汽车转向时，内轮转向角与外轮转向角的关系是其内轮转向角大于外轮转向角，如图 1–6–17 所示。

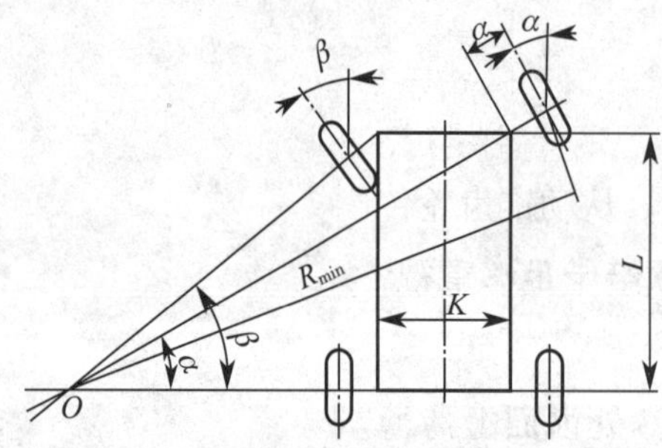

图 1–6–17　内、外轮转向角的关系

液压动力转向系统由转向操纵机构、转向器、转向传动机构、动力装置四大部分组成，如图 1–6–18 所示。

（1）**转向操纵机构**：主要由转向盘、转向轴、转向万向节等组成。

（2）**转向器**：转向器的功用是增大转向盘传到转向轮上的转向力矩，并改变力的传递方向。

（3）**转向传动机构**：主要由转向摇臂、转向横拉杆、转向直拉杆、转向节臂等组成。

（4）**动力装置**：主要由转向油罐、转向油泵、转向油管等组成。

1. 汽车液压动力转向系统原动力来自（　　）。
A. 蓄电池
B. 马达
C. 发动机
D. 油泵

2. 转向时通过转向操纵机构最终使装在左、右（　　）上的两车轮同时偏转，实现汽车转向。
A. 转向拉杆
B. 转向器
C. 转向节
D. 梯形臂

3. 汽车转向时，其内轮转向角（　　）外轮转向角。
A. 大于
B. 小于
C. 等于
D. 大于或等于

4. 转向操纵机构由转向盘、转向轴、（　　）、转向传动轴等组成。
A. 转向拉杆
B. 转向节臂
C. 转向万向节
D. 梯形臂

5.（　　）的作用是增大转向盘传到转向轮上的转向力矩，并改变力的传递方向。
A. 转向万向节
B. 转向传动轴
C. 转向横拉杆
D. 转向器

6.（　　）有利于转向结束后转向轮和方向盘自动回正，但也容易将不良路况对车轮的冲击力传到方向盘，出

理论知识　　练习题

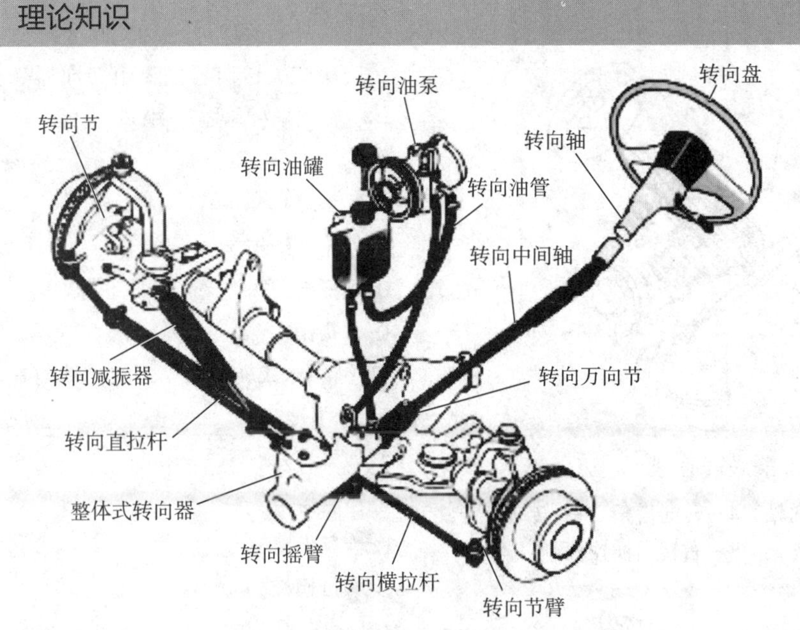

图 1-6-18　液压动力转向系统的组成

2. 转向器

转向器的种类很多，按其作用力的传递情况可分为可逆式、不可逆式、极限可逆式。按其结构形式可分为循环球式、蜗杆曲柄指销式、球面蜗杆滚轮式、蜗杆蜗轮式、齿轮齿条式等。比较典型的转向器有下列几种。

（1）**可逆式转向器**：是逆效率很高的转向器。可逆式转向器有利于汽车转向结束后转向轮和转向盘自动回正，但也会将不良路况对车轮的冲击力传到转向盘，发生“打手”情况。现代汽车多采用可逆式转向器。

（2）**不可逆式转向器**：是逆效率很低的转向器。现代汽车一般不采用不可逆式转向器。

（3）**极限可逆式转向器**：它的逆效率略高于不可逆式转向器。极限可逆式转向器使驾驶员能有一定的路感，转向轮也可实现自动回正，而且路面冲击力只有在力量很大时才能部分地传到转向盘。极限可逆式转向器多用于中型以上越野汽车和工矿用自卸汽车。

（4）**齿轮齿条式转向器**：如图 1-6-19 所示，齿轮齿条式转向器采用齿轮齿条传动原理传递动力。齿轮齿条式转向器具有结构简单、操作灵敏、维修方便等特点，被现代轿车广泛应用。齿轮齿条式转向器由转向器壳体、转向齿轮、转向齿条、转向横拉杆组成。齿轮齿条式转向器采用一级传动副，主动件是齿轮，从动件是齿条。

现“打手”现象。

A. 可逆式转向器

B. 不可逆式转向器

C. 极限可逆式转向器

D. 齿轮齿条式转向器

7. 中型以上越野汽车和自卸汽车多用（　　）转向器。

A. 可逆式

B. 不可逆式

C. 极限可逆式

D. 齿轮齿条式

8.（　　）转向器采用齿轮齿条传动原理传递动力。

A. 曲柄指销式

B. 循环球式

C. 蜗杆蜗轮式

D. 齿轮齿条式

9.（　　）转向器具有结构简单、操作灵敏、维修方便等特点，被现代轿车广泛应用。

A. 循环球式

B. 齿轮齿条式

C. 蜗杆指销式

D. 单销式

理论知识

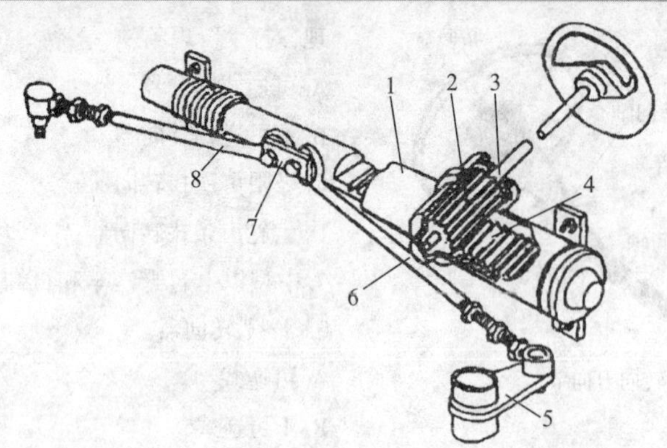

图 1-6-19　齿轮齿条式转向器

1—转向器壳体　2—转向齿轮　3—转向轴　4—转向齿条　5—转向节臂
6—左转向横拉杆　7—拉杆支架　8—右转向横拉杆

（5）循环球式转向器： 循环球式转向器主要由转向螺杆、螺母、转向器壳体以及许多小钢球等部件组成，如图 1-6-20 所示。所谓的循环球指的就是这些小钢球，它们被放置于螺母与螺杆之间的密闭管路内，起到将螺母螺杆之间的滑动摩擦转变为阻力较小的滚动摩擦的作用，当与转向盘转向管柱固定到一起的螺杆转动起来后，螺杆推动螺母上下运动，螺母再通过齿轮驱动转向摇臂往复摇动，从而实现转向。在这个过程中，那些小钢球就在密闭的管路内循环往复地滚动，所以这种转向器就被称为循环球式转向器。循环球式转向器采用两级传动副，第一级是螺杆与螺母，第二级是齿条与齿扇。

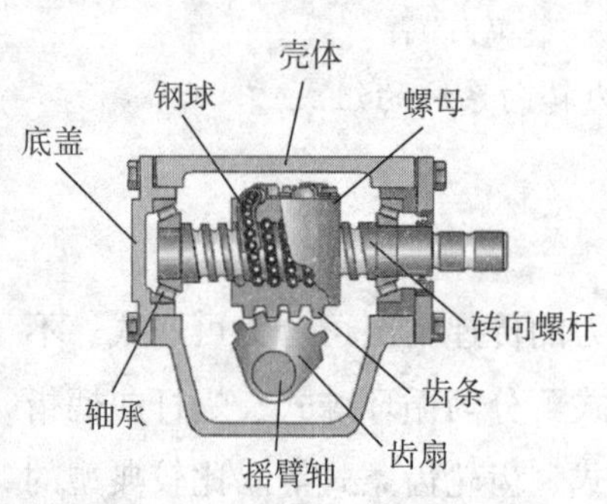

图 1-6-20　循环球式转向器

3. 转向盘自由转动量（转向盘自由行程）

转向盘最大转动量是指将转向盘从一极限位置转到另一极限位置转向盘所转过的角度，而转向盘自由转动量（转向盘自由行程）是指不使转向轮发生偏转而转向盘所能转过的角度，如图 1-6-21 所示。转向盘自由转动量的检测标准应符合《机动车运行安全技术条件》（GB 7258—2017）的要求：机动车轮向盘的最大自由转动量应小于或等于 15°（最大设计车速大于或等于 100 km/h 的机动车）、25°（其他机动车）、35°（三轮汽车）。

练习题

10.（　　）转向器主要由转向器壳体、转向螺杆、摇臂轴、转向螺母等组成。

A. 循环球式

B. 齿轮齿条式

C. 蜗杆指销式

D. 双指销式

11. 循环球式转向器第二级传动副是（　　）传动副。

A. 双螺杆

B. 齿轮齿条

C. 齿条齿扇

D. 螺母螺杆

12. 循环球式转向器第一级传动副是（　　）传动副。

A. 双螺杆

B. 齿轮齿条

C. 齿条齿扇

D. 螺母螺杆

13. 国家检验标准规定最高车速小于 100 km/h 的汽车转向盘向左或向右的自由转角不得大于（　　）。

A. 30°

B. 40°

C. 15°

D. 35°

14. 转向盘（　　）转动量是指将转向盘从一极限位置转到另一极限位置，转向盘所转过的角度。

A. 最小

B. 自由

C. 最大

D. 极限

15. 转向盘（　　）转动量是指将转向盘转动而车轮不随之摆动这一过程转向盘所转过的角度。

A. 最小

B. 自由

C. 最大

D. 极限

理论知识

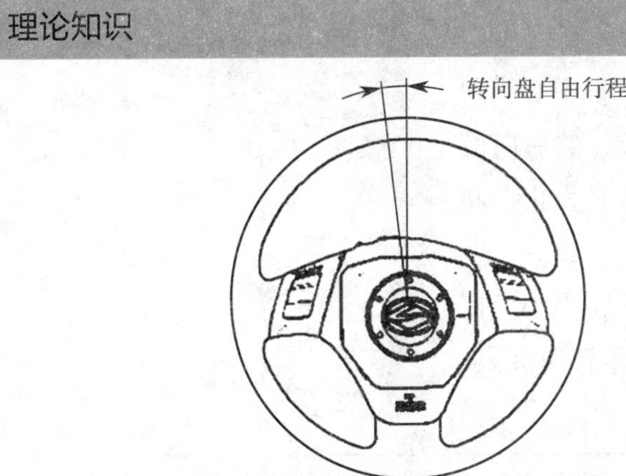

图 1-6-21　转向盘自由行程

4. 转向沉重故障的现象及原因

（1）故障现象：汽车行驶中，驾驶员向左、右转动转向盘时，感到沉重费力，无回正感；汽车低速转弯行驶和掉头时，转动转向盘感到非常沉重，甚至转不动。

（2）故障原因

1）转向油罐油量不足或规格不对。

2）油路堵塞或不畅。

3）转向助力泵损坏。

4）转向助力泵传动带损坏或打滑。

5. 左右转向力不一致故障现象及原因

（1）故障现象：汽车行驶时，转向盘向左和向右转向操纵力不相等。

（2）故障原因

1）转向器滑阀偏离中间位置。

2）转向器滑阀内有污物阻滞，使左右转动阻力不同。

3）油路漏损。

6. 前轮定位

前轮定位包括主销后倾（角）、主销内倾（角）、前轮外倾（角）和前轮前束四个内容。

（1）前轮前束的测量：在正式测量之前，应首先保证前轮轮毂轴承紧度适当，前轮轮胎气压正常，然后将汽车停在平坦的场地上，使两前轮处于直线行驶的位置，并向前推动 1 ~ 2 m 以消除影响检查效果的各个间隙。接着把前束尺两端水平地支撑在两前轮轮

练习题

16. 动力转向液压助力系统缺少液压油会导致（　　）。

A. 行驶跑偏

B. 转向沉重

C. 制动跑偏

D. 不能转向

17. 动力转向液压助力系统转向助力泵损坏会导致（　　）。

A. 不能转向

B. 转向沉重

C. 制动跑偏

D. 行驶跑偏

18. 汽车动力转向系统转向器滑阀内有脏物阻滞会导致汽车（　　）。

A. 不能转向

B. 左右转向力不一致

C. 转向沉重

D. 转向发飘

19. 使用指针式前束尺测量前束，要求将前束尺安装在前轴后面两车轮（　　）的中心位置。

A. 左侧

B. 右侧

C. 内侧

D. 外侧

20. 汽车的前束值一般都小于（　　）mm。

A. 5

B. 8

C. 10

D. 12

21. 为避免汽车转向沉重，主销后倾角一般不超过（　　）。

A. 2°　　B. 4°

C. 5°　　D. 3°

22. 一般主销内倾角不大于（　　）。

A. 5°　　B. 8°

C. 10°　　D. 12°

理论知识

胎内侧最小距离处，即胎侧最高点。其高度应与前轮水平中心线同高。再将前束尺放好后移动标尺，使指针对准“0”位，然后向前推动汽车，直到前束尺转动到后面与车轮中心线同高时为止。此时，标尺上指针所指的数值就是测得的前束值。

（2）**前轮定位参考值：**现在汽车一般将外倾角设定得很小，接近垂直。汽车的前束值一般都小于 10 mm。为避免汽车转向沉重，主销后倾角一般不超过 3°，主销内倾角一般不大于 8°。

6.6 行驶系统的检修

1. 车桥的功用

汽车车桥（又称车轴）通过悬架与车架（或承载式车身）相连接，其两端安装车轮。车桥的作用是承受汽车的载荷，维持汽车在道路上的正常行驶。

2. 车桥的分类

（1）**按驱动方式分类：**可分成转向桥、驱动桥、转向驱动桥和支持桥四种。

1）转向桥：转向桥主要的功用是承受地面和车架之间的垂直载荷、纵向力和横向力，并保证转向轮作正确的运动。

2）驱动桥：驱动桥的作用是将发动机传出的驱动力传给驱动车轮，实现降速增扭的作用，同时改变动力的传递方向。

3）转向驱动桥：具有转向和驱动两种功能。既具有一般驱动桥的基本部件，还具有转向桥特有的主销等。

4）支持桥：支持桥是既无转向功能又无驱动功能的车桥。典型应用如挂车上的车桥就是支持桥。

（2）**按悬架的结构分类：**可分为断开式和整体式两种。断开式车桥为活动关节式结构，与独立悬架配合使用；整体式车桥的中部是刚性实心或空心梁，多配用非独立悬架。

（3）**按是否传递动力分类：**可分为主动桥和从动桥。驱动桥和转向驱动桥属于主动桥，转向桥和支持桥属于从动桥。

3. 悬架的功用

悬架是车架（或承载式车身）与车桥（或车轮）之间的一切传

练习题

1. 汽车车桥通过（　　）与车架相连。
A. 车轮
B. 悬架
C. 传动轴
D. 半轴

2. 转向桥主要的功用是承受地面和车架之间的垂直载荷、纵向力和（　　），并保证转向轮作正确的运动。
A. 驱动器力
B. 牵引力
C. 横向力
D. 制动力

3. 转向桥主要的功用是承受地面和车架之间的垂直载荷、纵向力和横向力，并保证（　　）作正确的运动。
A. 驱动轮
B. 带轮
C. 后轮
D. 转向轮

4. 挂车上的车桥都是（　　）。
A. 转向桥
B. 驱动桥
C. 转向驱动桥
D. 支持桥

5. 根据（　　）不同，车桥可分为整体式和断开式。
A. 车轮个数
B. 传动形式
C. 半轴

理论知识

力连接装置的总称。它的作用是把车架与车桥弹性地连接起来，以缓和或吸收在不平道路上行驶时所产生的冲击和振动，使车辆具有良好的乘坐舒适性、平顺性和行驶稳定性。

4. 悬架的分类

根据汽车导向机构的不同可分为非独立悬架、独立悬架。

（1）**非独立悬架**：如图 1–6–22 所示，它的结构特点是两侧车轮由一根整体式车桥相连，车轮连同车桥一起通过弹性悬架悬挂在车架或车身的下面，当一侧车轮因道路不平而跳动时，将会影响另一侧车轮。对于非独立悬架，钢板弹簧是影响乘员舒适性的主要因素。

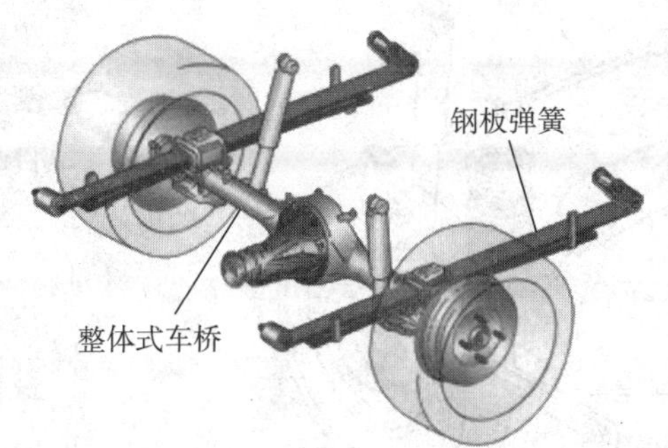

图 1–6–22　非独立悬架

（2）**独立悬架**：如图 1–6–23 所示，独立悬架的结构是两侧车轮分别安装在断开式车桥两端，每段车轴和车轮单独通过弹性组件与车架相连，这样当一侧车轮跳动时对另一侧车轮不产生影响。轿车大多采用独立悬架。对于独立悬架，弹簧的刚度对乘员的舒适性起主要影响。

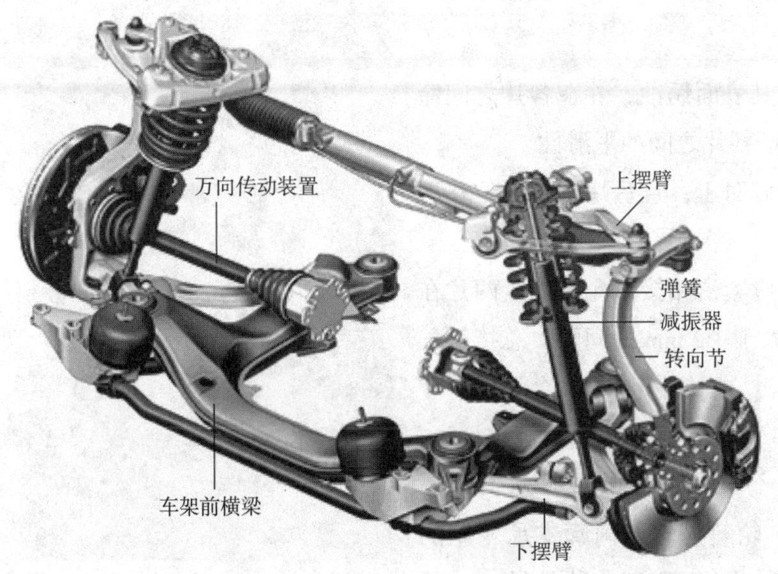

图 1–6–23　独立悬架

练习题

D. 悬架结构

6. 转向桥和（　　）属于从动桥。

A. 驱动桥

B. 转向驱动桥

C. 支持桥

D. 后桥

7.（　　）是车架和车桥之间的一切传力连接装置的总称。

A. 车轮

B. 车身

C. 悬架

D. 减振器

8. 对于非独立悬架，（　　）是影响乘员舒适性的主要因素。

A. 钢板弹簧

B. 轴

C. 车轮

D. 轮胎

理论知识

5. 悬架的组成

汽车悬架一般由弹性元件、减振器、导向装置、横向稳定器组成，如图 1–6–24 所示。

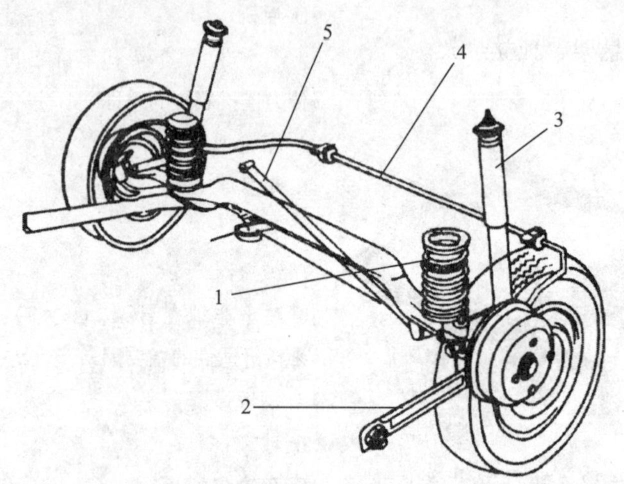

图 1–6–24 悬架的组成

1—弹性元件 2—纵向推力杆 3—减振器 4—横向稳定器 5—横向推力杆

（1）**弹性元件**：其作用是缓冲，并承受、传递垂直载荷。

（2）**减振器**：其作用是衰减振动。

（3）**导向装置**：其作用是传递侧向力、纵向力，并保证车轮相对车身的正确运动关系。

（4）**横向稳定器**：其作用是防止车身横向过度倾斜。

6. 汽车钢板弹簧的装配要点

（1）钢板弹簧在装配时，应除净其表面锈蚀，并在各片之间涂上石墨润滑脂或轮毂轴承油脂，以保证各片之间的平滑性。

（2）各钢板弹簧的中心螺栓孔应该对正，且每片的横向位移不得超过主片的 2.5 mm。

（3）钢板弹簧装合后，各片之间应紧密相接，允许邻接两片在不大于总接触长度 1/4 的长度内有不大于 1.2 mm 的间隙。总接触长度过短，钢板有折断的危险。

7. 车轮的组成

车轮由轮毂、轮辋及轮辐组成。轮毂是轮胎内廓支承轮胎的圆桶形的、中心装在轴上的金属部件。轮辋用于安装轮胎，一般

练习题

9. 轿车采用（　　）悬架的，车桥是断开式的。

A. 独立式

B. 非独立式

C. 单级减振

D. 双级减振

10. 关于独立悬架，弹簧的（　　）对乘员的舒适性起主要影响。

A. 强度

B. 刚度

C. 自由长度

D. 压缩长度

11. 汽车悬架一般由弹性元件、（　　）、导向机构等部分组成。

A. 离合器

B. 减速器

C. 减振器

D. 差速器

理论知识

有深槽轮辋（主要用于轿车及轻型越野汽车）、平底轮辋（主要用于货车）、对开式轮辋三种类型。轮辐是介于车轴和轮辋之间的支承部分。

8. 轮胎的组成

充气轮胎按其结构组成可分为有内胎轮胎和无内胎轮胎。由于帘布层的结构不同可分为子午线轮胎和普通斜交轮胎。

如图 1-6-25 所示，有内胎轮胎通常由外胎、内胎、垫带三部分组成。内胎中充满压缩空气或氮气，外胎用来保护内胎不受损伤且具有一定弹性，垫带放在内胎下面，防止内胎与轮辋硬性接触受损。

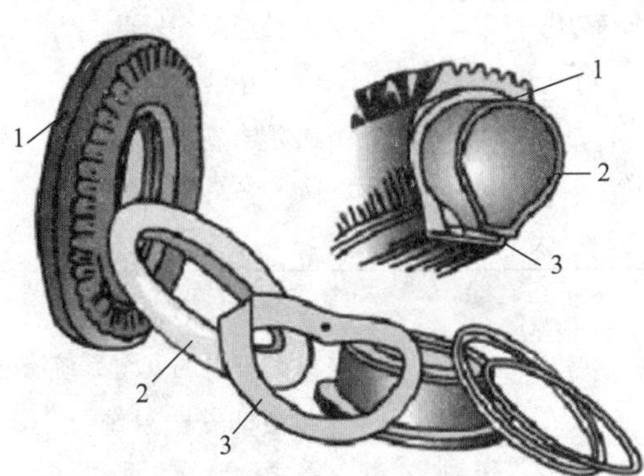

图 1-6-25　有内胎轮胎的组成

1—外胎　2—内胎　3—垫带

外胎由胎冠、胎侧、缓冲层（或带束层）、帘布层及胎圈组成，如图 1-6-26 所示。帘布层是胎体中由并列挂胶帘子线组成的布层，是轮胎的受力骨架层，用以保证轮胎具有必要的强度及尺寸稳定性。

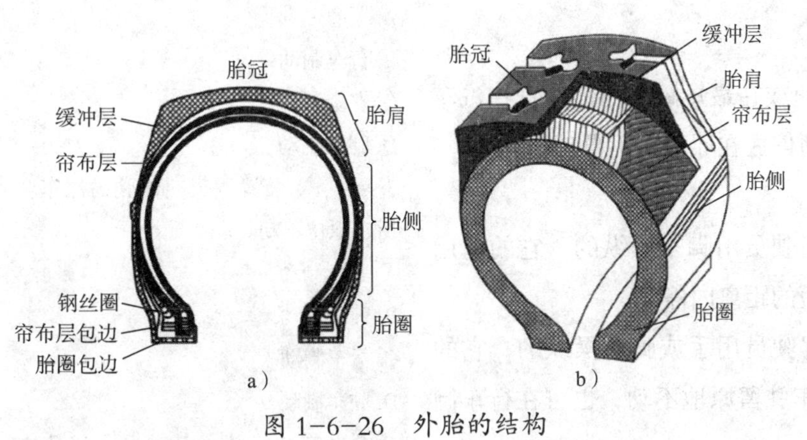

图 1-6-26　外胎的结构

a）外胎剖视图　b）外胎立体图

练习题

12. 钢板弹簧压紧后中部应该紧贴，相邻两片在总接触长度 1/4 处的间隙一般不大于（　　）mm。

A. 1

B. 1.3

C. 1.1

D. 1.2

13. 各钢板弹簧的中心螺栓孔应该对正，且每片的横向位移不得超过主片的（　　）mm。

A. 1.5

B. 2

C. 2.5

D. 3

14. 减振器的活塞及缸筒表面磨损后，使配合间隙大于（　　）mm 时，应更换减振器总成。

A. 0.05

B. 0.10

C. 0.15

D. 0.20

15. 轿车的轮辋一般是（　　）。

A. 深槽式

B. 平底式

C. 可拆式

D. 圆形式

16. 充气轮胎按其结构组成可分为（　　）。

A. 有内胎轮胎和无内胎轮胎

B. 高压轮胎和低压轮胎

C. 子午线轮胎和普通斜交轮胎

D. 普通花纹轮胎和混合花纹轮胎

17. 有内胎充气轮胎由于帘布层的结构不同可分为（　　）。

A. 有内胎轮胎和无内胎轮胎

B. 高压轮胎和低压轮胎

C. 子午线轮胎和普通斜交轮胎

D. 普通花纹轮胎和混合花纹轮胎

18. 内胎充气轮胎由外胎、内胎和（　　）组成。

理论知识　　练习题

9. 轮胎的规格

轮胎的规格是轮胎几何参数与物理性能的标志数据。轮胎规格常用一组数字表示，前一对数字表示轮胎断面宽度和扁平率，后一个数字表示轮辋直径。中间的字母或符号为轮胎类型代号，“R”为子午线结构代号，“—”或“D”为斜交结构代号。最后一般还有表示轮胎强度的数字和字母组合，如图 1-6-27 所示。

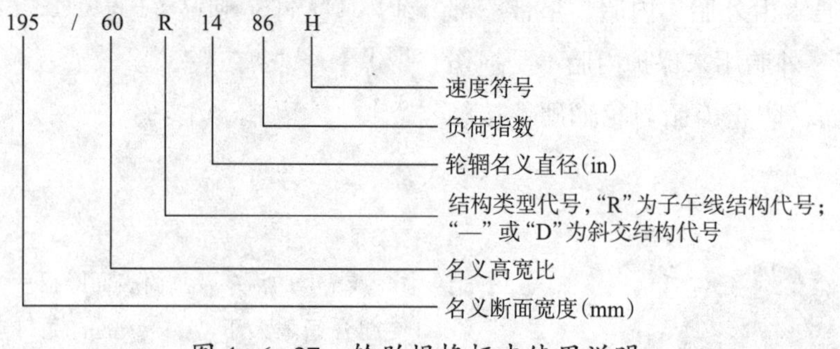

图 1-6-27　轮胎规格标志使用说明

A. 胎圈
B. 胎面
C. 垫带
D. 缓冲层

19.（　　）是外胎的骨架。
A. 胎面
B. 帘布层
C. 缓冲层
D. 胎圈

20. 汽车轮胎尺寸规格标记在胎侧，比如 205/55 R18，其中 R 表示（　　）。
A. 无内胎轮胎
B. 普通斜交轮胎
C. 子午线轮胎
D. 混合花纹轮胎

6.7　制动系统的检修

1. 汽车安全系统

汽车安全系统主要分为两个方面，一是主动安全系统，二是被动安全系统。主动安全系统有 ABS（防抱死制动系统）、EBD（电子制动力分配系统）、ESP（电子稳定程序）等。被动安全系统有 SRS（安全气囊系统）、安全带等。

2. 制动系统的功用与分类

（1）功用：按照需要使汽车减速或在最短距离内停车；在汽车下坡行驶时限制车速；使汽车可靠地停放在原地，不自动滑移。

（2）分类

1）行车制动系统：一般是由驾驶员用脚来操纵的。它的功用是使正在行驶中的汽车减速或在最短的距离内停车。

2）驻车制动系统：一般是由驾驶员用手或脚来操纵的。它的功用是使已经停在各种路面上的汽车驻留原地不动，也可在行车制动装置失效后进行应急制动。

1. 汽车上的安全系统有主动安全系统和被动安全系统，（　　）为主动安全系统。
A. 制动系统
B. 安全气囊系统
C. 巡航系统
D. 发动机系统

2.（　　）用于汽车行驶时减速或停车。
A. 紧急制动
B. 行车制动
C. 安全制动
D. 驻车制动

3.（　　）装置用于使停驶的汽车驻留在原位不动。
A. 紧急制动
B. 安全制动
C. 行车制动
D. 驻车制动

4. 中央制动式驻车制动器多安装在（　　）或分动器之后。

理论知识	练习题

3）挂车制动：①挂车制动应与主车同步制动，或略早于主车制动；否则，制动时挂车将冲撞主车，甚至产生汽车列车折叠的危险。②当挂车因故自行脱挂时，挂车应能自行制动。

3. 制动系统的组成

制动系统一般有以下四个组成部分。

（1）**供能装置**：包括供给、调节制动所需能量以及改善传能介质状态的各种部件，如气压制动系统中的空气压缩机等。

（2）**控制装置**：包括产生制动动作和控制制动效果的各种部件，如制动踏板等。

（3）**传动装置**：包括将制动能量传输到制动器，控制制动器的工作从而获得所需制动力矩的各个部件，如制动主缸、制动轮缸等。小型汽车常用液压制动传动装置，重型汽车的制动传动装置多采用空气增压装置。

（4）**制动器**：产生阻碍车辆的运动或运动趋势的力的部件，包括车轮制动器和驻车制动器。驻车制动器按其作用位置分为两种形式。

1）中央制动式驻车制动器：安装于变速器或分动器的后面，制动力矩作用在传动轴上。

2）车轮制动式驻车制动器：车轮制动式驻车制动器大多与后轮行车制动器共用一个制动器，制动力矩作用在车轮上，如图 1-6-28 所示。

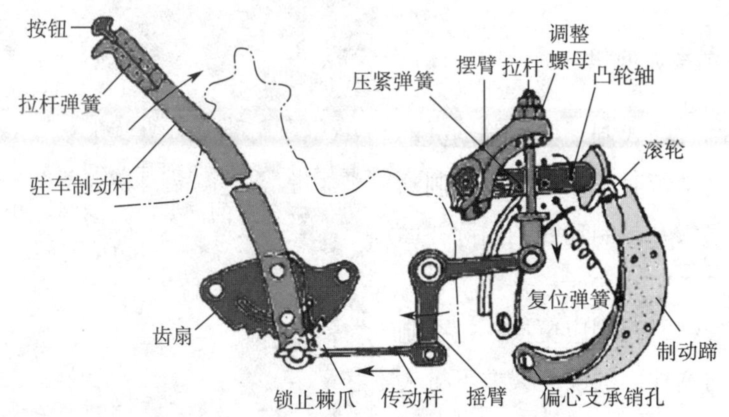

图 1-6-28　车轮制动式驻车制动器

4. 鼓式制动器

（1）**分类**：根据制动蹄促动装置的不同可分为凸轮式制动器和

A. 离合器
B. 变速器
C. 差速器
D. 主减速器

5. 小型汽车的驻车制动器大多与（　　）行车制动器共用一个制动器。
A. 前轮
B. 后轮
C. 前轮或后轮
D. 前轮和后轮

6.（　　）制动器可以用于行车制动装置失效后应急制动。
A. 平衡式
B. 非平衡式
C. 行车
D. 驻车

7. 汽车拖带挂车时，解除挂车制动时，要（　　）主车制动。
A. 同时或早于
B. 同时
C. 晚于
D. 晚于或同时

8. 鼓式制动器可分为非平衡式、平衡式和（　　）。
A. 自动增力式
B. 单向助势
C. 双向助势
D. 双向自动增力式

9. 汽车制动器的内张双蹄式鼓式制动器，以制动鼓的（　　）为工作表面。
A. 内圆柱面
B. 外圆柱面
C. 端面
D. 以上选项均不正确

10. 车用液压制动系统中控制制动蹄的液压元件是（　　）。
A. 制动总泵
B. 制动分泵
C. 制动踏板

理论知识

轮缸式制动器，现在普遍使用轮缸式制动器。根据制动时两制动蹄对制动鼓的径向作用力之间的关系，鼓式制动器可分领从蹄式（简单非平衡式）车轮制动器、双领蹄式（平衡式）车轮制动器和自动增力式车轮制动器。其中，领从蹄式车轮制动器广泛用作货车的前、后轮制动器和轿车的后轮制动器。

（2）**组成**：领从蹄式鼓式制动器主要包括制动分泵、制动蹄、制动鼓、摩擦衬片、复位弹簧等部分，如图 1-6-29 所示。

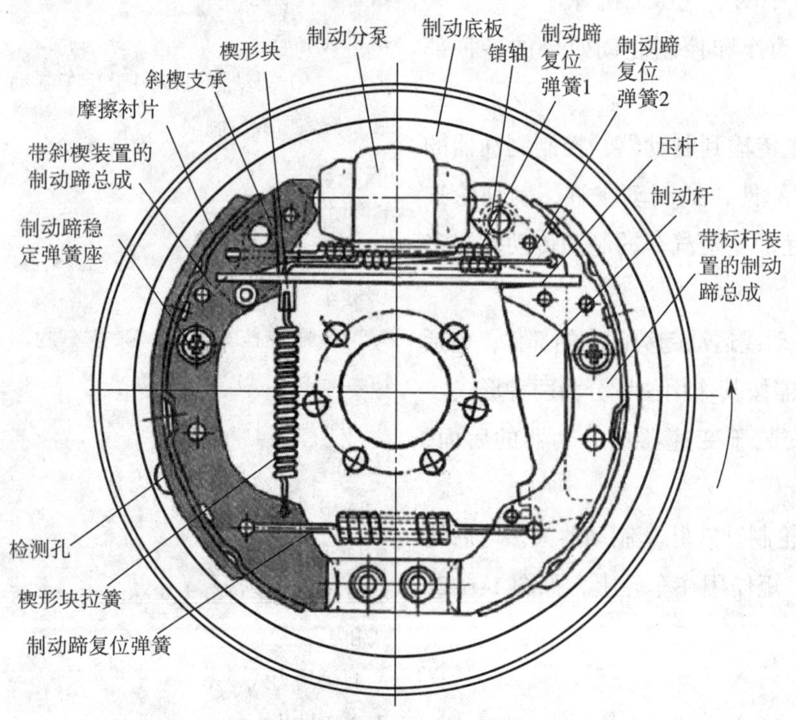

图 1-6-29　领从蹄式鼓式制动器的组成

（3）**工作原理**：汽车制动器的领从蹄式鼓式制动器以制动鼓的内圆柱面为工作表面，当驾驶员踩下制动踏板时，制动总泵将制动液传送至制动分泵，制动分泵控制制动蹄张开与制动鼓的内圆柱面摩擦，从而实现制动。

（4）**制动鼓的检修**：制动鼓不得有裂纹，否则应更换；检查制动鼓时，应用弓形内径规测量，制动鼓内圆柱面的圆度误差不得大于 0.15 mm，圆柱度误差不得大于 0.05 mm。

（5）**复位弹簧的检修**：检查制动器各弹簧时，应用弹簧秤测量，其弹力不得小于规定值。

（6）**制动蹄的检修**：制动蹄有裂纹、表面变形或脱焊，应更换制动蹄；检查制动蹄时，应用游标卡尺测量制动蹄与支承销的配合

练习题

D. 推杆

11. 检查制动鼓时，用（　　）测量，制动鼓内圆面的圆度误差不得超过规定值。

A. 直尺

B. 角尺

C. 弓形内径规

D. 深度尺

12. 检查制动器弹簧时，用（　　）测量，其弹力不得小于规定值。

A. 弹簧秤

B. 地磅

C. 角尺

D. 张紧计

13. 用游标卡尺分别测量制动蹄支承销与衬套，其配合间隙应不超过（　　）mm。

A. 0.3

B. 0.25

C. 0.35

D. 0.4

14. 汽车制动蹄支承销孔与支承销配合间隙不超过（　　）mm。

A. 0.5

B. 0.05

C. 0.15

D. 0.1

15. 汽车制动器制动蹄在不工作的原始位置时，摩擦片与制动鼓之间应保持合适的间隙，其间隙一般为（　　）mm。

A. 0 ~ 0.2

B. 0 ~ 0.5

C. 0 ~ 0.8

D. 0 ~ 1.0

16. 安装好制动凸轮轴后，应使两轴轴向间隙不大于（　　）mm。

A. 0.6

B. 0.7

C. 0.65

理论知识

间隙，应符合原生产厂的技术要求，原生产厂无要求时，其配合间隙的使用极限不得大于 0.3 mm。汽车制动蹄支承销孔与支承销配合间隙不应超过 0.05 mm。

（7）**制动器装配**：制动器装配完毕后，应进行调整，使车轮可以自由转动无拖滞感；检查间隙调整装置，保证在正常的调整范围内工作；制动蹄在不工作的原始位置时，其摩擦片与制动鼓间应有合适的间隙，其设定值由汽车制造厂规定，一般为 0 ~ 0.5 mm。

5. 盘式制动器

盘式制动器散热能力强、抗水衰退能力强、制动平顺性好、热稳定性能好，目前轿车、小客车的前轮大多采用盘式制动器。盘式制动器由活塞、制动钳体、摩擦块、导向销、制动盘等组成，如图 1–6–30 所示。

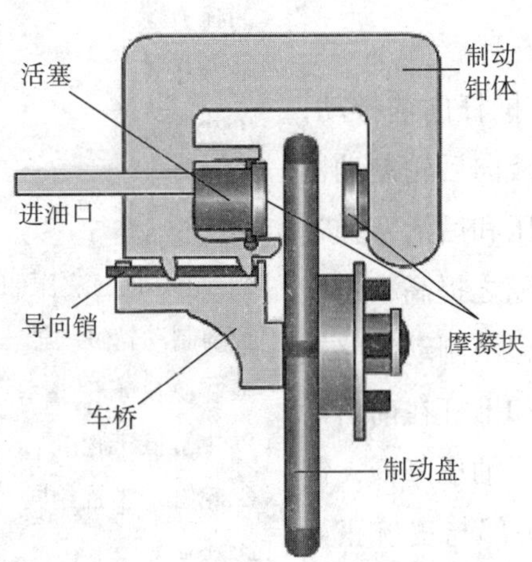

图 1–6–30　盘式制动器的组成

修理技术要求：制动钳体缸筒不得有锈蚀、损伤现象，否则必须更换；制动钳体缸筒圆柱度误差应不大于 0.02 mm，缸筒与活塞的极限配合间隙应小于 0.15 mm，不得用研磨的方法修理缸筒。

6. 液压制动传动装置

液压制动传动装置由制动主缸、制动轮缸、储油罐等组成。

（1）**制动主缸的组成**：制动主缸按油腔数的不同可分为单腔制动主缸与双腔制动主缸，现代轿车常采用双腔制动主缸。双腔制动主缸主要由前活塞、后活塞、前腔、后腔、主储罐、辅助储罐、回

练习题

D. 0.5

17. 不是盘式制动器优点的是（　　）。

A. 散热能力强

B. 抗水衰退能力强

C. 制动平顺性好

D. 管路液压低

18. 制动钳体缸筒与活塞的（　　）配合间隙应小于 0.15 mm。

A. 极限

B. 理想

C. 最小

D. 理论

理论知识

位弹簧、补偿孔、皮碗、旁通孔、推杆（与踏板相连）等组成，如图 1-6-31 所示。

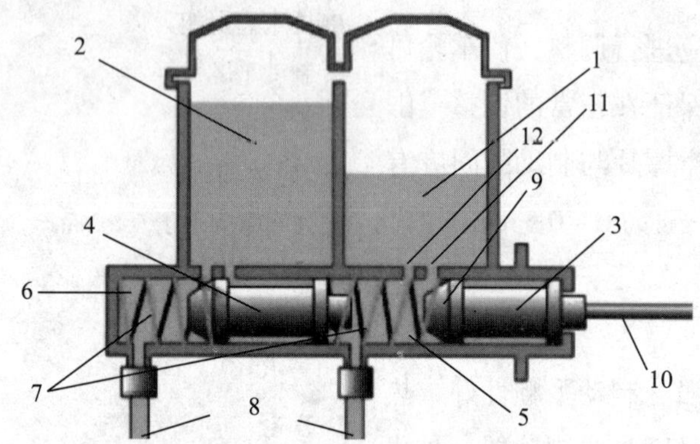

图 1-6-31　双腔制动主缸的组成

1—主储罐　2—辅助储罐　3—后活塞　4—前活塞　5—后腔
6—前腔　7—回位弹簧　8—制动油管　9—皮碗　10—推杆
11—补偿孔　12—旁通孔

（2）**制动主缸的工作原理**：踩下制动踏板时，推杆向前推动，使皮碗盖住主储罐补偿孔，后腔液压升高，迫使油液向后轮制动器流动，推动后轮制动器工作。与此同时，在后腔液压和后活塞弹簧弹力的作用下，推动前活塞向前移动，前腔压力也随之提高，迫使油液流向前轮制动器，推动前轮制动器工作。此时，两制动管路在等压下对汽车制动。放松制动踏板时，主缸中活塞和推杆在前后活塞弹簧的作用下回到原始位置，高压油液流回主缸，油压降低，制动解除。制动主缸在不工作时，前后腔内的活塞头部与皮碗正好位于各自的旁通孔和补偿孔之间。前缸活塞回位弹簧的弹力大于后缸活塞回位弹簧的弹力，以保证两个活塞不工作时都处于正确的位置。

（3）**制动主缸的检修**：检查主缸活塞与缸筒之间的间隙，若间隙值超过规定或缸筒壁有划痕，必须更换制动缸；检查进油管接头的螺栓，油管接头必须清洁畅通，螺栓螺纹应完好；检查出油阀门和弹簧，阀门应无损伤，弹簧的自由长度及弹力应符合规定；检查皮碗和皮圈，若磨损、起槽或发胀，应换新件；主缸装配前，零件必须用制动液或酒精彻底清洗干净，禁止用汽油和煤油清洗，以免损伤皮碗、皮圈。安装程序是先安装真空助力器和制动主缸，再安装拉杆和制动踏板。

练习题

19. 踩下汽车制动踏板时，双腔制动主缸中（　　）。
A. 后腔液压先升高
B. 前腔液压先升高
C. 前后腔同时升高
D. 后腔液压先升高、前腔液压先升高、前后腔同时升高都有可能

20. 双腔制动主缸中，前活塞回位弹簧比后活塞回位弹簧的弹力（　　）。
A. 大
B. 小
C. 相等
D. 大、小、相等都可能

21. 并列双腔制动主缸中前活塞回位弹簧的弹力（　　）后活塞回位弹簧的弹力。
A. 大于
B. 小于
C. 等于
D. 大于或等于

22. 制动时，液压制动系统中制动主缸与制动轮缸的油压是（　　）。
A. 主缸高于轮缸
B. 主缸低于轮缸
C. 轮缸、主缸相同
D. 不确定

23. 制动主缸装配前，用（　　）清洗缸壁。
A. 酒精
B. 汽油
C. 柴油
D. 防冻液

理论知识

7. 液压制动系统的检修

（1）制动液的检查与更换

通过检测制动液的含水量和沸点，对制动液进行定性或定量分析。一般更换制动液的周期是每 24 个月或者三万公里。

（2）液压制动系统排空气

液压制动系统在检修、更换制动液之后，或拆卸了制动主缸、制动轮缸和油管重新装配后，便会有空气渗入制动系统管路，使制动效能明显降低，因此必须将制动系统内部渗入的空气排除干净。

（3）制动无力故障的检修

1）故障现象：液压制动的汽车连续踏几次制动踏板，始终到底且无力。

2）故障原因与排除：制动主缸皮碗损坏、顶翻，应更换制动主缸；也可能是制动系统漏油，应查找漏油原因。

（4）制动踏板弹性故障的检修

1）故障现象：液压制动的汽车连续踏几次制动踏板后，踏板能升高但踏制动踏板感觉有弹性。

2）故障原因与排除：液压系统有空气，应排空气；也可能是制动液汽化，应更换制动液。

8. 汽车气压制动系统

目前 4 t 以上的货车、客车几乎都使用气压制动。这是因为：气压制动力矩大、踏板行程较短、操纵轻便、使用可靠。它的缺点是：消耗发动机的动力，结构复杂，制动不如液压式柔和而且制动反应也不如液压式快，行驶舒适性差。重型汽车的制动传动装置一般采用空气增压器，其助力源是压缩空气与大气之间的压力差。

（1）原理：用压缩空气的压力经控制阀对制动器进行有效的制动，从而获得所需要的制动力矩。

（2）组成：由气源和制动操纵机构两大部分组成。气源部分包括空气压缩机（空气增压器）、卸荷阀、调压器、单向阀、储气筒、安全阀、油水放出阀和取气阀、气压表等部件。制动操纵机构包括制动踏板开关、制动控制阀等，如图 1-6-32 所示。

练习题

24. 液压制动系统在（　　）之后，一定要排气。

A. 装车

B. 检查

C. 修理

D. 装配

25. 制动液应按汽车使用说明书的要求定期更换，其更换期一般为（　　）年。

A. 1

B. 1.5

C. 2

D. 2.5

26. 液压制动的汽车连续踏几次制动踏板，始终到底且无力的可能原因是（　　）。

A. 制动主缸皮碗损坏、顶翻

B. 制动蹄片和制动鼓间隙过大

C. 制动系统渗入空气或制动液汽化

D. 制动液牌号不对

27. 液压制动的汽车连续踏几次制动踏板后，踏板能升高但踏制动踏板感觉有弹性，则是由于（　　）。

A. 主缸皮碗破坏、顶翻

B. 液压系统有空气或制动液汽化

C. 液压系统有渗漏

D. 制动液牌号不对

28. 重型汽车的制动传动装置多采用（　　）。

A. 真空助力式液压装置

B. 空气增压装置

C. 真空增压式液压装置

D. 助力式液压装置

29.（　　）的助力源是压缩空气与大气的压力差。

A. 真空助力器

B. 真空增压器

C. 空气增压器

D. 空气助力器

理论知识

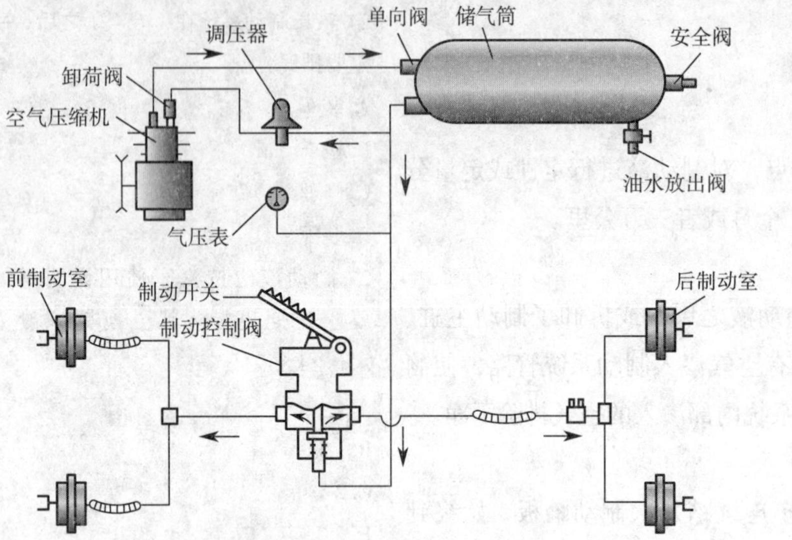

图 1-6-32　气压制动系统的组成

1）空气压缩机：产生压缩空气，是整个制动系统的动力源。

2）调压器：其作用是使储气筒保持在规定的气压范围内，并在超过规定气压后，实现空气压缩机的卸荷空转，以减少发动机的功率消耗。对调压阀的调整栓进行调整可以改变储气筒中的气压（将螺栓向下旋进，工作压力调高，反之工作压力调低），如图 1-6-33 所示。

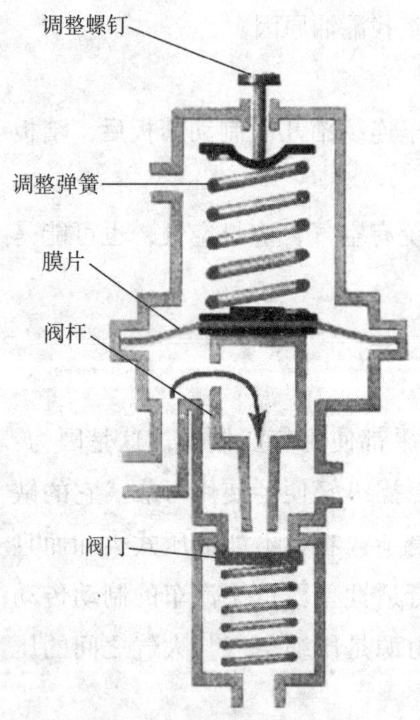

图 1-6-33　调压器

3）制动气室：相当于制动分泵的作用，与制动器组合使用，功能是将输入的空气压力转变为转动制动凸轮的机械推力，使车轮制动器产生制动力矩。

4）气压过低报警装置：气压制动系统的气压不足报警灯和报警开关安装在储气筒上，由调整螺母、橡胶膜片、动触点、静触点、弹簧等组成。接通电源，当储气筒内的气压低于 0.35 ~ 0.45 kPa 时，由于作用在气压报警开关膜片下方的空气压力减小，于是膜片在复位弹簧的作用下向下移动，使动、静触点闭合，电路被接通，报警灯亮起。当储气筒内的气压高于 0.45 kPa 时，由于膜片下方气

练习题

30.（　　）的作用是使储气筒的气压保持在规定范围内，以减小发动机的功率消耗。

A. 泄压阀

B. 单向阀

C. 限压阀

D. 调压器

31. 在气压制动系统中，气压调节器上的螺栓向下旋进时，（　　）。

A. 气压会降低

B. 气压会升高

C. 气压会不变

D. 不可调

32. 装备气压制动系统的汽车气压不足报警灯、报警开关安装在（　　）上。

A. 储气筒

B. 制动踏板

C. 制动气室

D. 制动器

33. 汽车气压制动系统储气筒内的气压高于（　　）MPa 时，气压不足报警灯开关触点断开，报警灯不亮。

A. 0.45

B. 0.3

C. 0.15

D. 0.05

34. 汽车气压制动系统储气筒内的气压低于某一值时，气压不足报警灯开关触点（　　），报警灯（　　）。

A. 断开　不亮

B. 断开　亮

C. 闭合　不亮

D. 闭合　亮

35. 汽车气压制动系统储气筒内的气压高于某一值时，气压不足报警灯报警开关触点（　　），报警灯（　　）。

A. 断开　不亮

B. 断开　亮

理论知识

压增大，使复位弹簧压缩，动、静触点断开，电路被切断，报警灯熄灭。行车中气压过低报警灯突然亮起时，应立即停车，查找原因，排除故障，使气压恢复到正常值。气压过低报警电路如图 1-6-34 所示。

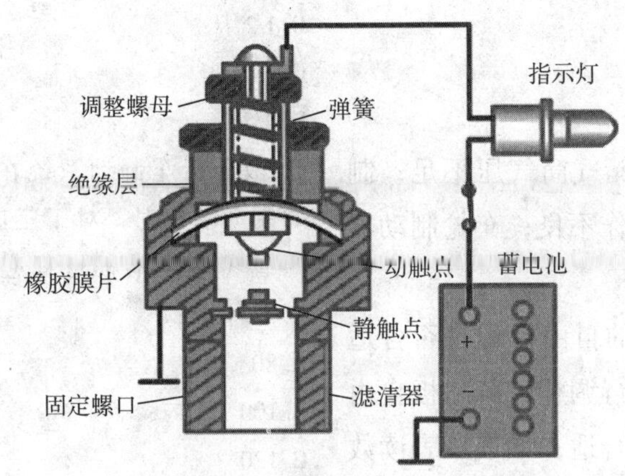

图 1-6-34　气压过低报警电路

（3）气压制动系统修理竣工技术规范

1）当气压升至 600 kPa 且不使用制动的情况下，停止空气压缩机 3 min 后，其气压的降低值应不大于 10 kPa。当气压为 600 kPa 时，停止空气压缩机工作，将制动踏板踩到底，待气压稳定后观察 3 min，单车气压降低值不应超过 20 kPa，列车气压降低值不应超过 30 kPa。

2）采用气压制动系统的机动车，其发动机在 75% 的标定功率转速下，4 min（汽车列车为 6 min，城市铰接公共汽车和无轨电车为 8 min）内气压表的指示气压应从零开始升至起步气压（未标起步气压者，按 400 kPa 计）。

9. 汽车气压制动系统故障的检修

（1）制动拖滞故障的检修

1）故障现象：抬起制动踏板后，制动阀排气缓慢或不排气，不能立即解除制动，或排气虽快，但仍有制动作用，致使汽车起步困难或行车无力，行驶一定里程后制动鼓发热。

2）故障原因：制动踏板无自由行程；制动阀的排气阀调整垫片过薄，其回位弹簧过软、折断或橡胶阀座老化发胀；制动阀挺杆锈蚀；制动踏板至制动阀位臂之间传动件卡滞。

3）故障诊断与排除：抬起制动踏板时制动阀排气缓慢或不排

练习题

C. 闭合　不亮

D. 闭合　亮

36. 采用气压制动的机动车，当气压升至（　　）kPa 且不使用制动的情况下，停止空气压缩机 3 min 后，其气压的降低值应不大于 10 kPa。（注意：3 个数字都要记！）

A. 200

B. 400

C. 600

D. 000

37. 采用气压制动系统的机动车，发动机在 75% 的标定功率转速下，（　　）min 内气压表的指示气压应从零开始升至起步气压。

A. 1

B. 2

C. 3

D. 4

38. 汽车制动解除时，若排气缓慢或不排气而造成全车制动鼓发热，应检查（　　）。

A. 制动气室

B. 制动蹄回位弹簧

C. 制动操纵机构

D. 储气筒

39. 若车轮制动器工作不正常导致制动距离过长，应调整（　　）。

A. 制动踏板高度

B. 制动气室压力

C. 储气筒压力

D. 制动底板上的偏心支承

理论知识

气，多属制动阀故障，表现为各轮制动鼓均发热。若确定制动阀有故障，应先检查踏板自由行程。若自由行程正常，可旋松排气阀试验。如有好转，则为排气阀调整垫片过薄。仍无好转，可检查排气阀回位弹簧及胶座。以上均正常，则应检查制动挺杆是否锈污及制动传递杆件是否活动灵活。

（2）制动不灵故障检修

1）故障现象：汽车制动时，制动距离太长。

2）故障原因：制动踏板自由行程过大；储气筒气压不足；制动系统漏气或管路堵塞；制动阀调整不当或工作不良；车轮制动器调整不当或工作不良。

3）故障诊断与排除：首先检查制动踏板的自由行程是否合适（一般为 10 ~ 15 mm），若过大，应按规定值进行调整；若踏板自由行程合适，应启动发动机查看气压表压力是否合适；如气压表读数不低，将制动踏板踩到底，看气压表读数能否瞬时下降 49 kPa 左右，若下降太少，说明制动阀调整不当或其工作不良；若踩下踏板气压表读数下降正常，说明车轮制动工作不正常，此时应调整制动底板上的偏心支承以调整制动间隙。

10. 制动性能检验国家标准

（1）车辆应具有行车制动、应急制动和驻车制动功能。

（2）行车制动系统制动踏板的自由行程应符合该车原厂规定的有关技术条件。

（3）行车制动在产生最大制动作用时的踏板力，对于座位数小于或等于 9 的载客汽车应不大于 500 N，对于其他车辆应不大于 700 N。

（4）液压行车制动在达到规定的制动效能时，踏板行程（包括空行程，下同）不得超过全行程的 3/4；制动器装有自动调节间隙装置的车辆踏板行程不得超过全行程的 4/5，且其座位数小于或等于 9 的载客汽车踏板行程不得超过 120 mm，其他类型车辆不得超过 150 mm。

（5）乘用车在 50 km/h 的初速度下采用行车制动系统制动时，满载检验时制动距离要求≤10 m。乘用车在 50 km/h 速度下采用紧急制动时，制动距离要求≤38 m。客车在 30 km/h 速度下采用应急制动时，制动距离要求≤18 m。

（6）空载情况下，驻车制动装置应能保证机动车在坡度 20%，

练习题

40. 液压行车制动系统在达到规定的制动效能时，对于制动器装有自动调整间隙装置的车辆的踏板行程不得超过踏板全行程的（　　）。

A. 1/4

B. 1/2

C. 3/4

D. 4/5

41. 液压行车制动系统在达到规定的制动效能时，对于座位数大于 9 的载客汽车踏板行程应不得超过（　　）mm。

A. 80

B. 100

C. 120

D. 150

42. 液压行车制动系统在达到规定的制动效能时，对于座位数小于 9 的载客汽车踏板行程应不得超过（　　）mm。

A. 80

B. 100

C. 120

D. 140

43. 乘用车在 50 km/h 的初速度下采用行车制动系统制动时，满载检验时制动距离要求≤（　　）m。

A. 10

B. 20

C. 40

D. 50

44. 乘用车在 50 km/h 速度下采用紧急制动时，制动距离要求≤（　　）m。

A. 18

B. 28

C. 38

D. 48

45. 客车在 30 km/h 速度下采用应急制动时，制动距离要求≤（　　）m。

A. 18

理论知识	练习题

轮胎与路面间附着系数不小于 0.7 的坡道上正、反两个方向保持不动，其时间不应少于 5 min。

11. 真空液压制动传动装置

（1）真空液压制动传动装置的分类：真空液压制动传动装置分为增压式和助力式。

增压式：通过增压器将制动主缸的液压进一步增加，增压器装在主缸之后。助力式：通过助力器来帮助制动踏板对制动主缸产生推力，助力器装在踏板与主缸之间。

1）真空助力式液压制动传动装置

它在普通液压制动系统的基础上增加了一个真空助力器（由加力气室、控制阀、真空单向阀等组成），如图 1–6–35 所示。朗逸、速腾、捷达轿车都采用真空助力式液压制动传动装置。

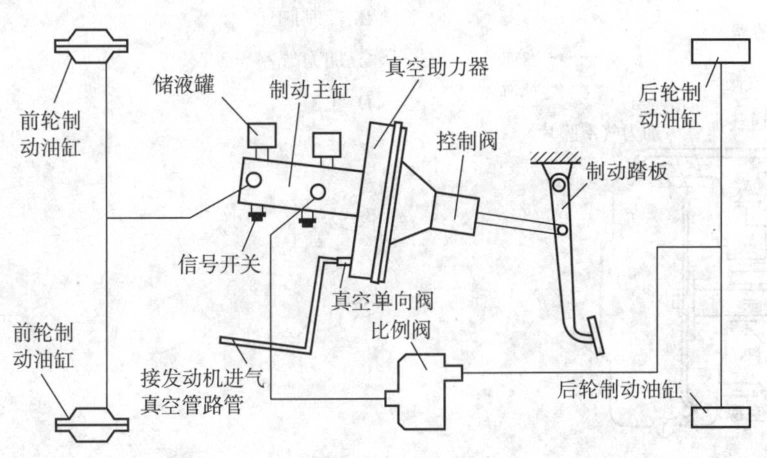

图 1–6–35　真空助力式液压制动传动装置的组成与布置

2）真空增压式液压制动传动装置

它在普通液压制动系统的基础上增加了一个真空增压器（由加力气室、控制阀、增压缸、单向阀、真空筒等组成），如图 1–6–36 所示。

（2）真空增压器的工作原理

1）制动过程。踩下制动踏板，制动主缸的制动液压力传入辅助缸。一部分制动液经活塞中间的小孔流进各轮缸中，补偿管路真空。同时，流进的制动液作用在控制阀活塞上。当制动液压力升到一定值时（制动液压力大于 450 kPa），活塞连同膜片座上移，首先关闭真空阀，同时关闭 C、D 腔通道，A、B 两腔隔绝。随后膜片座继续上移，通过真空阀把空气阀打开。于是空气经空气滤清器、空

B. 28

C. 38

D. 48

46. 空载情况下，驻车制动装置应能保证机动车在坡度 20%，轮胎与路面间附着系数不小于 0.7 的坡道上正、反两个方向保持不动，其时间不应少于（　　）min。（**注意**：3 个数字都要记！）

A. 2

B. 3

C. 4

D. 5

47. 空气液压制动传动装置分为（　　）两种。

A. 助力式和增力式

B. 增压式和助力式

C. 增压式和增力式

D. 助压式和助力式

48.（　　）不是真空助力式液压制动传动装置的组成部分。

A. 加力气室

B. 轮缸

C. 控制阀

D. 主缸

49. 真空助力式液压制动传动装置，加力气室和控制阀组成一个整体，叫作（　　）。

A. 真空助力器

B. 真空增压器

C. 空气增压器

D. 空气助力器

50.（　　）不装备真空助力式液压制动传动装置。

A. 朗逸轿车

B. 速腾轿车

C. 捷达轿车

D. 跃进 1061 汽车

理论知识

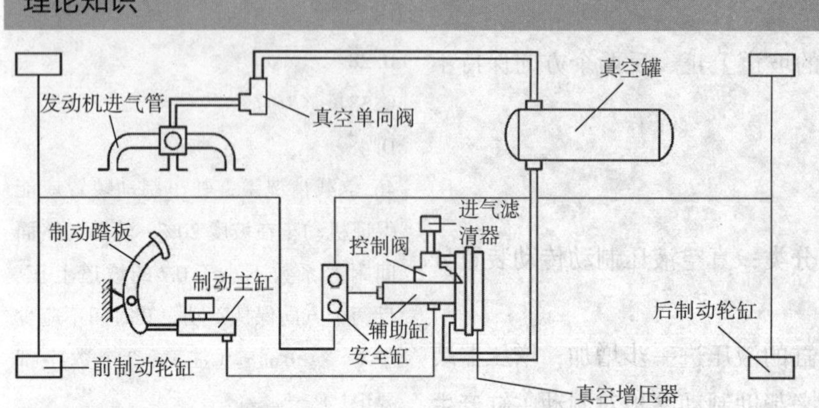

图 1-6-36　真空增压式液压制动传动装置的组成与布置

气阀进入 A 腔并到 D 腔。D、C 两腔产生压力差，推动膜片使推杆左移，在球阀关闭辅助缸活塞中孔后，辅助缸左腔密闭。当推杆继续推活塞向左移动时，辅助缸的制动液通过安全缸被压入各轮缸中。作用于轮缸的制动液压力便进一步升高，如图 1-6-37a 所示。

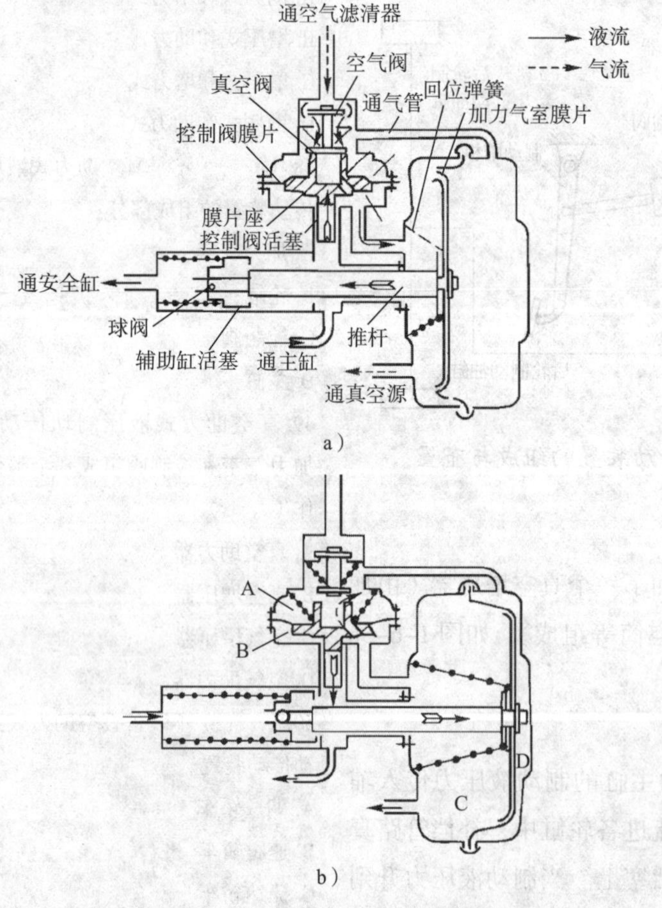

图 1-6-37　真空增压器的工作原理

A—控制阀上腔　B—控制阀下腔　C—加力气室左腔　D—加力气室右腔

练习题

51. 真空增压式液压制动传动装置解除制动时，控制油压下降，加力气室相互沟通并具有一定的（　　），膜片、推杆、辅助活塞都在回位弹簧作用下各自回位。

A. 大气压力

B. 压力

C. 真空度

D. 推力

52. 真空增压式液压制动传动装置解除制动时，控制油压下降，（　　）互相沟通并具有一定的真空度，膜片、推杆、辅助缸活塞都在回位弹簧作用下各自回位。

A. 辅助缸

B. 控制阀

C. 加力气室

D. 主缸

理论知识	练习题
2）平衡过程。当制动踏板踩到某一位置不动时，作用在活塞上的力为一定值，主缸不再向辅助缸输送制动液，此时，由于加力气室的作用，推杆推动辅助缸活塞左移，使辅助缸右腔制动液油压下降，控制阀活塞下移，带动空气阀和真空阀都关闭，因而加力气室压力差不变，推杆推力不变，维持着一定强度的制动。若继续踩下制动踏板，控制阀活塞上移，打开空气阀，使D、C两腔的压力差增大，从而推杆推动辅助缸活塞进一步左移，制动力进一步增大。 3）解除过程。当松开制动踏板后，主缸制动液压力降低，控制阀活塞下移，关闭空气阀，打开真空阀，此时，A、B、C、D四腔均通真空源，且具有相同的真空度。推杆、膜片及辅助缸活塞在各自回位弹簧和轮缸制动液回液压力的作用下，分别回位。轮缸制动液从辅助缸活塞的小孔中流回，从而解除制动，如图1–6–37b所示。	53. 液压制动泵的安装程序是：安装真空助力器、制动主缸、(　　)和制动踏板。 A. 制动传动装置 B. 拉杆 C. 制动分泵 D. 制动软管

项目 7　汽车电气系统检修

理论知识

7.1　汽车电源系统的检修

1. 汽车电源系统的组成

汽车电源系统由交流发电机、电压调节器、蓄电池等组成，如图 1-7-1 所示。电源系统的作用是向全车用电设备供电，满足用电设备的电力需要。其中蓄电池主要用于发动机启动时短时间内向起动机及点火系统供电；发动机正常工作时则由发电机向全车用电设备供电，同时剩余的电力向蓄电池充电，保证蓄电池拥有足够的电力；电压调节器的作用是使发电机输出的电压保持恒定，防止因电压起伏过大而烧毁用电设备。

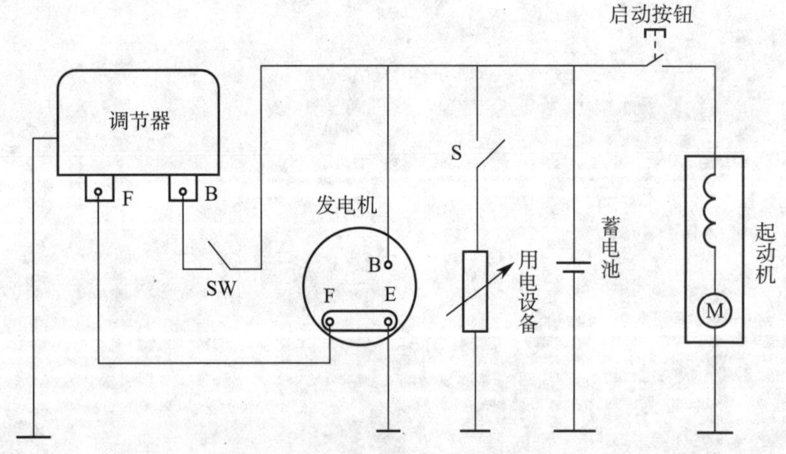

图 1-7-1　汽车电源系统电路

2. 蓄电池操作安全注意事项

（1）**戴眼部保护装置**。电解液中含有硫酸，如果喷到眼内会导致失明。另外电池过度充电时会产生高度易燃、易爆的氢气。眼部保护装置在该气体意外点燃时会起到重要的保护作用。

（2）**不可将蒸馏水倒入硫酸中**。调配电解液时，应将硫酸倒入蒸馏水中；否则会因为大量发热导致电解液沸腾飞溅，引发安全事故。

（3）**防止爆炸**。在汽车的蓄电池上或附近工作之前，应清除所

练习题

1. 发动机高速运转时由（　　）向蓄电池充电。

A. 分电器

B. 交流发电机

C. 电动机

D. 起动机

2. 交流发电机过载时，（　　）可协同发电机向用电设备供电。

A. 分电器

B. 电动机

C. 蓄电池

D. 起动机

3. 若汽车蓄电池为正极搭铁，装用交流发电机，则会产生（　　）现象。

A. 蓄电池不能被充电

B. 发电机线圈立即烧掉

C. 蓄电池充电过大

D. 发电机硅管立即烧掉

4. 蓄电池安全操作正确的是（　　）。

A. 配制电解液时应将硫酸倒入水中

B. 配制电解液时应将水倒入硫酸中

C. 观看检查电解液用的仪器时应远离电解液注口

D. 蓄电池壳上可以放置较轻的物体

理论知识

有烟头、火柴和打火机，应在通风良好的场所对汽车的蓄电池充电。

（4）**负极搭铁**。拆装蓄电池时，应负极搭铁，不可误将正极搭铁，否则会烧毁交流发电机的整流硅二极管。为检查、清洁电器元件而拆蓄电池时，应先拆负极。

3. 蓄电池的性能

（1）**电池电动势（E）**：即发动机启动前，蓄电池在没有负载的情况下测得的正、负极之间的端电压，为保证车辆能顺利启动，要求不小于 12 V。

（2）**蓄电池的内阻（R）**：在蓄电池接上负载后，测出端子电压（U）和流过负载的电流（I），这时蓄电池的内阻（R）=（E–U）/I。电池的内阻越小，蓄电池的容量就越大，通常要求蓄电池内阻不大于 20 MΩ。

（3）**启动稳定电压**：起动机正常运转，电池大电流放电，电池端电压急剧下降后的稳定电压，要求稳定电压不小于 9 V。

（4）**启动电流**：为保证车辆顺利启动，在刚启动时蓄电池应能提供高达 200 ~ 600 A 的瞬间电流，100 ~ 150 A 的稳定电流。

（5）**充电率**：蓄电池在一定条件下，充电电流的大小被称为充电率。常用的充电率是 10 h，即充电 10 h 后，才达到充电终期。当缩短充电时间时，充电电流必须加大，反之充电电流可减少。

（6）**循环寿命**：蓄电池每经历一次充电和放电，就称为一次循环。蓄电池所能承受的循环次数称为循环寿命。固定型铅酸蓄电池循环寿命为 300 ~ 500 次，阀控式密封铅酸蓄电池循环寿命为 1 000 ~ 1 200 次，使用寿命一般在 10 年以上。

4. 蓄电池的检查

（1）**外部检查**

1）检查蓄电池封胶有无开裂和损坏，极桩有无破损，壳体有无泄漏，若有破损等现象则应修理或者更换。

2）疏通加液孔盖的通气孔。

3）清洁蓄电池外壳，并用钢丝刷或极桩接头清洗器清洁极桩和电缆卡子上的氧化物，清洁后涂抹一层凡士林或润滑脂。

（2）**电解液液面高度的检查**

汽车每行驶 1 000 km 或冬季行驶 10 ~ 15 天，夏季行驶 5 ~ 6 天，就应对电解液液面高度进行检查。

练习题

5. 为保证车辆顺利启动，启动前蓄电池电压应不小于（　　）V。

A. 6

B. 8

C. 10

D. 12

6. 为保证车辆顺利启动，启动电流稳定值应为 100 ~ 150 A，蓄电池内阻不大于 20 MΩ；稳定电压不小于（　　）V。（**注意**：3 个数字都要记！）

A. 3

B. 6

C. 9

D.12

7. 发动机启动时，蓄电池可向起动机提供高达（　　）A 的电流。

A. 100 ~ 200

B. 100 ~ 300

C. 200 ~ 300

D. 200 ~ 600

8. 为检查、清洁电器元件而拆蓄电池电缆时，（　　）。

A. 应先拆负极

B. 应先拆正极

C. 正、负极同时拆

D. 正、负极拆卸顺序没有要求

理论知识

1）试管检查法：其检查方法如图 1–7–2 所示。

用长度为 150 ~ 200 mm、内径为 4 ~ 6 mm 的玻璃试管，对蓄电池所有单格的液面高度进行测量。

将试管插至蓄电池单格内极板的上平面上，用拇指压住玻璃管上端，使管口密封后提起试管，此时试管中液体的高度即蓄电池电解液液面的高度，其标准高度值应为 10 ~ 15 mm。低于 10 mm 时，应加注蒸馏水使其达到标准值。

2）电极式液位传感器检查蓄电池液面高度：检查方法如图 1–7–3 所示。此方法主要利用铅棒的电极作用，当蓄电池液面高度正常时，传感器铅棒上的电位为 8 V，报警灯不亮；当蓄电池电解液低于规定值时，传感器的铅棒无正电位，报警灯亮，以通知驾驶员电解液不足。

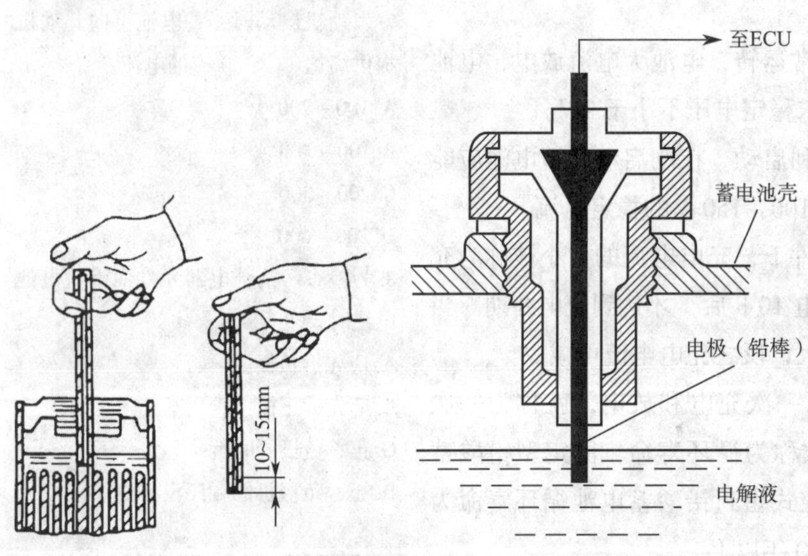

图 1–7–2　试管法检查液面高度　　图 1–7–3　电极式液位传感器

（3）**电压检查**：对于检测蓄电池单格电压的高率放电计，应当分别测得 6 个单格的电压。蓄电池在大电流放电情况下各单格的端电压应当在 1.5 V（整个蓄电池为 12 V）以上，且能稳定 5 s。1）如果各单格的电压低于 1.5 V，但 5 s 内尚能稳定者则为放电过多，应当及时进行充电恢复。2）单格电压低于 1.5 V，且 5 s 内电压迅速下降，则表示有故障。3）某单格无电压指示，说明内部有短路、断路或是严重硫化故障。

5. 蓄电池充电

（1）**初充电**：指新蓄电池或修复后的蓄电池在使用前的首次充电。

练习题

9. 不是“自行放电”而蓄电池没电的原因是（　　）。
A. 电解液不纯
B. 蓄电池长期存放
C. 正负极柱导通
D. 电解液不足

10. 按蓄电池生产厂家的要求或气温条件，在蓄电池内加注规定密度的电解液，静置（　　）h 后，再将液面高度调整到高出极板（或防护片）顶部 10 ~ 15 mm。（**注意**：2 个数字都要记！）
A. 6 ~ 8
B. 5 ~ 10
C. 15 ~ 20
D. 20 ~ 25

11. 蓄电池液面高度低于极限值时，传感器的铅棒（　　）正电位，报警灯（　　）。
A. 无　亮
B. 有　不亮
C. 无　不亮
D. 有　亮

12. 蓄电池液面高度正常时，传感器铅棒上的电位为（　　）V，报警灯（　　）。
A. 8　亮
B. 8　不亮
C. 6　不亮
D. 6　亮

13. 一般技术状况良好的蓄电池，用高率放电计测量电压时，单格电压应在 1.5 V 以上，并在 5 s 内保持稳定。若 5 s 内下降至（　　）V，说明存电量足。（**注意**：3 个数字都要记！）
A. 1.3
B. 1.5
C. 1.7
D. 1.9

理论知识	练习题

要点：1）加注电解液，液面要高出极板上沿 15 mm；2）静止 6～8 h，让电解液充分浸渍极板；3）充电电流约为蓄电池容量的 1/15，单格端电压达到 2.4 V；4）充电接近终了时，如果电解液的密度不符合规定，应用蒸馏水或相对密度为 1.40 g/cm^3 的电解液进行调整，调整后再充电 2 h。

（2）**补充充电**：当汽车起动机运转无力、灯光比平时暗淡时，应补充充电。对于电解液密度下降至 1.15 g/cm^3 以下时的应用电池或储存期超过 2 年的干式铅蓄电池，使用前应补充充电。

操作步骤：

1）清洁，从汽车上拆下蓄电池，清除蓄电池盖上的脏污，疏通加液孔盖上的通气孔，清除极桩和导线接头上的氧化物。

2）检查电解液的密度和液面高度。

3）用高率放电计检查各单格电池的放电情况。

4）将蓄电池的正、负极接至充电机的正、负极。

5）选择充电规范：第一阶段的充电电流约为蓄电池额定容量的 1/10，充至单格电压为 2.3～2.4 V。第二阶段的充电电流约为蓄电池额定容量的 1/20，充至单格电压为 2.5～2.7 V。补充充电时间为 5～10 h。

6）充足电的标志：电解液密度和蓄电池端电压达到规定值，且连续 3 h 不变。

7）将加液口盖拧紧，擦净蓄电池的表面。

（3）**去硫化充电**：蓄电池使用过程中可能发生极板硫化，对于硫化较轻的蓄电池可以通过去硫化充电法加以消除。

操作步骤：

1）先倒出原有的电解液，并用蒸馏水清洗两次，然后加入蒸馏水。

2）接通充电电路，将电流调到初充电的第二阶段电流值（额定容量的 1/30）充电，当密度上升到 1.15 g/cm^3 时，倒出电解液，换加蒸馏水再进行充电，直到电解液密度不再增加为止。

3）以 10 h 率放电，当单格电压下降到 1.7 V 时，再以补充充电的电流进行充电、再放电、再充电，直到容量达到额定值的 80% 以上。

6. 交流发电机的结构

普通交流发电机一般由转子、定子、整流器、电刷组件、前后

---

14. 对储存期超过 2 年的干式铅蓄电池，使用前应补充充电，充电时间应在（　　）h。

A. 2～3

B. 3～5

C. 5～10

D. 10

15. 充电完成后 2 h，测量电解液相对密度，若不符合要求，可用（　　）（过高时），或相对密度为 1.4 的稀硫酸（过低时）调整。

A. 蒸馏水

B. 井水

C. 河水

D. 自来水

16.（　　）用于测试发电机端电压。

A. 万用表

B. 气压表

C. 真空表

D. 油压表

理论知识

端盖、风扇、带轮等组成，如图 1-7-4 所示。

（1）**转子**：作用是产生磁场，由爪极、磁轭、励磁绕组、滑环、转子轴等组成。发电机转子端隙不大于 0.2 mm。

（2）**定子**：作用是产生交流电动势，由定子铁芯和定子绕组（线圈）组成。发电机定子绕组的阻值一般为 150 ~ 200 MΩ。

（3）**整流器**：作用是将定子绕组的三相交流电变为直流电，由整流板和整流二极管组成。

（4）**电刷组件**：作用是将电流通过滑环引入励磁绕组，由电刷、电刷架和电刷弹簧组成。

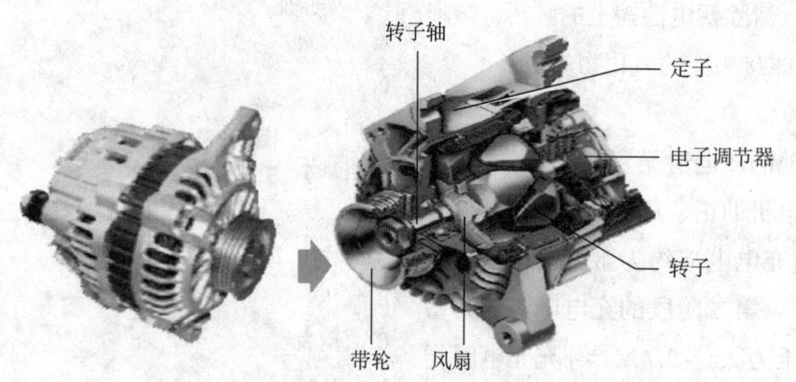

图 1-7-4　汽车发电机的结构

7. 整流器

汽车发电机采用硅整流器，因此也称为汽车硅整流发电机。

（1）**作用**：将定子绕组的三相交流电变为直流电。

（2）**组成**：一般有 6 只硅整流二极管，分别压装（或焊装）在相互绝缘的两块整流板上，其中一块为正整流板（带有输出端螺栓），另一块为负整流板，负整流板和发电机外壳直接相连（搭铁），也可以将发电机的后盖直接作为负极板，如图 1-7-5 所示。

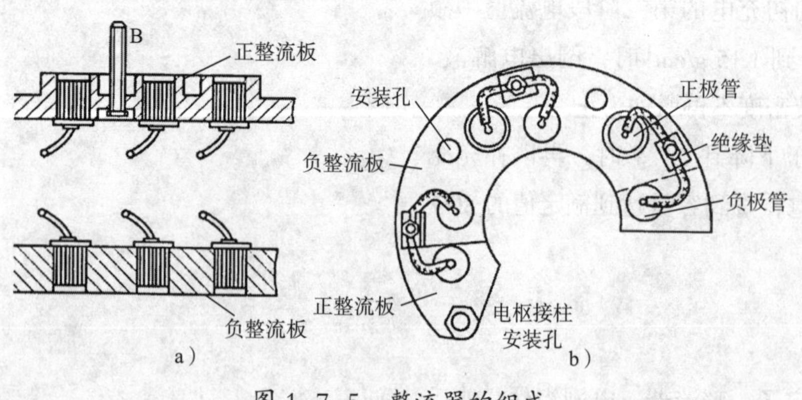

图 1-7-5　整流器的组成

练习题

17. 交流发电机的（　　）产生交流电动势。

A. 定子

B. 转子

C. 铁芯

D. 线圈

18. 发电机转子端隙不大于（　　）mm。

A. 0.1

B. 0.2

C. 0.25

D. 0.3

19. 发电机定子绕组的阻值一般为（　　）MΩ。

A. 150 ~ 200

B. 3 000 ~ 6 000

C. 15 ~ 35

D. 1 500 ~ 3 500

20.（　　）的作用是将定子绕组产生的三相交流电变为直流电。

A. 转子总成

B. 硅二极管

C. 整流器

D. 电刷

21. 中心引线为负极，管壳为正极的二极管是（　　）。

A. 负极二极管

B. 励磁二极管

C. 正极二极管

D. 稳压管

理论知识

正二极管的中心引线为二极管正极，外壳为负极。正二极管的外壳压装或焊装在元件板上，共同组成发电机的正极，由一个与后端盖绝缘的元件板固定螺栓通至机壳外，成为发电机的 +B 输出。

（3）**工作原理**：如图 1–7–6 所示，三只正二极管负极端连接在一起时，正极端电位最高者导通；三只负二极管正极端连接在一起时，负极端电位最低者导通。每一瞬时都有一个正极和一个二极管导通，形成回路。这样，通过用电器的就是直流电。

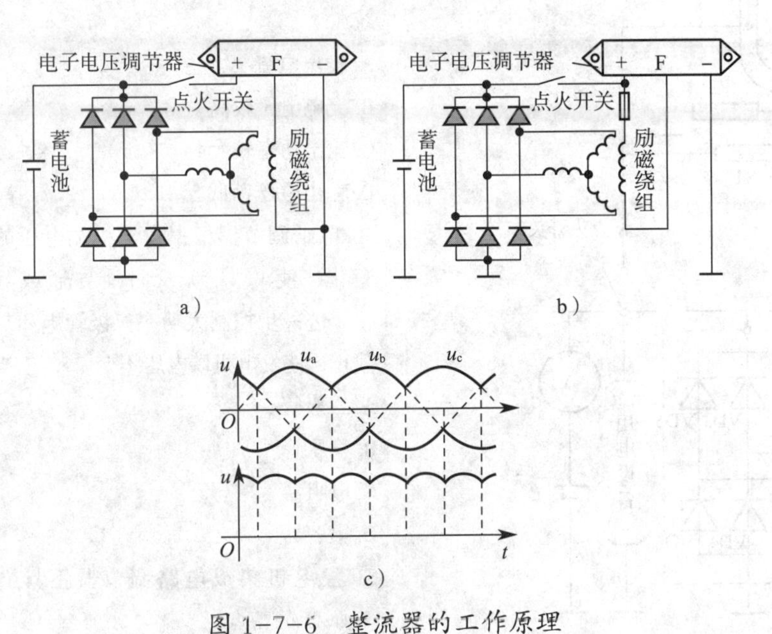

图 1–7–6　整流器的工作原理

a）内搭铁式　b）外搭铁式　c）整流波形

8. 电压调节器

（1）**作用**：在发电机转速变化时，自动控制发电机电压，使其保持恒定，避免因发电机输出电压过高烧坏用电器并导致蓄电池过充电，或因发电机输出电压不足导致用电器工作失常的情况出现。

（2）**分类**

1）按工作原理分

①触点式（电磁振动式）电压调节器，其电路原理图如图 1–7–7 所示。

②晶体管式电压调节器，其电路原理图如图 1–7–8 所示。

③集成电路（IC）式电压调节器（体形较小，一般安装在发电机内部），又分发电机电压检测和蓄电池电压检测两种，采用发电机电压检测法，可省去信号输入线，缺点是当发电机至蓄电池电路

练习题

22. 汽车硅整流发电机的励磁电流，由（　　）进行调节。

A. 蓄电池电压

B. 发电机转速

C. 电压调节器

D. 电流调节器

23. 汽车硅整流发电机常用的接插线有（　　）。

A. F

B. ST

C. C

D. P

24. 汽车硅整流器发电机外壳有字母“N”接线柱，应与发电机的（　　）连接。

A. 正极

B. 负极

C. 定子三相的中性点

D. 励磁线圈

25. 硅整流发电机的中性点电压等于发电机极柱直流输出电压的（　　）倍。

A. 1/2

B. 1

C. 1/3

D. 1/4

26. 交流发电机单相桥式硅整流器每个二极管，在一个周期内的导通时间为（　　）周期。

A. 1/2

B. 1/3

C. 1/4

D. 1/6

27.（　　）的作用是发电机转速变化时，自动改变励磁电流的大小，使发电机输出电压保持不变。

A. 整流器

B. 调节器

C. 蓄电池

D. 电容器

28. 判断汽车硅整流发电机磁场是否

理论知识

上的压降较大时，可导致蓄电池充电不足。因此，一般大功率发电机多采用蓄电池电压检测法，使蓄电池的端电压得以保证。

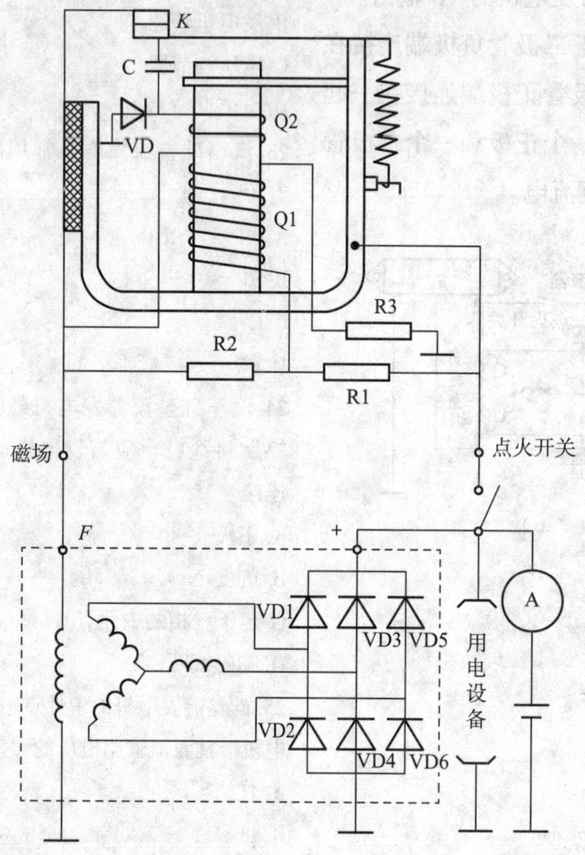

图 1-7-7　触点式电压调节器电路原理图

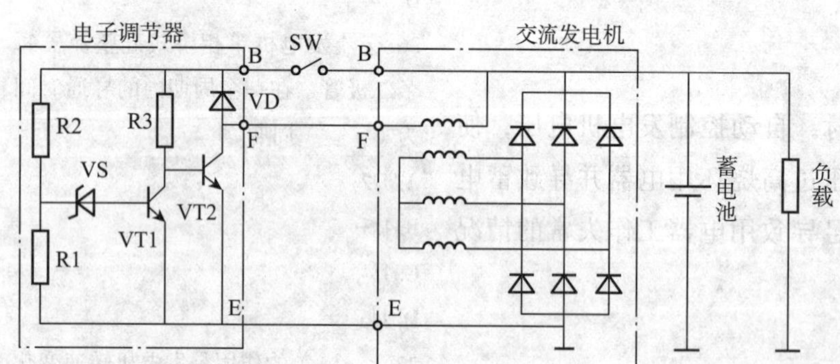

图 1-7-8　外搭铁型晶体管式电压调节器电路原理图

2）按搭铁类型分

①内搭铁型交流发电机：磁场绕组的一端（负极）直接搭铁（和壳体相连）。

②外搭铁型交流发电机：磁场绕组的一端（负极）接入调节器，通过调节器后再搭铁。

练习题

正常，最简单的方法是在其运转时（　　）。

A. 查看充电指示灯状况

B. 测量“+”端的电压值

C. 测量“F”端的电压值

D. 用旋具检测发电机外壳的磁性

29. 若发电机电压调节器带有蓄电池电压检测方式的“S”线，其发电系统（　　）。

A. 输出电流要大些

B. 充电电压较高

C. 输出功率较大

D. 输出电压稍低

30. 电子调节器根据发电机端电压的变化，使（　　）及时地导通或截止，进一步控制大功率三极管饱和与截止，使发电机端电压不变。

A. 二极管

B. 稳压管

C. 电阻器

D. 电容器

31. 发电机集成电路调节器不具有（　　）的特点。

A. 调压精度高

B. 工作可靠

C. 体积较小

D. 交直流都可用

32. 电压调节器触点控制的电流是发电机的（　　）。

A. 励磁电流

B. 电枢电流

C. 充电电流

D. 点火电压

33. 装于汽车发电机内部的调节器是（　　）。

A. FT61 型

B. JFT106 型

C. 集成电路调节器

D. 晶体管调节器

理论知识	练习题

（3）**工作原理：**以图 1-7-8 所示外搭铁型电压调节器为例。

1）点火开关 SW 刚接通时，发动机不转，发电机不发电，蓄电池电压加在分压器 R1、R2 上，此时因 U_{R1} 较低，不能使稳压管 VS 反向击穿，VT1 截止而 VT2 导通，发电机磁场电路接通，此时由蓄电池供给磁场电流。随着发动机的启动，发电机转速升高，发电机他励发电，电压上升。

2）当发电机电压升高到大于蓄电池电压时，发电机自励发电并开始对外蓄电池充电，如果此时发电机输出电压 U_B< 调节器调节上限 U_{B2}，VT1 继续截止，VT2 继续导通，但此时的磁场电流由发电机供给，发电机电压随转速升高而迅速升高。

3）当发电机电压升高到调节上限 U_{B2} 时，调节器对电压开始进行调节。此时，VS 反向击穿，VT1 导通，VT2 截止，发电机磁场电路被切断，由于磁场被断路，磁通下降，发电机输出电压下降。

4）当发电机电压下降到调节下限 U_{B1} 时，VS 截止，VT1 截止，VT2 重新导通，磁场电路重新被接通，发电机电压上升。周而复始，发电机输出电压 U_B 被控制在一定范围内，这就是外搭铁型电子调节器的工作原理。

（4）**检测**

1）晶体管调节器类型的判别。晶体管调节器分为“内搭铁调节器”和“外搭铁调节器”两种。一般均有“+”“F”“–”三个接线柱，使用前必须确定其搭铁形式。判别方法如下：①将晶体管调节器的“+”“–”分别接可调直流电源的“正”“负”极，将电压预调至 12 V。②用试灯代替发电机磁场绕组，一端接调节器的“F”接线柱上，另一端先后触碰调节器的“+”和“–”接线柱；当试灯另一端碰接“–”接线柱时灯亮，而碰接“+”接线柱时灯不亮，则为“内搭铁调节器”。

2）晶体管调节器的性能及故障检测，按上段中方法①、②接好线路，逐渐调高直流电压，灯泡亮度会随之增强，当电压升到接近调压值时，灯泡会由亮转灭，再继续升高电压，灯泡也不亮；逐渐降低直流电压，当电压下降 0.5 V 以内时，灯泡又亮起，说明调节器性能良好。若升高电压后指示灯常亮，即使超过调压值，指示灯也不灭，表明调节器内部短路；若升高电压后指示灯始终不亮，表明调节器内部断路。

3）发电机外接电路检测如图 1-7-9 所示，将万用表调至 20 V 直流挡，将黑表笔接触蓄电池负极，将与万用表红表笔连接好的诊

34. 汽车使用的硅整流发电机上，“S”接线柱的作用是（　　）。

A. 充电引出线

B. 磁场控制线

C. 控制充电指示灯引出线

D. 电压检测线

35. 汽车行驶时，充电指示灯由亮转灭，说明（　　）。

A. 发电机处于他励状态

B. 发电机处于自励状态

C. 充电系统有故障

D. 指示灯损坏

36. 验收发电机时，检查其有无机械和电路故障，可采取（　　）试验。

A. 负载

B. 启动

C. 空转

D. 手动

理论知识

断引线插入控制线插接器的电源“S”端插孔内，测得电压为 12 V，则“S”信号线路正常，否则为断路。

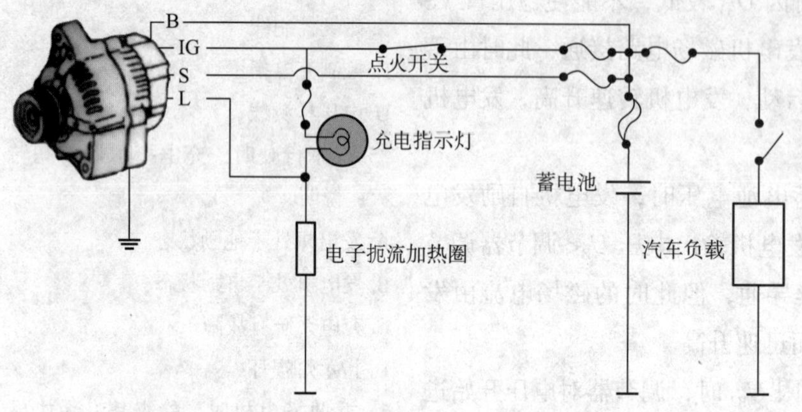

图 1-7-9 发电机外接电路检测

9. 发电机异响故障的检修

（1）故障现象： 发电机在运转过程当中有不正常的响声。

（2）故障原因

1）转动带过紧或过松。

2）轴承损坏或缺油松旷、转子与定子相碰。

3）电刷磨损过大或与滑环接触角度偏斜。

4）电刷在刷架内倾斜摇摆。

5）发电机装配不到位，使机体倾斜或转子轴弯曲。

6）发电机传动带轮与轴松旷，使带轮与散热片碰撞。

（3）故障诊断方法步骤： 首先检查传动带的松紧度，然后根据故障原因依次进行检修与调整。

10. 发电机不发电故障的检修

（1）故障现象： 发动机中速以上运转，充电指示灯不熄灭。测量发电机端电压不大于蓄电池电压。

（2）故障原因

1）发电机传动带断或打滑严重。

2）发电机励磁线路或充电线路断路。

3）发电机故障：①电刷与滑环接触不良；②二极管击穿、断路；③转子绕组短路、断路或搭铁；④定子绕组短路、断路或搭铁。

4）调节器故障：①弹簧弹力不足、气隙过小、高速触点烧结、

练习题

37. 细致检测汽车交流发电机，发电机存在周期性的哼叫噪声，在更换传动带和发电机的轴承后，这样的哼叫噪声仍然存在，这是由于（　　）造成的。

A. 个别硅管开路

B. 输出电流过大

C. 个别硅管短路

D. 输出电压过高

38.（　　）可导致发电机异响。

A. 转子与定子之间碰擦

B. 碳刷过短

C. 定子短路

D. 转子短路

39.（　　）可导致发电机轴承异响。

A. 发电机轴承润滑不良

B. 碳刷过短

C. 定子短路

D. 转子短路

理论知识

触点烧蚀脏污同时调节电阻断路；②晶体管调节器的稳压管及小功率三极管短路或大功率三极管断路；③调节器的搭铁方式与发电机不匹配。

7.2　汽车起动系统的检修

1. 起动机的结构组成

（1）**直流电动机**——产生电磁转矩，一般为直流串励式。

（2）**传动装置（啮合机构）**——启动时，啮合传动；启动后，打滑脱开。

（3）**控制装置（电磁开关）**——接通、切断电动机与蓄电池之间的电路。

2. 起动机的分类

（1）按操纵方式分类

1）直接操纵式：由驾驶员通过启动踏板和杠杆机构直接操纵启动开关，并使传动齿轮副进入啮合，因操作不便，目前已很少采用。

2）电磁操纵式：由驾驶员通过启动开关操纵继电器，而由继电器操纵起动机电磁开关和齿轮副，或通过启动开关直接操纵起动机电磁开关和齿轮副。

（2）按传动机构的啮合方式分类

1）惯性啮合式：已淘汰。

2）强制啮合式：工作可靠、操纵方便、广泛应用。

3）电枢移动式：结构较复杂，用于大功率柴油车。

4）齿轮移动式：电磁开关推动啮合杆。

3. 直流电动机

（1）**工作特点**：1）转矩大；2）工作电流大（发动机刚启动时，起动机的工作电流为 180 ~ 350 A）；3）工作时间短（每次启动时间不超过 5 s）。

（2）结构组成（见图 1-7-10）

1）电枢（转子），产生电磁转矩。电枢轴弯曲，会导致卡滞、轴承异响等故障，因此电枢轴的弯曲度不能超过 0.1 mm，否则应更换。

练习题

1.（　　）式起动机由驾驶员旋动点火开关或按下启动按钮，直接参与控制或通过起动继电器，控制电磁开关接通或切断起动机电路。

A. 电磁操纵

B. 直接操纵

C. 惯性啮合

D. 移动电枢啮合

2. 现代汽车多采用的起动机是（　　）。

A. 直接操纵式

B. 惯性啮合式

C. 移动电枢啮合式

D. 强制啮合式

3. 汽车起动机的电动机一般是（　　）。

A. 复励式

B. 串励式

C. 并励式

D. 脉冲式

4. 启动发动机时，每次接通起动机的时间不应超过（　　）s。

A. 5

B. 10

C. 15

D. 20

5. 检查起动机电枢绕组换向器是否断路，应用（　　）检查。

A. 电流表

B. 电压表

C. 欧姆表

D. 伏安表

6. 起动机的电枢轴弯曲度超过（　　）mm 时，应进行校正。

A. -0.05

B. 0.1

C. 0.15

D. 0.25

理论知识

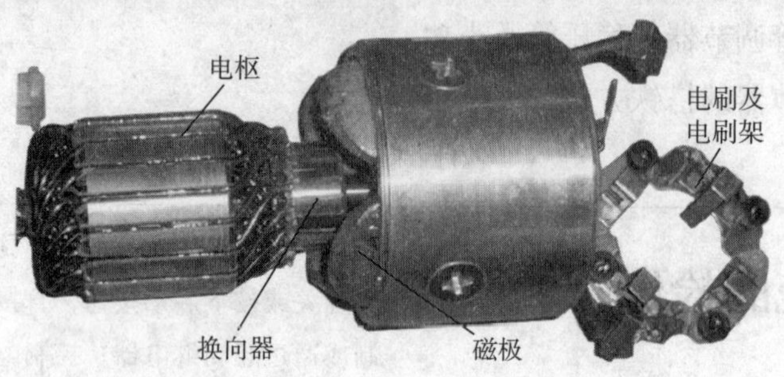

图 1–7–10　直流电动机的结构

2）磁极（定子）：产生磁场，有永磁式和电磁式两种。

3）换向器：随电枢同步旋转，与电刷接触，改变引入电枢线圈电流方向，极易磨损。若起动机电枢线圈断路或短路，可用万用表的电阻挡测量任意两个换向片间的电阻值进行判断。如果换向器圆周上径向跳动量超过 0.05 mm，应在车床上修复。

4）电刷组件：引入电流，属于易损件，应定期检查、更换。

4. 传动装置

（1）技术要求

1）发动机启动时，使起动机的驱动齿轮与发动机的飞轮进入啮合，啮合要平稳，不能发生冲击现象。

2）发动机启动后，使起动机的驱动齿轮与发动机的飞轮脱离啮合。

（2）组成：传动机构主要由拨叉、单向离合器、减速机构和驱动齿轮组成，如图 1–7–11 所示。

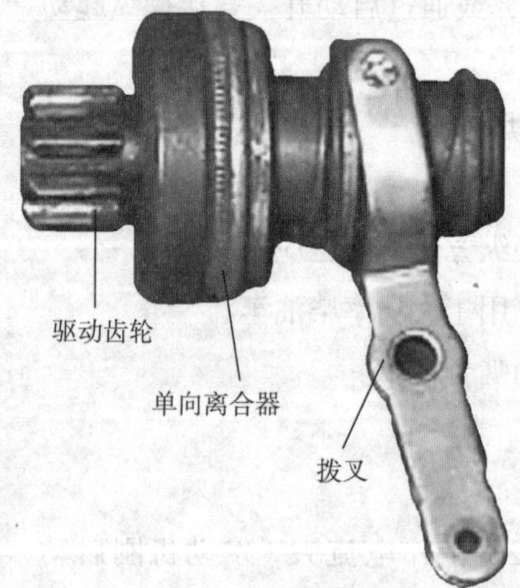

图 1–7–11　传动机构

1）拨叉：受电磁开关控制，拨动啮合齿轮与飞轮强制啮合。

2）单向离合器：只能单向传递动力，反向即打滑的装置。

根据工作原理不同，单向离合器分为滚柱式、摩擦片式、弹簧式、棘轮式 4 种。

滚柱式单向离合器体积较小，在小功率起动机上广泛使用。

摩擦片式单向离合器可以传递较大的转矩，应用于大功率起动

练习题

7. 起动机换向器圆周上径向跳动量超过 0.05 mm 时，应在（　　）上修复。

A. 车床

B. 压力机

C. 磨床

D. 铣床

8. 小功率起动机广泛使用的是（　　）式单向离合器。

A. 滚柱

B. 摩擦片

C. 弹簧

D. 带

9. 汽车发动机需要传递较大转矩且起动机尺寸较大时，应使用（　　）式单向离合器。

A. 滚柱

B. 摩擦片

C. 弹簧

D. 带

理论知识	练习题

机上。

3）减速机构：通常采用行星齿轮式减速机构，太阳齿轮与电动机的电枢轴连接，行星架连接驱动齿轮，行星齿轮机构的齿圈与单向离合器连接，启动时，锁止齿圈，使驱动齿轮减速增扭驱动飞轮旋转，启动后，齿圈打滑，驱动齿轮无动力输出。

4）驱动齿轮：启动时，在拨叉的推动下，与飞轮齿圈啮合，驱动曲轴旋转，与止推垫之间的间隙应为 1 ~ 4 mm。

5. 电磁开关

（1）作用

1）控制起动机驱动齿轮与发动机飞轮啮合。

2）控制起动机主电路（电流为 200 ~ 600 A）的导通。

（2）组成： 电磁开关的结构如图 1-7-12 所示。

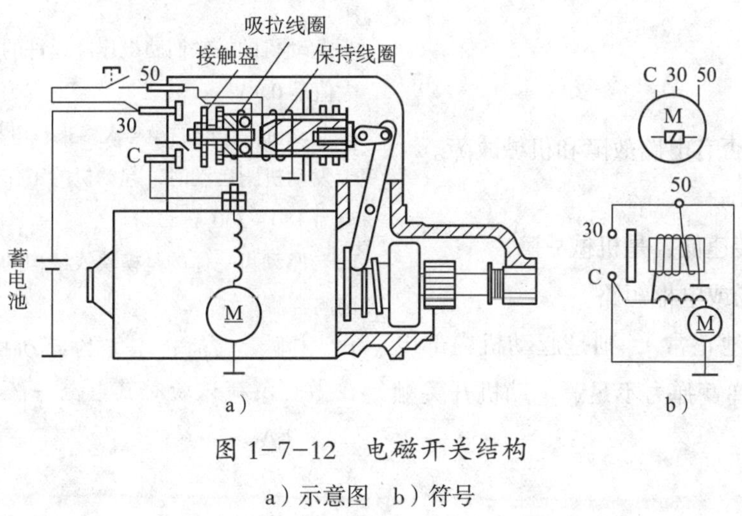

图 1-7-12 电磁开关结构

a）示意图 b）符号

1）吸拉线圈：线圈两端分别与 50、C 端子连接，吸拉接触盘与 30、C 端子接通后，即完成任务不再工作，阻值一般为 2.6 ~ 2.7 Ω。

2）保持线圈：线圈两端分别与 50 端子和搭铁连接，当点火开关在 START 位置时，一直保持工作，使接触盘与 30、C 端子保持接通状态，阻值一般为 1.0 ~ 1.5 Ω。

3）接触盘：30、C 端子的通断开关受吸拉线圈和保持线圈控制。

4）接线端子：30 端子接蓄电池正极，C 端子接直流电动机正极，50 端子接启动开关。

10. 某汽车起动机的输出端采用行星齿轮式减速机构，太阳齿轮连接电动机的电枢轴，那么应使（　　）。

A. 齿圈为固定不动的

B. 齿圈通过离合器锁止不动

C. 行星架为锁止不动的

D. 行星架与齿圈经离合器为一体

11. 起动机驱动齿轮与止推垫之间的间隙应为（　　）mm。

A. 1 ~ 4

B. 1 ~ 2

C. 0.5 ~ 1

D. 0.5 ~ 0.9

12. 起动机的电磁开关的作用是（　　）。

A. 控制起动机电流的通断

B. 推动小齿轮啮入飞轮齿圈

C. 通断起动机电流，并推动小齿轮啮入飞轮齿圈

D. 防止起动机电枢被发动机高速反拖

13. 只要点火开关拧到 START 位置，起动机电磁开关的吸拉线圈和保持线圈是（　　）。

A. 两只线圈就一直通电

B. 吸拉线圈先通电，保持线圈再通电

C. 保持线圈先通电，吸拉线圈再通电

D. 开始时两线圈同时通电，后来只有保持线圈通电

14. 起动机电磁开关吸拉线圈的电阻值为（　　）Ω。

A. 1.5 ~ 2.6

B. 1.6 ~ 2.6

C. 2.6 ~ 2.7

D. 2.7 ~ 2.9

15. 启动过程中，电磁开关内的（　　）。

A. 保持线圈被短路

B. 吸拉线圈被短路

C. 保持和吸拉两线圈都被短路

D. 保持和吸拉两线圈都不被短路

理论知识

（3）**工作原理**

1）接通启动开关，吸拉线圈电流经起动机励磁绕组和电枢绕组搭铁，保持线圈直接搭铁。此时两线圈并联，产生同向电磁力，吸引铁芯左移，通过拨叉将驱动齿轮推向飞轮。同时通过电枢中的较小电流使电枢轴缓慢旋转，而有利于啮合。

2）当驱动齿轮与飞轮齿圈完全啮合时，推杆上的接触盘将电动机开关的两个触点接通，吸拉线圈短路，使线圈保持触点接通状态，强大的启动电流通过励磁绕组和电枢绕组使电动机快速转动。

3）发动机启动后（启动开关释放），启动开关到保持线圈的电流切断，保持线圈电流经触点及吸拉线圈形成回路，这时两线圈串联，产生电磁力方向相反，相互抵消。在回位弹簧作用下，铁芯返回原位，触点断开，起动机因断电而停转，同时驱动齿轮退回。

6. 起动机的试验

（1）**空转试验（测试 n_{max}）**

1）试验目的：检查起动机内部是否有电路故障和机械故障。

2）试验现象分析

①若空载电流基本符合标准值，转速低，是机械故障。

②若空载电流大于标准值，是磁场或电枢短路。

③若空载电流小，转速低（蓄电池正常），则是起动机内部电路接触不良（换向器接触不良、电刷弹簧弹力不足、电动机开关触点烧蚀）。

3）试验电路：如图 1–7–13a 所示。

（2）**全制动试验（测试 M_{max}）**：又称为全负荷试验。

1）试验目的：测试起动机的启动能力是否降低。

2）试验现象分析

①若制动电流基本符合标准值，转矩低，是机械故障。

②若制动电流大于标准值，而转矩小于标准值，是磁场或电枢短路。

③若制动电流小，转矩低（蓄电池正常），则是起动机内部电路接触不良（换向器接触不良、电刷弹簧弹力不足、电动机开关触点烧蚀）。

④若驱动齿轮锁止，而电枢轴有缓慢转动，是离合器打滑。

3）试验电路，如图 1–7–13b 所示。

练习题

16. 起动机电磁开关将起动机主电路接通后，活动铁芯靠（　　）线圈产生的电磁力保持在吸合位置上。

A. 吸拉

B. 保持

C. 吸拉和保持

D. 吸拉、保持、吸拉和保持都不是

17. 诊断起动机电路短路、断路故障时，除检查起动机导线是否短路外，还应检查（　　）。

A. 蓄电池电解液面高度

B. 起动机电磁开关工作是否正常

C. 断电器触点是否烧蚀

D. 蓄电池的放电程度

18. 对汽车起动机来讲，下列正确的是（　　）。

A. 起动机的搭铁回路电压降允许的最大值是 0.9 V

B. 起动机工作时的噪声大多来自电枢

C. 发动机刚启动时，起动机的工作电流为 180 ~ 350 A

D. 与驱动齿一体的是楔块式结构的单向离合器

19. 小排量汽油轿车上的起动机，在做全负荷试验时其电流一般为（　　）A。

A. 50 ~ 60

B. 70 ~ 100

C. 90 ~ 150

D. 大于 240

20. 起动机在做全制动试验时，除测试电流、电压外，还应测试（　　）。

A. 转速

B. 转矩

C. 功率

D. 电阻值

理论知识 练习题

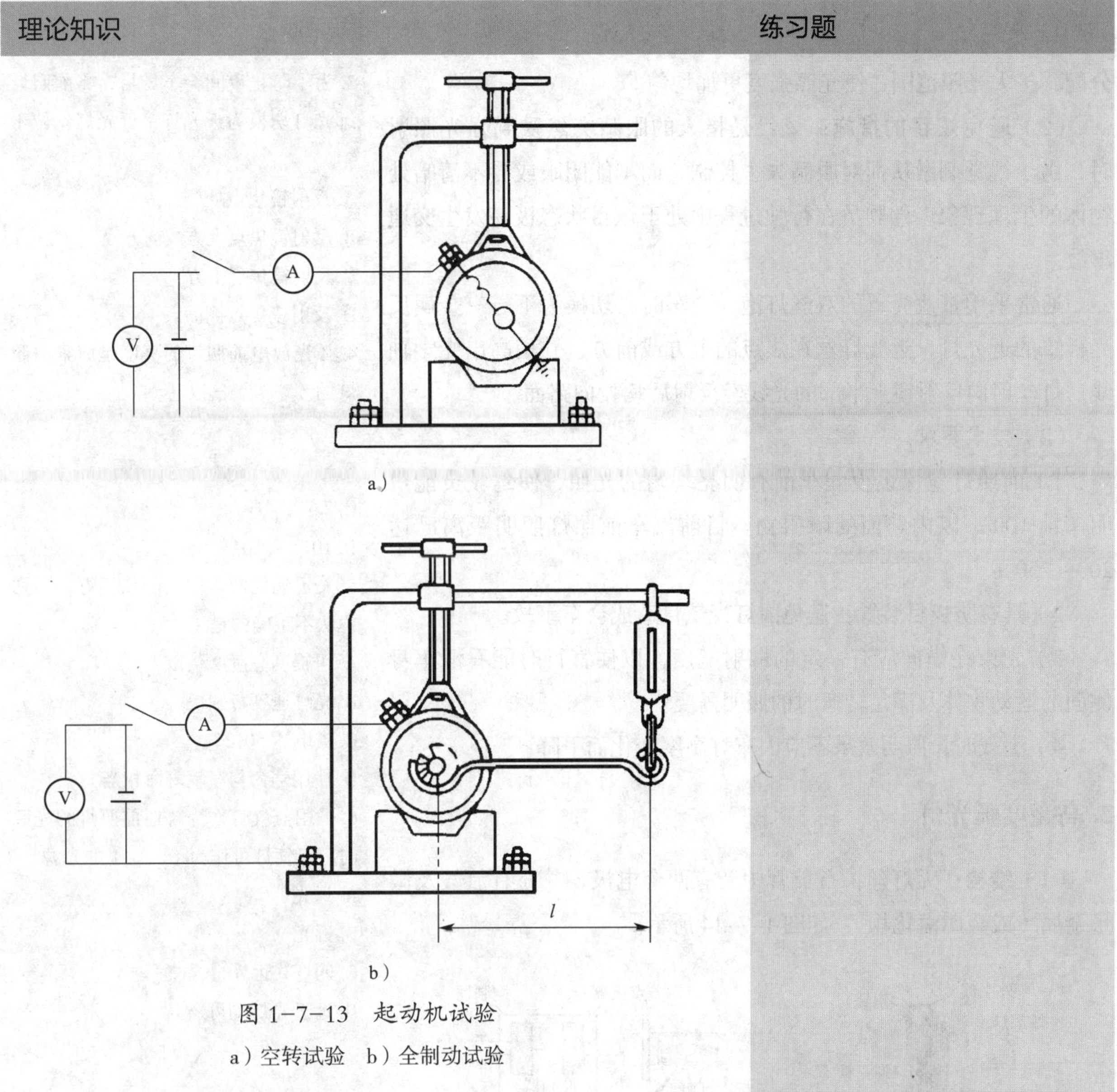

图 1-7-13 起动机试验

a）空转试验 b）全制动试验

7.3 汽车照明、信号电路的检修

1. 前照灯认识

（1）结构：前照灯由光源（灯泡）、反射镜、配光镜三部分组成。

1）光源（灯泡）：分为普通充气灯泡（白炽灯泡）、卤钨灯泡、高亮度弧光灯泡等。

2）反射镜：最大限度地将灯泡发出的光线聚合成强光束，以增加照射距离。目前，真空镀铝反射镜被广泛采用。

3）配光镜（散光玻璃）：装于反射镜之前，可将反射光束扩散

1. 汽车双丝前照灯在近光灯丝（ ）装置有金属反光板罩。

A. 上方

B. 下方

C. 前方

D. 后方

2. 汽车双丝前照灯在近光灯丝下方有金属反光板罩，其目的是（ ）。

A. 增加亮度

B. 增加透雾性

C. 防止会车时对方驾驶员产生炫目现象

D. 节约电能

理论知识

分配，扩大光照范围，使光照强度更加均匀。

（2）**避免炫目的措施**：炫目是指人的眼睛突然受到强光照射时，由于视觉刺激从而对眼睛失去控制，而本能闭眼或看不清暗处物体的生理现象。驾驶员在行驶过程中处于炫目状态极易发生交通事故。

通常采用带遮光罩的双丝灯泡，会车时，切换为下方有金属反光板罩的近光灯，近光灯丝在焦点的上方或前方，并稍高出光学轴线。灯丝射向反射镜上半部的光线经反射后均投向路面。

（3）**技术要求**

1）前照灯应保证夜间车前有明亮均匀的光照，使驾驶员能辨明车前 100 m 以内路面的障碍物。目前汽车前照灯照明距离已达 200 ~ 250 m。

2）具有防炫目装置，避免因灯光炫目造成会车事故。

3）光束在横向应有一定的散射宽度，以便直行时能看清车身侧面的运动物体及满足转弯时的照明需要。

4）满载时，照明效果不应因车灯高度变化而下降。

2. 高亮度弧光灯

（1）**结构**：无灯丝，石英管中装有两个电极，并充有氙气及微量金属（或金属卤化物），如图 1-7-14 所示。

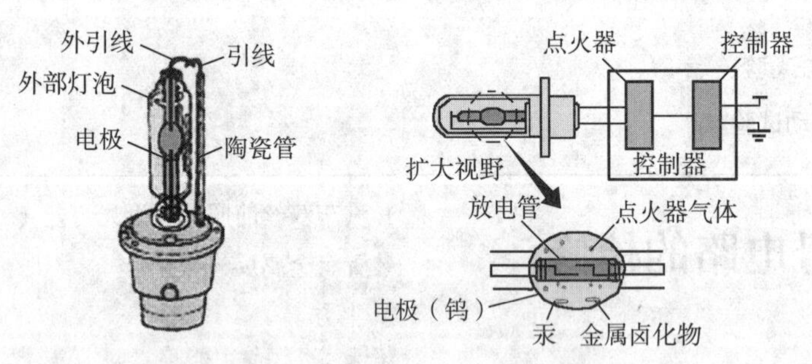

图 1-7-14　高亮度弧光灯

（2）**原理**：当弧光灯的电极上有足够的引弧电压（5 000~12 000 V）时，灯管内的气体（如氙气）开始电离而导电、发光。

（3）**组成**：弧光放电前照灯由弧光灯组件、电子控制器和升压器组成。

（4）**特点**：与普通灯泡相比，一是氙气灯泡拥有比普通卤素灯泡高 2.5 倍以上的光照强度，耗能却仅为其三分之二；二是氙气灯泡的光色与日光近似，可为驾驶员创造出更佳的视觉条件，大大改

练习题

3. 为了防止夜间会车炫目，将前照灯远光灯切换为近光灯，近光灯丝位于（　　）。

A. 反射镜焦点处

B. 反射镜焦点上方或前方

C. 反射镜焦点下方

D. 反射镜焦点侧面

4. 弧光放电前照灯的亮度是卤素前照灯的（　　）倍以上。

A. 2

B. 5

C. 2.5

D. 10

5. 关于现代汽车使用的氙气灯，下列说法不正确的是（　　）。

A. 可提高亮度 2 倍以上

B. 亮灯速度特别快

C. 省电达 50%

D. 使用寿命与车辆寿命相当

6. 采用氙气灯作为普通前照灯的光源时，氙气灯可作为（　　）的光源。

A. 远光

B. 近光

C. 四灯式远光

D. 远近光灯均可

理论知识

善了驾驶的安全性；三是使用寿命长，是普通卤素灯泡的5倍；四是节能，因灯泡点燃达正常工作温度后，维持电弧放电的功耗很低（约35 W），与卤素灯泡相比，可节约40%左右的电能。

3. 前照灯的使用与常见故障

（1）前照灯的使用注意事项

1）前照灯在使用时要注意密封，防止水及灰尘进入。

2）光学组件要配套使用，不要随意更换灯泡功率及其他光学组件。

3）前照灯在车上安装要牢固。

（2）前照灯不亮故障

1）原因：灯泡烧坏、熔丝烧断、灯光开关有故障、前照灯搭铁不良等。

2）排除方法：首先检查灯泡是否烧坏，若灯泡烧坏，则换灯泡。

注意：不可在灯泡上留下污迹，特别是在更换卤钨灯泡时，受皮肤脂肪沾污过的玻璃壳会大大缩短使用寿命，所以拿灯泡时应拿基座，如图1-7-15所示。

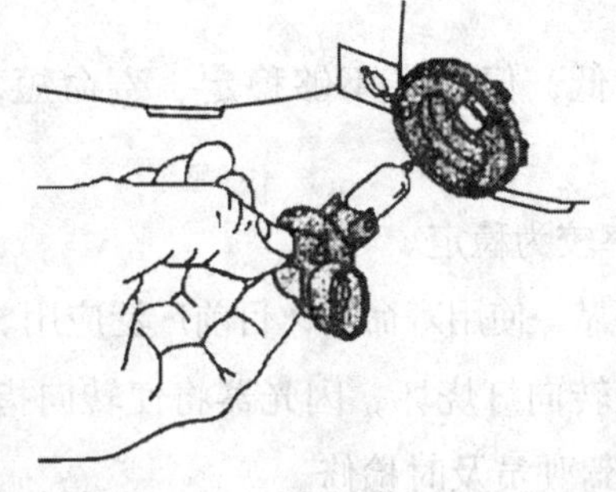

图1-7-15　更换灯泡的方法

若熔丝烧断或灯光开关故障，应更换；若线路或搭铁不良，应视情况修理。

（3）只有远光灯亮或只有近光灯亮

1）原因：有熔丝烧断、变光开关故障。

2）排除方法：更换熔丝或变光开关。

4. 转向及危险警告灯

（1）作用：采用灯光信号闪烁的方式，指示车辆左转或右转，以引起其他车辆和行人的注意，提高车辆行驶的安全性。**如遇危险情况，可使前、后、左、右四个转向灯同时闪烁，作为危险警告信号，请求其他车辆避让。**

（2）组成：转向信号灯电路主要由转向信号灯、闪光器、转向灯开关等组成，如图1-7-16所示。

（3）闪光器的类型：转向信号灯是由闪光器控制的，常见的闪光器有以下几种。

练习题

7. 前照灯不亮故障的处理方法是，首先检查（　　）的好坏，不好应更换。

A. 灯泡

B. 蓄电池

C. 起动机

D. 发电机

8. 汽车前照灯左右近光电路中，正确者为（　　）。

A. 左右近光灯泡的总电阻只有左侧的一半

B. 左右近光灯泡的总电阻是左侧和右侧之和

C. 左右近光灯泡的总电阻与右侧相等

D. 左右近光灯泡的总电阻只有左侧的1/4与右侧的1/4之和

9. 汽车上的转向信号闪光器，其上有三个端子，（　　）端子应接转向开关。

A. +B

B. L

C. E

D. ST

理论知识

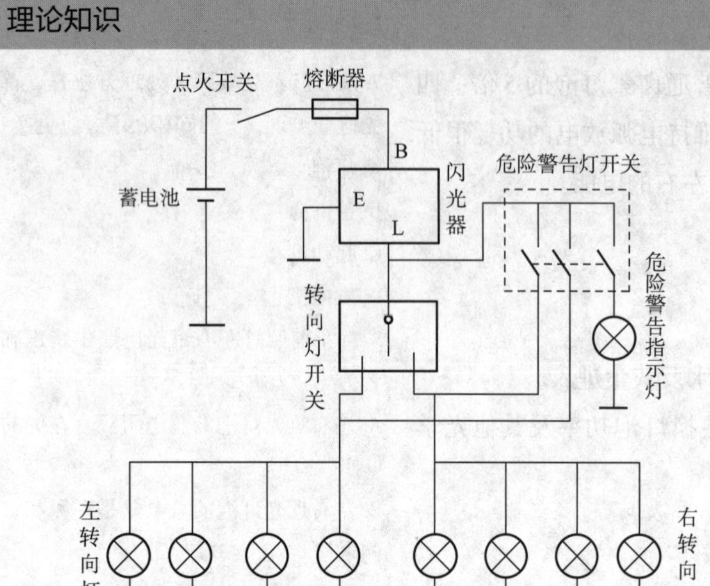

图 1-7-16 转向及危险警告灯电路

1）热丝式：结构简单、成本低，但闪光不够稳定、寿命短，已被淘汰。

2）电容式和翼片式：闪光频率较为稳定。

3）电子式：性能稳定，工作可靠，使用寿命长，目前广泛应用。

（4）**故障提示**：如果某侧一只转向灯烧坏，闪光器将使转向指示灯的闪光频率加快一倍，以提示驾驶员及时检修。

5. LED 制动信号灯的优点

（1）**发光极快**：反应速度快，无须热启动时间，微秒内即可发光（传统灯泡则有 0.3 s 延迟），可有效防止追尾。

（2）**寿命极长**：灯体内没有松动的部分，不存在灯丝发光易烧、热沉积、光衰等缺点，在恰当的电流和电压下，使用寿命可达 6 万 ~ 10 万小时，比传统光源寿命长 10 倍以上。

（3）**节能**：LED 汽车灯是冷光源，总体来说耗电量低，比传统光源节能 70% 以上。

（4）**环保**：光谱中没有紫外线和红外线，既没有热量，也没有辐射，眩光小，而且废弃物可回收，没有污染不含汞元素，可以安全触摸，属于典型的绿色照明光源。

（5）**发光纯度高**：色彩鲜艳，无须灯罩滤光，光波误差在 10 nm 以内。

练习题

10. 某车上出现转向信号右方向工作正常，而左方向指示灯闪烁过快的故障，则该故障的部位应是（　　）。

A. 闪光器

B. 转向开关

C. 灯泡

D. 熔丝

11. 汽车危险警告灯的电源来自（　　）。

A. 蓄电池

B. 闪光器

C. 危险灯开关

D. 点火钥匙

12. LED 作汽车制动灯，在车辆行驶时能体现的突出优点是（　　）。

A. 特别光亮

B. 发光极快

C. 造型醒目

D. 能自动开启

理论知识	练习题

6. 电喇叭

（1）作用：发出声响信号提醒行人和其他车辆驾驶员。

（2）分类

1）筒形喇叭：以扬声筒作为共鸣辐射体，其音响效率高，音色清晰，但占用空间大。

2）螺旋形（蜗牛形）喇叭：与筒形喇叭原理完全一样，性能十分相近，音色优美，占用空间较小。

3）盆形喇叭：体积小，质量轻，方向性好，噪声小。广泛应用于轿车上。

（3）盆形电喇叭的结构原理（见图 1–7–17）

1）结构：由刚性连接的膜片、共鸣板、衔铁、上铁芯及螺管形电磁铁、线圈等组成。

2）工作过程：当按下喇叭按钮时，常闭触点使线圈通电，磁化铁芯，从而吸动铁芯带动膜片拱曲变形断开触点，如此反复，激励与膜片一体的共鸣板产生共鸣，发出比基本频率强得多且分布又比较集中的谐音。

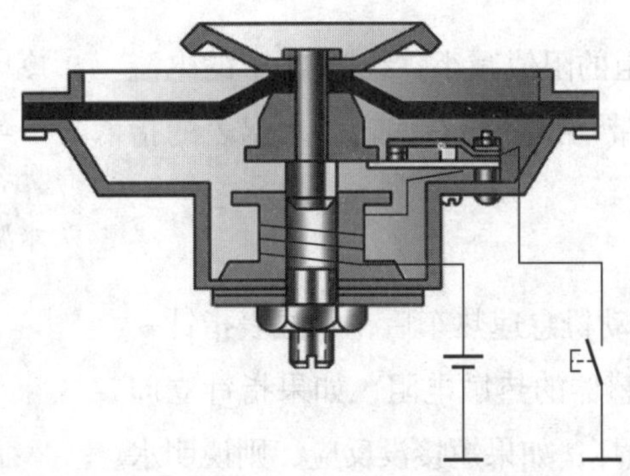

图 1–7–17　盆形电喇叭结构

7. 电磁式水温表

（1）作用：用来指示发动机冷却液的工作温度。

（2）组成：水温表的工作电路由水温表和冷却液温度传感器两部分组成，水温表安装在仪表板上的组合仪表内，冷却液温度传感器安装在发动机气缸盖的冷却水套上。

（3）工作原理：电磁式水温表与热敏电阻式冷却液温度传感器的工作电路如图 1–7–18 所示。

水温表内装有线圈 L_1、L_2，水温表指针的指示值由 L_1、L_2 产生的磁力大小控制。

点火开关接通后，电流经参考电阻 R 流过水温指示表的线圈 L_2、L_1 和热敏电阻传感器。

当冷却液温度较低时，传感器内热敏电阻的阻值较大，流经线

13. 电喇叭上共鸣板、膜片、衔铁及（　　）刚性连为一体。

A. 上铁芯

B. 下铁芯

C. 弹簧

D. 按钮

14. 喇叭上的触点为（　　）式。

A. 常开

B. 常闭

C. 半开半闭

D. 处于任意状态

15. 接通点火开关后水温表指针不动，用旋具将传感器接线柱与机体短接，水温表指针仍不动，表明（　　）。

A. 水温表状况良好

B. 水温表电路有断路处或表已损坏

C. 传感器触点氧化

D. 传感器加热线圈烧坏

16. 装接汽车使用的电磁式水温表线路时，下列接线中正确的是（　　）。

A. 仪表上的两个接线柱可以随便接线

B. 仪表的上面接线柱一定要接点火开关

C. 仪表的上面接线柱应该接蓄电池正极

D. 仪表的上面接线柱应接水温传感器

理论知识

圈 L_1 和 L_2 的电流相差不多，但 L_1 匝数多，产生的磁场强，使衔铁带动指针向左偏转，指针指向低温刻度。

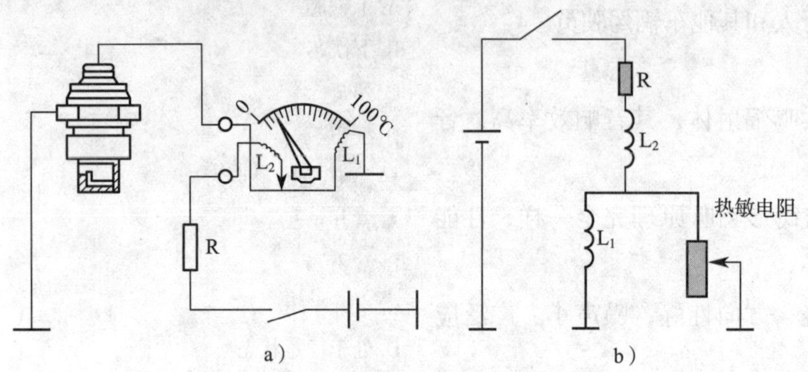

图 1–7–18　电磁式水温表及传感器电路的工作原理

a）结构原理　b）等效电路

当冷却液温度升高时，热敏电阻的阻值减小，线圈 L_2 中的电流明显增大，电磁力也增大，使衔铁带动指针向右偏转，水温表的指针指向高温刻度。

（4）故障分析

1）水温表一直处于低温区：发动机怠速热车后，水温表指针一直处于低温区。短接冷却液温度传感器的热敏电阻，如果指针立即升至 100 ℃以上位置，说明传感器损坏；如果短接没反应，则说明水温表至冷却液温度传感器的电路有断路或是水温表中有一线圈断路。

2）水温表没反应：接通点火开关后水温表指针不动，用旋具将传感器接线柱与机体短接，水温表指针仍不动，表明水温表电路有断路处或表已损坏。

8. 机油压力警报灯电路（见图 1–7–19）

（1）作用：在发动机转动时，用来指示发动机机油压力的大小和发动机润滑系工作是否正常。当探测到发动机机油压力降至异常低值时，机油压力警报灯即向驾驶员报警。

（2）组成

1）机油压力警报灯安装在仪表盘上，指示机油压力是否过低。

2）机油压力开关安装在气缸体上，用于探测主油道的机油压力。

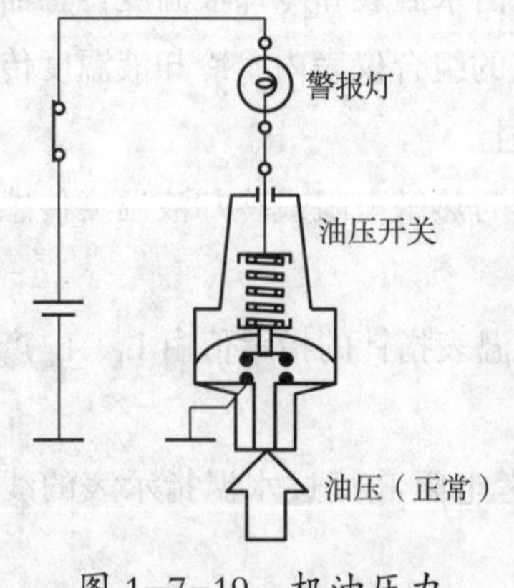

图 1–7–19　机油压力警报灯电路

练习题

17. 汽车点火开关未接通时，水温表指示停在左边刻度 100 ℃外面，接通点火开关后，指针立即从 100 ℃向 40 ℃移动，发动机启动后，随着水温增高，指针又慢慢从 40 ℃向接近 100 ℃的方向移动，表明（　　）。

A. 总火线有断路处

B. 感温塞故障

C. 水温表电路有断路处

D. 水温表状况良好

18. 汽车使用的电磁式水温表，其指针一直处于低温区，原因不包括（　　）。

A. 点火线有断路处

B. 冷却液温度传感器损坏

C. 水温表至冷却液温度传感器的电路有断路

D. 水温表中有一线圈断路

理论知识

（3）**工作原理**：当发动机熄火时，或者发动机启动后油压低于规定值时，机油开关内的触点在弹簧力的作用下闭合，机油压力警报灯点亮。

当发动机启动后，油压高于规定值时，油压推动机油压力开关内的膜片克服回位弹簧弹力，使触点断开，机油压力警报灯熄灭。

9. 磁感应式车速里程表

（1）**作用**：用来指示汽车行驶速度和累计行驶里程数的仪表。

（2）**组成**：由车速表和里程表两部分组成。其结构如图 1-7-20 所示。

车速里程表由永久磁铁、带有轴及指针的铝碗、罩壳和紧固在车速里程表外壳上的刻度盘等组成。

（3）**工作原理**

1）车速表的工作原理：当汽车直线行驶时，变速器输出轴上的蜗轮、蜗杆以及软轴等带动永久磁铁转动，同时在铝碗上产生涡流磁场，并产生转矩，使铝碗反抗游丝向永久磁铁转动方向转动，从而带动指针在标度盘上指出相应的车速值，因为涡流磁场的强弱与车速成正比（车速越高，磁场切割速度越高），所以指针指示的速度也必与汽车的行驶速度成正比。

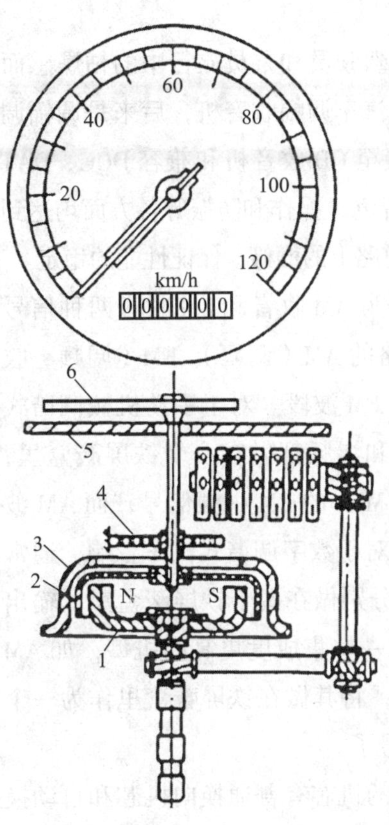

图 1-7-20　车速里程表的结构

1—永久磁铁　2—铝碗　3—罩壳

4—弹簧　5—刻度盘　6—指针

2）里程表的工作原理：里程表是由蜗轮蜗杆和计数轮组成的，蜗轮蜗杆和汽车的传动轴之间具有一定的传动比。在汽车行驶时，软轴驱动车速里程表的小轴，经三对蜗轮蜗杆带动里程表的第一计数轮转动。第一计数轮上的数字为十分之一公里，每两个相邻的计数轮之间又通过本身的内齿和进位计数轮的传动齿轮，形成 1∶10 的传动比。车速里程表与各轮胎之间的总传动比分为 1∶1 000 和 1∶624 两种，其中 1∶624 的已逐渐被 1∶1 000 的所取代。

练习题

19. 发动机机油压力正常时，机油压力过低报警灯报警开关触点（　　），报警灯（　　）。

A. 分开　不亮

B. 分开　亮

C. 闭合　不亮

D. 闭合　亮

20. 传统汽车的车速里程表的车速信号来自（　　）。

A. 点火线圈负极

B. 发动机转速传感器

C. 变速器输出轴

D. 变速器输入轴

21. 车速传感器安装在（　　）。

A. 气缸体上

B. 油底壳上

C. 离合器上

D. 变速器上

22. 车速里程表与轮胎之间的总传动比一般为（　　）。

A. 1∶10

B. 1∶100

C. 1∶1 000

D. 1∶10 000

23. 更换汽车新里程表时，应将里程表的读数调到（　　）。

A. 0

B. 车主要求的公里数

C. 原公里数

D. 任意公里数

理论知识 练习题

注意：更换汽车上新里程表时，应将里程表的读数调到原公里数！

7.4 辅助电器的检修

1. 汽车音响

（1）**概述：**汽车音响是为减轻驾驶员和乘员旅行中的枯燥感而设置的收放音装置。最早使用的是汽车调幅收音机，后来是调幅调频收音机、磁带放音机，逐渐发展至 CD 放音机和兼容 DCC、DAT 的数码音响。现在汽车音响无论在音色、操作和防振等各方面均达到了较高的标准，能应付汽车在崎岖道路上的颠簸，保证性能的稳定。

（2）**收音机：**调谐器（又可分为 AM 收音和 FM 收音两种信号源）实质上就是没有音频放大电路的 AM（调幅）、FM（调频）收音机。一般汽车音响都设有 AM 和 FM 波段。对于手动机械调谐式汽车音响，FM 波段的高放、本振和混频都做在一个铁屏蔽盒里，称为 FM 高频头，它输出的是 10.7 MHz 的 FM 中频信号，而 AM 波段有关组件都焊接在主电路板上。对于数字调谐式汽车音响，通常是把 AM 收音电路和 FM 收音电路分别做在两个铁屏蔽盒里，输出的就是经过解调的音频信号。还有一些集成度更高的机型，如 AM 和 FM 处理电路采用单片集成电路，将其做在铁屏蔽盒里作为一个组件，输出就是 AM 和 FM 音频信号了。

（3）**磁带放音机：**磁带放音机的机芯有普通换向机芯和自动换向机芯两种。与家用音响相比，汽车音响没有录音功能，只有一个单卡的磁带放音部分，但它的机芯结构较家用卡座复杂，多了磁带进出盒机构，自动换向机芯多了自动返带机构。

（4）**功放：**音响的音源信号经微处理器处理之后，需要进行功率放大才能使车载音箱发出声音。已知电功率 $P=UI$，可见功率放大的前提是电压、电流的放大。电压方面，微处理器的供电电压多为 5 V，功放供电电压为 12 V。功率放大后驱动车载音箱的功率一般为 4～15 W，工作电流 $I=P/U$ 为 0.5～1 A。

2. 电动刮水器

（1）**作用：**清除附着在风窗玻璃上的雾、霜、雨、雪、泥、尘埃及其他污物，使驾驶员具有良好的视线，保障行车安全。

1. 数字显示汽车音响的收音电路由（　　）及 AM 收音高放电路、中放电路、收音立体声解码集成电路为主构成。

A. A/C

B. FM

C. FC

D. FP

2. 数字调谐式汽车音响数控收音微处理器的供电多用（　　）V 电压。

A. 12

B. 5

C. 24

D. 10

3. 一般汽车音响的工作电流为（　　）A。

A. 12

B. 5

C. 0.5～1

D. 低于 0.5

4. 汽车音响按照放音机芯的功能分为（　　）。

A. 普通换向机芯和自动换向机芯

B. 中频放大机芯和调频中频信号放大机芯

C. 调频高频信号放大电路机芯和混频机芯

D. 本振电路机芯、调频选频机芯和预中频放大电路机芯

理论知识

（2）**工作原理**：控制电路如图 1-7-21 所示。

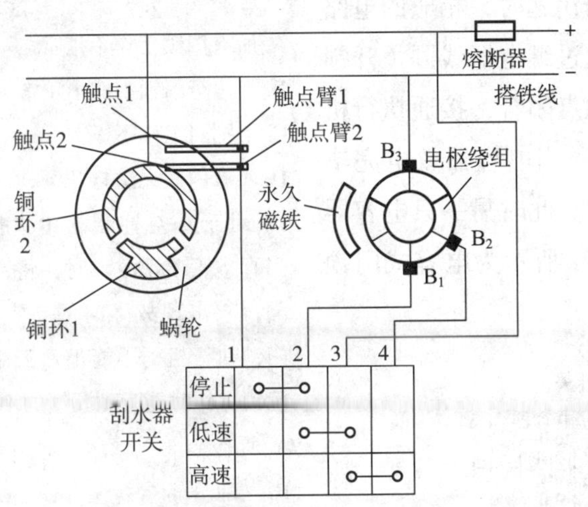

图 1-7-21　电动刮水器控制电路

1）摆动控制：每个刮水器都有一个曲柄摇杆机构，将刮水器电动机主轴的旋转运动变为往复摆动。

2）高低速控制：刮水器开关在“0”挡为停止，“Ⅰ”挡为低速，一般为每分钟 45 摆次，在雨量较小时使用，“Ⅱ”挡为高速，一般为每分钟 65 摆次，大雨时使用。

3）复位控制：为了不影响驾驶员的视线，每当切断刮水器电动机电路后，电流通过触点 2→触点臂 2→组合开关端子 1→组合开关端子 2→电枢绕组电刷 B_1，刮水器电动机继续工作，当刮杆与刮片复位到风窗玻璃的下沿时，触点臂 2 与触点 2 断开，刮水器电动机停止工作。

3. 中控门锁

（1）**作用**：中央控制门锁系统由微机根据各个开关信号控制门锁的开、闭，可使驾驶员更加方便安全地使用汽车。

（2）**组成**

1）门锁开关：控制门锁控制器的工作状态。有按钮式控制开关和钥匙控制开关两种。

2）门锁控制器：控制门锁执行机构动作，使门锁打开或锁止。有电子式、车速感应式、车身电控单元控制式。

3）门锁执行机构：根据电路中电流方向的不同进行开锁和闭锁。有电动机式、电磁式、真空式和电子式。

（3）**电容式门锁控制器**：在门锁控制器工作时，继电器（开锁

练习题

5. 车辆的风窗玻璃刮水器，当刮水开关打到 OFF 挡时，刮水臂会影响视线（不能复位），这说明（　　）。

A. 复位开关铜片烧毁

B. 蜗杆变形过大

C. 机械连杆装置接头过于松动

D. 刮水器电动机故障

6. 双速刮水器的控制开关在（　　）位置时电动机转速较低。

A. “0” 挡

B. “Ⅰ” 挡

C. “Ⅱ” 挡

D. 任何挡位

7. 造成永磁式汽车风窗刮水器电动机不能转动的原因不包括（　　）。

A. 电动机转子卡死

B. 熔丝烧断

C. 励磁线圈烧坏

D. 蜗轮蜗杆齿轮组损坏

8. 门锁电路的定时装置一般利用（　　）的充、放电特征。

A. 继电器

B. 电容器

C. 电阻

D. 三极管

9. 中央控制门锁出现故障时可能有许多原因，首先要区分是（　　）、电器故障、线路故障还是气路故障。

A. 机械故障

B. 油路故障

C. 气路故障

D. 电动机故障

理论知识

或闭锁继电器）串联接入电容器的放电回路，充足电的电容器使其触点短时间闭合。当（正向或反向）转动车门钥匙时，相应的电路开关（闭锁或开锁）接通，电容器放电电流通过继电器线圈（开锁或闭锁继电器）搭铁，线圈产生电磁吸力，触点闭合，接通执行机构电磁线圈的电路，完成闭锁或开锁的动作。当电容器放电完毕后，继电器触点打开，中央门锁系统停止工作。此时另一只电容器被充电，为下一次操纵做好准备。如图 1–7–22 所示为电容式门锁控制器电路。

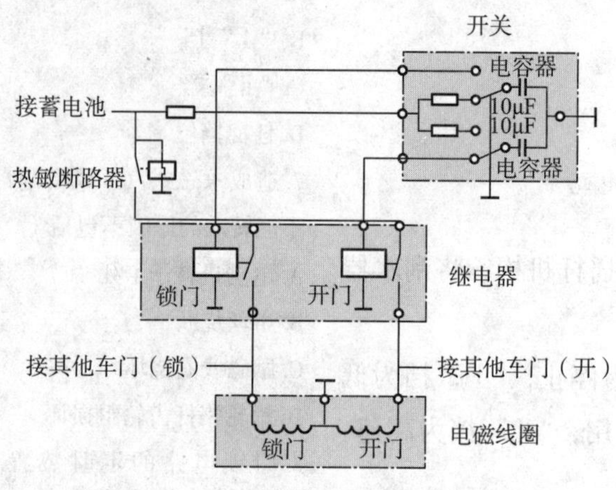

图 1–7–22　电容式门锁控制器电路

（4）**真空式中控锁：**开关锁车门的动力来自发动机进气歧管的真空，早期用于高档轿车，其结构复杂，故障率高，一旦真空管破裂造成真空泄漏后，所有门锁执行机构都不能正常工作，现已被淘汰。

4. 电动后视镜

（1）**作用：**帮助驾驶员观察后方及两侧情况，在需要调节后视镜视角时，驾驶员可以不必下车，而是通过电动按钮就可以调节。操作起来既方便又安全。现在大部分轿车的后视镜都是电动调节的，有些高级轿车的后视镜还带有加热除霜功能。

（2）**组成：**汽车的电动后视镜一般由镜片、驱动电动机、控制电路及操纵开关等部分组成。在每个后视镜镜片的背后都有两个可逆电动机，可操纵其上、下、左、右运动。通常垂直方向的倾斜运动由一个永磁电动机控制，水平方向的倾斜运动由另一个永磁电动机控制。

5. 电动座椅

（1）**作用：**为驾驶员及乘员提供便于操作、舒适而又安全的驾

练习题

10. 中央控制门锁出现机械故障的特点是（　　）。

A. 所有门锁工作不正常

B. 半边车门锁工作不正常

C. 个别门工作不正常

D. 所有门锁无法打开

11. 对于真空控制的中央控制门锁，当真空管出现故障时，将造成真空泄漏，它出现故障时的特点是（　　）门锁执行机构不能正常工作，甚至在门锁工作时能听到漏气的声响。

A. 所有

B. 左前

C. 右前

D. 左后

12. 每个电动后视镜后面都由（　　）个调整电动机驱动。

A. 1

B. 2

C. 3

D. 4

理论知识

乘位置。

（2）**组成**：电动座椅由电动机、控制开关（电控系统）、传动装置和座椅调节器等组成。

（3）**工作原理**：电动座椅中使用的电动机一般为永磁式双向直流电动机，为防止电动机过载，电动机内一般都装有断路器。每个双向电动机可以调节两个方向，根据电动机数量的不同，电动座椅可分为四方向、六方向、八方向和十方向等。

6. 安全气囊

（1）**作用**：安全气囊系统（supplemental restraint system，SRS）是为了减少汽车发生碰撞时由于巨大的惯性力对驾驶员和乘员造成伤害而装设的一种被动安全系统。

（2）**组成**：安全气囊系统主要由安全气囊传感器、防撞安全气囊及电子控制装置（ECU）等组成。

（3）**工作顺序**：如图 1–7–23 所示。

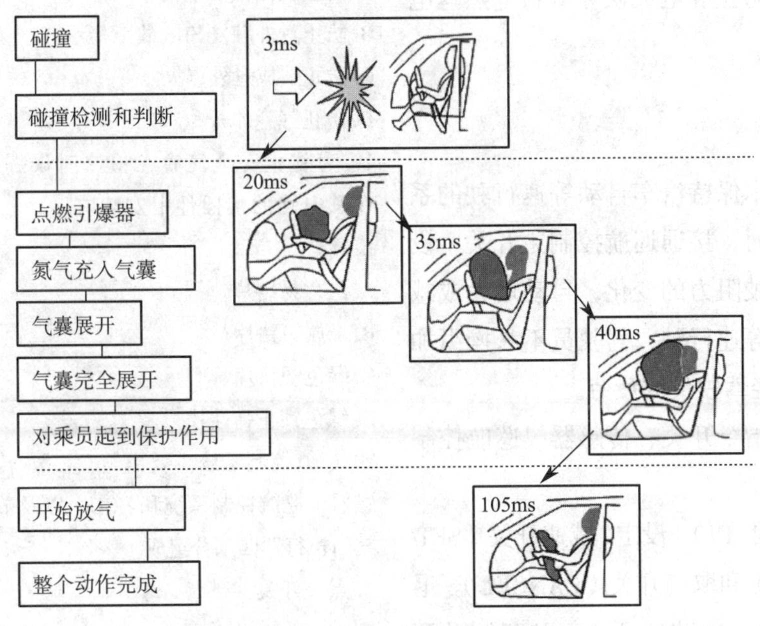

图 1–7–23　安全气囊工作顺序

（4）安全注意事项

1）对安全气囊系统的任何作业均应先断开蓄电池负极电缆，等待 3 s 以后，控制模块中的电容完全放电后再进行作业，以免造成安全气囊误爆。

2）在拆下蓄电池负极电缆之前，先记录下音响系统的设置和

练习题

13. 汽车电动座椅能调节的方向比较多，许多车辆使用 4 个电动机，能够对座椅进行（　　）个方向的调节。

A. 8

B. 6

C. 4

D. 2

14. 对于安全气囊来说，正确的是：（　　）。

A. 气囊被爆后，只要中央控制器未受损，则仍可继续使用

B. 内藏有大电容，可作为引爆的备用电源

C. 安全气囊的插件中，有绿色的金属熔断片

D. 车辆发生碰撞蓄电池如果断线，则气囊失去作用

15. 安全气囊系统的检查工作务必在点火开关转到 OFF 位，并将蓄电池负极电缆拆下至少（　　）s 后才能开始。

A. 10

B. 5

C. 3

D. 0

理论知识

内容，以便在维修结束后重新设置，气囊系统安装完成后，切忌用万用表测量引发器的电阻，以防气囊误爆。

3）在拆卸安全气囊时，应将缓冲垫软面朝上，上面不可叠置物品，安全气囊存放的环境温度不可高于 93 ℃，湿度也不可过高。安全气囊不能用清洗剂清洗，不准涂润滑油，只能用布擦拭。

4）不允许对控制模块进行敲击，也应避免其受到碰撞、振动或酸、碱、油、水的侵蚀。如发现有凹陷、裂纹、变形或生锈，要更换新件，控制模块的安装方向一定要与模块上标定的方向一致。

5）中央安全气囊传感器总成含有汞，当车辆报废或更换中央安全气囊传感器总成本身时，应拆下中央安全气囊传感器总成并作有害废物处置。

6）全部与安全气囊有关的检查，必须在安全气囊正确拆除后进行，安装安全气囊时不要试探任何连接处。如果在车上修理安全气囊，在安全拆除安全气囊前，不要坐在安全气囊附近。

7）为防止气囊误爆，在引爆炸药的引出导线与气囊连接器插头之间的连接器中设有金属短路片，防止静电或误导电将电热丝电路接通而造成气囊误膨开。

7. 巡航控制

（1）**作用：**一种利用电子控制技术保持汽车自动等速行驶的系统，当汽车在高速公路上长时间行驶时，接通巡航控制主开关，设定车速，巡航控制系统将根据汽车行驶阻力的变化，自动增大或减小节气门开度，使汽车按设定的车速等速行驶，驾驶员不必操纵加速踏板，因此，巡航控制系统可以减轻驾驶员的疲劳。

（2）**组成：**巡航控制系统由巡航指令开关、传感器、巡航控制 ECU、执行器等组成。

1）巡航指令开关：包括主开关（MAIN）、设定 / 减速开关（SET/COAST）、恢复 / 加速开关（RES/ACC）和取消开关（CANCEL）。退出巡航控制开关除取消开关外，还包括制动灯开关、驻车制动开关、离合器开关（手动变速器）和空挡启动开关（自动变速器）。

2）传感器：包括车速传感器（类型有电磁式、霍尔式、光电式、舌簧开关式等）、节气门位置传感器、节气门控制摇臂传感器。

3）巡航控制 ECU：具有记忆设定车速功能、等速控制功能、设定车速调整功能、取消和恢复功能、车速下限控制功能、车速上限控制功能等。

练习题

16. 拆卸或搬运气囊组件时，气囊装饰盖的面应当（　　），不得将气囊组件重叠堆放或在气囊组件上放置任何物品，以防气囊被误引爆造成事故。

A. 朝下

B. 朝上

C. 朝前

D. 随意乱放

17. 电子控制安全气囊系统采用的碰撞传感器按功用可分为（　　）传感器和防护碰撞传感器两大类。

A. 撞击

B. 碰撞烈度（激烈程度）

C. 质量

D. 距离

18. 气囊系统导线连接器上安装短路片的目的是（　　）。

A. 防止线路接触不良

B. 防止意外触发 SRS 故障指示灯

C. 防止造成意外点火

D. 防止气囊炸开

19. 为防止安全气囊在检修时误爆，在其电路的接插件中安装有（　　）装置。

A. 红色易熔片

B. 金属短路片

C. 绿色塑料片

D. 绿色锁止弹性片

20. 巡航控制系统主要由（　　）、传感器、巡航控制系统和 ECU，以及节气门执行器四部分组成。

A. 点火开关

B. A/C 开关

C. 指令开关

D. 压力开关

理论知识

4）执行器：有真空驱动型和电动机驱动型两种。

（3）**工作原理**：如图 1–7–24 所示，巡航控制开关和传感器将信号送至 ECU，ECU 根据这些信号计算出节气门的合理开度，并给执行器发出信号，调节节气门的开度，保持汽车按设定的车速等速行驶。

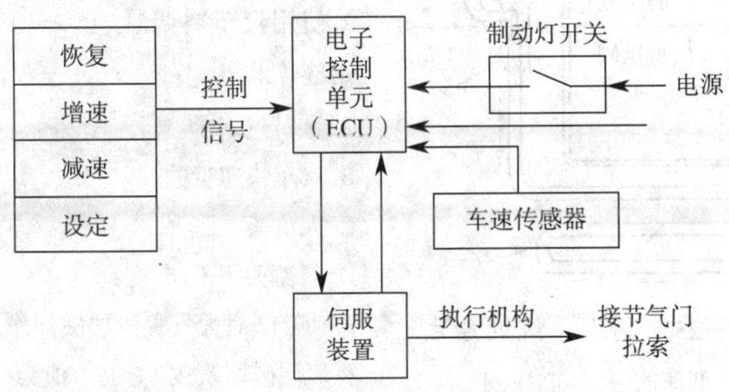

图 1–7–24　定速巡航控制框图

（4）使用方法

1）设定巡航车速：按下巡航控制主开关，踏下加速踏板使汽车加速，当达到希望的车速时，将巡航控制开关推至设定 / 减速位置后放松。

2）加速：当汽车巡航行驶时，如果要使巡航设定车速提高，应将巡航控制开关置于恢复 / 加速位置保持不动，汽车将逐渐加速。当汽车巡航行驶时，如果需要使汽车临时加速（如超车），则只需踏下加速踏板即可，放松加速踏板后，汽车仍按原来设定的车速巡航行驶。

3）减速：如果要使巡航设定车速降低，应将巡航控制开关置于设定 / 减速位置保持不动，汽车将逐渐减速。当汽车减速至所希望的车速时，放松巡航控制开关，汽车将按新的较低的设定车速等速行驶。

7.5　汽车空调的检修

1. 汽车空调的功能

汽车空调是对车内空气进行制冷、加热、换气和空气净化的装置。

练习题

21. 中高档轿车上已经广泛使用巡航控制系统，下列说法中正确的是（　　）。

A. 真空阀控制真空式巡航系统的真空度

B. 电动式巡航系统有真空泄放阀和真空输送阀

C. 真空式巡航系统由电磁离合器控制

D. 发动机节气门与巡航执行器间有拉索进行同步控制

22. 中高档桥车上广泛使用巡航控制系统，下列有关它的工作原理正确的是（　　）。

A. 一旦设定巡航，则车速不能改变

B. 应绝对保证发动机输出功率的恒定

C. 巡航执行器上有拉索控制输出功率

D. 可允许发动机节气门有较小的自动调整

理论知识

2. 汽车空调的组成

汽车空调的组成结构按其功能可分为制冷系统、加热系统、分配通风系统、空气净化系统和调节控制系统五大部分。

（1）制冷系统：由压缩机、冷凝器、储液干燥器（或集液干燥器）、膨胀阀（或孔管）、蒸发器、鼓风机、进风罩及制冷管路等组成，如图 1–7–25 所示。

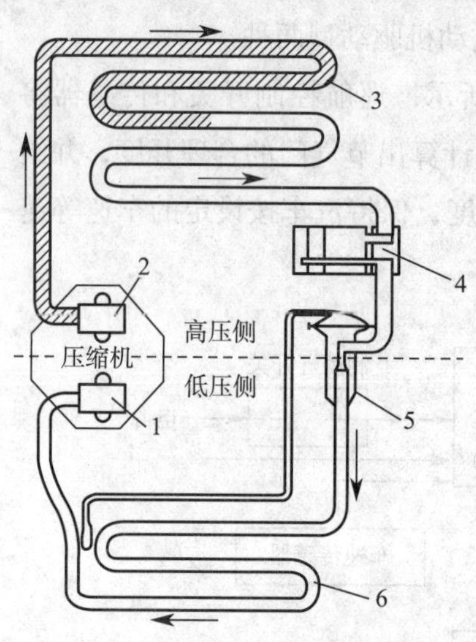

图 1–7–25　制冷系统的组成

1—低压阀　2—高压阀

3—冷凝器　4—储液干燥器

5—膨胀阀　6—蒸发器

（2）加热系统：也称为采暖系统。汽车空调的采暖装置按热量来源可分为余热式和独立式两类。余热式采暖是利用汽车发动机工作时产生的剩余热量采暖的，它又分为水暖式和气暖式两种。

（3）分配通风系统：主要是利用空气分配箱，由送风道（或通风软管）和通风口等部件组成。

（4）空气净化系统：一般由鼓风机、空气过滤器、杀菌器、负氧离子发生器和进、出风口等组成。其作用是使车厢内空气保持清新洁净。

（5）调节控制系统：主要由电路元件、真空管路和操纵机构组成。其作用一方面是用以对制冷和加热系统的温度、压力进行控制，另一方面是对车内空气的温度、风量、流向进行操纵。

3. 制冷剂

制冷剂，又称冷媒、雪种，是各种热机中借以完成能量转化的媒介物质。

按蒙特利尔议定命名（区分氟利昂对大气臭氧层的破坏程度）有以下几类。

（1）CFC（氯氟化碳）类：主要包括 R11（CFC11）、R12（CFC12）、R13、R14、R113、R114 等，破坏臭氧层的 ODP 值、温室气体 GWP 值（R12 的 ODP 值 1，GWP 值 3）都很高，已禁用。

（2）HCFC（氢氯氟化碳）类：主要包括 R22（HCFC22）、R123、R133、R142b 等，含氢，低公害，属于替代 CFC 类制冷剂的过渡性

练习题

1. 汽车空调操纵面板上的 A/C 开关是用来控制（　　）系统的。

A. 采暖

B. 通风

C. 制冷

D. 转换

2. 使用汽车空调时，（　　）会影响制冷效果。

A. 乘员过多

B. 汽车快速行驶

C. 大负荷

D. 门窗关闭不严

3. CFC12 对大气臭氧层破坏作用很大，臭氧层破坏系数（ODP）值为（　　），温室效应（GWP）值达 3 左右。

A. 1

B. 2

C. 3

D. 4

4. HCFC 类制冷剂包括 R22、R123、（　　）等。

A. R133

B. R143

C. R153

D. R163

理论知识

物质。

（3）**HFC（氢氟化碳）类：**主要包括R134a（HFC134a）、R410a、R407c等，破坏臭氧层的ODP值、温室气体GWP值（R134a的ODP值为0，GWP值为0.25～0.26）都很低。

4. 制冷系统的工作原理

空调系统工作时，制冷剂在制冷管路中循环的顺序是：压缩机→冷凝器→储液干燥器→膨胀阀→蒸发器，在管路中的不同位置，制冷剂的状态也不相同，一般有4个状态，即高温高压气体、中温高压液体、低温低压液体和低温低压气体，对应的是压缩、冷凝、膨胀、蒸发四个工作过程。

（1）压缩过程

压缩机运转后，当活塞处于吸气冲程时，将从蒸发器低压侧把经过干燥的低温低压气态制冷剂（温度约为0、气压约为0.15 MPa）吸入气缸；压缩时对气体做功，从而把机械能转变成气体的内能和流动的动能，使制冷剂不但循环流动而且制冷剂气体的状态也发生变化，把低温低压气态制冷剂压缩成高温高压的气态制冷剂。

（2）冷凝过程

从压缩机输出的过热气态制冷剂进入冷凝器后，通过冷凝器散热冷凝为液态制冷剂。失去能量的制冷剂由高温高压气体变成（被冷凝成）中温高压的液体。

（3）膨胀过程

冷凝后的液态制冷剂经过节流管（阀）或膨胀阀，由于节流管（阀）或膨胀阀的节流作用，使其两侧的压力不同，一侧为高压区，另一侧为低压区。制冷剂从高压区进入低压区，体积突然变大，其压力和温度急剧下降，变成低温低压的湿蒸气（雾状的液体）。制冷剂靠膨胀阀或节流管的作用被送出，又流向蒸发器。

（4）蒸发过程

低温低压的湿蒸气进入蒸发器中不断吸热汽化转变成气态制冷剂，使蒸发器周围空气的温度下降。由于制冷剂在蒸发器管路内汽化时的温度低于蒸发器管路外的车内循环风温度，所以通过热传递，它能自动吸收蒸发器管外空气中的热量，从而使流经蒸发器的空气温度降低，产生制冷降温的效果。

练习题

5.（　　）的最大的特点是不含氯原子，ODP值为0，GWP也很低，为0.25～0.26。

A. HFC12

B. HFC13

C. HFC14

D. HFC134a

6. 汽车空调制冷循环顺序是（　　）。

A. 压缩机→储液干燥器→蒸发器→冷凝器→膨胀阀

B. 蒸发器→膨胀阀→冷凝器→储液干燥器→压缩机

C. 膨胀阀→冷凝器→储液干燥器→压缩机→蒸发器

D. 冷凝器→储液干燥器→膨胀阀→蒸发器→压缩机

7. 制冷剂进入压缩机时的状态为（　　）。

A. 低压高温气体

B. 低压低温气体

C. 高压高温气体

D. 高压低温气体

8. 制冷剂离开压缩机时的状态为（　　）。

A. 低压过热气体

B. 低压过冷气体

C. 高压过热气体

D. 高压过冷气体

9. 汽车制冷循环系统中，经膨胀阀送往蒸发器管路中的制冷剂是（　　）。

A. 高温高压液体

B. 低温低压液体

C. 低温高压气体

D. 高温低压液体

理论知识

5. 压缩机

（1）**作用**：是空调制冷系统的心脏，它是对制冷剂进行低压和高压、低温和高温转换的装置。压缩机的运转一方面使其进口处呈低压状态，使蒸发器携带潜热（包括吸收了车室内热量）的制冷剂流出蒸发器；另一方面使低压气态制冷剂压缩成高压气态制冷剂。

（2）**种类**：曲轴连杆式压缩机、翘板活塞式压缩机、回转斜盘式压缩机、旋转叶片式压缩机等。

1）曲轴连杆式压缩机：是第一代制冷压缩机。

2）翘板活塞式压缩机：又称摇摆斜盘式压缩机或单向斜盘式压缩机，其最大的优点是工作平稳、结构紧凑、体积小，是第二代制冷压缩机。

3）回转斜盘式压缩机：又称斜盘活塞式压缩机或双向斜盘式压缩机，是翘板活塞式压缩机的改进型和汽车空调压缩机的主导产品，约占所有压缩机产品的70%。

把斜盘与压缩机主轴的角度变成可调时，回转斜盘式压缩机就变成了变排量空调压缩机。

4）旋转叶片式压缩机：又称刮片式压缩机，具有体积和质量小，噪声、振动小，容积效率高等优点，产量连年上升，被认为是第三代压缩机。

（3）回转斜盘式压缩机的结构原理

1）原理：回转斜盘式压缩机采用往复式双头活塞，依靠斜盘的旋转运动，使双头活塞获得轴向的往复运动。所以，回转斜盘式压缩机的缸数都是双数，各气缸沿圆周按轴向前、后成对地均匀布置，各气缸均装有进、排气阀，各气缸的进气腔和排气腔分别通过管路连通，其工作过程示意图如图1-7-26所示。双头活塞中间开槽与斜盘装合，因此，可由斜盘驱动其在前、后两个气缸内往复运动；压缩机主轴和斜盘旋转一周时，双头活塞分别在前、后两个气缸内往复运动一次；活塞向前移动时，前气缸中进行压缩行程，后气缸中则进行吸气行程；向后移动时，前、后两个气缸的作用互相对调。在斜盘同一圆周上均布3个（或5个）双头活塞，常见的有6缸和10缸。

2）结构：如图1-7-27所示，它主要由气缸、气缸盖、阀板、主轴、斜盘和活塞等组成。斜盘固定在主轴上，随主轴一起转动。斜盘卡在活塞的中部，通过滚珠和滑靴与活塞相连，滑靴能在斜盘

练习题

10. 汽车空调系统中，为制冷循环提供动力的部件是（　　）。

A. 储液干燥器

B. 空调压缩机

C. 蒸发器

D. 冷凝器

11. 汽车空调系统中，（　　）将系统的低压侧与高压侧分隔开。

A. 空调压缩机

B. 干燥罐

C. 蒸发器

D. 冷凝器

12. 采用双向活塞式的斜盘空调压缩机，可获得的好处主要是（　　）。

A. 双向活塞形成的气压串联，可提升气压

B. 提高工效，增大排量

C. 减少工效

D. 减少驱动转矩

13. 采用双向活塞式的斜盘空调压缩机，其进、排气阀片是（　　）。

A. 安装于前端

B. 安装于后端

C. 前后端分别都有

D. 进气阀片装在前端，排气阀片装在后端

14. 斜盘空调压缩机的润滑，主要靠（　　）润滑方式进行润滑。

A. 飞溅

B. 压力

C. 制冷剂中带有润滑油进行自然循环润滑

D. 重力

理论知识	练习题

上滑动。当斜盘随主轴转动时，通过滑靴和滚珠向活塞传递轴向力，使活塞在气缸内做往复直线运动。前、后阀门板分别装在前、后缸盖与缸体之间，通过阀门板上的进、排气阀控制各缸的进、排气通道。安装在压缩机后端的机油泵，用来控制压缩机工作。

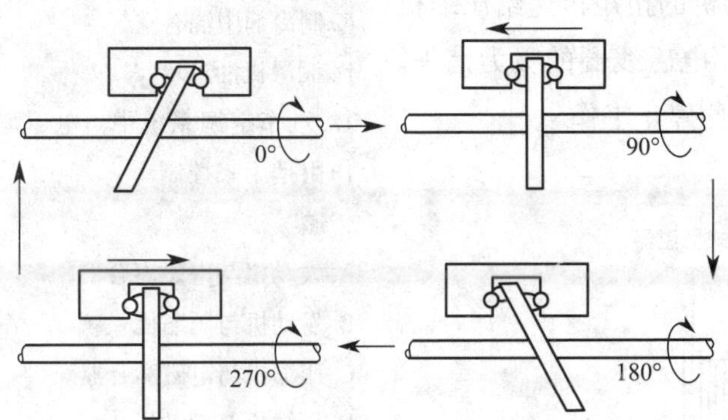

图 1-7-26　回转斜盘式压缩机工作示意图

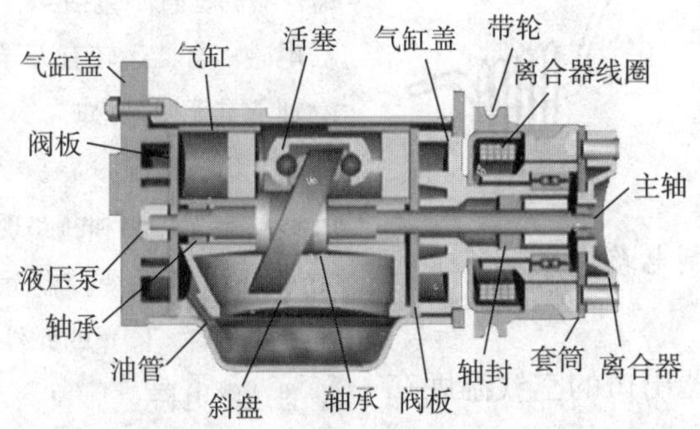

图 1-7-27　回转斜盘式压缩机的结构

3）特性：一是采用双向活塞，增大了排量、提高了工效；二是转速高，最高转速可达 10 000 r/min 以上；三是采用压力润滑方式，润滑效果好。

（4）压缩机性能检查

1）检查条件：发动机转速达到 1 500 r/min；

2）检查项目：吸气压力（低压侧）为 0.1 ~ 0.3 MPa，排气压力（高压侧）为 1.3 ~ 1.7 MPa。

6. 压缩机控制

（1）压缩机保护控制：在运行中，如果制冷系统中制冷剂过多、因堵塞而循环不畅或压缩机缸盖温度过高，则会造成高压部分因压力异常升高而损坏，所以在压缩机上会设有过热开关或高压保护开关，即卸压阀。过热开关有两种，一种是装在压缩机缸盖上，

练习题

15. 检查汽车空调压缩机性能时，应使发动机转速达到（　　）r/min。

A. 1 000

B. 1 500

C. 1 600

D. 2 000

16. 采用分体顶置式空调装置的大客车，其空调压缩机由（　　）驱动。

A. 专门空调发动机

B. 液压马达

C. 专门的空调发动机或行驶发动机

D. 电动机

理论知识

作用是使电磁离合器电源中断，压缩机停转；另一种是装在蒸发器出口管路上，作用是制冷剂泄漏警报灯亮。

（2）**压缩机电磁离合器控制**：电磁离合器的控制电路如图 1–7–28 所示，当电流通过电磁离合器的电磁线圈，电磁线圈产生电磁吸力，使压缩机的压力板与带轮结合，将发动机的扭矩传递给压缩机主轴，使压缩机主轴旋转。当切断电流时，电磁线圈的吸力消失。在弹簧作用下，压力板和带轮脱离，压缩机便停止工作。

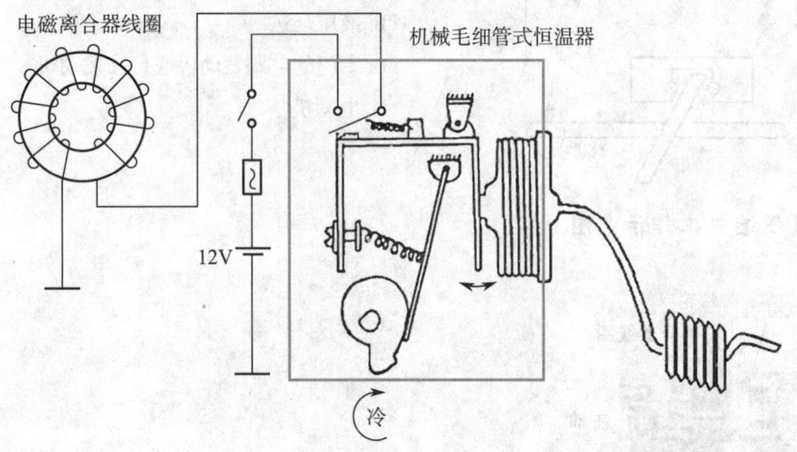

图 1–7–28　压缩机电磁离合器控制电路

空调 ECU 通过蒸发器温度传感器测定蒸发器出口的空气温度在 3 ℃以下时，关闭压缩机的电磁离合器，使压缩机停止驱动制冷剂工作，防止结霜和动力损失。若车辆热负荷小，空调 ECU 又可把压缩机的关闭温度设定得高一些，既可以防止结霜，又能防止过度制冷，避免动力损失，使空调系统处于最经济的运行状态。

（3）**压缩机锁止控制**：压缩机锁止控制电路是对发动机的一种保护电路。发动机每转一圈，压缩机锁止传感器就传送 4 个脉冲信号到空调 ECU。如果当车辆转向和爬坡需要最大动力时，即发动机转速与压缩机转速的比值比预定值小，空调 ECU 将切断压缩机电路。

7. 压力开关

（1）**作用**：在空调制冷系统的高压区和低压区均安装有压力开关，分别称为高压开关和低压开关，用来对系统内的压力进行检测控制。

（2）**原理**：压力开关的工作原理是利用管路中制冷剂的压力使

练习题

17. 汽车空调系统中，过热开关在系统处于（　　）的状态下闭合，使压缩机停止转动。

A. 制冷剂过量
B. 制冷剂过少
C. 制冷剂中混有空气
D. 润滑机油过量

18. 汽车空调系统中，电磁离合器的作用是用来控制（　　）之间的动力传递。

A. 发动机与电磁离合器
B. 发动机与压缩机
C. 压缩机与电磁离合器
D. 压缩机与起动机

19. 汽车空调系统中，对压缩机电磁离合器的检查不包括（　　）。

A. 电磁离合器运转有无异响和噪声
B. 轴承有无明显松旷
C. 阀片运行情况
D. 线路有无短路和断路现象

20. 汽车空调系统控制元件中，控制压缩机开启、停止的元件是（　　）。

A. 怠速继电器
B. 过热开关
C. 蒸发压力调节阀
D. 电磁离合器

理论知识

膜片上移或下吸，从而推动动触点与静触点接触或分开，由此来控制被控电器的电路通断，达到控制的目的。压力开关的工作原理如图 1–7–29 所示。

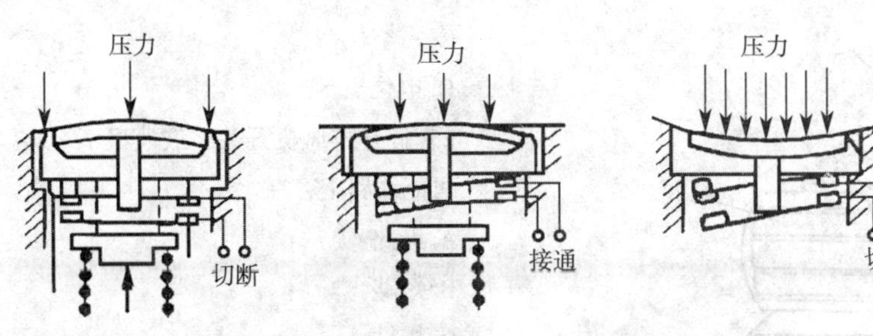

图 1–7–29　压力开关的工作原理

（3）高压开关

1）安装位置：一般是在高压管路中或储液干燥器上。

2）种类：常见的有常开型和常闭型两种。

3）常闭型高压开关：一般触点断开的压力为 2.0 ~ 3.1 MPa，闭合的压力为 1.6 ~ 1.9 MPa。

4）常开型高压开关：闭合压力为 1.58 MPa，断开压力为（1.34 ± 0.17）MPa。

（4）低压开关：也称制冷剂检测开关，在正常低压下，低压开关处于闭合状态。当压力降到一定值（0.2 MPa）时开关断开；并发出信号给空调 ECU，使其断开压缩机电磁离合器电路，防止压缩机在低压情况下运转。当低压侧压力升高到某一定值时开关又闭合。超低压情况的出现，可能是由于制冷剂的损失引起低压侧压力非正常降低。

（5）双重压力开关：汽车空调上用的压力开关多为双重压力开关，即高压开关和低压开关都在同一壳体内，因此也称为高 / 低压开关。一般安装在储液干燥器上，这样一方面可以减少安装的零件数，另一方面可以减少接口而避免制冷剂泄漏的可能性。

8. 鼓风机

（1）作用：空调系统通过空气的流动进行热交换，而空气流动主要是由鼓风机来实现的。

（2）种类：鼓风机按气体流向与鼓风机主轴的关系，可以分为离心式和轴流式两种。

1）离心式鼓风机：主要由电动机、鼓风机轴（与电动机同

练习题

21. 汽车空调管路上的低压开关的作用是（　　）。

A. 低压触点无压力常闭

B. 制冷剂过量泄漏后，防止压缩机继续运转

C. 低压触点有压力常开

D. 防止制冷系统管路破裂

22. 空调系统高压侧压力达到规定值后，空调压缩机离合器分离，原因可能为（　　）。

A. 高压开关致使空调压缩机离合器电路断开

B. 安全阀作用导致空调压缩机电磁离合器断路

C. 空调压缩机损坏

D. 空调压缩机控制线路断路

23. 空调系统低压和高压侧压力均偏低，从储液干燥器到空调压缩机间的管路都结霜，可能的故障原因是（　　）。

A. 制冷剂过量

B. 制冷剂不足

C. 制冷剂循环不良

D. 系统泄漏

理论知识

轴）、叶片、壳体等组成，如图 1–7–30 所示。鼓风机叶片有直叶片、前弯片、后弯片等形状，叶轮叶片形状不同，所产生的风量和风压也不同。

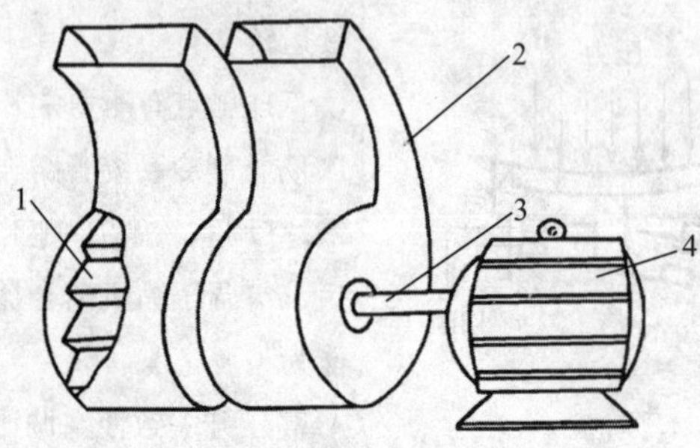

图 1–7–30　离心式鼓风机结构

1—鼓风机叶片　2—鼓风机壳体　3—鼓风机轴　4—电动机

离心式鼓风机工作时，空气的流向与鼓风机主轴成直角，它具有风压高、噪声小的特点。大部分蒸发器通常采用这种鼓风机，因为风压高可迅速将冷空气吹到车厢内，工作效率较高；噪声小是设计空调的一项重要指标，车厢内噪声小，乘员不至于感到不适而过早疲劳。

2）轴流式鼓风机：主要由电动机、轴、叶片、键等组成，如图 1–7–31 所示。叶片固定在骨架上，叶片数常为 3 ~ 5 片，叶片骨架通过键连接套在电动机轴上。

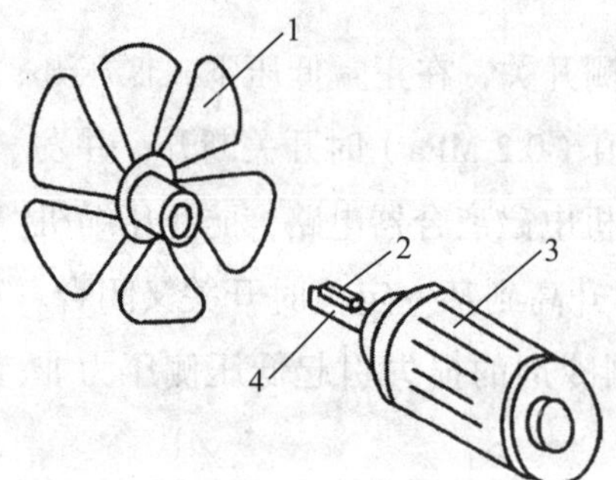

图 1–7–31　轴流式鼓风机结构

1—风扇叶　2—键

3—电动机　4—鼓风机轴

轴流式鼓风机的空气流向与鼓风机主轴平行，它具有风量大、风压小、省电、噪声大的特点。大部分冷凝器采用这种鼓风机，因为风量大可使冷凝器得到充分冷却。省电是车用电器的基本要求，轴流式鼓风机能满足这种要求。至于轴流式鼓风机的缺点，如风压小、噪声大，对冷凝器来说不是大问题，因为冷凝器安装在发动机前部，只要能迅速将其四周的热空气吹走即可，并不要求将热空气吹很远，所以风压小不影响冷凝器正常工作。另外，安装在车厢外面的鼓风机噪声大也不会影响到车内。

（3）**鼓风机的控制**：1）有级调速，一般有低、中、高三个挡位，通过调速开关改变鼓风机电流实现调速。2）无级调速，常用

练习题

24. 汽车空调鼓风机的无级变速电路，是采用（　　）的调速控制原理。

A. 步进式

B. 开关式

C. 占空比

D. 电位器

25. 打开鼓风机开关，鼓风机不运转，可能线路上存在（　　）。

A. 断路

B. 短路

C. 搭铁

D. 击穿

26. 鼓风机被卡住不能运转，会导致（　　）。

A. 蓄电池损坏

B. 熔断器被烧毁

C. 鼓风机开关损坏

D. 发电机损坏

理论知识	练习题

于自动空调，无调速开关，ECU 根据室内温度及驾驶员设定的参数，通过输出不同的占空比信号对鼓风机进行自动无级调速。

9. 空调继电器

（1）**延时继电器**：在发动机刚启动，转速未稳定之前延迟空调系统启动，在关闭空调制冷功能或发动机熄火后，使鼓风机继续运转 3 ~ 5 min，达到保护空调系统，延长压缩机使用寿命的效果。

（2）**怠速继电器**：具有“手动”和“自动”两个挡位，当发动机处于低速运转而空调系统又打开时，切断压缩机的电磁离合器，使空调系统停止工作，从而减轻发动机的负荷。

（3）**发动机转速检测继电器**：只有当发动机转速超过 800 ~ 900 r/min 时，空调电路才会被接通，而低于该转速时，继电器自动切断压缩机电磁离合器电路，空调不能开启。

10. 储液干燥器

（1）**作用**：用来吸收汽车空调系统中制冷剂中的水分。

（2）**安装位置**：装在系统的高压侧，串接在有恒温膨胀阀系统的管路上。

（3）**干燥剂**：硅胶、分子筛。

11. 空调系统简易检修

（1）**制冷剂流量观察**：压力表组的高低压软管与压缩机对应检修阀连接，启动发动机快速空转，温度旋钮在最大冷却位置，通过观察窗观察。

1）低压在 80 kPa，高压为 0.8 ~ 0.9 MPa，同时有气泡，为制冷剂不足。

2）低压在 0.25 MPa，高压为 2 MPa，说明制冷剂过多。

3）低压在 0.15 ~ 0.2 MPa，高压为 1.45 ~ 1.50 MPa，同时无气泡，说明系统正常。

（2）**车内外温差**：在阳光下，空调开启 30 min，温差为 7 ~ 8 ℃合适。温差小，为制冷量不足。

（3）**手感制冷管路及有关部件的温度**：从压缩机出口至冷凝器、干燥过滤器、膨胀阀为高压高温区，温度为 50 ~ 70 ℃；从膨胀阀至蒸发器、压缩机入口为低压低温区，温度为 0 ~ 5 ℃。

（4）**测出风口温度**：将温度传感器插入空调出风口的风道内，

---

27. 空调与暖风机系统延时继电器的作用是（　　）。
A. 在发动机冷却液达到预定温度之前防止加热循环
B. 在发动机启动后转速稳定之前，延迟空调系统启动
C. 在发动机冷却液达到预定温度之前防止制冷循环
D. 在发动机冷却液达到预定温度之前防止冷却水循环

28. 空调“怠速继电器”的作用是（　　）。
A. 保护空调压缩机
B. 发动机转速低到某一转速时，使空调压缩机停止运转
C. 避免空调电路因大电流而烧坏
D. 控制发动机怠速

29.（　　）用来吸收汽车空调系统中制冷剂中的水分。
A. 储液干燥器
B. 冷凝器
C. 膨胀阀
D. 蒸发器

理论知识

启动发动机快速空转，温度旋钮在最大冷却位置，5 min 后观察温度表的读数，通常家用轿车的出风口温度在 2 ~ 10 ℃。

12. 空调系统检漏

（1）**危害**：制冷剂泄漏是汽车空调系统最常见的故障之一，制冷剂泄漏严重将会导致空调制冷系统不制冷或制冷不足。

（2）**原因**：汽车空调系统工作环境比较恶劣，其制冷系统一直随汽车工作在振动的工况之下，极易造成部件、管路损坏和接头松动，使制冷剂发生泄漏。另外，每当拆装或检修汽车制冷系统管路、更换零件之后，也需要在检修拆装的部位进行制冷剂的泄漏检查。

（3）**方法**：由于制冷剂无色、无味，所以对制冷剂的检漏存在一定的困难，可以采用多种方法，有时也需要借助一些仪器设备。

目前制冷剂的检漏有观察法检漏、肥皂泡沫法检漏、紫外线检漏、充氟试漏、电子检漏仪检漏、染料示踪检漏、加压检漏、真空检漏等方法。

1）观察法检漏：是指用眼睛查看制冷系统（特别是制冷系统的管接头）有否冷冻机油渗漏痕迹的一种检漏方法。因为制冷剂通常与冷冻机油互溶，所以在泄漏处必然也带出冷冻机油，因此系统管路有油迹的部位就是泄漏处。

2）肥皂泡沫法检漏：是在空调压缩机低速运转时，在怀疑泄漏区域涂上肥皂液，如有泄漏点，该处必然起肥皂泡。

此法简单易行，是目前修理行业经常采用的一种方法，但现在汽车各种构件布置得越来越紧凑，有些部位存在检修死角，用此法不易检查出来。

3）紫外线检漏：是将一种荧光泄漏探测染料压入制冷系统中，用紫外线灯照射，若系统有泄漏，则泄漏的染料会发出黄色或黄绿色荧光，荧光染料可保持两年有效，是查找空调制冷剂微小泄漏最有效的方法之一。

4）充氟试漏：是将歧管压力表分别连接压缩机的高、低压检修阀，中间连在制冷剂瓶上，然后打开手动高、低压阀和制冷剂瓶，向制冷系统加入氟利昂蒸气，使系统压力达到 0.35 MPa，然后用卤素检漏灯检漏。

5）电子检漏仪检漏：电子检漏仪分为 R12 电子检漏仪、R134a 电子检漏仪和多功能电子检漏仪等。一般检测 R12 泄漏的电子检漏

练习题

30. 用汽车万用表测量空调出风口温度时，温度传感器应放在（　　）。

A. 驾驶室内

B. 驾驶室外

C. 高压管路内

D. 风道内

31. 在阳光下检测空调的制冷性能时，可关闭门窗时让空调运行半小时，车厢内外有（　　）℃温差，表示这个制冷系统良好。

A. 7 ~ 8

B. 10 ~ 12

C. 13 ~ 15

D. 15

32. 造成汽车空调压缩机频繁动作的最主要原因是（　　）。

A. 制冷剂过少

B. 气温传感器安装位置距蒸发器较远

C. 冷凝器风扇频繁运转

D. 温度设定值过高

33. 空调系统工作时，若蒸发器内制冷剂不足，离开（　　）的制冷剂会是处于低于正常压力，温度较高的气体状态。

A. 冷凝器

B. 压缩机

C. 储液干燥器

D. 蒸发器

34. 维修轿车空调制冷系统后，给空调系统抽真空时间最少要达（　　）min。

A. 5

B. 10

C. 18

D. 30

35.（　　）是查找空调制冷剂微小泄漏最有效的方法之一。

A. 加压泄漏

B. 紫外线检漏

C. 充注试漏

理论知识

仪对检测 R134a 是无效的，检测 R134a 泄漏情况要使用一种专门适用它的检漏仪，或使用可检测 R12 及 R134a 的多功能电子检漏仪。目前最常用的是多功能电子检漏仪，它既能检测 R12 又能检测 R134a，如图 1–7–32 所示。

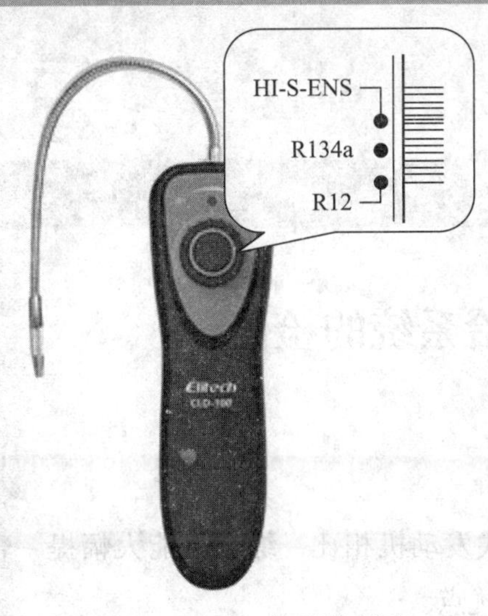

图 1–7–32　电子检漏仪

具体要按照检漏仪厂商的说明书进行检查，尽管不同的检漏仪操作程序可能不同，但下列步骤可用作指导：

旋转 ON/OFF 开关到 ON。将灵敏度开关拨至“LEVEL1”（R12）或“LEVEL2”（R134a）。调节平衡直到听到最大警报声，再往回调节直至听到缓慢连续的“嘀嗒”声，最下面的指示灯有一个闪亮。把测针慢慢靠近被检测处的下方，如果检测仪发出警报声，说明此处存在泄漏。

6）加压检漏（气体渗漏试验）：第一步是将少量制冷剂加入制冷系统中，使压力达到 0.294 MPa；第二步是再注入压力 1.5 MPa 左右的工业氮气；第三步是用观察法、肥皂泡沫、卤素检漏灯或电子检漏仪进行检漏。这种方法常用于空调制冷系统中制冷剂全部漏光时的检漏。**需要注意的是，**在高压条件下操作时尽量不要用空气压缩机或制冷系统本身的压缩机打压，因为这样会使制冷系统带入一部分水分。

7）真空检漏：第一步是对制冷系统抽真空，抽真空时间至少达到 30 min；第二步是保持系统真空状态一段时间（至少 60 min），观察系统中的真空压力表指针是否移动（指针是否发生变化）。如真空指示没有变化，则说明系统无泄漏；如真空指示回升，则说明系统有泄漏。

练习题

D. 真空试漏

36. 充氟试漏是向系统加入氟利昂蒸气，使系统压力达到（　　）MPa，然后用卤素检漏灯检测。

A. 0.15

B. 0.25

C. 0.35

D. 0.45

（注意：“充氟试漏、氟利昂蒸气、0.35、卤素”都是考点！）

37. 用气体渗漏试验法检测空调压缩机，通过充填阀向空调压缩机充入制冷剂的压力需要达到（　　）MPa。

A. 0.294

B. 0.101

C. 0.602

D. 1.003

38. 用肥皂泡沫法检查汽车空调系统泄漏时，应使空调处于（　　）。

A. 压缩机低速运转

B. 压缩机停机

C. 压缩机中速运转

D. 系统运作，但不制冷

项目 8　发动机电控系统检修

理论知识

8.1　空气供给系统的检修

1. 电控发动机的优点

电控发动机与传统的化油器式发动机相比，综合性能大幅提升，相较而言电控发动机具有如下优点。

（1）**耗油量低，经济性能好**：电控发动机可以做到使发动机在各种工况下精确地控制混合气的空燃比为最佳值，并且汽油是在一定压力下喷出，雾化品质好。据有关资料介绍，电控发动机相较传统化油器式发动机，油耗可降低10%左右。

（2）**提高发动机的最大功率**：电控发动机的进气不受化油器喉管的限制，加之配备直径较大、过渡非常圆滑的进气管道，可大大减小进气阻力，提高充气效率，因而提高了发动机的最大功率。据有关资料介绍，相比传统发动机，电控发动机的功率可提高5%～10%。

（3）**降低排放污染**：能根据发动机的各种不同工况迅速准确地提供与其相匹配的最佳空燃比，有效地减少一氧化碳、碳氢化合物、氮氧化物等有害气体的排放量。

（4）**改善了发动机的低温启动性能。**

（5）**怠速平稳，工况过渡圆滑，工作可靠，灵敏度高。**

2. 电控发动机空气供给系统的功用及分类

（1）**功用**：为发动机提供清洁的空气并测量发动机正常工作时的供气量。

（2）**分类**：根据测量供气量的方式不同，分为L型（直接检测型）和D型（间接检测型）两种，系统框图分别如图1–8–1和图1–8–2所示。

L型空气供给系统采用空气流量计直接测量出进气量，比D型更精准。根据测量原理的不同，空气流量计包括体积流量式（如翼片式空气流量计和卡门旋涡式空气流量计）和质量流量式（如热线

练习题

1. 与传统化油器发动机相比，装有电控燃油喷射系统的发动机（　　）性能得以提高。

A. 综合

B. 有效

C. 调速

D. 负荷

2. 与传统化油器发动机相比，装有电控燃油喷射系统的发动机功率提高（　　）。

A. 5%～10%

B. 10%～15%

C. 15%～20%

D. 20%

3. 将非电信号转换为可测电信号的电子器件是（　　）。

A. 放大器

B. 整流器

C. 继电器

D. 传感器

4. 按进入气缸空气量的检测方法分，有直接检测型和（　　）。

A. 压力检测型

B. 间接检测型

C. 流量检测型

D. 质量检测型

5. 直接检测型空气供给系统测量进气量的方式包括体积流量式和（　　）式两种。

A. 压力流量

B. 间接检测

C. 直接检测

D. 质量流量

理论知识

式空气流量和热膜式空气流量）。

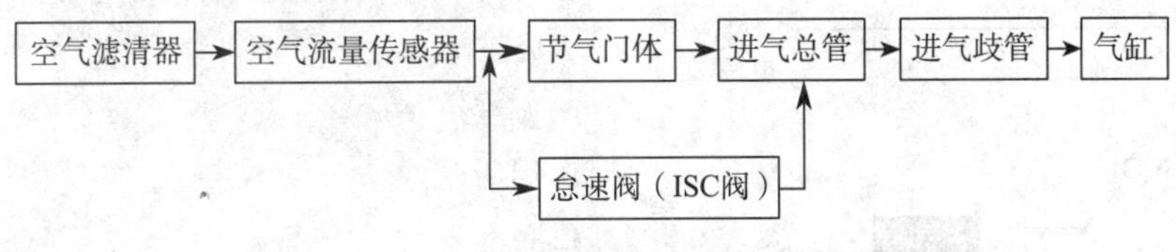

图 1-8-1　L 型空气供给系统框图

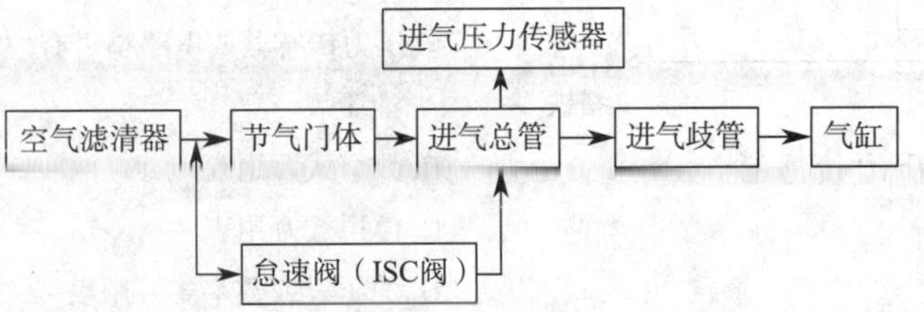

图 1-8-2　D 型空气供给系统框图

D 型空气供给系统采用进气压力传感器或者节气门位置传感器结合发动机转速信号间接测量出进气量。节气门—发动机转速的形式称为节流—速度型，目前已经淘汰。进气压力—发动机转速的形式称为速度—密度型，由 ECU 根据进气歧管压力与节气门位置、发动机转速三种传感器的输入信号，计算出进气量的大小。这种方式由于没有空气流量计，其进气系统结构简单，空气阻力较小，测量精度比较理想，因此应用比较广泛。

3. 进气压力传感器（IMAPS）

（1）作用：检测节气门后方进气管内的进气压力，计算进气量，决定基本喷油量和基本点火提前角。进气压力越大，则进气量越多、喷油越多、点火提前角越小。

（2）分类：根据传感器测量原理的不同，分表面弹性波式进气压力传感器（淘汰）、三线高灵敏度可变电阻式进气压力传感器（淘汰）、膜盒式进气歧管压力传感器（淘汰）、半导体压敏电阻式进气压力传感器（应用广泛）、电容式进气歧管压力传感器（应用广泛）5 种进气压力传感器。

（3）安装位置：一般安装在两个位置：一是安装在节气门后方的进气歧管上；二是安装在发动机室内，用一根真空管相接。

（4）半导体压敏电阻式进气压力传感器：如图 1-8-3 所示，当硅膜片受力变形时，其中的应变电阻 R2 和 R4 受拉，电阻值随应力增加相应增加；而 R1 和 R3 受压，电阻值变小，如此造成电桥失去

练习题

6. 间接测量型空气供给系统测量进气量的方式有（　　）方式和速度—密度方式两种。

A. 节流—速度

B. 节流—密度

C. 压力—速度

D. 压力—密度

7. 电控燃油系统空气供给系统中，检测进气压力的是（　　）。

A. 怠速旁通阀

B. 讲气压力传感器

C. 空气滤清器

D. 进气管

8. 目前汽车电控系统中广泛应用的进气歧管压力传感器是（　　）。

A. 膜盒传动式可变电感式

B. 表面弹性波式

C. 电容式

D. 以上选项均不正确

理论知识

平衡，输出进气压力信号。

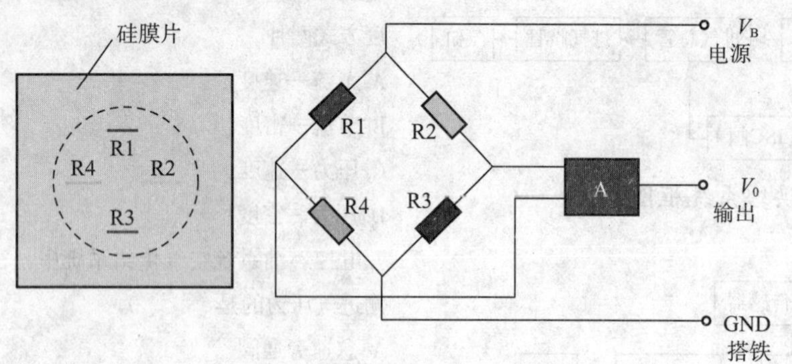

图 1-8-3　压敏电阻式进气压力传感器

（5）电容式进气歧管压力传感器

1）结构：厚膜电极附在氧化铝膜片上。

2）原理：如图 1-8-4 所示，两氧化铝膜片构成电容，利用电容量随膜片上下的压力差而改变的性质，获得与压力成比例的电容值信号。在其他参数不变的条件下，两个极板之间的电容与两极板之间的间隙成反比。把电容传感器作为振荡器谐振回路的一部分，当进气压力使电容发生变化时，电振荡回路的谐振频率发生相应的变化，其输出信号的频率与进气歧管绝对压力成正比，频率在 80 ~ 120 Hz 内变化。微机控制装置根据信号的频率便可计算出进气歧管的绝对压力。

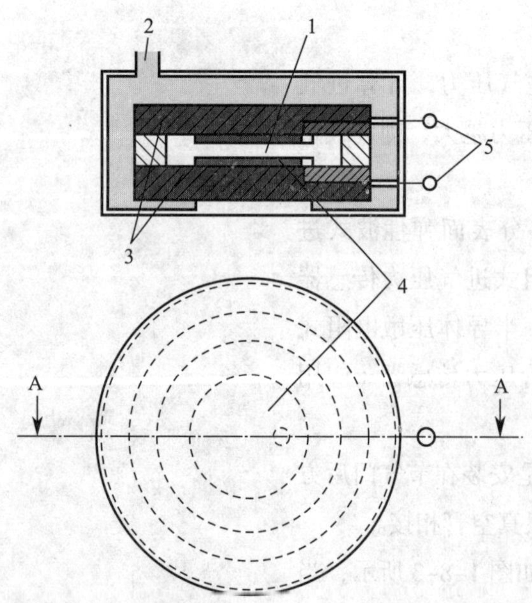

图 1-8-4　电容式进气歧管压力传感器

1—真空腔　2—进气歧管　3—氧化铝片　4—硅片　5—引线

练习题

9. 电容式进气歧管压力传感器输出信号的（　　）与进气歧管内的绝对压力成正比。

A. 幅度

B. 周期

C. 频率

D. 电压

10. 电控发动机可用（　　）检查进气压力传感器或电路是否有故障。

A. 油压表

B. 数字式万用表

C. 模拟式万用表

D. 油压表或数字式万用表

理论知识	练习题

4. 空气流量计

（1）**作用**：测量进入气缸的空气量，并将它转换为电信号送给发动机电子控制单元。

（2）**类型**：根据测量原理的不同，空气流量计包括体积流量式（包括翼片式空气流量计、卡门旋涡式空气流量计）和质量流量式（热线式空气流量计、热膜式空气流量计）。

（3）**安装位置**：一般安装在空气滤清器后面的进气总管上。

（4）**翼片式空气流量计**：结构如图 1-8-5 所示，来自空气滤清器的空气通过空气流量计时，空气推力使测量板打开一个角度，当吸入空气推开测量板的力与弹簧变形后的回位力相平衡时，叶片停止转动。与测量板同轴转动的电位计检测出叶片转动的角度，将进气量转换成电压信号送给 ECU。

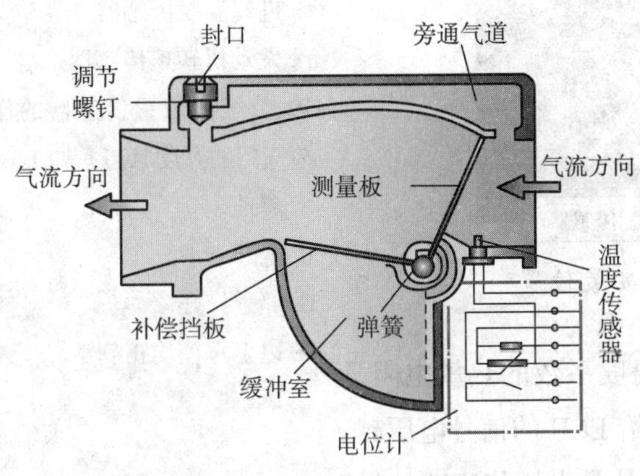

图 1-8-5　翼片式空气流量计

（5）**卡尔曼涡旋式空气流量计**：有超声波式和光电式两种，输出为数字方波信号。

（6）**热线式空气流量计**：如图 1-8-6 所示，具有测量精度高、响应速度快、进气阻力小等优点。但也有热线容易沾污，导致精度下降造成不易启动、加速不良、怠速不稳等故障，所以热线式空气流量计都具有自洁功能。

5. 进气温度传感器

（1）**作用**：给 ECU 提供进气温度信号，作为燃油喷射和点火正时控制的修正信号。

（2）**安装位置**：一般安装在进气总管或是进气歧管上，如图 1-8-7 所示。

练习题

11. 翼片式空气流量计的输出信号是（　　）。
A. 脉冲信号
B. 数字信号
C. 模拟信号
D. 固定信号

12. 翼片式空气流量计翼片卡滞，会导致（　　）。
A. 油耗过高
B. 油耗过低
C. 发动机爆燃
D. 发动机加速迟缓

13. 超声波式卡尔曼涡旋式空气流量计的输出信号是（　　）。
A. 连续信号
B. 数字信号
C. 模拟信号
D. 固定信号

14. 热线式空气流量计的热线沾污，不会导致（　　）。
A. 不易启动
B. 加速不良
C. 怠速不稳
D. 飞车

15. 进气温度传感器安装在（　　）。
A. 进气管上
B. 排气管上
C. 水道上
D. 油底壳上

理论知识

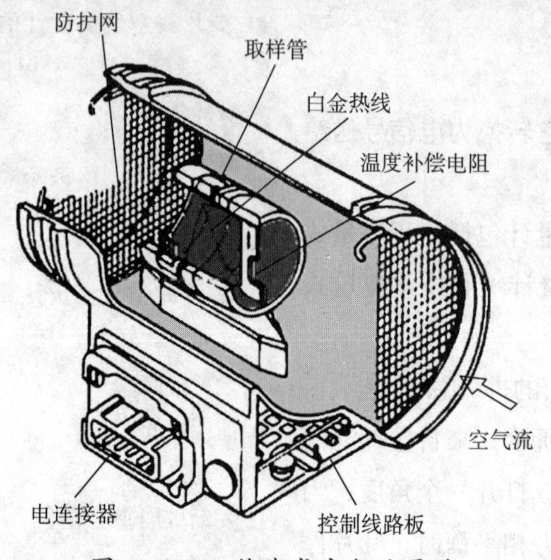

图 1-8-6 热线式空气流量计

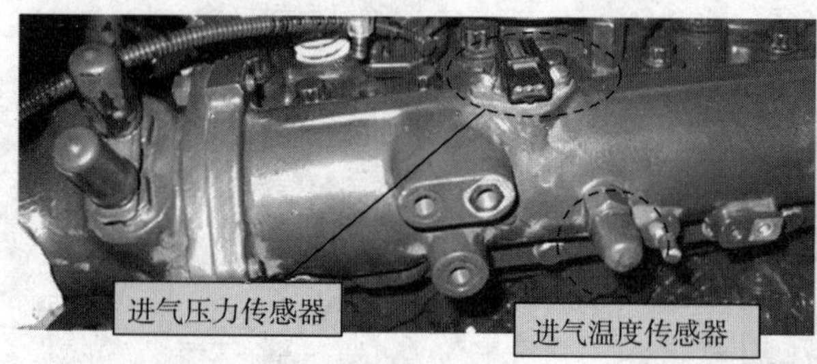

图 1-8-7 进气压力、温度传感器安装位置

（3）**工作原理**：进气温度传感器采用负温度系数的热敏电阻，气温越低，进气温度传感器的阻值越大，输送给 ECU 的信号电压越高；反之，信号电压越低。ECU 根据进气温度信号电压修正喷油量和点火时刻。当进气温度传感器失效后，ECU 无法接收到有效的修正信号，将导致怠速不稳的故障。

6. 节气门位置传感器

（1）**作用**：检测节气门的开度及开度变化信号输入给 ECU，判断发动机是处于怠速工况还是负荷工况，是加速工况还是减速工况，据此进行燃油喷射控制及其他辅助控制。

（2）**分类**：有电位计式节气门位置传感器、开关式节气门位置传感器、综合式节气门位置传感器。

1）电位计式节气门位置传感器：利用触点在电阻体上的滑动来改变电阻值，测得节气门开度的线性输出电压，可知节气门开度。全关时电压信号应约为 0.5 V，随节气门开度增大，信号电压增

练习题

16. 进气温度传感器输出的是（　　）。

A. 脉冲信号

B. 数字信号

C. 模拟信号

D. 固定信号

17. 进气温度传感器失效会引起（　　）。

A. 不易启动

B. 怠速不稳

C. 进气温度过高

D. 进气温度过低

18.（　　）用于检测节气门的开启角度。

A. 空气流量计

B. 节气门位置传感器

C. 进气温度传感器

D. 发动机转速传感器

19. 节气门位置传感器的作用是检测节气门的开度状态，如（　　）状态。

A. 怠速

B. 全开

C. 部分打开

D. 以上选项均正确

理论知识

强，全开时约为 5 V。

2）开关式节气门位置传感器：由滑动触点和两个固定触点（功率触点和怠速触点）组成，如图 1-8-8 所示。

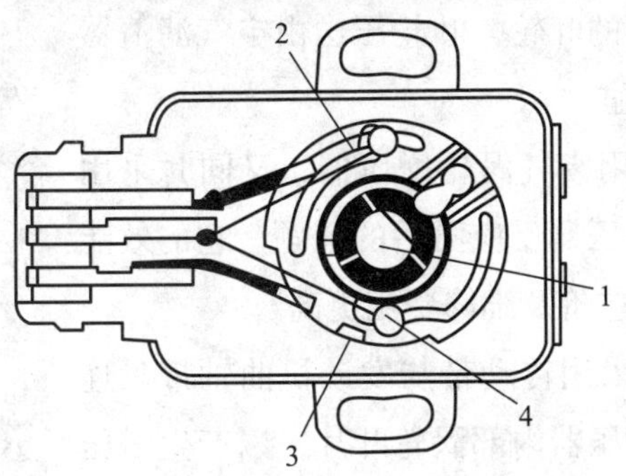

图 1-8-8　开关式节气门位置传感器

1—节气门轴　2—怠速触点

3—全开触点　4—滑动触点

节气门全关闭时，滑动触点与怠速触点接触，当节气门开度达 50° 以上时，滑动触点与功率触点接触，检测节气门大开度状态。

3）综合式节气门位置传感器：由一个电位计和一个怠速触点组成，工作原理和前两种相同。

节气门位置传感器失效导致的主要故障现象是加速不良、怠速不稳。

（3）**安装位置**：安装在节气门体上，与节气门轴联动。

（4）**检修**：维修时应注意进行以下检查。

1）检查空气滤清器滤芯是否脏污，必要时用压缩空气吹净或更换滤芯。

2）进气系统漏气对电控燃油喷射发动机的影响比对化油器式发动机的影响大。检查各连接部位应连接可靠，密封垫应完好。

3）检查节气门内腔的积垢和积胶情况，必要时用清洗剂进行清洗。

7. 涡轮增压器

（1）**作用**：涡轮增压器实际上是一种空气压缩机，通过压缩空气来增加进气量。

（2）**特点**：当发动机转速加快，废气排出速度与涡轮转速也同步加快，使空气压缩程度加大，发动机的进气量相应地得到增加，输出功率也随之提升。

优点：提高功率 20%～50%；提高燃油经济性，油耗降低 5%～10%；降低排气噪声和烟度。

缺点：加速响应性能差、热负荷问题严重、对气温与气压敏感。

（3）**分类**

1）废气涡轮增压器：利用发动机排出的废气惯性冲力来推动

练习题

20. 节气门位置传感器失效会引起（　　）。

A. 不易启动

B. 怠速不稳

C. 进气量过大

D. 进气量过小

21. 节气门位置传感器断路会导致（　　）。

A. 不易启动

B. 加速不良

C. 减速熄火

D. 飞车

22. 节气门体过脏会导致（　　）。

A. 不易启动

B. 怠速不稳

C. 加速不良

D. 减速熄火

23. 废气涡轮增压器利用发动机排出的具有一定能量的废气进涡轮并膨胀（　　）。

A. 进气

B. 压缩

C. 做功

D. 排气

理论知识

涡轮室内的涡轮，涡轮又带动同轴的叶轮，叶轮压送由空气滤清器管道送来的空气，使之增压进入气缸。

2）复合涡轮增压系统：既采用废气涡轮增压器，又同时采用机械涡轮增压器来克服废气涡轮增压器反应滞后的问题。它的效能优于前两类，缺点是结构更复杂，造价及维修费用更高。

3）机械增压器：机械增压器采用传动带与发动机曲轴带盘连接，利用发动机转速来带动机械增压器内部涡轮叶片，以产生增压空气送入发动机进气歧管内，整体结构相当简单，工作温度界于70 ℃至100 ℃之间，不同于涡轮增压器靠发动机排放的废气驱动，必须接触400 ~ 900 ℃的高温废气，因此机械增压系统对于冷却系统、润滑油脂的要求与自然进气发动机相同，机件保养程序大同小异。

（4）组成：涡轮增压系统由涡轮增压装置、控制系统、冷却润滑装置三部分组成。

1）涡轮增压装置：涡轮增压装置由废气涡轮、进气叶轮（泵轮）、轴承机构、中间体和密封装置等组成，如图 1–8–9 所示。当发动机达到涡轮增压装置介入的转速（1 700 r/min）时，废气在旁通阀控制下由废气通道 2 喷入涡轮腔内，驱动涡轮快速旋转，安装在同一根转轴上的进气叶轮（泵轮）同步高速旋转，对来自空气滤清器的新鲜空气进行压缩。

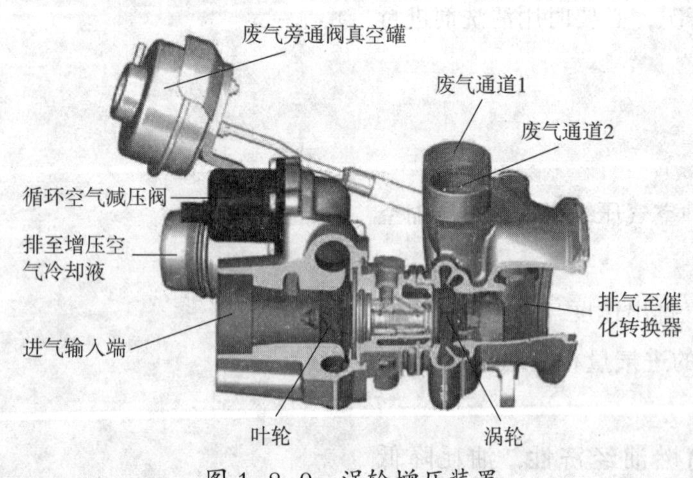

图 1–8–9　涡轮增压装置

2）控制系统

①增压压力传感器。车辆高速行驶时，为防止进气过量引起压缩比过高导致发动机产生爆燃，需要进行增压压力限制。发动机增压压力传感器检测增压压力的变化，将增压压力信号传给 ECM（发

练习题

24. 涡轮增压器按增压方式分类，可分为废气涡轮增压器、(　　) 和机械涡轮增压器。

A. 组合式涡轮增压器

B. 复合涡轮增压器

C. 电涡轮增压器

D. 以上选项均不正确

25. 废气涡轮与压气机装成一体，便称为 (　　)。

A. 组合式涡轮增压器

B. 复合式废气涡轮增压器

C. 机械式涡轮增压器

D. 废气涡轮增压器

26. 涡轮增压器由涡轮、(　　)、转子总成、轴承机构、中间体和密封装置等组成。

A. 导轮

B. 叶轮

C. 压气机

D. 喷油泵

27. 涡轮增压器的工作原理是利用发动机排出的 (　　) 废气驱动废气涡轮旋转，废气涡轮带动同一轴上的压气机共同旋转。

A. 高温

B. 高温高压

C. 高压

D. 高温低压

28. 废气涡轮全部 (　　) 用于驱动与涡轮机同轴旋转的压气机工作叶轮，叶轮在压气机中将新鲜空气压缩后再送入气缸。

A. 功率

B. 扭矩

C. 动力

D. 能量

理论知识

动机控制模块)。

②增压压力限制电磁阀。增压压力限制电磁阀(N75)上有3个管口A、B、C，通过橡胶软管分别与增压器压气机出口、增压压力调节单元及低压进气管(压气机入口)相连接，如图1-8-10所示。

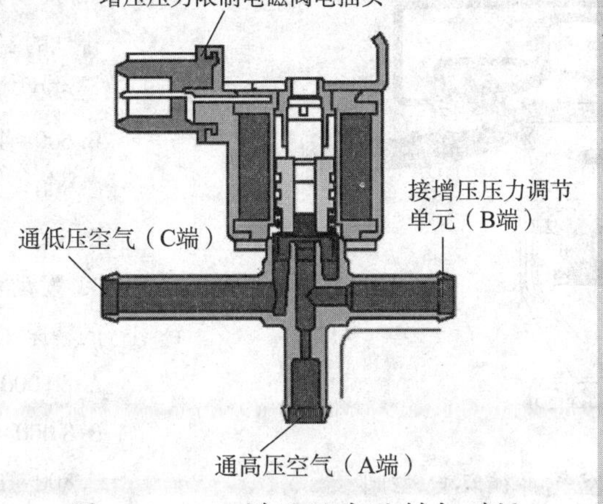

图1-8-10　增压压力限制电磁阀

当增压压力达到ECM的限定值时，ECM控制增压压力限制电磁阀工作。增压后的空气通过增压压力限制电磁阀到达增压限制阀(为机械阀)，增压空气压动增压限制阀内部的膜片带动拉杆机构移动，将旁通阀打开，如图1-8-11所示。尾气通过旁通阀排出，减小尾气叶轮转速，降低涡轮增压压力。

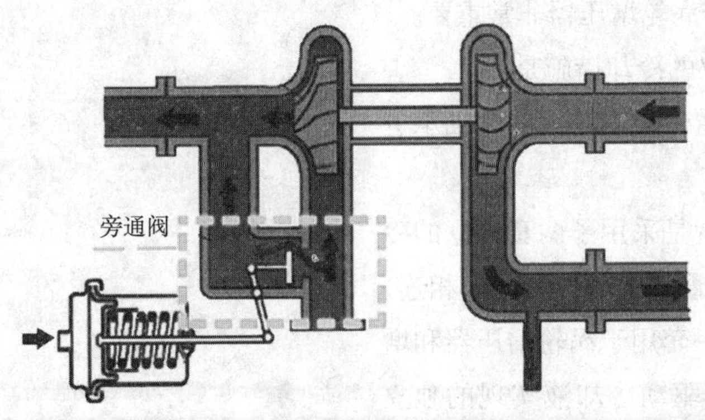

图1-8-11　增压压力限制电磁阀工作过程

③增压空气再循环控制。当发动机处于超速切断工况——大负荷行驶时突然松开加速踏板，节气门开度迅速减小，而涡轮转速仍然较高，如果不进行控制，增压空气继续流向节气门，可能会造成节气门损坏，此时ECM控制增压空气再循环电磁阀通电打开，如图1-8-12所示。接通空气再循环阀(N249，机械阀)的真空管路，发动机真空使增压空气再循环阀打开，增压后的空气重新流回进气管路，增压气体形成局部循环，避免增压空气冲击节气门。同时由于局部循环，避免了尾气涡轮转速的降低，重新用力踩下加速踏板时，减小了增压时间，增强了发动机提速性能。

练习题

29. 压气机压缩经过空气滤清器过滤后的空气，使空气被压缩后增压进入(　　)气缸内，提高了发动机的进气量，减少了废气中CO、HC、NO等有害物质的排放。

A. 发动机

B. 发电机

C. 空压机

D. 压气机

30. 汽车涡轮增压器的正确使用方法包括(　　)和发动机的正确熄火。

A. 正确的驾驶方法

B. 发动机的正确保养

C. 发动机的正确预热

D. 正确使用齿轮油

31. 汽车涡轮增压器的正确使用方法包括(　　)和保持正常的润滑油系统机油压力。

A. 正确使用发动机燃油

B. 正确使用发动机机油

C. 正确使用变速器油

D. 正确使用齿轮油

理论知识

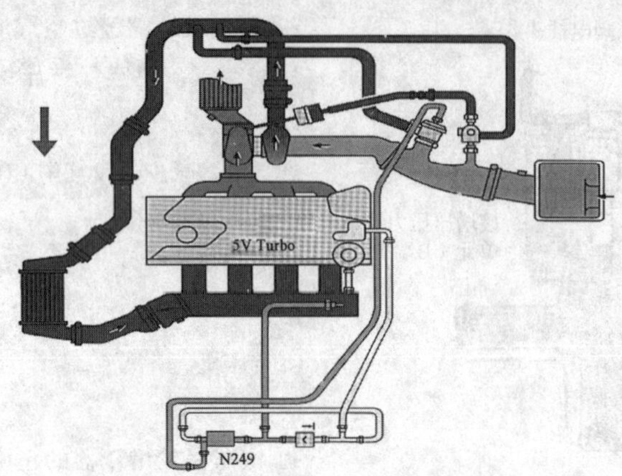

图 1-8-12　增压空气再循环电磁阀

3）冷却润滑装置

①润滑：发动机正常工作时，涡轮增压器的转速在 80 000 ~ 120 000 r/min，必须使用合格的发动机机油并保持正常的机油压力。

②冷却：涡轮运转时，接触的是由发动机排出的高温废气（可达 600 ~ 900 ℃），再加上空气经压气机叶轮压缩后所产生的热量和涡轮轴高速转动所产生的热量，使涡轮增压器成为一个集高温元件于一体的独立工作系统。所以“散热”对于涡轮增压器非常重要。

以大众速腾 1.4TSI 发动机为例，其采取的冷却措施是：

油冷——涡轮本体内部有专门的机油道，对涡轮、叶轮轴承进行散热及润滑。

独立的水冷——该发动机的一大特色就是采用了两套独立的冷却系统，一套主要用于发动机自身，水泵通过传动带和曲轴相连，直接靠发动机的动力实现冷却液循环；另一套用于涡轮增压器和增压空气的冷却，是通过电动冷却液循环泵驱动冷却液实现的独立循环系统。

练习题

32. 发动机在正常工作情况下，涡轮排气的温度可达（　　）℃。

A. 600 ~ 1 200

B. 600 ~ 1 000

C. 800 ~ 1 200

D. 600 ~ 900

33. 发动机正常工作时，涡轮增压器的转速在（　　）r/min。

A. 80 000 ~ 120 000

B. 8 000 ~ 12 000

C. 800 ~ 1 200

D. 600 ~ 900

8.2　电控燃油供给系统的检修

1. 功用

电控燃油喷射系统（electronic fuel injection，EFI）简称汽油喷射，是汽油发动机取代化油器而采用的一种高精度控制空燃比的先进喷油装置。采用电控汽油喷射技术的汽油机，在混合气形成过程中，液体燃料的雾化得到改善，更重要的是可以根据工况的变化精确地控制燃油喷射量，使燃烧更充分，从而提高功率，降低油耗，

1. 电控燃油喷射系统能实现（　　）的高精度控制。

A. 空燃比

B. 点火高压

C. 负荷

D. 转速

理论知识	练习题

并满足排放法规的要求。

2. 分类

（1）**按喷射器数目分类：**多点喷射系统、单点喷射系统。

（2）**按喷射方式分类：**同时喷射、分组喷射、顺序喷射。

（3）**按喷射位置分类：**缸内喷射、缸外喷射。

（4）**按空气量的计量方式分类：**D 型电控燃油喷射系统、L 型电控燃油喷射系统。

（5）**按有无反馈信号分类：**开环控制系统、闭环控制系统。

3. 系统组成

电控燃油供给系统由燃油箱、电动燃油泵、进油管、回油管、燃油滤清器、燃油分配管、燃油压力调节器、喷油器等组成，如图 1-8-13 所示。

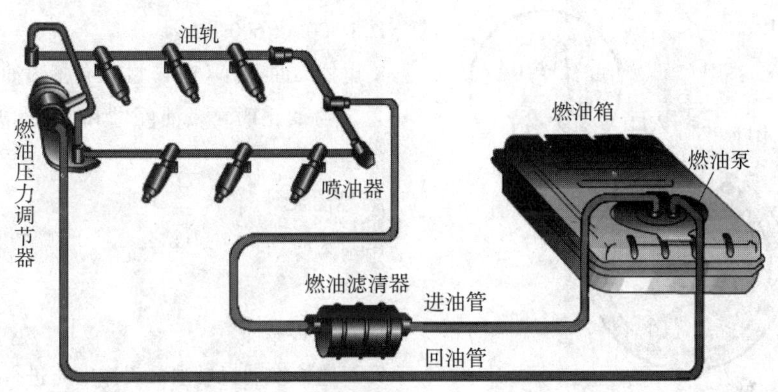

图 1-8-13　电控燃油供给系统的组成

4. 电动燃油泵

（1）作用

电动燃油泵是电喷发动机燃油供给系统的“心脏”，它连续不断地把燃油从油箱吸出，给燃油系统提供规定压力和流量的燃油的装置，在有燃油滤清器的情况下，泵油压力应为 0.2 ~ 0.35 MPa，泵油量为 700 ~ 1 000 mL/min。

（2）类型

1）按电动燃油泵在供油系统中布置方式的不同可分为两种：一是外置式，即燃油泵串联在油箱外的输油管路中；二是内置式，即燃油泵安装在燃油箱内，浸没在燃油中，这样燃油泵容易散热，

2. 燃油喷射系统按喷油器控制方式又可以分为同时喷射、(　　）和顺序喷射。

A. 单点喷射

B. 多点喷射

C. 分组喷射

D. 连续喷射

3. (　　）不是电控燃油系统的电子控制系统组成部分。

A. 节气门位置传感器

B. 曲轴位置传感器

C. 怠速旁通阀

D. 进气压力传感器

4. (　　）用于建立燃油系统压力。

A. 油泵

B. 喷油器

C. 油压调节器

D. 油压缓冲器

理论知识

工作噪声小，使用寿命长，因此应用比较广泛。

2）按电动燃油泵结构的不同可分为涡轮式、滚柱式、叶片式和侧槽式。

（3）涡轮式电动燃油泵

1）结构：主要由燃油泵电动机、涡轮泵、出油阀、卸压阀组成。

2）原理：油泵电动机通电时，电动机驱动涡轮泵叶片旋转，由于离心力的作用，使叶轮周围小槽内的叶片贴紧泵壳，将燃油从进油室带往出油室。由于进油室的燃油不断增多，形成一定的真空度，将燃油从进油口吸入；而出油室燃油不断增多，燃油压力升高，当达到一定值时，顶开出油阀从出油口输出。出油阀在油泵不工作时阻止燃油流回油箱，保持油路中有一定的压力，便于下次启动，如图 1-8-14 所示。

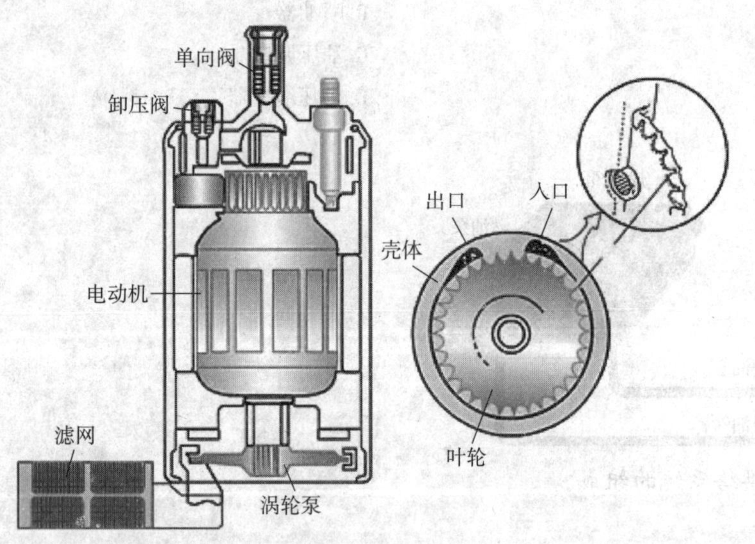

图 1-8-14　涡轮式电动燃油泵的结构原理

3）特点：具有泵油量大、泵油压力较高、供油压力稳定、运转噪声小、使用寿命长等优点。此外，由于不需要脉动阻尼减振器所以可以小型化，因此广泛地应用在轿车上，如捷达、本田雅阁、丰田威驰等。

（4）滚柱式电动燃油泵

1）结构：主要由燃油泵电动机、滚柱式燃油泵、出油阀、卸压阀等组成。

2）原理：如图 1-8-15 所示，当转子旋转时，位于转子槽内的滚柱在离心力的作用下，紧压在泵体内表面上，对周围起密封作

练习题

5. 电动燃油泵按安装形式可分为（　　）和油箱内置型两种。

A. 齿轮式

B. 转子式

C. 油箱外置型

D. 叶片式

6. 电动燃油泵根据泵体结构的不同可分为滚柱泵、（　　）、涡轮泵。

A. 齿轮泵

B. 转子泵

C. 柱塞泵

D. 叶片泵

7. 燃油泵供油量在有汽油滤清器的情况下应为（　　）mL/min。

A. 400 ~ 700

B. 700 ~ 1 000

C. 1 000 ~ 1 300

D. 1 300 ~ 1 600

8. 电控燃油喷射（EFI）主要包括喷油量、喷油正时，燃油停供和（　　）的控制。

A. 燃油泵

B. 点火时刻

C. 怠速

D. 废气再循环

9. 对电控发动机燃油泵工作电压进行检测时，蓄电池电压、燃油泵熔丝、燃油泵继电器和（　　）均应正常。

A. 燃油滤清器

B. 点火线圈电压

C. 燃油泵

D. 发电机电压

10. 电控燃油喷射系统保持压力下降较快，应检查燃油泵上的（　　）和燃油系统的密封性。

A. 燃油滤清器

B. 止回阀

C. 喷油器

D. 真空管

理论知识	练习题

用，在相邻两个滚柱之间形成工作腔。在燃油泵运转过程中，工作腔转过出油口后容积不断增大，形成一定的真空度，当转到与进油口连通时，将燃油吸入；而吸满燃油的工作腔转过进油口后容积不断减小，使燃油压力升高，受压燃油流过电动机，从出油口输出。

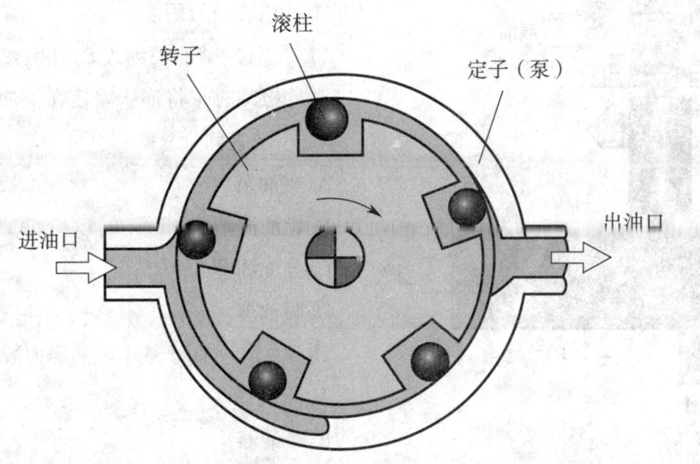

图 1-8-15 滚柱式电动燃油泵的工作原理

3）特点：泵油压力高，但因其工作非连续，油压脉动性较大，因此在燃油泵出油端还需要装有脉动阻尼减振器。

5. 燃油压力调节器

（1）功用：燃油压力调节器安装在燃油分配管的一端，其功用有两个：

1）调节供油系统的燃油压力，使系统油压与进气歧管压力之差保持恒定（为 0.28 ~ 0.30 MPa）。

2）缓冲燃油泵供油时产生的压力脉动和喷油器断续喷油引起的压力波动。

（2）结构

燃油压力调节器主要由弹簧、阀体、阀门和壳体组成。阀体固定在金属膜片上，阀体与阀门之间安装有一个球阀。球阀用弹片托起，球阀与阀体之间设有一个弹力较小的弹簧，使球阀与阀门保持接触。在壳体上设有油管接头和真空管接头，进油口接头与燃油分配管连接，回油口接头连接回油管并与油箱相通，真空管接头与节气门至进气歧管之间的真空管连接。

（3）工作原理

燃油压力调节器实际上是一个由膜片控制的过流型溢流阀。膜

11. 汽油的牌号越高说明（ ）也越高。

A. 密度

B. 凝点

C. 熔点

D. 辛烷值

12.（ ）用于调节燃油压力。

A. 油泵

B. 喷油器

C. 燃油压力调节器

D. 燃油压力缓冲器

13. 电控喷油系统中，燃油压力通过（ ）调节。

A. 喷油器

B. 燃油泵

C. 压力调节器

D. 输油管

14. 对燃油压力进行检测时，燃油压力表指示应在（ ）MPa。

A. 0.28 ~ 0.30

B. 0.50 ~ 0.52

C. 0.88 ~ 0.90

D. 0.98 ~ 1.00

15. 怠速运行时，燃油压力可能是（ ）MPa。

A. 0.25

B. 0.5

C. 0.7

D. 0.9

理论知识

片将调节器分隔为上弹簧室和下燃油室。且由膜片控制溢流阀的开度，以保持上、下两室的压力平衡，如图 1–8–16 所示。

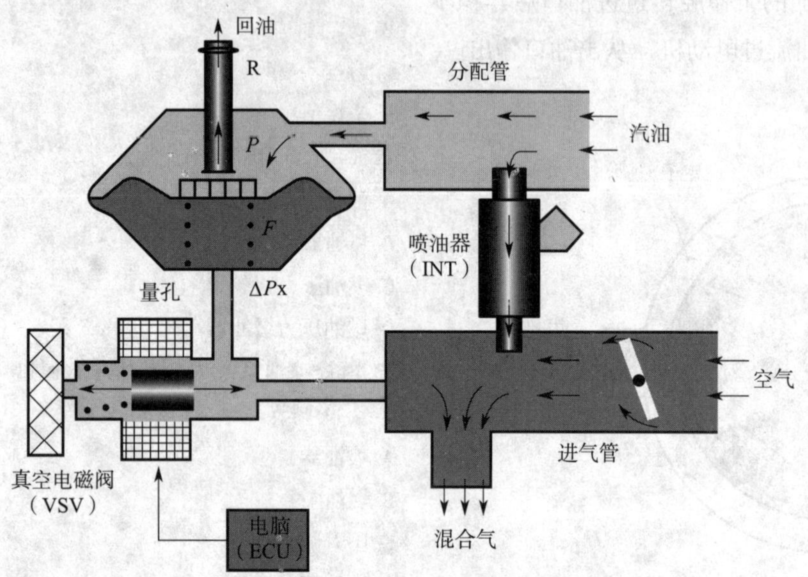

图 1–8–16　燃油压力调节器的工作原理

当燃油室油压升高超过弹簧压力与真空气体压力的合力时，膜片向上拱曲，调节器阀门打开，部分燃油从球阀经回油口流回油箱，使燃油压力降低，当压力降低到调节器设定的控制油压时，球阀关闭，以保持从油泵单向阀到压力调节器之间油路具有一定压力。

（4）输出特性

1）当进气歧管内的气体压力下降时（真空度增大），膜片上移，回油阀开度增加，回油量增加，燃油分配管内油压下降，保持与变化了的进气歧管压力差值的恒定（0.25 MPa）。

2）当进气歧管内的气体压力升高时（真空度减小），膜片下移，回油阀开度减小，回油量减少，燃油分配管内油压升高，保持与变化了的进气歧管压力差值的恒定（0.25 MPa）。

3）油压调节器的输出特性反映了燃油分配管内油压与进气歧管的压力关系，油压调节器的作用是保证喷油器的喷油量不受进气歧管负压和供油系统油压的影响，而只决定于喷油器阀门开启的时间。

6. 喷油器

（1）作用：喷油器是电控燃油喷射系统中的重要执行器，它接收来自发动机 ECU 的信号，使喷油器的电磁线圈在适当的时刻通

练习题

16. 电控发动机可用（　　）检查油压调节器是否有故障。

A. 模拟式万用表

B. 万用表

C. 油压表

D. 油压表或万用表

17. 对电控燃油喷射发动机燃油压力进行检测时，将油压表接在供油管和（　　）之间。

A. 燃油泵

B. 燃油滤清器

C. 分配油管

D. 喷油器

18.（　　）用于减小燃油压力波动。

A. 油泵

B. 喷油器

C. 油压调节器

D. 油压缓冲器

理论知识

电，阀门打开、喷油。打开时间（喷油量）由 ECU 发出的脉冲宽度（持续时间）控制。具有喷射准时、喷油量准确、喷射雾化好等优点。

（2）分类

1）按用途分：单点喷射（安装在节气门前，已经被淘汰），多点喷射（通过密封垫圈安装在各缸进气歧管或进气道附近的缸盖上，并用输油管固定）。

2）按燃料的进入位置分：上部给料式、下部给料式。

3）按喷口形式分：轴针式、球阀式、片阀式，如图 1-8-17 所示。

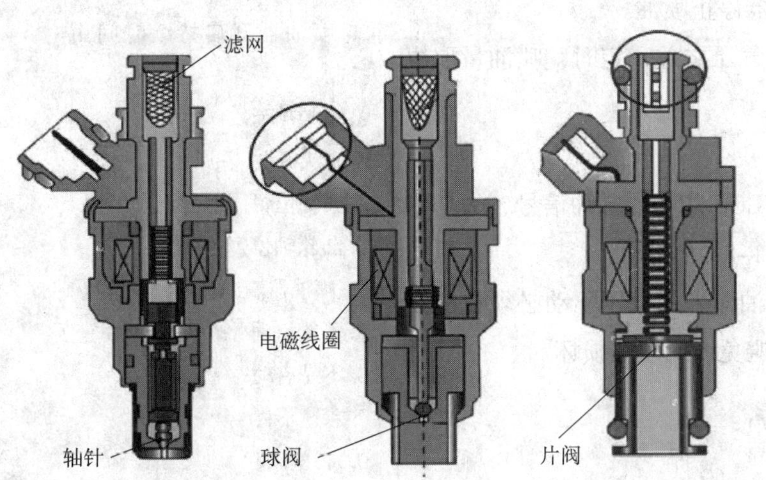

图 1-8-17　三种喷油器

4）按驱动方式分：电压驱动、电流驱动。

5）按阻值（喷油器电磁线圈阻值）大小分：低阻值（2 ~ 3 Ω）、高阻值（12 ~ 15 Ω）。

（3）结构

以轴针式喷油器为例，主要由 O 形密封圈、滤网、插头、电磁线圈、回位弹簧、衔铁、阀轴、针阀和壳体等组成，如图 1-8-18 所示。衔铁、阀轴和针阀制成一体，用于分配油管的压力，汽油经过滤网后进入喷油器，电磁线圈不通电时，

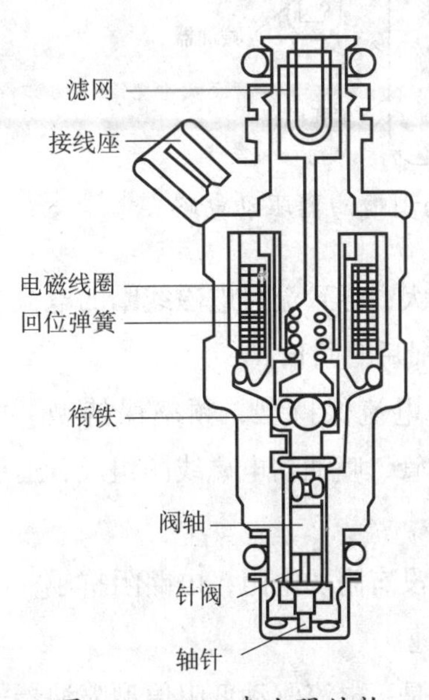

图 1-8-18　喷油器结构

练习题

19.（　　）用于将燃油喷到进气道中。

A. 油泵

B. 喷油器

C. 燃油压力调节器

D. 燃油压力缓冲器

20. 低阻抗喷油器的电阻值为（　　）Ω。

A. 2 ~ 3

B. 5 ~ 10

C. 12 ~ 15

D. 50 ~ 100

21. 高阻抗喷油器的电阻值为（　　）Ω。

A. 2 ~ 3

B. 5 ~ 10

C. 12 ~ 15

D. 50 ~ 100

22.（　　）是发动机电控燃油喷射系统执行机构中的一个关键部件。

A. ECU

B. 电磁喷油器

C. 电磁继电器

D. A/D 转换器

23. 轴针式电磁喷油器所用的密封圈是（　　）密封圈。

A. Y 形

B. V 形

C. O 形

D. 唇形

理论知识

针阀在回位弹簧的作用下将喷油孔封住。

（4）工作过程

喷油器由 ECU 的电脉冲控制其打开或关闭，当磁场绕组无电流时，喷油嘴针阀被螺旋弹簧压在喷油器出口处的密封锥座上。磁铁被激励时，针阀从其座面上升约 0.1 mm，燃油便通过精密环形间隙在喷油器头部前端被粉碎雾化，并通过旋流作用在进气和压缩冲程中形成易于点燃的均匀空气燃油混合气。对于安装在进气歧管上的喷油器在排气行程喷油。

每次 ECU 控制喷油器电磁线圈通电的时间被称为喷油脉宽，通常为 2 ~ 10 ms。当电磁线圈断电时，电磁吸力消失，在回位弹簧的作用下，针阀立即将阀口关闭，喷油器停止喷油。

当喷油器结构和油路油压与歧管气压之差一定时，喷油量取决于针阀开启时间（喷油脉宽）的长短。

（5）驱动方式

1）电压驱动（饱和开关型）：由 ECU 的喷油脉冲信号、大功率三极管、喷油器电磁线圈组成，如图 1-8-19 所示。

适用于高阻值喷油器。低阻值喷油器采用电压驱动必须在电路中加入附加电阻，以防止电流过大，避免线圈发热损坏。

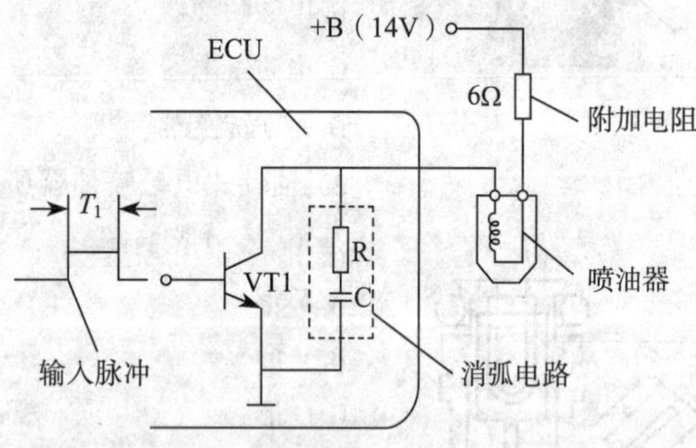

图 1-8-19　电压驱动型喷油器驱动电路

电压驱动的特点是：电路阻抗大，导致流过电磁线圈的电流减少，产生的电磁吸力低，针阀开启滞后时间长。

2）电流驱动（峰值保持型、电流保持型、频率保持型）由 ECU 的喷油脉冲信号、大功率三极管、喷油器电磁线圈组成，适用于低阻值喷油器，如图 1-8-20 所示。

电流驱动的特点是：由于电路没有附加电阻，电路阻抗小，电磁线圈的电流上升快，针阀开启迅速。

几种驱动方式的开启速度依次是：电流驱动低阻值型喷油器→

练习题

24. 安装在进气歧管上的喷油器在（　　）喷油。

A. 进气行程

B. 压缩行程

C. 做功行程

D. 排气行程

25. 喷油器每循环喷出的燃油量基本上决定于（　　）时间。

A. 开启持续

B. 开启开始

C. 关闭持续

D. 关闭开始

26. 喷油器开启持续时间由（　　）控制。

A. 电控单元

B. 点火开关

C. 曲轴位置传感器

D. 凸轮轴位置传感器

27. 喷油器滴漏会导致发动机（　　）。

A. 不能启动

B. 不易启动

C. 怠速不稳

D. 加速不良

28. 改善喷油器喷雾质量可降低柴油机排放污染物中（　　）的含量。

A. 碳烟

B. 水

C. 二氧化硫

D. 氮

理论知识

电压驱动低阻值型喷油器→电压驱动高阻值型喷油器。

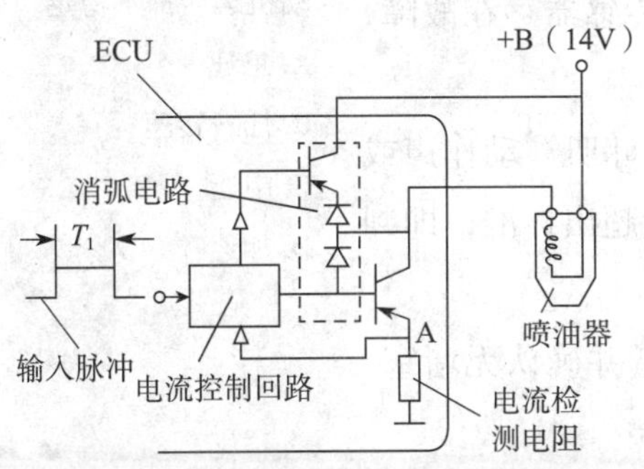

图 1-8-20　电流驱动型喷油器驱动电路

7. 燃油供给系统常见故障及排除方法

（1）启动困难

1）故障现象：包括冷车、热车启动困难两种情况，通常是指冷车时启动困难，在启动发动机时，电动机能正常运转，发动机有着车迹象，但无法启动或需反复启动电动机后才能启动发动机的故障。

2）故障原因：喷油器故障（堵塞、滴漏等），冷却液温度传感器故障（如插头插脚严重生锈、阻值大、传递信号错误、塑料头损坏、信号电压过低、插脚扭曲变形、接触不良、传感器触头插错等），油压调节器故障（如密封圈损坏、弹簧过软、真空管破损等）。

3）排除方法：按先易后难、由表及里的步骤进行排除。在排除冷启动困难故障时，对配有冷启动喷油装置的发动机来说，重点应寻找冷启动装置方面的原因。检查冷启动喷油器，主要检查电磁线圈是否正常。使用万用表检查电磁线圈的电阻，其值应为 3 ~ 5 Ω，如果阻值太大，说明电磁线圈有烧断的可能。

（2）运转不稳

1）故障现象：发动机在怠速或中高速工况下都有明显抖动的故障现象。

2）故障原因：进气管路漏气、配气相位错误、排气系统堵塞、喷油器滴漏或堵塞。

3）排除方法

分析：若喷油器有滴漏或堵塞现象，会使其无法按照 ECU 的指令进行喷油，从而造成混合气过浓或过稀，使个别气缸工作不良，导致发动机怠速不稳。喷油器的堵塞引起的混合气过稀，还会使氧

练习题

29. 对于四缸发动机而言，有一个喷油器堵塞会导致发动机（　　）。

A. 不能启动

B. 不易启动

C. 怠速不稳

D. 减速不良

30. 用（　　）检查电控燃油汽油机各缸是否工作。

A. 数字式万用表

B. 单缸断火法

C. 模拟式万用表

D. 双缸断火法

31. 汽车上使用的三线圈电磁式燃油表，当点火锁匙被取下后，燃油表指针应停留在（　　）。

A. 最后一时刻位置

B. E 位

C. H 位

D. 任意位

32. 对电控燃油喷射发动机电控系统进行检修时，应先将点火开关（　　），并将蓄电池搭铁线拆下。

A. 打开

B. 关闭

C. 打开或关闭

D. 关闭再打开

33. 电控汽油喷射发动机启动困难是指（　　）启动困难。

A. 热车

B. 冷车

C. 常温

D. 热车、冷车、常温

34. 电控汽油喷射发动机（　　）是指发动机进气歧管处有可燃混合气燃烧，从而产生异响的现象。

A. 回火

B. 放炮

C. 行驶无力

D. 失速

35. 电控汽油喷射发动机运转不稳是

理论知识

传感器产生低电位信号，ECU会根据此信号发出加浓混合气的指令，如果指令超出调控极限时，ECU会误认为氧传感器存在故障，并记忆故障代码。

诊断：可用听诊器检查喷油器是否发出"咔叽咔叽"动作声或测量喷油器的喷油量，若喷油器无动作声或喷油量超出标准，即判断喷油器故障。

排除：清洗喷油器，检查每个喷油器的喷油量并确认无堵塞、滴漏现象。

8.3 点火控制系统的检修

1. 系统概述

（1）**点火系统的功用：**将汽车电源提供的低压电变为高压电，并适时送到各缸火花塞，击穿火花塞间隙，点燃混合气，使发动机做功。

（2）**点火系统的种类**

1）传统点火系统。

2）普通电子点火系统。

3）微机控制点火系统。

（3）**发动机对点火系统的要求**

1）能产生足以击穿火花塞间隙的电压（15～20 kV）。

2）火花应具有一定的能量（50～80 mJ）。

3）点火时间应适应发动机的工况（最佳点火时间）。

2. 传统点火系统

（1）**组成：**传统点火系统由点火线圈、附加电阻、电容器、断电器、配电器、火花塞、高压线、点火开关、蓄电池等组成。

（2）**工作原理：**传统点火系统电路如图1-8-21所示。

1）断电器触点闭合时，低压电路接通，一次电流便在点火线圈铁芯中产生磁场。断电器触点闭合期间对应的分电器凸轮轴转角称为触点闭合角。

2）断电器触点断开时，一次（低压）电路被切断，一次线圈产生200～300 V的自感电动势，使绕在铁芯上的二次绕组感应出15～20 kV的高压电。

3）高压电由配电器分配，并送至等待点火的那一缸火花塞，

练习题

指发动机转速处于（　　）情况，发动机运转都不稳定，有抖动现象。

A. 怠速

B. 任一转速

C. 中速

D. 加速

1. 汽油机（　　）将高压电引入燃烧室，产生电火花，点燃混合气。

A. 高压线

B. 火花塞

C. 分电器

D. 电源

2. 为保证点火可靠，一般要求点火系统提供高压电为（　　）V。

A. 12

B. 5 000～8 000

C. 8 000～10 000

D. 15 000～20 000

3. 断电器触点闭合期间对应的分电器凸轮轴转角称为（　　）。

A. 分电器重叠角

B. 触点闭合角

C. 触点提前角

D. 触点滞后角

4. 断电器触点闭合期间对应的分电器（　　）转角称为触点闭合角。

A. 曲轴

B. 转子

C. 凸轮轴

D. 驱动轴

理论知识

从而实现点火。

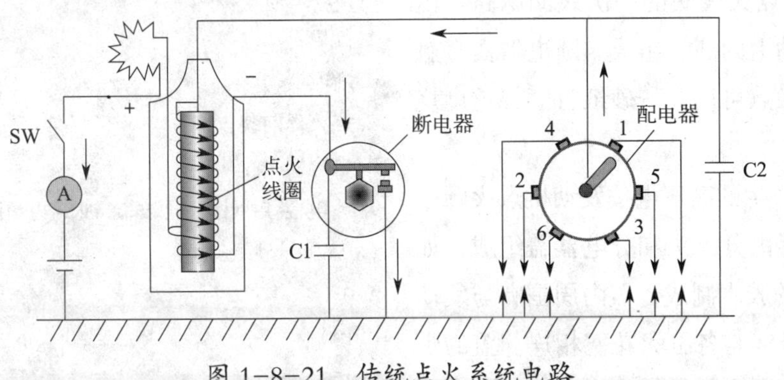

图 1-8-21　传统点火系统电路

3. 点火线圈

（1）**作用：**点火线圈是点火系统的核心部件之一，能将 12 V 的直流电提升至 15~20 kV 的高压电，所以又称高压包；点火线圈同时还要储备足够的能量在火花塞间隙产生强烈的电火花以点燃可燃混合气。

（2）**结构：**由初级（一次）线圈、次级（二次）线圈和铁芯组成。开磁路式点火线圈一般为罐状结构。它以数片硅钢片叠合成棒状铁芯，二次线圈和一次线圈分别绕在铁芯的外侧。二次线圈为线径 0.05 ~ 0.10 mm 的漆包线，匝数为 2 万 ~ 3 万匝。一次线圈的线径为 0.5 ~ 1.0 mm，较二次线圈粗，且匝数仅为 150 ~ 300 匝。

（3）**原理：**当一次线圈接通电源时，随着电流的增长产生一个很强的磁场，铁芯储存了磁场能；当开关装置使一次线圈电路断开时，一次线圈的磁场迅速衰减，二次线圈就会感应出很高的电压（200 ~ 300 V，如果将 220 V 交流试灯接在点火线圈一次线圈两端的接线柱上，则试灯会闪亮）。一次线圈的磁场消失速度越快，电流断开瞬间的电流越大；两个线圈的匝数比越大，则二次线圈感应出来的电压越高。

点火线圈产生的高压由中央高压线传送至分电器，如果中央高压线脱落，则分火头无高压电引入，会造成高压无火的故障。

4. 分电器

（1）**作用：**用来接通或切断点火线圈的一次绕组电路，使点火线圈产生高压电，并按发动机的点火顺序，将高压电分送到各缸火花塞。

练习题

5. 点火线圈的功用有两个，一是（　　），二是储能。

A. 升压

B. 降压

C. 接通电路

D. 切断电路

6. 将 220 V 交流试灯接在点火线圈一次线圈两端的接线柱上，灯亮则表示（　　）故障。

A. 有断路

B. 有搭铁

C. 无断路

D. 有断路或搭铁

7. 点火线圈中央高压线脱落，会造成（　　）。

A. 点火错乱

B. 点火过火

C. 高压无火

D. 高压火弱

理论知识

（2）组成

1）断电器。作用是接通、切断点火线圈的一次线圈电路。由固定在底板上的触点和装在分电器轴上的凸轮组成。断电器白金触点极易被电火花烧蚀，轻度烧蚀的触点可用 0 号砂纸打磨，重度烧蚀的触点则必须更换。

2）配电器。作用是把点火线圈产生的高压电按发动机点火顺序的要求分配到各缸的火花塞。配电器由分火头和分电器盖组成，如图 1–8–22 所示。分电器盖由耐高压的胶木制成，盖内周围有与发动机气缸数相等的电极，可通过高压导线与各缸火花塞相连。盖的中间有中央高压线插孔，电极在孔中安装有带弹簧的炭精柱，被弹性地压在分火头的导电片上。分火头用耐高压的胶木制成，安装在凸轮的顶端。

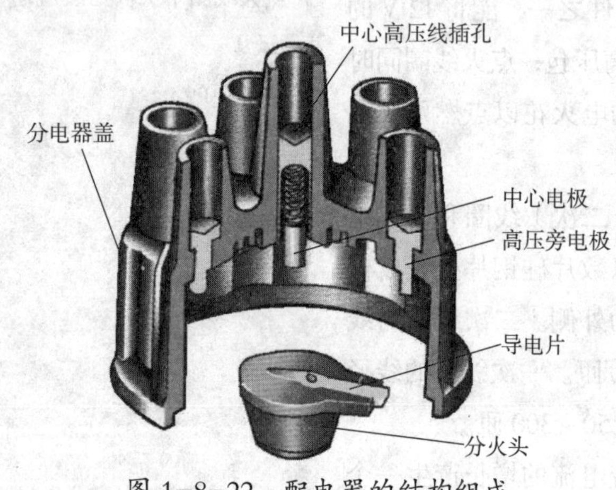

图 1–8–22　配电器的结构组成

3）点火提前调节机构。离心提前调节机构是根据发动机转速的变化自动调节点火提前角的装置，转速提高则点火提前角增大，转速降低点火提前角减小，使汽油在气缸内以最佳的定时点火燃烧。检查离心提前装置时，固定分电器轴，使离心提前装置沿工作方向转至极限，放松后应立即回到原位。

4）电容器。用于消除分电器分断时产生的火花，延长触点的使用寿命，加快一次电流的衰减速度，提高二次电压。

电容器的容量一般应在 0.15 ~ 0.35 F，耐压应在 500 V 以上，绝缘电阻在 20 ℃时不应低于 50 MΩ。

（3）**原理：**当凸轮的凸角顶动活动触点臂上的胶木顶块时，触点张开；凸角离开胶木顶块时，在弹簧片作用下触点闭合。发动机工作中断电器触点不断开、闭。将点火线圈一次线圈电路接通和切断，使二次线圈感应出高压电。

练习题

8. 汽油机分电器中的（　　）由分火头和分电器盖组成。

A. 配电器

B. 断电器

C. 点火提前装置

D. 电容器

9. 断电器触点有轻度烧蚀，可用（　　）号砂纸打磨。

A. 0

B. 100

C. 200

D. 500

10. 汽油发动机不能启动，检查电路，打开开关，电流表指示 3 ~ 5 A 而不做间歇摆动，则可能（　　）。

A. 分电器各接头接触不实

B. 高压电路故障

C. 高压导线故障

D. 点火线圈断路

11. 离心提前装置在分电器轴固定不动时，使凸轮轴向其（　　）转至极限，放松时应立即回原位。

A. 工作方向

B. 正向

C. 反向

D. 侧向

12. 检查分电器轴与衬套之间的间隙，分电器轴与衬套的正常配合间隙为 0.02 ~ 0.04 mm，最大不得超过（　　）mm。

A. 0.02

B. 0.05

C. 0.07

D. 0.09

13. 分电器轴与衬套的正常配合间隙为（　　）mm，最大不得超过 0.07 mm。

A. 0.01 ~ 0.02

B. 0.02 ~ 0.04

C. 0.04 ~ 0.06

理论知识

当分火头随分电器轴旋转时（因分电器轴与衬套之间润滑条件较差，容易磨损，其正常间隙为0.02～0.04 mm，超过0.07 mm时必须更换），其上的导电片在距旁电极为0.25～0.8 mm的间隙处掠过。断电器触点断开瞬间，导电片正对准盖内某一旁电极，高压电便由中央高压线插孔炭精柱引入，经分火头导电片跳到旁电极，再经分缸高压线送至火花塞。

5. 火花塞

（1）**作用：**将点火线圈产生的高压电引入燃烧室，并在其间隙中产生电火花，点燃混合气。

（2）**结构：**火花塞主要由接线帽（端子）、瓷绝缘体、中心电极、侧电极和壳体等部分组成，如图1–8–23所示。

接线帽（端子）的作用是与分缸线对接，吸收电能。要求在插拔缸线时应有吸入或弹出感。

陶瓷部分绝缘、耐热、导热，在陶瓷表面有几道沟状的波纹，它可以防止飞弧的产生。

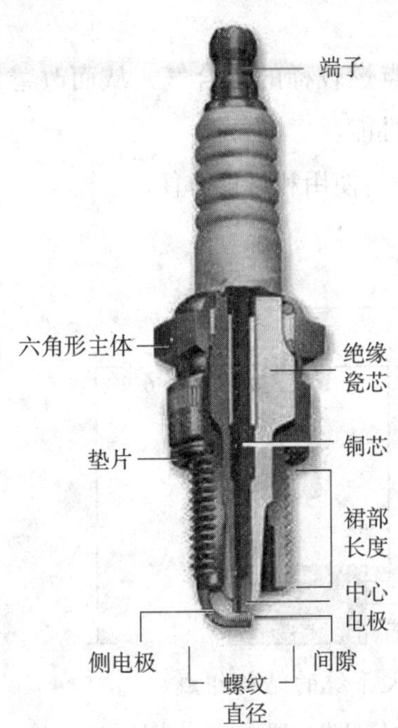

图1–8–23　火花塞的结构

中心电极用镍锰合金制成，具有耐热、耐腐蚀和良好的导电性能。中心电极与侧电极之间的间隙一般为0.6～0.7 mm，高能点火系统的电极间隙为1.0～1.3 mm。火花塞通过壳体下部的螺纹旋入气缸盖中，旋紧时密封垫受压，保证壳体与气缸盖之间密封良好。

（3）**热特性：**火花塞绝缘体裙部的温度保持在500～600 ℃时，落在绝缘体上的油滴能立即烧掉，不形成积炭，这个温度称为火花塞的自净温度。低于这个温度，火花塞易产生积炭，造成能量损失；高于这个温度，又容易产生炽热点火，形成爆燃。因此，火花塞的热特性必须与发动机相适应，以保证火花塞在发动机内良好工作。一般选用火花塞的基本原则是：

发动机的功率大，压缩比高，转速高，应选用高热值的冷型火花塞；反之，则选用低热值的热型火花塞。

练习题

D. 0.06～0.08

14. 一般来说，高能点火系统采用的火花塞中心电极与侧电极之间的间隙为（　　）mm。

A. 0.35～0.45

B. 0.45～0.55

C. 0.70～0.90

D. 1.00～1.30

15. 一般来说，普通火花塞中心电极与侧电极之间的间隙为（　　）mm。

A. 0.35～0.45

B. 0.45～0.55

C. 0.50～0.60

D. 0.60～0.70

16. 发动机工作时，火花塞绝缘体裙部的温度应保持在（　　）℃。

A. 200～300

B. 300～400

C. 500～600

D. 600～700

17. 高速发动机普遍采用（　　）火花塞。

A. 标准型

B. 突出型

C. 细电极型

D. 铜芯高热值型

18. 电子点火系统采用点火信号发生器取代传统点火系统中的（　　）。

A. 断电触点

B. 配电器

C. 分电器

D. 点火线圈

理论知识

6. 电子点火系统

（1）特点：与传统点火系统对比，电子点火系统的最大特点是用精度和稳定性极高的点火信号发生器取代了故障率很高的断电触点，并采用电子点火控制器对信号进行降噪和放大。具有如下的优点：

1）使用寿命长。取消了容易烧蚀的触点，减少了触点火花，既延长了使用寿命，又改善了点火性能；一次电流可由 5 A 提高到 7 ~ 8 A，二次电压可达 30 kV。

2）可加大火花塞电极间隙，点燃较稀的混合气，从而改善发动机的动力性、经济性和排气净化性能。

3）结构简单、质量轻、体积小、使用和维修方便。

（2）组成：如图 1-8-24 所示。

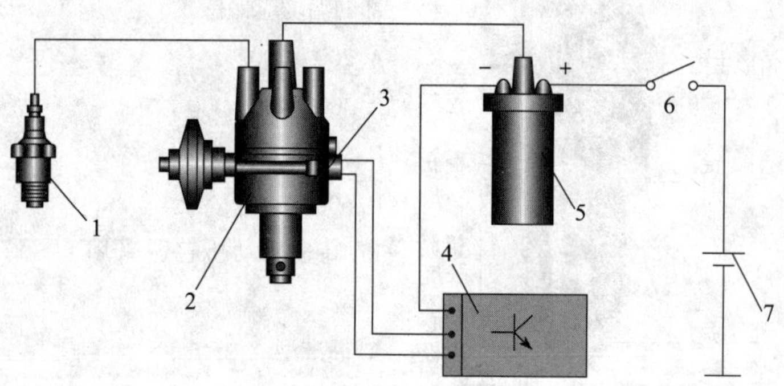

图 1-8-24 电子点火系统的结构组成

1—火花塞 2—分电器 3—点火信号发生器 4—点火控制器 5—点火线圈 6—点火开关 7—蓄电池

1）点火信号发生器。由曲轴位置传感器和凸轮轴位置传感器组成，曲轴位置传感器产生曲轴转角信号，能精确测量出曲轴相对于上止点的位置。凸轮轴位置传感器则用于判断哪缸处于压缩上止点位置，所以也被称为判缸信号。

2）点火控制器。有独立的集成电路点火模块和 ECU 一体的电控点火两种形式。其作用一是对传感器的信号进行计算并放大，二是控制点火线圈一次线圈搭铁端的通断。更换点火控制器时，应关闭点火开关。

7. 曲轴、凸轮轴位置传感器

（1）作用

1）检测发动机曲轴转角和活塞上止点，并将检测信号及时送

练习题

19. 点火模块用于控制点火线圈一次线圈的（　　）。

A. 搭铁

B. 电源

C. 电阻

D. 电感

20. 电控点火装置（ESA）的控制主要包括点火提前角、通电时间及（　　）控制等方面。

A. 燃油停供

B. 废气再循环

C. 爆燃防止

D. 点火高压

21. 为确保安全，更换点火模块前应采取的措施是（　　）。

A. 拆下蓄电池负极导线

B. 拆下蓄电池正极导线

C. 拆下蓄电池

D. 关闭点火开关

22. 曲轴位置传感器是发动机电子控制系统中最重要的传感器之一，它提供点火时刻（点火提前角）、确认（　　）的信号。

A. 活塞位置

B. 曲轴位置

C. 凸轮轴位置

D. 飞轮位置

理论知识	练习题

至发动机 ECU，用以控制点火时刻（点火提前角）和喷油正时。

2）是测量发动机转速的信号源。

（2）**地位**：曲轴位置传感器（见图 1-8-25）是发动机控制系统中最主要的传感器之一，是确认曲轴转角位置和发动机转速不可缺少的装置，发动机 ECU 用此装置传递出的信号控制燃油喷射量、喷油正时、点火时刻、点火线圈充电闭合角、怠速转速和电动燃油泵的运行。它是电喷发动机特别是集中控制系统中最重要的传感器，也是点火系统和燃油喷射系统共用的传感器。

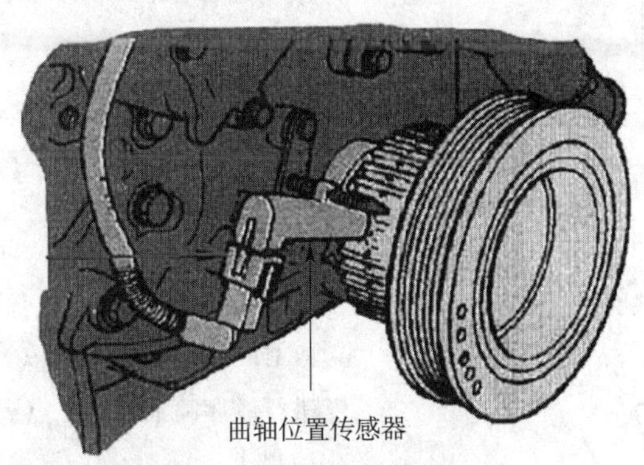

图 1-8-25　曲轴位置传感器

与曲轴位置传感器工作原理类似的凸轮轴位置传感器主要用来检测凸轮轴位置信号，并将信号输送给 ECU，以便确定第一缸压缩上止点，从而进行顺序喷油控制和点火时刻控制；同时，还用于发动机启动时识别第一次点火时刻，因此也称为判缸传感器。

（3）**分类**：按产生信号的原理不同，曲轴位置传感器可分为以下三类。

1）磁感应式曲轴位置传感器。

2）光电式曲轴位置传感器。

3）霍尔式曲轴位置传感器。

（4）磁感应式曲轴位置传感器

1）结构：磁感应式曲轴位置传感器的结构由壳体、永久磁铁、铁芯和感应线圈组成，如图 1-8-26 所示。转子信号盘固定在分电器轴或曲轴上，传感器壳体固定在分电器壳体或气缸体上。

2）磁感应原理：实验证明，当导体做切割磁力线运动或通过线圈的磁通量发生变化时，导体或线圈中就会产生电动势。

在磁感应式曲轴位置传感器的工作过程中，永久磁铁的磁力线经过转子、线圈、拖架构成封闭回路，如图 1-8-27a 所示。当转子

23. 曲轴位置传感器用于检测活塞上止点、（　　）及发动机转速。

A. 压缩行程上止点

B. 压缩行程下止点

C. 曲轴转角

D. 凸轮轴转角

24. 曲轴位置传感器在发动机工作时，提供活塞到达（　　）一定角度时产生的信号。

A. 压缩行程上止点前

B. 压缩行程上止点后

C. 进气行程上止点前

D. 进气行程上止点后

25. 曲轴位置传感器所采用的结构随车型号不同而不同，可分为磁感应式、（　　）和霍尔式三大类。

A. 电磁式

B. 光电式

C. 离心式

D. 电阻式

26. 磁感应式曲轴位置传感器安装在（　　）。

A. 曲轴前

B. 分电器内

C. 凸轮轴前

D. 飞轮上

理论知识

旋转时，由于转子齿与线圈铁芯、拖架的间隙不断发生变化，通过线圈的磁通量也不断变化，线圈两端便产生感应电压，并输出交流信号。交流信号的频率能反映曲轴的转速和位置。当转速较低时，其振幅较小，信号较弱；随着转速上升，输出信号的频率升高，信号的振幅也一并升高，如图 1-8-27b 所示。

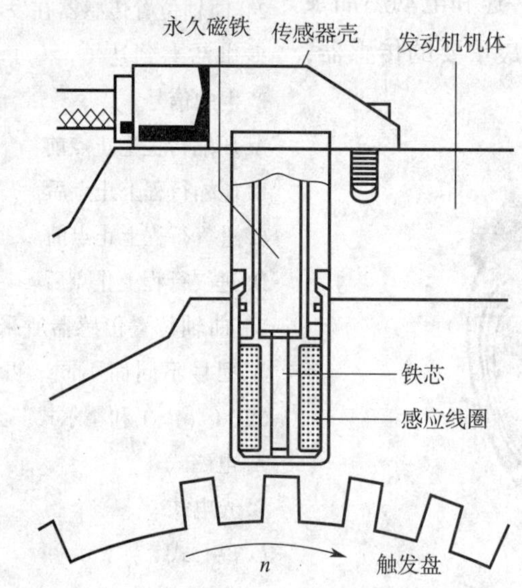

图 1-8-26　磁感应式曲轴位置传感器的结构

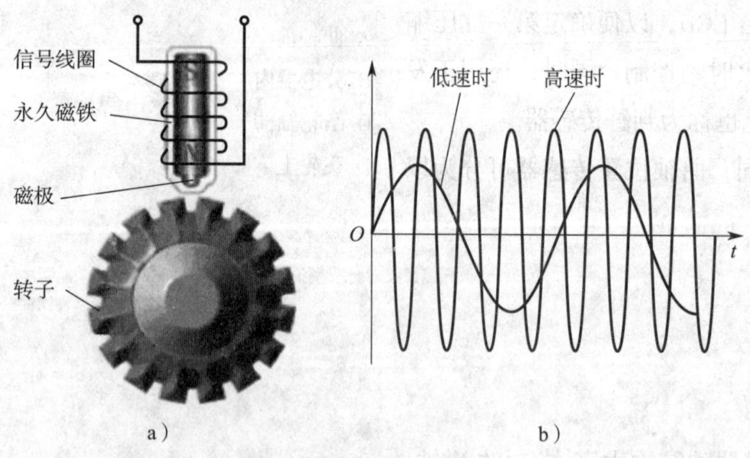

图 1-8-27　磁感应式曲轴位置传感器工作原理及信号波形
a）原理图　b）信号波形

（5）霍尔式曲轴位置传感器

1）结构：由具有触发轮齿的信号盘和霍尔传感器组成，如图 1-8-28 所示。

霍尔传感器内部由永久磁铁、霍尔元件和电子电路等组成。

练习题

27. 因磁感应式曲轴位置传感器的转子有 24 个凸齿，故分电器轴转一圈产生（　　）个脉冲信号。

A. 12

B. 24

C. 36

D. 48

28. 霍尔式曲轴位置传感器的检测，应在（　　）、电子点火控制器及连接导线检查都正常的情况下进行。

A. 点火线圈

B. 火花塞

C. 分电器

D. 火花塞或分电器

29. 凸轮轴位置传感器的作用是采集配气凸轮轴的位置信号，并输入 ECU，以使 ECU 识别（　　），从而进行顺序喷油控制、点火时刻和爆燃控制。

A. 第一缸压缩上止点

B. 第二缸压缩上止点

C. 第三缸压缩上止点

D. 第四缸压缩上止点

理论知识

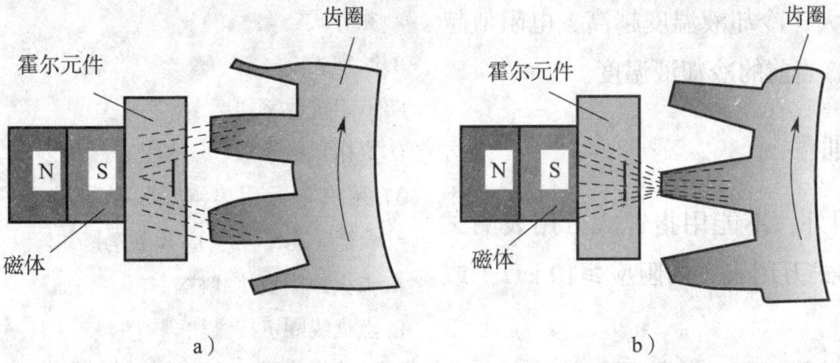

霍尔元件 齿圈 N S 磁体

a）

霍尔元件 齿圈 N S 磁体

b）

图 1-8-28 轮齿触发式霍尔传感器

a）磁场较弱 b）磁场较强

信号盘有两组相隔 180° 的轮齿组。每组有四个齿槽，一组中相邻齿槽间隔角度为 20°。

2）工作原理：永久磁铁的磁力线穿过霍尔元件通向齿轮，齿轮相当于一个集磁器。当齿轮位于图 1-8-28a 所示位置时，穿过霍尔元件的磁力线分散，磁场相对较弱。当齿轮位于图 1-8-28b 所示位置时，穿过霍尔元件的磁力线集中，磁场相对较强。

齿轮转动时，使穿过霍尔元件的磁力线密度发生变化，因此引起霍尔电压的变化，霍尔元件将输出一个毫伏级的正弦波电压。该交流信号需经由电子电路转换成标准的脉冲电压。

3）工作过程：轮槽通过传感器时，传感器输出高电位（5 V）；轮齿中心线与传感器感应头中心成一条直线时（正对），传感器输出低电位（0.3 V）。一个轮槽和一个轮齿通过传感器，传感器便产生一个高—低电位脉冲信号。信号盘上的一组齿轮组通过传感器时，传感器将产生一组脉冲信号，每组由四个脉冲信号构成。

8. 冷却液温度传感器

（1）作用：发动机冷却液温度传感器用于监视发动机冷却液温度，将温度信号输送给 ECM，作为控制冷却风扇、发动机怠速、修正喷油量、点火提前角的修正信号。

（2）安装位置：冷却液温度传感器安装在发动机机体或气缸盖的冷却水道上，与冷却液接触，用来检测发动机冷却液的温度。

（3）分类：目前常用冷却液温度传感器按插脚分为单针、两针、三针三种结构。

（4）特性：如图 1-8-29 所示，冷却液温度传感器的内部装有一个负温度系数热敏电阻（NTC）。冷却液温度的变化引起电阻值的

练习题

30. 凸轮轴位置传感器是发动机电子控制系统中最主要的传感器之一，它的作用是提供点火时刻（点火提前角），确认（　　）。

A. 活塞位置

B. 曲轴位置

C. 凸轮轴位置

D. 飞轮位置

31.（　　）能够识别哪一气缸即将到达上止点，因此称为判缸传感器。

A. 节气门位置传感器

B. 曲轴位置传感器

C. 爆燃传感器

D. 凸轮轴位置传感器

32.（　　）可用来检查发动机冷却液的温度，作为喷油和点火正时的修正信号。

A. 温度传感器

B. 空气流量传感器

C. 氧传感器

D. 压力传感器

33. 冷却液温度传感器安装在（　　）。

A. 进气道上

B. 排气管上

C. 冷却水道上

D. 油底壳上

34. 冷却液温度传感器的输出信号是（　　）。

A. 脉冲信号

B. 数字信号

C. 模拟信号

D. 固定信号

35. 电控发动机可用（　　）检查发动机计算机是否有故障。

A. 万用表

B. 数字式万用表

C. 模拟式万用表

D. 试灯或万用表

36. 检测汽车发动机电控系统时，应选用（　　）万用表。

理论知识

变化，冷却液温度越低，电阻值越大；冷却液温度越高，电阻值越小，系统根据接收到的电压值来计算当前的冷却液温度。

9. 用万用表检测诊断的一般原则

（1）除在测试过程中特别指明外，不能用指针式万用表测试 ECU 和传感器，应使用高阻抗数字式万用表（内阻应≥10 kΩ）或汽车万用表检测诊断。

（2）首先检查熔丝、易熔线和接线端子（连接器）的状况，在排除这些部位的故障后再用万用表进行检测。

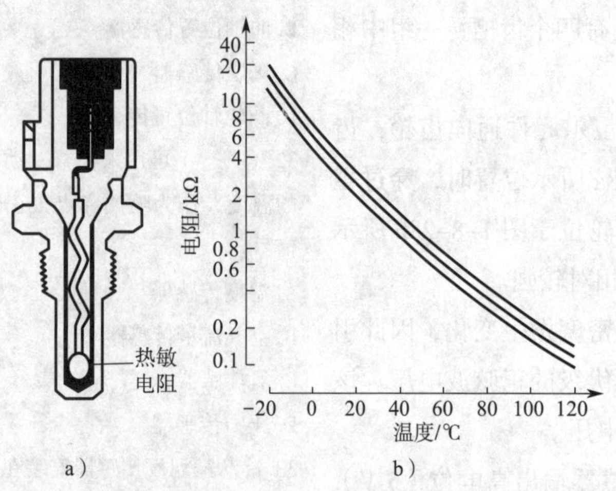

图 1-8-29　冷却液温度传感器的结构及特性
a）结构　b）特性

（3）测量电压时，点火开关应处于“ON”位置，蓄电池电压应≥11 V。

（4）在用万用表检查防水型连接器时，应小心取下防水套。表笔插入连接器检查时，不可对端子用力过大。检测时，表笔可以从带有配线的后端插入，也可以从没有配线的前端插入。

（5）测量电阻时，要在垂直和水平方向轻轻摇动导线，以提高测量的准确性。

（6）检查线路断路故障时，应先脱开 ECU 和相应传感器的连接器，然后测量连接器相应端子间的电阻，以确定是否有断路或接触不良故障。

10. 故障诊断仪

（1）**功能**：故障诊断仪的功能分为基本测试功能和特殊测试

练习题

A. 指针式
B. 数字式
C. 低阻抗数字式
D. 高阻抗数字式

37. 用汽车万用表测量发动机转速，红表笔应连（　　），黑表笔搭铁。
A. 点火线圈负接线柱
B. 点火线圈正接线柱
C. 转速传感器
D. 分电器中央高压线

38. 用诊断仪读取故障码时，应选择（　　）模式。
A. 故障诊断
B. 数据流
C. 执行元件测试
D. 基本设定

39. 用诊断仪对发动机进行检测，点火开关应（　　）。
A. 关闭
B. 打开
C. 位于启动挡
D. 位于锁止挡

理论知识

功能。

1）基本测试功能包括：①读取故障码：故障诊断仪可以读出存储在电子控制单元中的故障码，并在显示屏上显示出来，故障码的含义也可通过按键操作将其从故障诊断仪中调出。②清除故障码：电控系统的故障被排除后，必须清除存储在电子控制单元中的故障码，使仪表盘的故障指示灯熄灭。

2）特殊测试功能包括：①动态数据流测试：将车辆各系统运行过程中控制单元的工作状况和各种输入、输出电信号的瞬时数值，以串行方式经故障诊断座传送到故障诊断仪，并在故障诊断仪显示屏上显示出来，从而使整个控制系统的工作状况一目了然，供检修人员查阅。②定格数据：大多数故障诊断仪都可以在行车时记录数据，这些信息是其他方法很难或根本无法获得的。③执行元件测试：在发动机运转过程中或熄火状态下，通过故障诊断仪向各执行元件发出强制驱动或强制停止的指令，以查找出有故障的执行元件或控制电路。④基本设定：此项功能可以对汽车上的电控系统进行基本设定。⑤控制单元编码：控制单元编码没有显示或更换控制单元后，必须对控制单元进行编码。

（2）**诊断模式**：对电控系统故障的诊断主要采用两种不同的诊断模式。

1）静态诊断模式，简称KOEO诊断模式，即点火开关“开”、发动机不运转（key on engine off）。

2）动态诊断模式，简称KOER诊断模式，即点火开关“开”，发动机运转（key on engine run）。

（3）**注意事项**

1）在检查非电控系统部分的故障时，故障诊断仪并不是很有用。

2）故障诊断仪不能自己思考或进行故障诊断，因此最重要的是要了解检测系统的工作和测试程序，以正确理解故障诊断仪所提供的信息，还要注意的是在某些条件下，故障诊断仪可能会显示错误的信息，因为故障诊断仪显示的系列数据受电控单元的影响。

3）故障诊断仪在检查单独的输入和输出回路时，会判断回路或零件是否工作正常。

4）当汽车无法提供数据或数据无法读取时，即无故障码输出时，故障诊断仪就无法发挥作用。

5）故障诊断仪使用方法简单，但一定要按规定进行操作。

6）查找和排除故障时，要将故障诊断仪与维修手册结合起来

练习题

40.（　　）用于测量发动机无负荷功率及转速。

A. 汽车无负荷测功表

B. 气缸压力表

C. 发动机转速

D. 发动机分析仪

41. 汽油发动机不能启动的原因是（　　）。

A. 低压电路断路

B. 供油不足

C. 混合气过稀

D. 混合气过浓

42. 发动机相邻两高压分线插错，将会造成（　　）。

A. 动力不足

B. 启动困难

C. 不能启动

D. 运转不稳

理论知识

使用。

7）目前生产的汽车发动机控制单元中都有丰富的数据流存储调用功能，故障诊断仪最有用的功能之一就是它可以在路试中记录数据流读数，并可以重放以进行详细分析。

8.4 排放控制及检测

1. 汽车尾气的主要成分及其危害

（1）主要成分：据测定，从汽车尾气中分离出 100 多种物质，其中 80 多种为有害物质，主要成分包括：一氧化碳（CO）、碳氢化合物（HC）、氮氧化合物（NO_x）、烟尘微粒（含某些重金属化合物、铅化合物、黑烟及油雾）。

（2）危害

1）光化学烟雾：汽车尾气中的碳氢化合物和氮氧化合物在紫外光线的照射下会发生系列化学反应形成由臭氧、多种过氧化物和多种游离基所组成的光化学烟雾，其对人体的危害主要表现为刺激眼睛，引起红眼病；刺激鼻、咽喉、气管和肺部，引起慢性呼吸系统疾病。光化学烟雾还会使树木枯死、农作物大量减产；降低大气的能见度、妨碍交通。

2）一氧化碳（CO）：它可经呼吸道进入肺泡，被血液吸收，与血红蛋白结合，降低血液的载氧能力，削弱血液对人体组织的供氧量，导致组织缺氧，从而引起头痛等症状，严重者甚至会窒息死亡。

3）氮氧化合物（NO_x）：氮氧化合物进入肺泡后，能形成亚硝酸和硝酸，对肺组织产生剧烈的刺激作用，增加肺毛细管的通透性，可引发肺气肿。

4）碳氢化合物（HC）：碳氢化合物对人体健康有直接影响，会导致骨髓功能减弱，引起贫血症，还含有苯等致癌物质。如汽车尾气中所含的碳氢化合物中发现有 32 种多环芳烃，其中包括 3，4–苯并芘等致癌物质，当苯并芘在空气中的浓度达到 0.012 μg/m^3 时，患肺癌的人数会显著增加。

碳氢化合物对植物也会产生危害，例如乙炔在大气中的浓度达 0.58 mg/m^3 时，能使一些植物发育异常。

练习题

1. 汽车排放物中的（　　）不仅会使人的骨髓功能减弱，血小板减少，而且也是形成光化学烟雾的因素。

A. CO

B. HC

C. NO_x

D. 微粒

2.（　　）由臭氧和多种过氧化物及多种游离基组成。

A. CO

B. HC

C. NO_x

D. 光化学烟雾

3.（　　）与血液中的血红蛋白结合，形成碳氧血红蛋白，从而使这部分血红蛋白失去送氧的能力，使人体缺氧。

A. CO

B. HC

C. NO_x

D. 微粒

4. 排放控制系统用于减少废气中有害气体（　　）、HC 和 NO_x。

A. CO_2

B. H_2O

C. O_2

D. CO

理论知识

2. 尾气排放控制

（1）有害气体生成机理

有害气体排放的状态与发动机的燃烧直接相关，各种主要有害气体的生成机理分别是：

1）一氧化碳（CO）——混合气过浓或混合不均匀，导致燃料不完全燃烧或CO和HC在高温时解离生成CO_2和H_2O。

2）碳氢化合物（HC）——燃烧不完全、燃烧室内的缝隙效应、缸壁润滑油膜和积垢的吸附导致燃料不完全燃烧或未燃烧。

3）氮氧化合物（NO_x）——混合气燃烧过程中，氮气和氧气在高温条件下化合生成的，其生成的数量与燃烧温度、氧气的浓度等因素有关。燃烧温度对NO_x的生成影响很大，温度高于1 300 ℃时生成NO_x，随着温度升高，NO_x的生成量增加。

（2）控制措施：发动机控制尾气排放的主要措施有曲轴箱强制通风系统（PCV）、蒸发排放（EVAP）系统、三元催化转换（TWC）系统以及废气再循环（EGR）系统。

3. 曲轴箱强制通风（PCV）系统

（1）种类：曲轴箱通风系统有两种，一种是固定量孔式（自然通风），另一种是PCV阀式（强制通风）。

（2）工作原理：在一定负荷下将曲轴箱的废气通过固定量孔或可变流通截面的PCV阀导向进气歧管，再引入燃烧室参与燃烧，从而防止曲轴箱内气压过高，机油渗漏，避免将未燃气体（HC）直接排入大气中。

（3）检查内容：在PCV阀系统正确连接的情况下，断开PCV阀进气口，在量孔或PCV阀处应有真空的吸力，此时会吸进发动机室的热空气，注意CO和O_2读值。CO值应降低，O_2值应增加。若无变化，应清洗PCV系统，或按要求进行修理。当用手指堵住PCV阀进气口时，发动机的运转状态应有一定的变化，再读取此时的CO和O_2值。此时CO值应增加，O_2应降低，若读值与断开吸进空气时一样或稍有增加，则表示PCV阀系统未工作。对采用PCV阀的系统，堵住时还应听到阀被吸动的声音。另外还可使用真空表及系统诊断仪器中的数据来分析（如空气流量、歧管压力、发动机的负荷等参数）。

练习题

5. 排放控制系统包括PCV、（　　）、TWC以及EGR四个系统。

A. EVAP

B. TRC

C. VVTI

D. VTEC

6. 排放控制系统包括曲轴箱强制通风系统、蒸发排放系统、（　　）以及废气再循环系统。

A. 涡轮增压系统

B. 二次喷射系统

C. 三元催化转换系统

D. 高压共轨系统

7.（　　）的作用：防止曲轴箱内气压过高，机油渗漏，把渗入曲轴箱的蒸气引入气缸内燃烧，防止机油稀释。

A. 曲轴箱通风

B. 强制通风

C. 自然通风

D. 活性炭罐

8. 曲轴箱通风的方式分为（　　）和强制通风。

A. 自然通风

B. 增压通风

C. 机械通风

D. 辅助通风

9. 废气再循环（EGR）系统的作用是将一部分废气引入进气系统，与新鲜的燃油混合气混合，使混合气变稀，从而降低燃烧速度，燃烧温度下降，从而有效地减少（　　）的生成。

A. C

B. O_2

C. CO_2

D. NO_x

10. 电子控制式EGR可分为普通型电子EGR，可变EGR、带压力反馈电子PFE传感器的EGR、（　　）和带EGR位置传感器的控制系统。

A. 机械控制式EGR

理论知识

4. 废气再循环（EGR）系统

（1）作用：EGR 能冲淡和稀释进入缸内的混合气，降低燃烧室的温度，减小火焰传播速度，在 40～50 km/h 车速稳定行驶时，5% 的 EGR 率可减少 40% 以上的 NO_x，10% 的 EGR 率可减少 80% 的 NO_x，但若控制不当，随着 EGR 的增加，HC 也会迅速增加。

（2）分类：废气再循环（EGR）系统有很多种形式和控制方式。

1）根据系统执行器（EGR 阀）的动作控制形式，可以分为机械控制式 EGR 和电子控制式 EGR；其中电子控制式 EGR 又可分为普通型电子 EGR、可变 EGR、带压力反馈电子 PFE 传感器的 EGR、带压差反馈电子 DPFE 传感器的 EGR 和带 EGR 位置传感器的控制系统。

2）根据 EGR 阀的控制对象，即系统控制的方式，可以分为直接控制式 EGR 和间接控制式 EGR。

3）根据 EGR 中阀的个数可以分为单阀控制式和多阀控制式。

4）根据 EGR 的控制结构，可以分为开环控制式 EGR 和闭环控制式 EGR。

（3）EGR 率：再循环的废气量与吸入气缸的进气总量之比。EGR 率的合理控制对氮氧化物的净化效果和整机排放极其重要，进行标定试验时需要一种方法量化 EGR 率，以评判废气再循环对发动机性能的影响。传统机械式 EGR 为开环控制，EGR 率较低（小于 15%）；闭环控制的电子式系统的 EGR 率较高（最高可达 30%），闭环控制式 EGR 的 EGR 率可通过发动机进气腔装置传感器、EGR 废气温度传感器、废气再循环阀的开度传感器等反馈装置的信号进行精确控制。

（4）电控式 EGR 系统的组成：如图 1–8–30 所示，电控式 EGR 系统包括进气流量传感器、发动机转速传感器、节气门位置传感器、冷却液温度传感器、EGR 阀位置传感器、进气压力传感器、EGR 温度传感器、EGR 阀等。

（5）EGR 的控制策略：增加 EGR 率可以使 NO_x 排量降低，但同时会让 HC 的排量和燃油消耗量增加，因此在各种工况采用的 EGR 率必须对动力性、经济性和排放性能进行综合考虑。

1）冷车、怠速和低负荷时，NO_x 排放浓度低，为了保证稳定燃烧，不进行 EGR。

2）只有热态下进行 EGR。发动机温度低时，NO_x 排放浓度也

练习题

B. 真空式 EGR

C. 带压差反馈电子 DPFE 传感器的 EGR

D. 不带压差反馈电子 DPFE 传感器的 EGR

11. 发动机废气再循环系统的 EGR 率，可通过反馈装置进行精确控制，其反馈元件包括发动机进气腔装置传感器、（　　）、废气再循环阀的开度传感器等。

A. 发动机转速传感器

B. EGR 废气温度传感器

C. 发动机排气温度传感器

D. 进气温度传感器

12. 关于废气再循环（EGR）系统，下列说法中不正确的是（　　）。

A. 传统机械式废气再循环的 EGR 率可达 20%

B. 分为传统机械式废气再循环的 EGR 与内 EGR 两类型

C. 利用发动机可变气门系统可实现无外部专用装置的 EGR 循环

D. 排气背压式 EGR，只能对废气再循环阀门的运作起修正作用

理论知识

较低，为了保证正常燃烧，冷机时不进行 EGR。

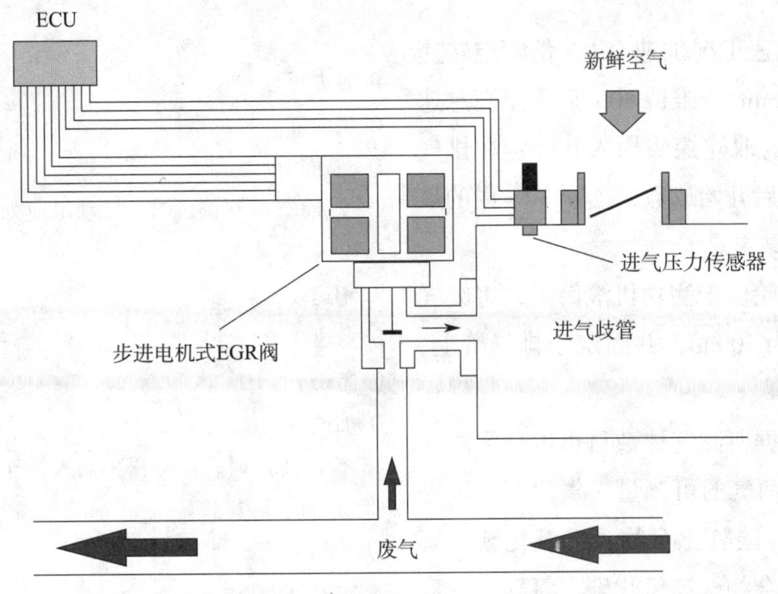

图 1-8-30　电控式 EGR 系统组成

3）大负荷、高速时，为了保证发动机有较好的动力性，此时混合气较浓，NO_x 排放生成物较少，可不进行 EGR 或减少 EGR 率。

4）部分负荷：随着负荷增加 EGR 率允许值也增加。

5. 三元催化转换（TWC）系统

（1）作用：用三元催化转换系统可降低所排废气中的三种主要污染物［碳氢化合物（HC）、一氧化碳（CO）和氮氧化合物（NO_x）］约 90%。但只有当空燃比在 14.7 的狭窄范围内时，才能进行完全催化反应，这就要求氧传感器的工作必须正常。部分车型（如三菱欧蓝德）还有一个预热三元催化转换系统，能降低发动机预热期间 HC、CO 和 NO_x 的排放量。

（2）工作原理：当含有 CO 和 HC 的废气通过三元催化转换器时，铂催化剂便触发氧化（燃烧）过程，HC 和 CO 与转换器中的氧结合生成水蒸气和二氧化碳，氧化过程对 NO_x 排放没有影响。

为了减少 NO_x 的含量，需要进行“还原”反应。还原反应的目的是去掉物质中的氧原子。在三元催化转换系统中，铑被用作催化剂，将 NO_x 分解为氮和氧，当温度为 250 ℃左右时，污染物便会发生有效的转化。

（3）结构：三元催化转换系统由金属外壳、陶瓷格栅基底和大约 2 g 的铑、铂涂层（作为催化剂）组成。

练习题

13. 个别车型在三元催化转换系统前的排气管内还有一个预热三元催化转换器，其作用是降低发动机预热期间的（　　）、CO 和 NO_x 排放量。

A. H_2O

B. HC

C. NC

D. NO

理论知识

6. 汽油车废气检测

（1）双怠速试验法：发动机由怠速工况加速至0.7倍额定转速（大部分汽车最大额定转速为5 000 r/min），维持60 s后降至高怠速（0.3倍的额定转速），将废气分析仪的取样探头插入并固定在排气管中。发动机在高怠速状态维持15 s后开始读数，读取30 s内的最高值与最低值，其平均值为怠速排放结果。

（2）加速模拟工况法：车辆驱动轮位于测功机滚筒上，将废气分析仪取样探头插入排气管中深度为40 cm，并固定于排气管上，对独立工作的多排气管应同时取样。

（3）检测设备：废气分析仪，根据所测气体数目可以分为两气废气分析仪和四/五气废气分析仪，两气的可测量一氧化碳和碳氢化合物；四气的可以测量一氧化碳、碳氢化合物、二氧化碳、氧气；五气的可测量一氧化碳、碳氢化合物、二氧化碳、氧气、一氧化氮。其中五气分析仪还可检验发动机的故障情况。

（4）注意事项

1）经常检查过滤组件，发现烟嘴过滤器潮湿变黑时，应及时更换。

2）使用前要进行泄漏检查和残余的碳氢化合物测试。

3）安装取样探头时，插入排气管深度应不小于30 cm。

4）测量完毕时，用干燥的压缩空气吹洗探头、取样管，以免脏物堵塞气路。

7. 柴油车废气检测

（1）检测仪器：烟度计。

（2）检测方法：1）装探头。测量柴油车的排气烟度，将取样管的取样探头用夹持器紧固在汽车排气管内，并使其中心线与排气管轴线平行，如图1-8-31所示。

2）预热发动机。测量前由怠速工况将加速踏板急速踏到底，约4 s迅即松开，如此重复三次，然后开始测量。

3）自由加速工况法测量。测量时，将加速踏板与脚踏开关一并迅速踏到底，至4 s时迅即松开加速踏板和脚踏开关，待“复位”指示灯亮后，将抽气泵活塞压下（复位），就会自动完成走纸和清洗工作，此时即可从数显上读取测量值。

练习题

14. 检测排放前，应调整好汽油发动机的（　　）。

A. 怠速

B. 点火正时

C. 供油量

D. 怠速和点火正时

15. 汽油车检测排放时，发动机应处于（　　）状态。

A. 中速

B. 低速

C. 怠速

D. 加速

16. 检测排放时，取样探头插入排气管的深度不小于（　　）mm，否则排气管应加长。

A. 200

B. 250

C. 300

D. 350

17. 检测汽油车废气时，应清除取样探头上残留的（　　），以保证检测的准确性。

A. CO

B. HC

C. CO和HC

D. NO

理论知识　　练习题

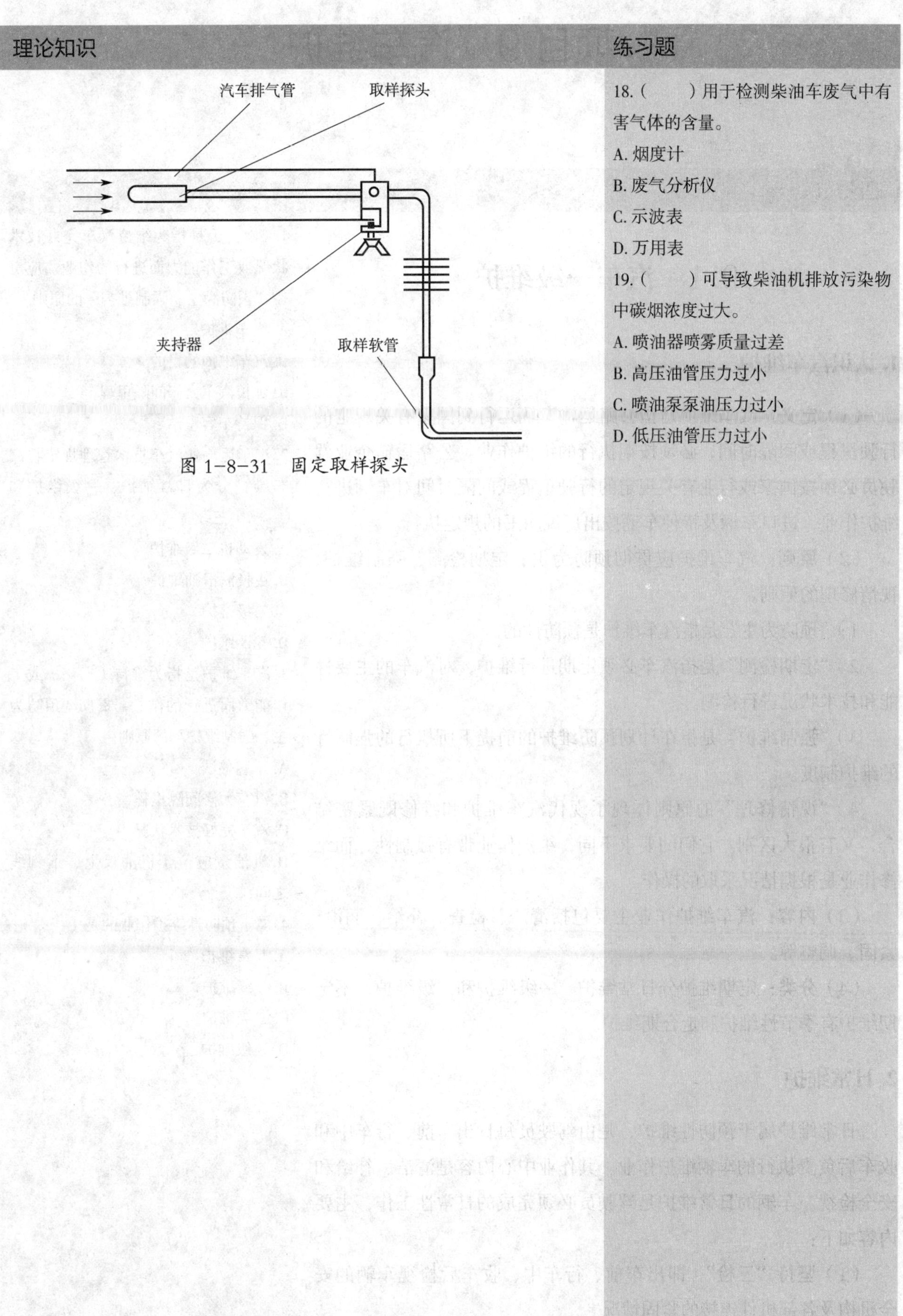

图 1-8-31　固定取样探头

18.（　　）用于检测柴油车废气中有害气体的含量。

A. 烟度计

B. 废气分析仪

C. 示波表

D. 万用表

19.（　　）可导致柴油机排放污染物中碳烟浓度过大。

A. 喷油器喷雾质量过差

B. 高压油管压力过小

C. 喷油泵泵油压力过小

D. 低压油管压力过小

项目 9 汽车维护

理论知识

9.1 汽车一级维护

1. 认识汽车维护

（1）定义： 汽车维护是指公路运输车辆运行到国家有关规定的行驶里程或间隔时间，必须按期执行的维护作业。公路运输企业驾驶员必须按国家或行业有关规定的行驶里程或间隔时间对车辆进行维护作业，进口车辆及特种车辆按出厂说明书的规定执行。

（2）原则： 汽车维护应贯彻预防为主、定期检测、强制维护、视情修理的原则。

1）“预防为主”是指汽车维护是预防性的。

2）“定期检测”是指汽车必须定期进行维护，对汽车的主要性能和技术状况进行检测。

3）“强制维护”是指在计划预防维护的前提下所执行的强制性的维护制度。

4）“视情修理”的原则体现了现代汽车维护和维修既紧密结合，又有很大区别。它们的要求不同，维护作业带有强制性，而维修作业是根据情况采取的操作。

（3）内容： 汽车维护作业主要包括清洁、检查、补给、润滑、紧固、调整等。

（4）分类： 定期维护分日常维护、一级维护和二级维护；不定期维护有季节性维护和走合期维护。

2. 日常维护

日常维护属于预防性维护，是由驾驶员每日出车前、行车中和收车后负责执行的车辆维护作业。其作业中心内容是清洁、补给和安全检视。车辆的日常维护是驾驶员必须完成的日常性工作，主要内容如下：

（1）坚持“三检”： 即出车前、行车中、收车后检视车辆的安全机构及各部机件连接的紧固情况。

练习题

1.（　　）是指为维持汽车完好技术状况或工作能力而进行的作业，应贯彻“预防为主、强制维护”的原则。

A. 汽车维护

B. 汽车维护的目的

C. 延长汽车大修间隔里程

D. 保持车容整洁

2. 汽车运输业汽车技术管理规定将汽车维护分为日常维护、一级维护和（　　）三级。

A. 发动机二级维护

B. 更换润滑油维护

C. 二级维护

D. 轮胎维护

3. 汽车维护是指为维持（　　）或工作能力而进行的作业，贯彻“预防为主、强制维护”的原则。

A. 车容整洁

B. 汽车大修间隔里程

C. 汽车完好技术状况

D. 机油量应位于机油尺上、下刻线之间

4. 属于预防性维护作业的是（　　）。

A. 日常维护

B. 一级维护

C. 二级维护

D. 三级维护

理论知识

（2）**保持“四清”**：即保持机油、空气、燃油滤清器和蓄电池的清洁。

（3）**防止“四漏”**：即防止漏水、漏油、漏气、漏电。

（4）**保持车容整洁**。

3. 一级维护概述

（1）**作业内容**：一级维护是除日常维护作业外，以清洁、润滑、紧固为主，并检查有关制动、操纵等安全部件，主要由维修企业负责执行的车辆维护作业。

1）清洁作业的工作内容主要包括对燃油、机油和空气滤清器滤芯进行清洁，对汽车的外表进行清洁养护以及对有关总成、零部件内外部而进行的清洁。

2）润滑作业的工作内容包括按照汽车的润滑图表和规定周期，用规定牌号的润滑油或润滑脂进行润滑；各油嘴、油杯和通气塞必须配齐，并保持畅通；发动机、变速器、转向器和驱动桥等应按规定补充更换润滑油。

3）紧固作业是为了使汽车各部分机件连接可靠，防止机件松动。维护作业常用规格为 0 ~ 300 N · m 的扭力扳手。

（2）**维护周期**：一级维护的周期为 2 000 ~ 3 000 km，或根据车型要求而定。

（3）**工艺流程**：如图 1-9-1 所示。

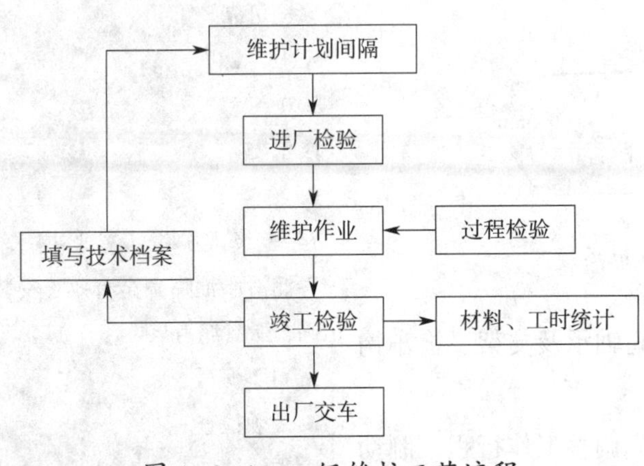

图 1-9-1　一级维护工艺流程

4. 发动机部分一级维护

（1）启动发动机，倾听发动机在怠速、中速和高速运转时有无杂声或异响。

练习题

5. 汽车维护中常用扭力扳手的规格是（　　）N · m。

A. 0 ~ 300

B. 0 ~ 500

C. 0 ~ 1 000

D. 0 ~ 2 000

6.（　　）由维修企业进行，以清洁、紧固、润滑为中心内容。

A. 日常维护

B. 一级维护

C. 二级维护

D. 三级维护

7. 一级维护的周期为（　　）km。

A. 500 ~ 1 000

B. 1 000 ~ 2 000

C. 2 000 ~ 3 000

D. 3 000 ~ 4 000

8. 一级维护工艺流程包括进厂、（　　）、竣工检验、出厂等。

A. 更换机油

B. 更换冷却液

C. 维护作业

D. 做预算

9. 发动机一级维护作业的内容主要有更换发动机机油和（　　）、补充冷却液、维护或更换空气滤清器滤芯、清洁火花塞、维护燃料系统、维护点火系统等。

A. 机油滤清器

B. 制动液

C. 冷却液

D. 高压线

理论知识

（2）检查风扇皮带的松紧度，并进行调整。

（3）检查、清洗化油器、燃油泵、燃油滤清器、空气滤清器（视需要更换机油）。

（4）检查机油的多少和质量，清洁机油粗、细滤清器及滤芯，放出滤清器中的沉淀物，检查润滑系（接头）有无漏油现象，紧固油底壳螺栓。

（5）检查气缸盖，进、排气歧管及消声器的连接紧固情况，检查并紧固发动机固定螺栓、螺母及飞轮壳螺栓。

（6）检查空气压缩机的固定情况，管道有无漏油、漏气，排除储气筒内的油水及污物。

（7）检查散热器、水泵固定情况，水管有无渗漏、百叶窗的效能及水泵轴加润滑脂的情况。定期更换冷却液，普通冷却液每两年更换一次，长效防锈防冻液每三年更换一次。

5. 底盘传动系统一级维护

（1）检查离合器效能及底盖螺栓，离合器踏板自由行程应为 30 ~ 40 mm（一般为离合器自由间隙的 10 倍），踏板轴加润滑脂。

（2）检查变速器紧固情况，检查油面高度及有无漏油现象，如图 1–9–2 所示，油面应不低于检视口下沿 5 mm，根据需要添加齿轮油。

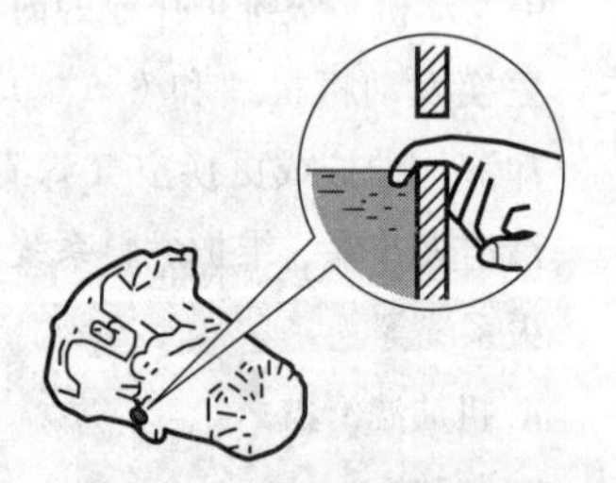

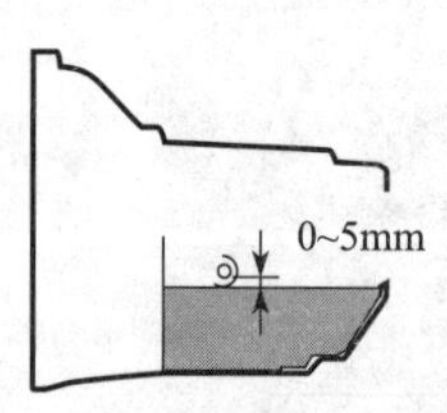

图 1–9–2　检查手动变速器油面高度

（3）检查万向节、传动轴、伸缩套、中间轴承及支架、拖车钩等紧固及润滑情况。

（4）检查手制动器的工作情况，必要时应调整工作行程，制动蹄销加注润滑脂。

（5）检查主减速器壳有无漏油现象，检查油面，必要时加齿轮油。

练习题

10. 更换发动机冷却液时间要求是长效防锈防冻液每（　　）更换一次。

A. 6 个月

B. 两年

C. 一年

D. 三年

11. 按时更换发动机冷却液，（　　）应每两年更换一次。

A. 长效防锈防冻液

B. 水

C. 普通冷却液

D. 甘油型冷却液

12. 一级维护竣工检验技术要求中，发动机前后悬架、进排气歧管、散热器、轮胎、传动轴、车身、附件支架等外露件螺母（　　）。

A. 须齐全、紧固、无裂纹

B. 须齐全、紧固、有裂纹

C. 须大多数齐全、紧固、无裂纹即可

D. 无须检查

13. 一级维护竣工检验技术要求中，转向器、变速器、驱动桥的润滑油面，应在检视口下沿（　　）mm 处，通风孔应畅通，变速器、减速器螺母紧固可靠。

A. 15 ~ 25

B. 0 ~ 25

C. 0 ~ 5

D. 20

14. 一级维护竣工检验技术要求中，各润滑脂油嘴齐全有效，安装位置正确，所有润滑点（　　）。

A. 可不润滑

B. 无须检查

C. 须清洁

D. 均已润滑，无遗漏

理论知识

6. 前桥部分一级维护

（1）检查前制动鼓有无漏油现象，检查并调整前轮毂轴承的松紧度，检查转向节和主销工作情况，并加注润滑脂，紧固轮胎螺栓、螺母。

（2）检查转向器，车辆处于水平状态时，转向器油面应不低于检视口下沿 15 mm，如液面过低应加注润滑油，检查、调整转向盘的转动量和游隙；检查转向臂、转向拉杆、制动操纵机构等是否工作可靠，锁销是否齐全有效，转向杆球头、转向传动十字轴承、传动轴十字轴承有无松旷。

（3）检查减振器固定情况，钢板弹簧有无折断，并对钢板销加注润滑脂，检查骑马螺栓与螺母的紧固情况。

（4）紧固前保险杠、翼板、发动机罩、脚踏板、驾驶室螺栓及螺母，检查制动器室连接情况并紧固螺栓、螺母，对制动凸轮轴加注润滑脂。

（5）检查前轴（工字梁）有无弯曲、断裂现象，检查和调整前束。

7. 后桥部分一级维护

（1）检查后制动鼓有无漏油现象，检查调整后轮毂轴承松紧度，检查轴距，检查紧固半轴凸缘螺栓、螺母，检查轮胎螺栓、螺母，检查制动室螺栓、螺母，对制动凸轮轴加润滑脂。

（2）检查钢板弹簧有无折断，吊耳是否良好，对钢板销加注润滑脂，检查骑马螺栓、螺母的紧固情况。

（3）检查紧固油箱架螺栓、螺母，检查挡泥板螺栓、螺母等。

（4）检查紧固备胎架、工具箱。

8. 轮胎部分一级维护

（1）检查轮胎磨损程度，检查轮胎花纹及花纹深度，如图 1-9-3 所示。如有不正常磨损或起鼓、变形等现象，应查找原因，并予以排除。

（2）检查轮胎气压（包括备胎）情况，按标准充足气压并配齐胎嘴帽。

（3）紧固轮胎螺母，检查轮胎螺栓拧紧力矩，检查气门嘴是否漏气、气门帽是否齐全，如发现损坏或缺少应立即修理或补齐。

练习题

15. 一级维护竣工检验技术要求中，转向臂、转向拉杆、制动操纵机构工作可靠，锁销（ ），转向杆球头、转向传动十字轴承、传动轴十字轴承（ ）。

A. 可有可无　间隙可大些

B. 齐全有效　无松旷

C. 无须检查　坚固

D. 坚固　无裂纹

16. 属于汽车底盘一级维护作业内容的是（ ）。

A. 转向角检查

B. 变速器滑润油质量

C. 检查备胎

D. 检查减振器性能

17. 紧固，润滑（ ）球头销是汽车底盘一级维护作业内容。

A. 前桥

B. 后桥

C. 传动轴

D. 支架

18. 汽车转向器一级维护的内容主要有检查转向器，转向传动机构的工作状态和（ ），并校紧各螺栓。

A. 转向横拉杆

B. 转向传动轴

C. 密封性

D. 转向盘

理论知识

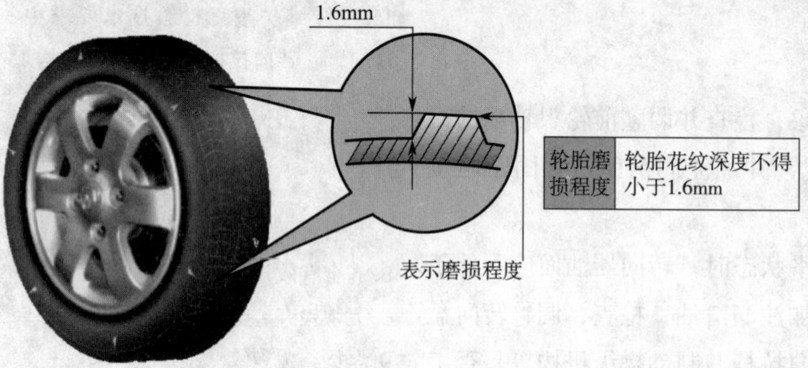

图 1-9-3　轮胎花纹深度检查

（4）挖出夹石和花纹中的石子、杂物，如有较深伤洞应用生胶填塞。

（5）如需检查外胎内部，应将轮胎拆卸解体，如有损伤应及时修补。

9. 电气设备

（1）检查蓄电池电解液液面，液面应高出极板 10 ~ 15 mm，不足时一般应补充蒸馏水，冬季加水后须充电，以防冻结；清除蓄电池电柱头及表头氧化物，并在电柱头涂凡士林，以防腐蚀；检查通风孔是否畅通，接头是否牢靠。

（2）检查喇叭、指示灯、制动灯、转向灯、前照灯等照明设备，以及电气仪表的工作状况。

（3）检查发动机、起动机的工作状况是否良好，并润滑轴承。

10. 短途试车

目的是检查维护效果。试车中，发动机、底盘应运行正常，无异响，各操纵部位应符合技术要求，转向、制动系统应灵敏可靠，各部位应紧固无松动。试车后，各部位应无漏水、漏油、漏气和漏电现象。

练习题

19. 电气设备在进行（　　）维护时，要求灯光、喇叭、仪表应齐全完好，工作正常。
A. 一级
B. 出车前
C. 特殊
D. 日常

20. 清除蓄电池电柱头及夹头氧化物是电气设备的（　　）的作业内容。
A. 一级维护
B. 二级维护
C. 特殊维护
D. 大修

21. 电气设备一级维护作业内容包括检查蓄电池液面高度，一般补充（　　）。
A. 蒸馏水
B. 水
C. 硫酸
D. 盐酸

22. 电气设备在进行一级维护时，要求蓄电池电解液液面（　　）极板 10 ~ 15 mm。
A. 低于
B. 高于
C. 等于
D. 有时低于

23. 检查灯光、仪表、信号装置是电气设备（　　）维护的作业内容。
A. 一级
B. 二级
C. 三级
D. 日常

9.2　汽车二级维护

1. 二级维护概述

（1）作业内容：二级维护要由专业维修企业负责执行，除一级维护所包括的工作外，主要以检查、调整为中心工作内容。

1.（　　）由维修企业进行，以检查、调整为中心内容。
A. 日常维护
B. 一级维护
C. 二级维护
D. 三级维护

理论知识

1）检查作业的工作内容是检查汽车各总成和机件是否齐全，连接是否紧固；是否存在漏水、漏油、漏气和漏电等现象。检查时应利用汽车上的指示仪表、报警装置以及其他随车诊断装置，检查各总成、机构和仪表的技术状况；对影响汽车安全行驶的转向、制动和灯光等工作情况应加强检查。对汽车各总成进行拆检、装配、调整时应检查各主要部件的配合间隙。在检查时应拆检轮胎，进行轮胎换位。

2）调整作业的内容主要是按技术要求调整相关机件，以达到恢复总成、机件的正常配合间隙及良好工作性能等目的。

二级维护是在汽车行驶更长一定里程后强制进行的，二级维护前应进行汽车检测诊断和技术评定，汽车在经过一段较长时间的使用后，必须进行全面的检查和调整，以保证安全性能、动力性能和经济性能达到使用要求。

（2）维护周期：二级维护周期依据各地条件不同在 10 000 ~ 15 000 km 范围内选定，或者时间间隔为 60 ~ 90 天。

（3）工艺流程：如图 1–9–4 所示。

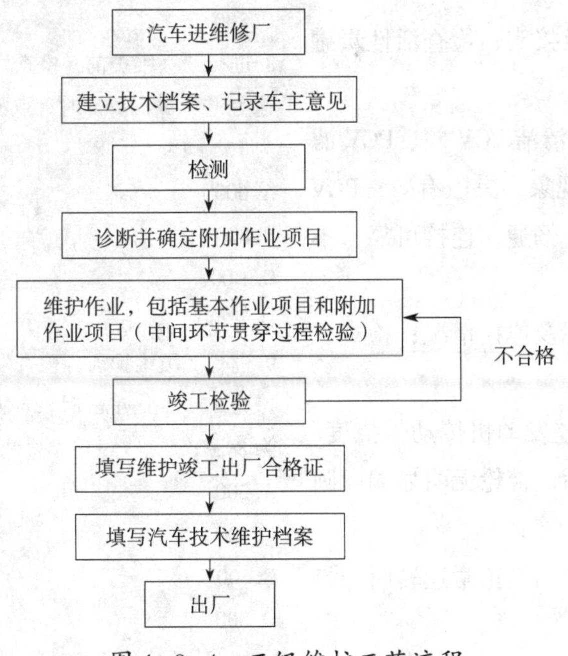

图 1–9–4　二级维护工艺流程

2. 发动机部分二级维护

（1）更换机油、机油滤清器，检查机油压力及报警装置。

（2）检查空气滤清器，检查冷却液预热加热导管和热敏开关

练习题

2. 汽车进行二级维护时，依据检测结果及汽车实际技术情况进行故障诊断，从而确定（　　），附加作业项目确定后与基本作业项目一并进行二级维护作业。

A. 技术状况

B. 工时内容

C. 检验内容

D. 附加作业项目

3. 二级维护的间隔周期为行驶里程（　　）km。

A. 5 000 ~ 10 000

B. 10 000 ~ 15 000

C. 20 000 ~ 30 000

D. 30 000 ~ 40 000

4. 属于二级维护作业内容的是（　　）。

A. 拆检清洗机油盘、集滤器、检查曲轴轴承松紧度、校正曲轴轴承螺栓、螺母

B. 更换气门油封

C. 更换曲轴前后油封

D. 检查和更换节温器

理论知识

（JV 型发动机）；检查进气歧管电加热器电气线路和热敏开关（JV 型发动机）。操作要领及技术要求如下：

1）空气滤清器清洁，密封良好，安装可靠。在一般道路情况下，汽车行驶 7 500 ~ 8 000 km 必须对空气滤清器进行清洁维护，在沙尘较大的地区维护的间隔应相应缩短。

2）恒温进气装置的温控开关真空软管无破损，连接可靠。冷热空气转换开关工作灵敏、准确。

3）加热导管无老化、破损，连接可靠。当冷却液温度 <60 ℃时，进气歧管电加热器开始工作；当冷却液温度 > 70 ℃时停止工作。

（3）检查喷油器的作用，检查喷油器喷油压力，检查怠速及排放，每运行 60 000 km 清洗喷油器。技术要求：

1）喷油器清洁，动作灵敏，无滴油、漏油现象，喷油压力标准值为 280 ~ 320 kPa。

2）在热机、点火正时准确，PCV 阀取下并堵住时调整怠速；要求怠速平稳，加速良好，怠速值为（900 ± 50）r/min，排放符合国家标准。

（4）检查燃油蒸发控制装置，检查软管及接头，检查活性炭罐电磁阀动作情况。

（5）检查曲轴箱强制通风（PCV）装置。清洁 PCV 阀、PCV 滤清器、通气软管。要求各阀门无堵塞、卡滞现象，灵敏有效；PCV 滤清器清洁、工作正常；通风系统管路清洁、畅通，连接可靠，不漏气。

（6）检查三元催化转化器、氧传感器外观及连接情况；检查三元催化转化器内部是否破损、堵塞。

（7）检查发动机传动带及带轮外观，调整发动机传动带挠度。要求传动带应无龟裂和过量磨损，表面无油污，带轮无明显端面圆跳动，轮槽无明显磨损，运转无异响。

（8）检查配气机构液压挺杆工作状况，发动机正常运转时，挺柱处不应有异响。

（9）检查散热器、膨胀水箱、箱盖压力阀及水管，检查冷却液品质及液面高度，检查水泵，检查节温器工作状况，检查冷却风扇工作状况。要求节温器工作灵敏、准确，在（87 ± 2）℃开启，冷却液温度表指示正常（系统正常工作温度为 90 ~ 105 ℃）；冷却风扇运转平稳，高、低挡转速有明显变化，无异响；热敏开关工作灵

练习题

5. 不属于发动机二级维护内容的是（　）。

A. 按规定次序和扭矩校紧缸盖螺栓

B. 检查发动机支架连接及损坏情况

C. 更换气门油封

D. 检查、紧固、调整散热器及百叶窗

6. 进行二级维护前，检查发动机的转速为（　　）r/min 时，单缸发动机断火的转速下降应不低于 90 r/min。

A. 600

B. 800

C. 1 000

D. 1 200

7. 进行二级维护前，检查发动机的转速为（　　）r/min 时，点火电压应为 8 ~ 10 kV。

A. 200

B. 400

C. 600

D. 800

8. 进行二级维护前，检查发动机的转速为（　　）r/min 时，点火提前角应为 13° ± 1°。

A. 600

B. 800

C. 1 000

D. 1 200

9. 进行二级维护前，检查发动机的转速为（　　）r/min 时，点火提前角应为 8° ± 1°。

A. 200

B. 400

C. 600

D. 800

理论知识	练习题

敏、准确，低速挡在 95 ℃开启，高速挡在 105 ℃开启。

（10）清洁分电器，检查分电器各电极，检查分电器高压线及电阻，检查分电器轴与壳配合状况并润滑，检查霍尔信号发生器转子并检查转子叶轮间隙，检查分电器重叠角应不大于 9°，闭合角应为 30° ~ 36°，点火提前角在发动机转速 800 r/min 时应为 8° ± 1°，1 200 r/min 时应为 13° ± 1°。

（11）检查高压部分。清洁、检查或更换火花塞；调整火花塞电极间隙，JV、AFE 型发动机电极间隙为 0.7 ~ 0.8 mm；AJR 型发动机电极间隙为 0.9 ~ 1.1 mm；检查点火电压，800 r/min 时，点火电压应为 8 ~ 10 kV，在 1 200 r/min 时，单缸断火的转速下降应不低于 90 r/min。

（12）检查、紧固进、排气歧管及消声器。进、排气歧管和消声器各部完好，无裂纹，无漏气，消声器性能良好；胶垫齐全；进、排气歧管螺母拧紧力矩为 24 N · m。

（13）检查、紧固发动机支架。发动机支架无变形和裂纹，支架胶垫无老化、开裂，支架螺栓连接牢固，拧紧力矩为 70 N · m。

3. 底盘部分二级维护

（1）检查、调整离合器踏板自由行程；检查离合器的工作状况，要求离合器接合平稳，不打滑，无异响，分离彻底，回位灵活，离合器片厚度应符合规定。

（2）检查手动变速器及差速器密封状况，紧固各部螺栓；检查变速器齿轮油油面高度及油质；清洁通气孔塞；检查、润滑变速器换挡操纵机构，要求换挡机构操纵灵活、轻便，作用正常，无异响、跳动、乱挡现象。

（3）检查自动变速器油油面高度及油质，自动变速器油油面应在油尺 FULL 标记处；检查自动变速器油冷却器密封性；检查各传感器，测试主油路压力；检查操纵机构，要求换挡机构操纵灵活、轻便，无异响、跳动、乱挡现象。

（4）检查驱动轴防尘罩情况，检查驱动轴内外万向节。操作要领及技术要求：

1）防尘罩不得有裂纹、损坏，卡箍可靠。

2）安装新防尘罩时不得使防尘罩内产生真空。

3）万向节不松旷，无卡滞，无异响。

（5）检查转向器、液压助力泵、储液罐等部件的密封性。检查

10. 进行二级维护前，检查发动机的转速为 1 200 r/min 时，单缸发动机断火的转速下降应不低于（　　）r/min。

A. 30

B. 50

C. 70

D. 90

11. 进行二级维护前，检查发动机的转速为 1 200 r/min 时，点火提前角应为（　　）± 1°。

A. 9°

B. 11°

C. 13°

D. 15°

12. 进行二级维护前，检查发动机的转速为 800 r/min 时，点火电压应为（　　）kV。

A. 2 ~ 4

B. 4 ~ 6

C. 6 ~ 8

D. 8 ~ 10

13. 进行二级维护前，检查发动机的转速为 800 r/min 时，点火提前角应为（　　）。

A. 3°

B. 5°

C. 8° ± 1°

D. 9°

14. 进行二级维护前，检查分电器的触点闭合角应为（　　）。

A. 30° ~ 36°

B. 36° ~ 42°

C. 42° ~ 48°

D. 48° ~ 54°

理论知识

液压助力泵油质及油面高度，检查转向器，检查液压助力泵工作状况。

（6）检查转向传动机构的工作状况，校紧各部螺栓；检查转向盘自由转动量；检查车轮定位，调整前束或校正、更换有关部件；检查、调整前轮转向角。

（7）拆卸、清洁前轮制动器各零部件；检查各件磨损情况；装复并润滑制动器总成，调整轮毂间隙。技术要求如下：

1）制动盘表面不得有裂纹、沟槽，制动盘厚度不逾限：LX 系列为 10 mm，2000 系列为 17.8 mm；端面圆跳动量（外缘最大处）<0.05 mm。

2）制动摩擦块表面无油污，无裂损，厚度极限值为 2.5 mm。

3）制动钳固定螺栓拧紧力矩为 70 N · m。

4）制动轮缸密封良好，回位自如。

5）轮毂转动灵活，无异响；轴向间隙 <0.1 mm。

（8）拆卸、清洁后轮制动器各零部件；检查各件磨损情况；装复并润滑制动器总成，调整轮毂间隙。技术要求如下：

1）制动鼓表面无油污，不得有裂纹、沟槽；制动鼓直径方向的磨损量 <1 mm，圆度误差 <0.10 mm。

2）制动摩擦片表面无油污，无裂损，磨损极限值 <2.5 mm。

3）轮毂转动灵活，无异响；轴向间隙 <0.1 mm。

（9）检查制动操纵系统。检查制动液品质、液面高度及制动液面指示灯开关。检查制动管路及接头，检查制动主缸和真空助力器工作状况，排除系统内空气。检查踏板自由行程。

（10）检查驻车制动器拉索及锁止状况；检查驻车制动器自由行程；检查驻车制动灯开关。

（11）检查悬架。检查减振器密封及连接状况，检查摆臂与球头，检查减振弹簧，紧固各部螺栓。技术要求如下：

1）减振器不漏油，上部连接支套无凸起、开裂，紧固可靠，减振作用良好。

2）当上下晃动前悬架时，摆臂球头与制动器底板间的距离变化 <0.8 mm，下摆臂衬套完好，配合无松动。

3）减振弹簧无损伤，定位可靠。

4）各部件无变形、开裂，连接可靠，拧紧力矩如下：前悬架下摆臂与车架连接自锁螺母 60 N · m；减振器与车身连接自锁螺母 60 N · m；后悬架下摆臂与车架连接自锁螺母 70 N · m；减振器与

练习题

15. 进行二级维护前检测轿车，轮胎气压应符合规定，前轮 180 kPa，后轮 190 kPa；车轮动不平衡量为（　　）。

A. 0

B. 2

C. 3

D. 4

16. 属于汽车底盘二级维护作业内容的是（　　）。

A. 检查曲轴磨损

B. 检查变速器齿轮

C. 检查离合器片厚度

D. 检查调整气门间隙

17. 不属于汽车底盘二级维护作业内容的是（　　）。

A. 检查离合器片

B. 检查转向器

C. 检查离合器自由行程

D. 检查补足轮胎气压

18. 二级维护前检测轿车，轮胎的气压要符合规定，前轮是（　　）kPa，后轮是 190 kPa；车轮动不平衡量为零。

A. 180

B. 260

C. 300

D. 400

19. 二级维护检测轮胎，应无异常磨损，轮胎胎冠花纹深度应大于（　　）mm。

A. 1.2

B. 1.6

C. 1.8

D. 2

理论知识

车身连接自锁螺母 35 N·m。

（12）检查轮胎，清洁检查轮辋及轮胎胎面，进行轮胎换位，检查补充轮胎气压，进行车轮动平衡。技术要求如下：

1）轮辋无变形和裂纹。

2）车轮清洁，胎面无气鼓、裂伤、老化、变形或扎钉，胎面花纹深度 >1.6 mm（不露出花纹磨损指示凸台），气门嘴完好。

3）轮胎气压标准（空载）：

前轮 220 kPa；后轮 230 kPa；备胎 230 kPa。

4）两前轮转动无明显偏摆，动不平衡量为 0（质量 <5 g）。

5）轮胎的装用符合要求，轮胎螺栓拧紧力矩为 110 N·m。

4. 电气设备部分二级维护

（1）清洁蓄电池表面和极桩、通气孔，在接线头上涂润滑脂；检查电解液液面高度；测量端电压，补充充电。

（2）检查发电机运转情况及调节器工作情况；测量发电机输出电压，发电机转速为 1 000 r/min 时（用电器全负荷）输出电压应 >12.5 V。检查电刷，要求与滑环接触面积大于 75%，且滑环表面光滑。清除发电机滑环表面油污，清洗检查轴承，填充润滑脂，检查二极管。

（3）检查起动机外观，紧固连接螺栓；清洁起动机换向器，清洗检查轴承，填充润滑脂；检查起动机工作状况。技术要求如下：

1）起动机外壳、整流子端盖无裂损、变形，与发动机连接紧固。

2）起动机电磁开关工作灵敏、可靠，无异响。

（4）检查照明设备、仪表、信号装置、喇叭、刮水器、洗涤装置、全车电气线路各部件是否齐全，工作是否正常。

练习题

20. 二级维护前，检测分电器重叠角，国家标准规定分电器重叠角应不大于（　　）。

A. 3°

B. 5°

C. 7°

D. 9°

21. 发电机二级维护作业中要求电刷与滑环的接触面积（　　），且滑环表面光滑。

A. 小于 75%

B. 大于 75%

C. 小于 70%

D. 大于 70%

22. 电气设备二级维护作业包括检查电解液密度，根据情况加注（　　）。

A. 盐酸

B. 硫酸

C. 井水

D. 蒸馏水

23. 电气设备二级维护作业包括清除发电机滑环表面油污，清洗检查轴承，填充（　　）。

A. 润滑脂

B. 机油

C. 密封胶

D. 绝缘胶

24. 电气设备二级维护作业包括清洁蓄电池表面和极桩，并在接线头上涂（　　）。

A. 润滑脂

B. 不干胶

C. 密封胶

D. 绝缘胶

理论知识练习题答案

项目 1　职业基础知识

1.1　职业道德

1. C　2. B　3. B　4. A　5. D　6. B　7. B　8. D　9. A　10. C　11. D
12. B　13. D

1.2　职业操守

1. C　2. A　3. D　4. D　5. A　6. A　7. B　8. D　9. C　10. A

1.3　企业管理

1. D　2. A　3. D　4. D　5. C　6. B　7. B　8. C　9. C

1.4　法律常识

1. B　2. D　3. D　4. C　5. B　6. B　7. C　8. B　9. C　10. D　11. D
12. A　13. C　14. D　15. B　16. A　17. B　18. D　19. B　20. D

1.5　安全消防

1. A　2. D　3. D　4. C　5. D　6. C

1.6　全面质量管理

1. D　2. C　3. B　4. C　5. A　6. A　7. D

项目 2　机械基础知识

2.1　机械识图

1. C　2. D　3. A　4. B　5. B　6. A　7. D　8. A

2.2　汽车常用材料

1. C　2. D　3. C　4. D　5. A　6. B

2.3　机械测量

1. A　2. D　3. B　4. C　5. A　6. B　7. C　8. A

2.4　钳工基础

1. D　2. A　3. B　4. B　5. B　6. C　7. C　8. C　9. A　10. B　11. C
12. D　13. C

项目 3　电工电子基础知识

3.1　电学基础原理

1. B　2. C　3. A　4. D　5. B　6. C　7. B　8. D　9. D　10. B　11. C

3.2　电磁感应原理

1. B　2. D　3. C　4. B　5. B　6. A　7. A　8. A

3.3　交流电知识

1. D　2. C　3. B　4. A　5. A

3.4　半导体电子元件

1. D　2. C　3. A　4. D　5. B　6. A　7. A　8. A　9. C　10. C　11. C
12. B　13. B

3.5　计算机基础

1. C　2. D　3. D　4. A　5. C　6. B　7. B　8. D　9. D　10. A

项目 4　汽车维修基础知识

4.1　汽车维修常用工具

1. B　2. C　3. A　4. C　5. B　6. A　7. D　8. B

4.2　汽车维修常用设备

1. C　2. B　3. C　4. A　5. B　6. A　7. A　8. A　9. B　10. B

4.3　汽车基本概念

1. A　2. D　3. C　4. A　5. B　6. D　7. B

4.4　发动机基本概念

1. C　2. A　3. D　4. B　5. A　6. C　7. B　8. A　9. B　10. B

项目 5　汽车发动机检修

5.1　曲柄连杆机构的检修

1. B　2. B　3. B　4. D　5. A　6. A　7. D　8. C　9. B　10. C　11. D
12. C　13. B　14. B　15. C　16. D　17. A　18. C　19. B　20. B　21. C　22. B
23. B　24. C　25. C　26. B　27. A　28. A　29. B　30. B　31. B　32. A　33. A
34. D　35. B

5.2　配气机构的检修

1. C　2. C　3. A　4. B　5. C　6. B　7. C　8. B　9. C　10. A　11. A
12. B　13. C　14. D　15. D　16. C　17. C　18. B　19. A　20. C　21. C　22. C
23. B　24. C　25. D　26. A　27. B　28. B　29. C　30. D　31. A　32. A　33. A
34. A　35. D　36. C　37. C

5.3　发动机冷却系统的检修

1. B　2. B　3. C　4. B　5. C　6. A　7. A　8. D　9. A　10. C　11. A
12. C　13. A　14. C　15. A　16. D　17. B　18. B　19. D　20. C　21. A　22. A
23. D　24. C　25. C

5.4　发动机润滑系统的检修

1. B　2. A　3. D　4. D　5. A　6. A　7. B　8. D　9. A　10. D　11. B
12. A　13. A　14. A　15. A　16. A　17. C　18. A　19. A　20. B　21. B　22. D

5.5 柴油机的检修

1. B 2. A 3. A 4. A 5. C 6. B 7. B 8. C 9. B 10. B 11. C
12. C

项目 6 汽车底盘检修

6.1 离合器的检修

1. A 2. C 3. D 4. A 5. D 6. A 7. C 8. C 9. D 10. B 11. B
12. B 13. A 14. A 15. A 16. A

6.2 变速器的检修

1. A 2. C 3. A 4. A 5. D 6. A 7. A 8. A 9. B 10. C 11. D
12. A 13. A 14. C 15. B 16. D 17. B 18. B 19. C 20. B 21. D 22. A
23. C 24. A 25. B 26. D 27. A 28. C 29. B 30. A 31. D 32. D 33. A
34. D

6.3 万向传动装置的检修

1. D 2. A 3. C 4. D 5. C 6. B 7. B 8. D 9. B 10. D 11. D

6.4 驱动桥的检修

1. D 2. D 3. B 4. A 5. C 6. B 7. D 8. C 9. C 10. B 11. C
12. A 13. B 14. B 15. B

6.5 转向系统的检修

1. C 2. C 3. A 4. C 5. D 6. A 7. C 8. D 9. B 10. A 11. C
12. D 13. C 14. C 15. B 16. B 17. B 18. B 19. C 20. C 21. D 22. B

6.6 行驶系统的检修

1. B 2. C 3. D 4. D 5. D 6. C 7. C 8. A 9. A 10. B 11. C
12. D 13. C 14. A 15. A 16. A 17. C 18. C 19. B 20. C

6.7 制动系统的检修

1. A 2. B 3. D 4. B 5. B 6. D 7. A 8. A 9. A 10. B 11. C
12. A 13. A 14. B 15. B 16. B 17. D 18. A 19. A 20. A 21. A 22. C
23. A 24. C 25. C 26. A 27. B 28. B 29. C 30. D 31. B 32. A 33. A
34. D 35. A 36. C 37. D 38. C 39. D 40. D 41. D 42. C 43. A 44. C
45. A 46. D 47. B 48. B 49. A 50. D 51. C 52. C 53. B

项目 7 汽车电气系统检修

7.1 汽车电源系统的检修

1. B 2. C 3. D 4. A 5. D 6. C 7. D 8. A 9. D 10. A 11. A
12. B 13. C 14. C 15. A 16. A 17. A 18. B 19. A 20. C 21. A 22. C
23. A 24. C 25. A 26. A 27. B 28. D 29. C 30. B 31. D 32. A 33. C

34. D　35. B　36. C　37. C　38. A　39. A

7.2 汽车起动系统的检修

1. A　2. D　3. B　4. A　5. C　6. B　7. A　8. A　9. B　10. B　11. A
12. C　13. D　14. C　15. B　16. B　17. B　18. C　19. D　20. B

7.3 汽车照明、信号电路的检修

1. B　2. C　3. B　4. C　5. B　6. B　7. A　8. A　9. B　10. C　11. A
12. B　13. A　14. B　15. B　16. D　17. D　18. A　19. A　20. C　21. D　22. C
23. C

7.4 辅助电器的检修

1. B　2. B　3. C　4. A　5. A　6. B　7. C　8. B　9. A　10. C　11. A
12. B　13. A　14. B　15. C　16. B　17. B　18. C　19. B　20. C　21. D　22. D

7.5 汽车空调的检修

1. C　2. D　3. A　4. A　5. D　6. D　7. B　8. C　9. B　10. B　11. A
12. B　13. C　14. B　15. B　16. C　17. B　18. B　19. C　20. D　21. B　22. A
23. C　24. C　25. A　26. B　27. B　28. B　29. A　30. D　31. A　32. D　33. B
34. D　35. B　36. C　37. A　38. A

项目 8　发动机电控系统检修

8.1 空气供给系统的检修

1. A　2. A　3. D　4. B　5. D　6. A　7. B　8. C　9. C　10. B　11. C
12. A　13. B　14. D　15. A　16. C　17. B　18. B　19. D　20. B　21. B　22. B
23. C　24. B　25. D　26. B　27. B　28. A　29. A　30. C　31. B　32. D　33. A

8.2 电控燃油供给系统的检修

1. A　2. C　3. C　4. A　5. C　6. D　7. B　8. A　9. C　10. B　11. D
12. C　13. C　14. A　15. A　16. C　17. C　18. D　19. B　20. A　21. C　22. B
23. C　24. D　25. A　26. A　27. C　28. A　29. C　30. B　31. B　32. B　33. B
34. A　35. B

8.3 点火控制系统的检修

1. B　2. D　3. B　4. C　5. A　6. C　7. C　8. A　9. A　10. A　11. A
12. C　13. B　14. D　15. D　16. C　17. D　18. A　19. A　20. C　21. D　22. B
23. C　24. A　25. B　26. B　27. B　28. A　29. A　30. C　31. D　32. A　33. C
34. C　35. B　36. D　37. A　38. A　39. B　40. A　41. A　42. D

8.4 排放控制及检测

1. B　2. D　3. A　4. D　5. A　6. C　7. A　8. A　9. D　10. C　11. B
12. A　13. B　14. D　15. C　16. C　17. B　18. A　19. A

项目 9 汽车维护

9.1 汽车一级维护

1. A 2. C 3. C 4. A 5. A 6. B 7. C 8. C 9. A 10. D 11. C
12. A 13. C 14. D 15. B 16. D 17. A 18. C 19. A 20. A 21. A 22. B
23. A

9.2 汽车二级维护

1. C 2. D 3. B 4. A 5. C 6. D 7. D 8. D 9. D 10. D 11. C
12. D 13. C 14. A 15. A 16. C 17. D 18. A 19. B 20. D 21. B 22. D
23. A 24. A

第二部分

实操技能强化训练

项目 1　汽车维护

训练任务 1　发动机机舱基本检查

一、训练要求

（1）能正确使用工具、仪器、设备。

（2）按操作规程就车检查作业内容。

（3）按操作规程拆卸检查零部件。

（4）能查阅维修手册，分析检查情况。

（5）作业过程规范、整洁、有序，并确保安全。

二、训练相关准备

序号	名称	规格	单位	数量	备注
1	整车		辆	1	
2	翼子板布、前格栅布		套	1	
3	车内四件套		套	1	
4	三角木		套	1	
5	常用工具		套	1	
6	万用表		个	1	
7	手电筒		只	1	
8	风枪		把	1	
9	压缩空气源		台	1	
10	棉纱 / 抹布		团 / 块	1	
11	冰点仪		支	1	

三、评分标准

序号	作业项目	考核内容及要求	配分	评分标准
1	劳动保护用品穿戴	劳动保护用品穿戴齐全	5	穿戴不全不得分
2	正确选用工具、量具、材料	选用工具、量具、材料齐全、准确	5	缺一件扣 1 分，选错一件扣 1 分
3	准备	作业前准备	5	准备不充分一次扣 2.5 分
				准备失误扣 5 分

续表

序号	作业项目	考核内容及要求	配分	评分标准
4	检查各种油液	检查机油、变速器油、制动油、动力转向油、离合器油	15	每漏检一项扣2分；操作方法不正确每次扣2分
		检查蓄电池（电量、液量及端子连接、腐蚀情况）	10	每漏检一项扣2分；操作方法不正确每次扣2分
		检查冷却液、玻璃清洗液的液位	10	每漏检一项扣2分；操作方法不正确每次扣2分
		检查空调冷媒量	5	漏检扣5分；操作方法不正确每次扣2分
5	检查传动带	检查传动带有无老化、裂纹、松弛	10	操作方法不正确每次扣5分
6	检查空气滤清器	有无脏污、堵塞、损伤；清洁或更换	10	操作方法不正确每次扣5分
7	正确使用工具、用具	工具、用具使用正确	10	一种工具、用具使用不正确扣2分
				损坏或丢失一件工具、用具不得分
8	操作规程	操作规程执行情况	10	违反操作规程不得分
9	清理现场	清理、擦洗并回收工具、用具	5	少收一件工具、用具扣1分
合计			100	

四、作业清单

1. 作业前准备

（1）穿戴好劳动保护套装。

1）长发女生必须盘发后戴帽子。

2）上衣衣扣扣齐，拉链拉好，有束口的衣袖袖口收紧。

3）不准穿短裤、破洞牛仔裤，腰带上不系钥匙串及其他金属饰品。

4）穿有防护功能的工作鞋，并系好鞋带，不准穿拖鞋或有洞的凉鞋。

（2）准备好工具、量具、设备。

1）打开套装工具箱，检查常用工具是否齐全。

2）检查万用表、冰点仪是否正常。

（3）开启发动机舱盖。

（4）安装车外三件套：左、右翼子板布和前格栅布。

（5）前后车轮安置三角木固定。

2. 检查各种油液（见图 2–1–1）

（1）检查蓄电池及电解液。

1）检查蓄电池的外观及安装情况。

2）检查蓄电池连接端子有无腐蚀、松动。

3）测量并记录蓄电池电压（静态）。

4）检查电解液液面高度。

5）检测电解液的密度。

图 2-1-1 发动机舱检查

（2）检查机油。

1）检查机油的液位：车辆停放在平整路面上，热车结束等待 5 min 后，第一次抽出机油尺后用干净抹布擦干油渍，插回机油尺孔到底后，第二次抽出机油尺，水平横置（避免油渍滴落造成误差），查看油渍位置应在“H”和“L”标记中间。

2）检查机油质量：可采用油质分析仪或自然扩散油斑两种方法进行检查。

（3）检查变速器油、制动油、动力转向油、离合器油（手动变速器）的液位。

1）检查变速器油：有机油尺，方法同检查机油。

2）检查制动油：站在车头位置面向机舱，制动油罐在右前方靠近雨刮的位置，白色透明油罐上刻有“MAX”“MIN”，表示最高、最低液位。

3）检查动力转向油：站在车头位置面向机舱，动力转向油罐一般在左前方靠近悬架的位置，常用 ATF 油作为动力转向油。液位标记用“HOT”“COLD”表示“热态”和“冷态”，两种状态分别有指示高、低液位的“MAX”“MIN”。

4）检查离合器液位，手动变速器车型的液压传动式离合器，需要检查液位，离合器油罐与制动油罐并排挨着，或与制动系统共用油罐。

（4）检查冷却液。

1）检查液位：找到膨胀水箱（白色透明并与水箱有水管连接）上的标有“FULL”“LOW”的刻线，热车后，观察液面是否在两刻线中间。

2）测试冰点：用小吸管从膨胀水箱取一滴冷却液（注意不能在热车状态打开盖子，应熄火等待十分钟后，用干抹布包住膨胀水箱盖子后再拧开），滴在冰点仪的检测窗，盖上玻璃片，从目镜观察窗查看冷却液的冰点。

（5）检查玻璃清洗液的液位，部分车型有液位尺，方法比较直观易懂。

（6）检查空调冷媒量（观察孔），部分老旧车型才有观察孔。

3. 检查传动带

（1）检查传动带有无老化：触摸传动带，若有豆腐渣样脱落，或手上沾染有明显的炭黑，可判定为皮带橡胶老化。

（2）检查传动带有无裂纹：肉眼可见龟裂花纹，扳转后花纹更加明显，可判定为有裂纹。

（3）检查传动带是否松弛：手指按压明显松弛，或扳转传动带超过90°，可判定为松弛。

4. 检查空气滤清器

（1）检查空气滤清器有无脏污、堵塞、损伤情况。

（2）清洁空气滤清器：先拍打出沉积灰尘，再用风枪吹净吸附的灰尘。

（3）更换空气滤清器。

5. 清理现场

复位车辆，清洁场地。

训练任务2　更换机油和机油滤清器

一、训练要求

（1）能正确使用工具、仪器、设备。

（2）按操作规程更换机油。

（3）按操作规程更换机油滤清器。

（4）按操作规程检查是否渗漏机油。

（5）作业过程规范、整洁、有序，并确保安全。

二、训练相关准备

序号	名称	规格	单位	数量	备注
1	整车		辆	1	
2	翼子板布、前格栅布		套	1	
3	车内四件套		套	1	
4	三角木		套	1	
5	举升机		台	1	
6	压缩空气源		台	1	
7	常用工具		套	1	
8	扭力扳手		把	1	
9	机油滤清器扳手		套	1	
10	废油回收桶		只	1	

续表

序号	名称	规格	单位	数量	备注
11	棉纱		团	1	
12	漏斗		个	1	
13	风枪		把	1	

三、评分标准

序号	作业项目	考核内容及要求	配分	评分标准
1	劳动保护用品穿戴	劳动保护用品穿戴齐全	5	穿戴不全不得分
2	正确选用工具、量具、材料	选用工具、量具、材料齐全、准确	5	缺一件扣1分，选错一件扣1分
3	准备	作业前准备	5	准备不充分一次扣2.5分
				准备失误扣5分
4	更换机油和机油滤清器	正确操作举升机	10	操作方法不正确每次扣5分
		拆装放油螺栓、排放机油	10	操作方法不正确每次扣5分
		拆卸旧机油滤清器	10	操作方法不正确每次扣5分
		安装新机油滤清器	10	操作方法不正确每次扣5分
		加注新机油	10	操作方法不正确每次扣5分
		检查机油油量及渗漏情况	10	操作方法不正确每次扣5分
5	正确使用工具、用具	工具、用具使用正确	10	一种工具、用具使用不正确扣2分
				损坏或丢失一件工具、用具不得分
6	操作规程	操作规程执行情况	10	违反操作规程不得分
7	清理现场	清理、擦洗并回收工具、用具	5	少收一件工具、用具扣1分
合计			100	

四、作业清单

1. 作业前准备

（1）穿戴好劳动保护套装。

（2）准备好工具、量具、设备。

（3）将车辆停驶在水平路面上，启动发动机使其升温至正常温度，关闭发动机等待一段时间使机油慢慢流回油底壳。

（4）打开发动机舱盖。

（5）打开机油加注口盖。

2. 举升车辆

（1）摆好举升臂，对准车辆举升点。

（2）缓慢将车辆举离地面，摇晃车身确认支撑稳妥。

（3）举升车辆到合适车底作业的高度。

3. 回收废旧机油

（1）检查放油螺栓、机油滤清器、油底壳与曲轴箱交接处的机油渗漏情况，如图 2–1–2 所示。

（2）准备机油回收机，将接油盆升到合适高度。

（3）选用合适的扳手拧开放油螺栓。

（4）排放干净后，用风枪吹净油底壳残留的废旧机油。

机油滤清器
油底壳　放油螺栓

图 2–1–2　更换机油、机油滤清器

（5）将放油螺栓装回并按照规定力矩拧紧，一般力矩为 34 ~ 44 N · m。

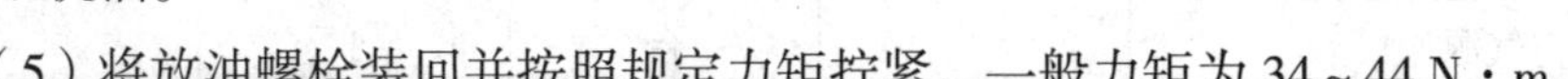

4. 更换机油滤清器

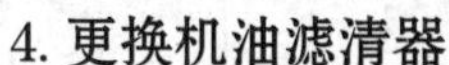

（1）将机油滤清器扳手套在机油滤清器后部，拧松机油滤清器并取下。

（2）将新机油滤清器轻轻地拧紧到位，保证机油滤清器的衬垫接触座圈。

（3）用扭力扳手按照规定力矩旋紧机油滤清器，一般规定力矩为 12 ~ 16 N · m。

5. 加注新机油

（1）降下车辆到合适加注新机油的高度。

（2）通过机油加注口加入定量的机油，旋紧机油加注口盖。

（3）旋紧机油加注口盖，静止发动机 3 min 左右，使用机油尺查看机油液位，若不足则继续添加。

6. 检查油位及泄漏情况

（1）启动发动机运转一段时间，检查机油是否泄漏，并检查机油表或机油警告灯。

（2）关闭发动机，静止 3 min 左右，抽出机油尺，用干净抹布擦去机油，再次将机油尺插入到底，重新拔出机油尺检查机油是否在如图 2–1–3 所示的规定位置。

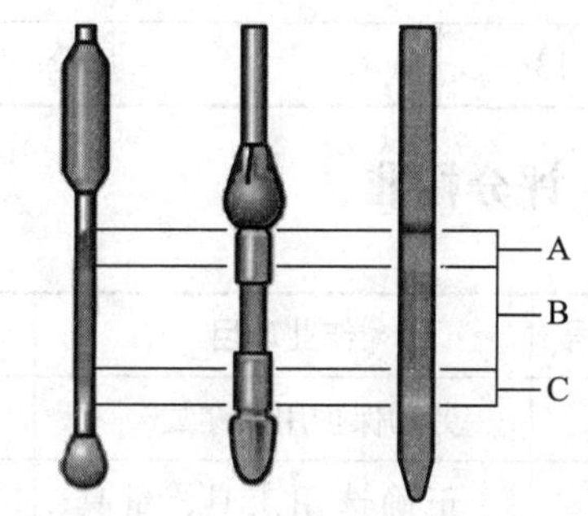

图 2–1–3　检查机油液位

A—不能再添加机油　B—可以添加机油到 A 位置　C—必须添加机油

7. 清理现场

复位车辆，清洁场地。

训练任务 3　更换燃油滤清器

一、训练要求

（1）能正确使用工具、仪器、设备。

（2）按操作规程更换燃油滤清器。

（3）按操作规程检查燃油是否漏油。

（4）作业过程规范、整洁、有序，并确保安全。

二、训练相关准备

序号	名称	规格	单位	数量	备注
1	整车		辆	1	
2	翼子板布、前格栅布		套	1	
3	车内四件套		套	1	
4	三角木		套	1	
5	举升机		台	1	
6	压缩空气源		台	1	
7	常用工具		套	1	
8	扭力扳手		把	1	
9	尖嘴钳		把	1	
10	油盆		个	1	
11	棉纱		团	1	
12	漏斗		个	1	
13	风枪		把	1	

三、评分标准

序号	作业项目	考核内容及要求	配分	评分标准
1	劳动保护用品穿戴	劳动保护用品穿戴齐全	5	穿戴不全不得分
2	正确选用工具、量具、材料	选用工具、量具、材料齐全、准确	5	缺一件扣1分，选错一件扣1分
3	准备	作业前准备	5	准备不充分一次扣2.5分
				准备失误扣5分
4	更换燃油滤清器	正确操作举升机	10	操作方法不正确每次扣5分
		拆卸旧燃油滤清器	15	操作方法不正确每次扣5分
		安装新燃油滤清器	15	操作方法不正确每次扣5分
		测试燃油系统油压	10	操作方法不正确每次扣5分
		检查接口是否渗漏	10	操作方法不正确每次扣5分
5	正确使用工具、用具	工具、用具使用正确	10	一种工具、用具使用不正确扣2分
				损坏或丢失一件工具、用具不得分
6	操作规程	操作规程执行情况	10	违反操作规程不得分
7	清理现场	清理、擦洗并回收工具、用具	5	少收一件工具、用具扣1分
	合计		100	

四、作业清单

1. 作业前准备

（1）穿戴好劳动保护套装。

（2）准备好工具、量具、设备。

（3）移动汽车到举升维修工位，拔出车钥匙或断开汽车蓄电池负极（断电的目的是防止在拆卸过程中产生的电火花点燃汽油）。

2. 正确举升车辆

（1）摆好举升臂，对准车辆举升点。

（2）缓慢将车辆举离地面，摇晃车身确认支撑稳妥。

（3）举升车辆到合适车底作业的高度。

3. 拆卸旧燃油滤清器

情况 1：燃油滤清器在发动机舱内（见图 2-1-4）

（1）具体操作步骤：

①打开发动机舱盖确认燃油滤清器位置（一般在发动机附近，沿着油管查找）。

②用合适的工具松开卡环。

③拔掉燃油管插头，取下燃油滤清器。

（2）注意事项：

①拆卸前需要先释放油压，防止燃油管内燃油喷出。最好选择在管内压力较低的冷车时更换燃油滤清器。

②更换时用毛巾包裹以免渗漏汽油。

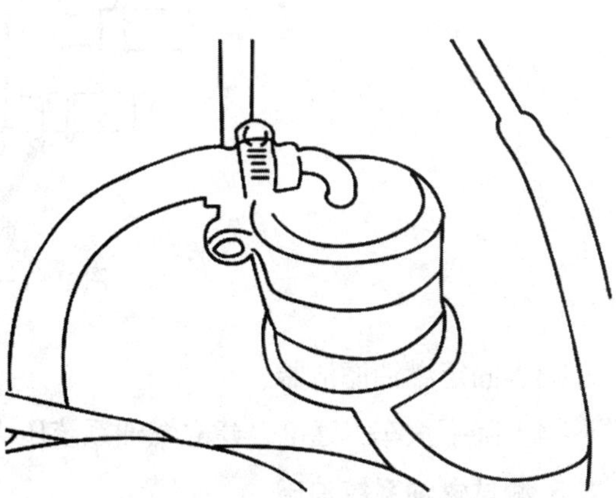

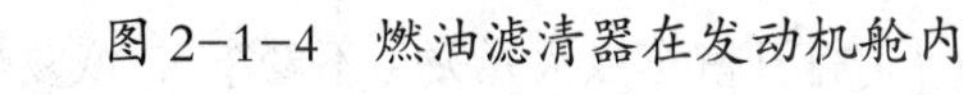

图 2-1-4　燃油滤清器在发动机舱内

情况 2：燃油滤清器在油箱内（见图 2-1-5）

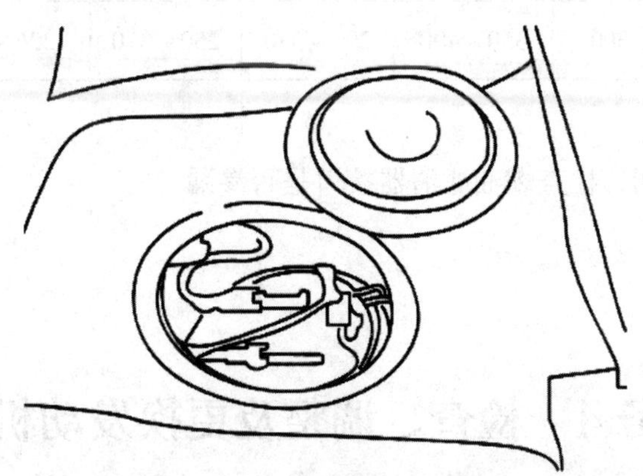

图 2-1-5　燃油滤清器在油箱内

（1）具体操作步骤：

①拆卸后排座椅，清除盖板表面灰尘。

②用合适的工具拆卸油泵的输入和输出油管。

③使用油箱盖拆卸器打开盖板，就能看到油箱口处的燃油滤清器。

④拆卸并更换燃油滤清器。

（2）注意事项：

①远离火源。

②防止汽油喷溅出来。

4. 安装新燃油滤清器

（1）清洁残留的汽油污渍。

（2）有箭头方向的一端连接出油管（至发动机），另一端接进油管（自油箱）（见图 2–1–6）。

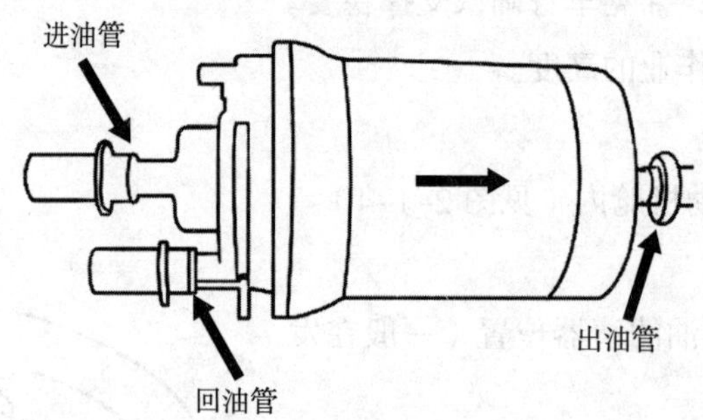

图 2–1–6　安装新燃油滤清器

（3）固定燃油滤清器。

（4）降下汽车，通电，建立燃油系统压力。

5. 测试燃油系统油压

（1）打开汽车点火开关（不着车），恢复燃油压力。

（2）观察油压表的油压，部分品牌车型油压标准值见下表，单位为 kPa。

品牌车型	大众宝来（ARZ）	红旗世纪星	奥迪 A6（1.8T）	别克世纪（38L）	本田雅阁（八代）	丰田凯美瑞	宝马 E28	日产轩逸
油压	250 ~ 300	250 ~ 300	350 ~ 400	290 ~ 330	250 ~ 310	226 ~ 265	250 ~ 320	245 ~ 294

6. 检查接口是否渗漏

启动发动机运转一段时间，检查燃油滤清器接口是否渗漏。

7. 清理现场

复位车辆，清洁场地。

训练任务 4　检查、调整及更换发动机传动带

一、训练要求

（1）能正确使用工具、仪器、设备。

（2）按操作规程就车检查发动机传动带。

（3）按操作规程更换发动机传动带。

（4）按操作规程调整发动机传动带。

（5）能查阅维修手册，分析检查情况。

（6）作业过程规范、整洁、有序，并确保安全。

二、训练相关准备

序号	名称	规格	单位	数量	备注
1	整车 / 发动机台架		台	1	
2	翼子板布、前格栅布		套	1	
3	车内四件套		套	1	
4	三用布		套	1	
5	常用工具		套	1	
6	张紧力计		只	1	
7	扭力扳手		把	1	
8	手电筒		只	1	

三、评分标准

序号	作业项目	考核内容及要求	配分	评分标准
1	劳动保护用品穿戴	劳动保护用品穿戴齐全	5	穿戴不全不得分
2	正确选用工具、量具、材料	选用工具、量具、材料齐全、准确	5	缺一件扣 1 分，选错一件扣 1 分
3	准备	作业前准备	5	准备不充分一次扣 2.5 分
				准备失误扣 5 分
4	更换发动机传动带	正确操作举升机	10	操作方法不正确每次扣 5 分
		传动带车上检查	10	操作方法不正确每次扣 5 分
		拆卸汽车传动带	15	操作方法不正确每次扣 5 分
		安装汽车传动带	10	操作方法不正确每次扣 5 分
		调整传动带张紧度	15	操作方法不正确每次扣 5 分
5	正确使用工具、用具	工具、用具使用正确	10	一种工具、用具使用不正确扣 2 分
				损坏或丢失一件工具、用具不得分
6	操作规程	操作规程执行情况	10	违反操作规程不得分
7	清理现场	清理、擦洗并回收工具、用具	5	少收一件工具、用具扣 1 分
合计			100	

四、作业清单

1. 作业前准备

（1）穿戴好劳动保护套装。

（2）准备好工具、量具、设备。

2. 正确举升车辆（略）

3. 车上检查

（1）目视检查传动带是否存在过度磨损、加强筋损坏的情况。如果有图 2–1–7 所示的损坏，则更换皮带。如果仅仅是传动带的棱侧出现一些裂纹是可以接受的。

（2）安装好传动带后，检查并确认传动带正确安装在楔形槽，如图 2–1–8 所示。用手检查，以确认传动带不会从曲轴带轮底部的凹槽中滑落。

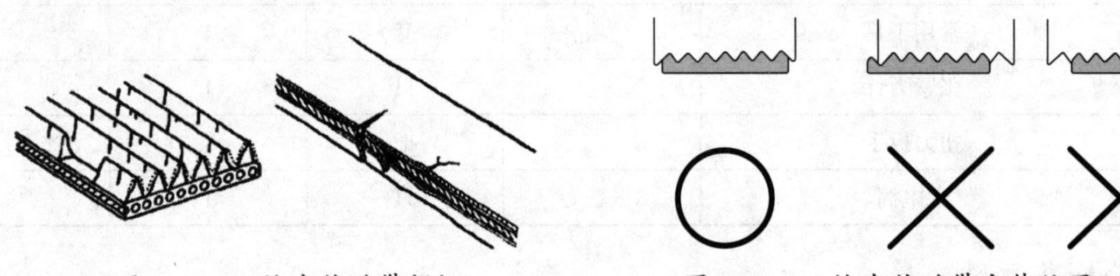

图 2–1–7　检查传动带损坏　　图 2–1–8　检查传动带安装位置

（3）检查传动带的偏移量与张紧度，规定值见下表。

项目	偏移量规定状态	张紧度规定状态
新传动带	7.5 ~ 8.6 mm	637 ~ 735 N
用过的传动带	8.0 ~ 10.0 mm	392 ~ 588 N

4. 拆卸传动带

（1）拆卸散热器上空气导流板。

（2）拆卸发动机后部右侧底罩。

（3）松开如图 2–1–9 所示的螺栓 A 和 B。

（4）松开螺栓 C，然后取下多楔带。

图 2–1–9　拆卸传动带

5. 安装调整传动带

（1）绕好传动带。

（2）调整传动带

1）转动螺栓 C，以调节传动带的张紧度。

2）紧固螺栓 A 和 B。扭矩：螺栓 A（19 N · m），螺栓 B（43 N · m）。

（3）安装发动机后部右侧底罩。

（4）安装散热器上的空气导流板。

6. 清理现场

复位车辆，清洁场地。

训练任务 5 汽车底盘系统全面检查

一、训练要求

（1）能正确使用工具、仪器、设备。

（2）按操作规程就车检查底盘部件。

（3）能查阅维修手册，分析检查情况。

（4）作业过程规范、整洁、有序，并确保安全。

二、训练相关准备

序号	名称	规格	单位	数量	备注
1	整车		辆	1	
2	车内四件套		套	1	
3	三角木		套	1	
4	常用工具		套	1	
5	直尺		把	1	
6	手电筒		只	1	

三、评分标准

序号	作业项目	考核内容及要求	配分	评分标准
1	劳动保护用品穿戴	劳动保护用品穿戴齐全	5	穿戴不全不得分
2	正确选用工具、量具、材料	选用工具、量具、材料齐全、准确	5	缺一件扣 1 分，选错一件扣 1 分
3	准备	作业前准备	5	准备不充分一次扣 2.5 分
				准备失误扣 5 分
4	检查传动系	检查变速器支架	10	每漏检一项扣 2 分；操作不正确每次扣 2 分
		检查传动轴等部件	10	每漏检一项扣 2 分；操作不正确每次扣 2 分
5	检查转向系	检查转向器固定情况	10	操作方法不正确每次扣 5 分
		检查转向系各部件	10	操作方法不正确每次扣 5 分
6	检查行驶系	检查行驶系各部件	10	操作方法不正确每次扣 5 分
7	检查制动系	检查制动系各部件	10	操作方法不正确每次扣 5 分

续表

序号	作业项目	考核内容及要求	配分	评分标准
8	正确使用工具、用具	工具、用具使用正确	10	一种工具、用具使用不正确扣2分
				损坏或丢失一件工具、用具不得分
9	操作规程	操作规程执行情况	10	违反操作规程不得分
10	清理现场	清理、擦洗并回收工具、用具	5	少收一件工具、用具扣1分
合计			100	

四、作业清单

1. 作业前准备

（1）穿戴好劳动保护套装。

（2）准备好工具、量具、设备。

2. 正确举升车辆（略）

3. 检查传动系

（1）检查变速器支架连接是否可靠；使用手锤勾动支架，应无松动现象。

（2）检查各传动部件连接是否可靠；检查传动轴、万向节安装是否正确，中间轴承及支架有无裂纹和松旷现象；检查有无漏油现象。

4. 检查转向系

（1）检查转向机及固定支架、轴、万向节连接是否可靠。

（2）检查转向机及横直拉杆、球头、开口销连接是否可靠。

（3）检查转向摇臂、轴、螺帽配合间隙是否正常，有无过紧或松旷现象。

（4）检查转向主销、套、轴承、转向角限位配合间隙是否正常，有无过紧或松旷现象。

（5）检查转向助力装置工作是否正常，有无渗漏情况。

（6）检查在转向过程中有无干涉或摩擦痕迹和现象。

5. 检查行驶系

（1）检查车桥和悬架间的各拉杆及导杆应无松旷和移位，螺栓及铆钉应无松动，如图 2-1-10 所示。

（2）检查减振器应齐全有效，无漏油现象。

（3）检查悬架系统各球关节的密封件不得有切口或裂纹，稳定杆应连接可靠，结构件不得有变形或残损。

（4）空气弹簧应无裂损、变形及漏气，控制系统应齐全有效。

6. 检查制动系

（1）检查制动系部件有无擅自改动，应不影响行车安全。

（2）检查制动主缸、轮缸、制动管路等是否漏气、漏油。

（3）检查制动软管有无老化开裂、磨损等现象。

（4）检查制动系管路与其他部件有无摩擦和松动现象。

图 2-1-10　底盘检查

7. 清理现场

复位车辆，清洁场地。

训练任务 6　检查、调整离合器或制动器踏板高度及自由行程

一、训练要求

（1）能正确使用工具、仪器、设备。

（2）按操作规程检查离合器踏板高度及自由行程。

（3）按操作规程调整离合器踏板自由行程。

（4）按操作规程检查并调整制动踏板高度及自由行程。

（5）作业过程规范、整洁、有序，并确保安全。

二、训练相关准备

序号	名称	规格	单位	数量	备注
1	整车		辆	1	
2	举升机		台	1	
3	压缩空气源		台	1	
4	翼子板布、前格栅布		套	1	
5	车内四件套		套	1	
6	常用工具		套	1	
7	扭力扳手		把	1	

续表

序号	名称	规格	单位	数量	备注
8	风枪		把	1	
9	手电筒		只	1	
10	棉纱 / 抹布		团 / 块	1	

三、评分标准

序号	作业项目	考核内容及要求	配分	评分标准
1	劳动保护用品穿戴	劳动保护用品穿戴齐全	5	穿戴不全不得分
2	正确选用工具、量具、材料	选用工具、量具、材料齐全、准确	5	缺一件扣 1 分，选错一件扣 1 分
3	准备	作业前准备	5	准备不充分一次扣 2.5 分
				准备失误扣 5 分
4	检查、调整离合器踏板器高度及自由行程	检查离合器踏板高度	10	操作方法不正确每次扣 2 分
		检查离合器踏板自由行程	10	操作方法不正确每次扣 2 分
		调整离合器踏板自由行程	15	检验方法不正确扣 5 分
5	检查调整制动踏板	检查制动踏板高度及自由行程	15	操作方法不正确每次扣 5 分
		调整制动踏板自由行程	10	操作方法不正确每次扣 5 分
6	正确使用工具、用具	工具、用具使用正确	10	一种工具、用具使用不正确扣 2 分
				损坏或丢失一件工具、用具不得分
7	操作规程	操作规程执行情况	10	违反操作规程不得分
8	清理现场	清理、擦洗并回收工具、用具	5	少收一件工具、用具扣 1 分
合计			100	

四、作业清单

1. 作业前准备

（1）将工位卫生整理干净，排除障碍物，准备好相关的工具、物品等。

（2）将车辆停在举升机平台的中央位置，调整好举升机举升点的位置。

（3）进入车内，拉紧驻车制动器，并将变速器置于空挡位置。

（4）打开并可靠支撑机舱盖。

（5）把翼子板布粘贴在汽车左右侧翼子板上，要求翼子板布的上边沿粘贴到排水槽的内侧，前端至侧灯处，后端至车门与翼子板结合缝隙处。

（6）安装转向盘套、挡位手柄套、座椅套、铺设地板垫。

2. 检查储液罐中液面高度

（1）检查储液罐中液面的高度，应位于“MIN”与“MAX”刻度线中间位置。

（2）补充液压油：发现液面高度过低时，先检查点火开关是否处于关闭状态，确认关闭时后，拔下安装在储液罐上的液位传感器电插头。

（3）用抹布擦净加油口处油迹，并旋紧储液罐盖。

（4）将电插头安装到液位传感器插座上。

3. 检查离合器踏板位置

（1）取出离合器踏板下方地板垫。

（2）使用直尺测量离合器踏板高度。检查高度是否在正常范围之内。如果测量高度不在规定范围内，应检查踏板助力弹簧的弹力是否正常，以及踏板是否出现变形等损伤，必要时更换新件。

（3）使用直尺测量离合器踏板自由行程，如图 2–1–11 所示。

（4）使用直尺测量离合器踏板总行程。（总行程 = 自由行程 + 有效行程）

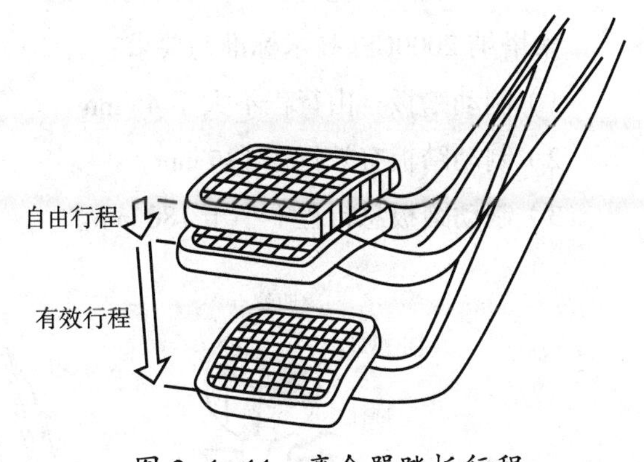

图 2–1–11　离合器踏板行程

桑塔纳 2000GSi 技术标准与要求：

1）离合器踏板自由行程为 15 ~ 25 mm。

2）离合器踏板高度为（150 ± 5）mm。

3）离合器总泵与推杆间隙为 0 ~ 1 mm。

4）离合器踏板总行程为 131.8 ~ 139.1 mm。

5）离合器踏板最大踏板力不超过 122.2 N。

4. 调整离合器踏板位置

（1）拧松离合器推杆锁紧螺母，如图 2–1–12 所示。

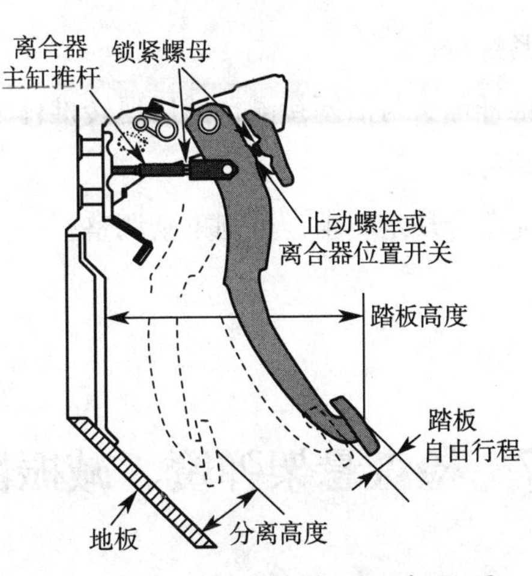

图 2–1–12　调整离合器踏板位置

（2）用手转动推杆调整其长度，来改变离合器踏板自由行程。（推杆调长，自由行程变小，推杆调

短，自由行程变大）

（3）检查推杆与离合器总泵之间的间隙。测量时，将 0.05 mm 塞尺插入推杆与离合器总泵活塞连接处，轻轻拉动，感到有阻力，为二者配合间隙正常。

5. 检查制动踏板自由行程

（1）在制动踏板处于释放位置时，用直尺测量制动踏板端面至驾驶室地板的高度；

（2）用手压下制动踏板至略感有阻力的位置，用钢直尺测量制动踏板端面至驾驶室地板的高度，如图 2–1–13 所示。

（3）两次测量高度差，即为制动踏板自由行程。

桑塔纳 2000GSi 技术标准与要求：

1）制动踏板自由行程不大于 45 mm。

2）制动踏板有效行程 135 mm。

3）制动踏板总行程不小于 180 mm。

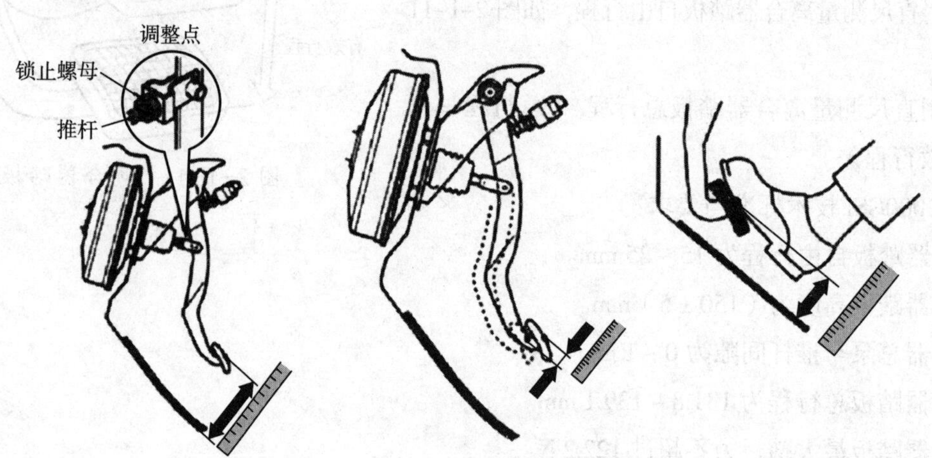

图 2–1–13　检查、调整离合器踏板位置

6. 调整制动踏板自由行程

（1）拧松制动主缸推杆的锁紧螺母。

（2）转动制动主缸推杆，使推杆球头与活塞接触，然后退转推杆 1.5 ~ 2.5 圈。

（3）拧紧制动主缸推杆锁紧螺母。

（4）检查制动踏板自由行程应符合规定要求，否则重新调整。

7. 清理现场

复位车辆，清洁场地。

训练任务 7　检查悬架弹簧、减振器技术状况

一、训练要求

（1）能正确使用工具、仪器、设备。

（2）按操作规程检查悬架弹簧。

（3）按操作规程检查汽车减振器。

（4）能查阅维修手册，分析检查情况。

（5）作业过程规范、整洁、有序，并确保安全。

二、训练相关准备

序号	名称	规格	单位	数量	备注
1	整车		辆	1	
2	举升机		台	1	
3	压缩空气源		台	1	
4	翼子板布、前格栅布		套	1	
5	车内四件套		套	1	
6	三角木		套	1	
7	常用工具		套	1	
8	扭力扳手		把	1	
9	游标卡尺		把	1	
10	减振弹簧压缩装置		套	1	
11	零件盘		个	1	
12	风枪		把	1	
13	棉纱 / 抹布		团 / 块	1	

三、评分标准

序号	作业项目	考核内容及要求	配分	评分标准
1	劳动保护用品穿戴	劳动保护用品穿戴齐全	5	穿戴不全不得分
2	正确选用工具、量具、材料	选用工具、量具、材料齐全、准确	5	缺一件扣 1 分，选错一件扣 1 分
3	准备	作业前准备	5	准备不充分一次扣 2.5 分
				准备失误扣 5 分
4	检查悬架弹簧	解体悬架	10	操作方法不正确每次扣 2 分
		检查悬架弹簧技术状况	15	操作方法不正确每次扣 2 分
5	检查主销定位	四轮定位检查	15	检验方法不正确扣 5 分
6	检查减振器	检查减振器技术状况	20	操作方法不正确每次扣 5 分

续表

序号	作业项目	考核内容及要求	配分	评分标准
7	正确使用工具、用具	工具、用具使用正确	10	一种工具、用具使用不正确扣 2 分
				损坏或丢失一件工具、用具不得分
8	操作规程	操作规程执行情况	10	违反操作规程不得分
9	清理现场	清理、擦洗并回收工具、用具	5	少收一件工具、用具扣 1 分
合计			100	

四、作业清单

1. 作业前准备

（1）穿戴好劳动保护套装。

（2）准备好工具、量具、设备。

2. 正确举升车辆（略）

3. 检查悬架弹簧

独立悬架的结构如图 2–1–14 所示。

（1）操纵举升机，将车辆举升到适当高度，并检查锁止提升臂的可靠性。

（2）检查前、后减振器有无漏油压痕或衬套上的其他损坏，检查支座端是否有损伤。

（3）检查前、后悬架装置是否有损坏、松脱或丢失零件，还应检查部件是否有损伤。

（4）检查悬架螺栓与螺母是否拧紧，必要时，应重新拧紧，如有损伤部件，应维修或更换。

图 2–1–14　独立悬架的结构

4. 拆装悬架

（1）使用气动工具按对角顺序将车轮螺母完全拧下，取下车轮。

（2）拆下悬架上、下定位螺栓。

（3）使用扭力扳手松开减振器上端车身固定螺母，取下减振器。

（4）取下减振器后，使用减振弹簧拆装器将弹簧固定住，避免拆卸顶部螺母出现弹簧上移窜出。对角收缩减振弹簧拆装器，直至上减振胶脱离弹簧。

（5）拆解更换减振器损坏的部件以及橡胶护罩，减振弹簧一般如果没出现严重锈蚀或者断裂就不需要更换。

（6）组装新减振器时需要注意弹簧上下位置是否装到弹簧座上及涂抹润滑脂，提高抗磨属性。

（7）将组装好的减振器上端与汽车车身固定住，之后按拆时的相反顺序装复，按规定力矩拧紧即可。

5. 检查主销定位

主销定位检查步骤如图 2-1-15 所示。

①拔出左右转角仪固定销

②降下二次举升器，使前轮落在转角仪中央

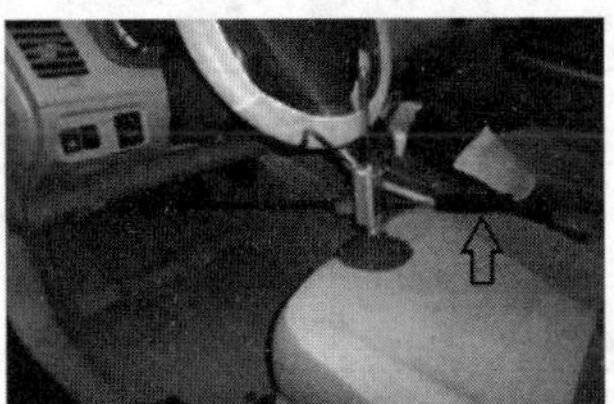

③安装专用工具——制动器抑制器

④安装检测传感器

⑤按检测仪主屏幕提示转动方向盘

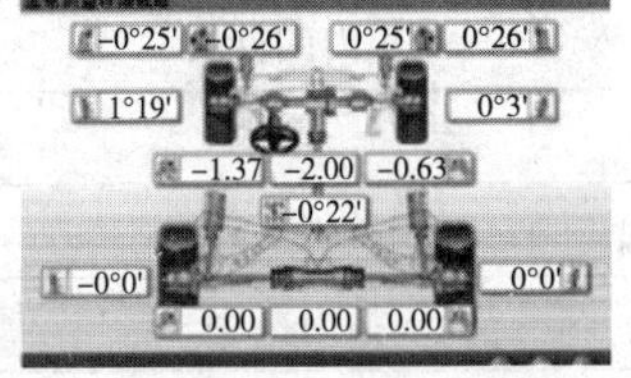

⑥主屏幕显示主销测量参数

图 2-1-15　主销定位检查步骤

6. 检查减振器

（1）车辆后减振器可靠性判断方法：将车停放在平坦处，用手向下按压后备箱（高大的 SUV 后备厢盖打开情况下进行）然后松开，车辆在维持 2～3 次的跳跃回弹后停止视为正常。

（2）在低速行驶的状况下急刹车，如果发现汽车抖动比较厉害，并且人体感觉不舒服，那么减振器损坏的可能性非常大。

（3）汽车在道路条件较差的路面上行驶 10 km 左右停车，用手摸减振器外壳，如果感觉外壳温度没有一定的提升或者一直就是冰凉的话，说明减振器内部无阻力，减振器工作不正常。

（4）将车辆举升，检查减振器外观，如有明显油渍（一般是超过总长度 1/2）建议更换。

（5）将减振器防尘套掰开，如果看到缓冲块胶套有破损，大部分情况减振器也受到了严重的冲击而损坏。

7. 清理现场

复位车辆，清洁场地。

训练任务8　检查、调整制动器和更换制动片

一、训练要求

（1）能正确使用工具、仪器、设备。

（2）按操作规程就车检查制动盘。

（3）按操作规程检测更换制动片。

（4）能查阅维修手册，分析检查情况。

（5）作业过程规范、整洁、有序，并确保安全。

二、训练相关准备

序号	名称	规格	单位	数量	备注
1	整车		辆	1	
2	举升机		台	1	
3	压缩空气源		台	1	
4	翼子板布、前格栅布		套	1	
5	车内四件套		套	1	
6	三角木		套	1	
7	常用工具		套	1	
8	扭力扳手		把	1	
9	游标卡尺		把	1	
10	轮胎架		套	1	
11	零件盘		个	1	
12	风枪		把	1	
13	棉纱 / 抹布		团 / 块	1	

三、评分标准

序号	作业项目	考核内容及要求	配分	评分标准
1	劳动保护用品穿戴	劳动保护用品穿戴齐全	5	穿戴不全不得分
2	正确选用工具、量具、材料	选用工具、量具、材料齐全、准确	5	缺一件扣 1 分，选错一件扣 1 分
3	准备	作业前准备	5	准备不充分一次扣 2.5 分
				准备失误扣 5 分
4	检查制动器	解体制动器	15	操作方法不正确每次扣 2 分
		检查制动盘损伤	15	操作方法不正确每次扣 2 分
		检测制动片厚度	10	检验方法不正确扣 5 分

续表

序号	作业项目	考核内容及要求	配分	评分标准
5	更换制动片	更换制动片	20	操作方法不正确每次扣 5 分
6	正确使用工具、用具	工具、用具使用正确	10	一种工具、用具使用不正确扣 2 分
				损坏或丢失一件工具、用具不得分
7	操作规程	操作规程执行情况	10	违反操作规程不得分
8	清理现场	清理、擦洗并回收工具、用具	5	少收一件工具、用具扣 1 分
合计			100	

四、作业清单

1. 作业前准备

（1）穿戴好劳动保护套装。

（2）准备好工具、量具、设备。

2. 正确举升车辆（略）

3. 解体前检查

（1）制动轮缸是否有制动液泄漏。

（2）制动钳是否有油污。

（3）制动摩擦片是否过度磨损，其隔热层是否损坏。

（4）制动盘摩擦端面跳动量是否在正常范围内。

（5）制动盘是否磨损过度。

4. 解体制动器

（1）用举升机将车辆举升到适当高度，并安全锁止。

（2）检查车轮轴承：有无摆动和噪声，转动是否灵活。

（3）用气动扳手拆下前轮。

（4）拆下制动钳螺栓，取下制动钳。

（5）用专用挂钩或绳索挂起制动轮缸。

（6）拆下制动摩擦片。

5. 检查盘式制动器

（1）测量内外制动摩擦片的厚度，并在下表做记录。

位置	前左制动摩擦片		前右制动摩擦片		后左制动摩擦片		后右制动摩擦片	
	内侧	外侧	内侧	外侧	内侧	外侧	内侧	外侧
厚度 /mm								

（2）检查摩擦片的不均匀磨损程度。

（3）测量制动盘厚度，并在下表做记录。

位置	前左制动盘	前右制动盘	后左制动盘	后右制动盘
厚度 /mm				

（4）检查制动盘的端面跳动量。

（5）检查制动盘是否有过度磨损和损坏。

（6）检查制动钳处有无制动液泄漏。

6. 更换盘式制动器摩擦片

（1）安装新制动摩擦片。

（2）安装制动钳，注意拧紧力矩。

（3）安装车轮。

（4）拧紧车轮紧固螺栓，注意拧紧力矩。

（5）降下车辆。

7. 清理现场

复位车辆，清洁场地。

项目 2　汽车发动机检修

训练任务 1　检测进气歧管真空度

一、训练要求

（1）能正确使用工具、仪器、设备。

（2）按操作规程就车检查进气系统。

（3）按操作规程拆卸检查零部件。

（4）能查阅维修手册，分析检查情况。

（5）作业过程规范、整洁、有序，并确保安全。

二、训练相关准备

序号	名称	规格	单位	数量	备注
1	整车 / 发动机实训台架		辆 / 台	1	
2	翼子板布、前格栅布		套	1	
3	三角木		套	1	
4	真空表		只	1	
5	常用工具		套	1	
6	维修手册		本	1	与考试车型相同
7	棉纱 / 抹布		团 / 块	1	

三、评分标准

序号	作业项目	考核内容及要求	配分	评分标准
1	劳动保护用品穿戴	劳动保护用品穿戴齐全	5	穿戴不全不得分
2	正确选用工具、量具、材料	选用工具、量具、材料齐全、准确	5	缺一件扣 1 分，选错一件扣 1 分，扣完为止
3	准备	检测前准备	5	准备不充分一次扣 2.5 分，扣完为止
				准备失误扣 5 分
4	检测	启动发动机并使其怠速运转	10	操作方法不正确扣 5 分
				操作不熟练扣 5 分
		连接真空表	10	连接方法不正确扣 10 分
		测量真空度	15	测量方法不正确扣 10 分，不会测量不得分
				测量结果不正确扣 10 分

续表

序号	作业项目	考核内容及要求	配分	评分标准
5	分析	查阅维修手册，对读取的数值进行分析	25	分析不正确扣 10 分
				不会分析扣 20 分
6	正确使用工具、用具	工具、用具使用正确	10	一种工具、用具使用不正确扣 2 分
				损坏或丢失一件工具、用具不得分
7	操作规程	操作规程执行情况	10	违反操作规程不得分
8	清理现场	清理、擦洗并回收工具、用具	5	少收一件工具、用具扣 1 分
合计			100	

四、作业清单

1. 作业前准备

（1）穿戴好劳动保护套装。

（2）准备好工具、量具、设备。

2. 预热发动机

启动发动机，预热至正常工作温度。

3. 连接真空表

真空表由表头和软管组成（见图 2-2-1），软管一头固定在真空表上，另一头通过合适的接头连接在进气歧管的检测孔上。

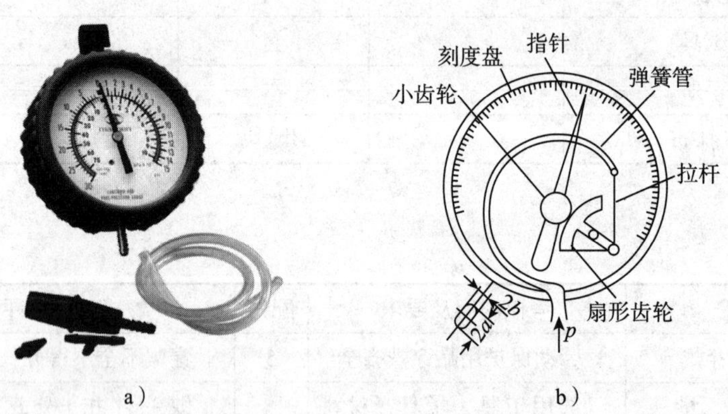

图 2-2-1　真空表结构原理图

a）真空表及配件　b）真空表原理图

4. 读取真空度

（1）连接好真空表，变速器换挡杆置于空挡，发动机怠速稳定运转。

（2）在真空表上读取真空度数值。

5. 检测结果分析

（1）发动机进气系统密封性正常，真空表指针的指示应在 50 ~ 70 kPa。海拔高度每增加 304.8 m，真空表读数相应降低 3.38 kPa。

（2）气门与气门座不密封。当气门关闭时，真空表指针指示在 3 ~ 23 kPa 范围内，而且指针有规律波动。

（3）气门与导管卡滞。当气门关闭时，真空表指针有规律地迅速“跌落”，指示在 10 ~ 16 kPa 范围内。

（4）气门弹簧折断或弹力不足。发动机在 200 r/min 下运转，真空表指针在 33 ~ 74 kPa 范围内迅速摆动。若某一只气门弹簧折断，真空表指针将相应地产生快速波动。

（5）气门导管磨损。真空表读数较正常值低 10 ~ 13 kPa，且缓慢地在 47 ~ 60 kPa 范围内摆动。

（6）活塞环磨损。发动机转速升至 2 000 r/min 时，突然关闭节气门，真空表指针迅速“跌落”至 16 kPa 以下；当节气门关闭时，指针指示值不能恢复到 83 kPa。当迅速开启节气门时，真空表读数在 6 ~ 16 kPa 的范围内，则活塞环工作良好。

（7）气缸衬垫窜气。真空表读数从正常值突然“跌落”至 33 kPa，当漏气气缸在工作行程时，读数又恢复正常值。

（8）混合气过稀、过浓。混合气过稀时，指针不规则“跌落”；混合气过浓时，指针缓慢摆动。

（9）进气歧管衬垫漏气与排气系统堵塞。进气歧管漏气时，真空表指示值比正常值低 10 ~ 30 kPa；排气系统堵塞时，发动机转速升至 2 000 r/min，突然关闭节气门，真空表指示值从 83 kPa“跌落”至 6 kPa 以下。

（10）点火过迟。真空表指针稳定地指示在 47 ~ 57 kPa 范围内。

（11）气门开启过迟。真空表指针稳定地指示在 27 ~ 50 kPa 范围内。

（12）火花塞电极间隙太小，断电器触点接触不良。真空表指针缓慢地在 47 ~ 54 kPa 范围内摆动。

6. 清理现场

清理、擦洗并回收工具、用具。

训练任务 2　检测气缸体

一、训练要求

（1）能正确使用工量具、仪器、设备。

（2）按操作规程检测气缸体。

（3）能查阅维修手册，分析检测结果。

（4）作业过程规范、整洁、有序，并确保安全。

二、训练相关准备

序号	名称	规格	单位	数量	备注
1	发动机气缸体		个	1	任一型号均可
2	检测平台		张	1	

续表

序号	名称	规格	单位	数量	备注
3	塞尺		把	1	
4	刀口尺		把	1	
5	台虎钳		台	1	
6	外径千分尺		把	1	
7	游标卡尺		把	1	
8	量缸表		套	1	
9	铲刀		把	1	
10	铝片		块	2	配合台虎钳使用
11	棉纱 / 抹布		团 / 块	1	
12	维修手册		本	1	与发动机型号相同

三、评分标准

序号	作业项目	考核内容及要求	配分	评分标准
1	劳动保护用品穿戴	劳动保护用品穿戴齐全	5	穿戴不全不得分
2	正确选用工具、量具、材料	选用工具、量具、材料齐全、准确	5	缺一件扣 1 分，选错一件扣 1 分
3	准备	作业前准备	5	准备不充分一次扣 2.5 分
				准备失误扣 5 分
4	检验气缸体的变形	检验气缸体上平面的平面度	10	检验方法不正确扣 5 分
				检验结果不正确扣 5 分
5	修理气缸体结合面（口述）	各平面的修理	10	修理方法不正确扣 5 分
				技术要求叙述不正确扣 5 分
6	检查气缸的磨损并确定修理尺寸	检查组装量缸表	10	接杆选择不正确扣 5 分
				百分表安装不正确扣 5 分
		用外径千分尺校对量缸表	10	校对方法不正确扣 5 分
				校对结果不正确扣 5 分
		测量气缸直径并确定发动机是否需要大修	10	测量方法不正确扣 5 分
				测量结果不正确扣 5 分
		确定气缸的修理尺寸	10	尺寸确定不正确扣 10 分
7	正确使用工具、用具	工具、用具使用正确	10	一种工具、用具使用不正确扣 2 分
				损坏或丢失一件工具、用具不得分
8	操作规程	操作规程执行情况	10	违反操作规程不得分
9	清理现场	清理、擦洗并回收工具、用具	5	少收一件工具、用具扣 1 分
合计			100	

四、作业清单

1. 作业前准备

（1）穿戴好劳动保护套装。

（2）准备好工具、量具、设备。

2. 检验气缸体变形

（1）用棉纱和铲刀清洁缸体上下平面。

（2）将刀口尺放在工作平面上，用塞尺配合，在横向、纵向、对角线方向各选两个部位进行测量。

（3）侧立刀口尺，用塞尺测量，在如图 2–2–2 所示的 6 个位置上，测量刀口尺与气缸体上平面间的最大间隙值。

（4）读数并做记录：

部位	A	B	C	D	E	F
数值						

3. 气缸体平面度维修（口述）

（1）标准：每 50 mm × 50 mm 范围内，平面度公差值应小于 0.05 mm。若超过该值，采用研磨方法修整缸体平面，修理极限值不得超过 0.5 mm。

（2）变形量较小时，可用“互研法”：在缸体与缸盖间均匀涂抹研磨砂，往复推拉气缸盖互研。

（3）螺纹孔周边凸起处可用“锉磨法”；用细平锉锉平，再用油石修磨平整。

（4）“磨铣法”：适用于变形量较大的情形，用机床磨削或铣削，磨铣量≤ 0.40 mm。

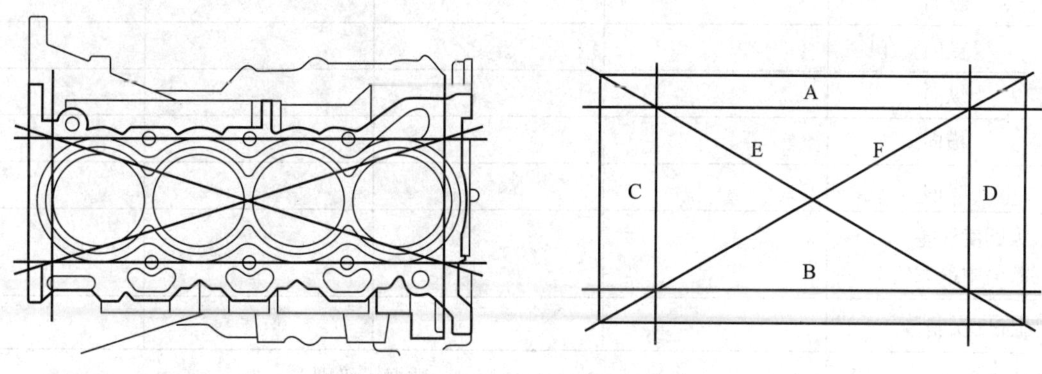

图 2–2–2　气缸平面度检测

4. 检验气缸磨损

（1）确定基准尺寸。查阅维修手册，确定待测气缸的标准直径，若无维修手册，则用游标卡尺测量待测气缸的端口直径，此直径近似为标准直径。

（2）装表。将百分表装在量缸表的上端，百分表表针有 1 ~ 2 圈左右的摆转量，并且使百分表表面与活动测杆在同一方向，然后用锁紧螺母把百分表紧固。量缸表装好后应检查其灵敏度，方法是用手指连续压缩量缸表活动测杆数次，量缸表没有卡滞现象，且松开后百分表指针每次都能回到原位。

（3）校零。将千分尺调到被测气缸的标准尺寸，再将量缸表测杆放到千分尺中，旋转百分表表盘，使其大指针对准零位。注意观察百分表的大小指针的位置。

（4）测量。测量时，应测气缸的三个截面，将量缸表的测杆伸入气缸上部，测量第一道活塞环在上止点位置附近时所对应的气缸壁“Ⅰ－Ⅰ”截面、中部“Ⅱ－Ⅱ”截面和下部“Ⅲ－Ⅲ”截面，如图 2–2–3 所示。通常分别测量平行于曲轴轴线的“1–1”方向和垂直于曲轴轴线的“2–2”方向的直径。读数时，应在竖直基础上轻微摆动量缸表上部，眼睛正视表盘，读取大指针的最大偏量，将所测数值填入表格中。

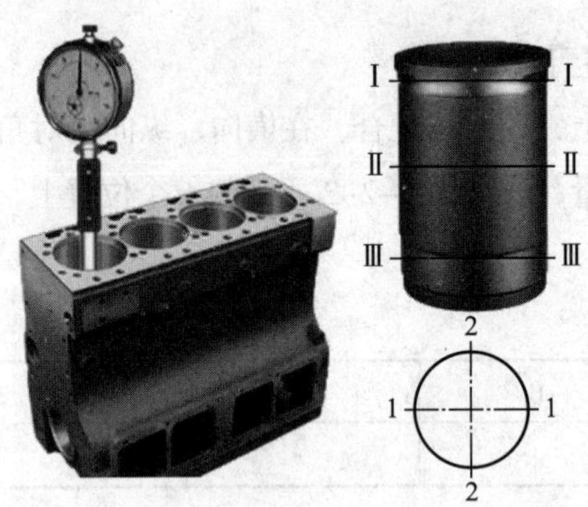

图 2–2–3　气缸磨损测量

5. 记录测量结果

标准尺寸：mm

气缸部位		第 1 缸	第 2 缸	第 3 缸	第 4 缸
上部	横向				
	纵向				
中部	横向				
	纵向				
下部	横向				
	纵向				
最大圆度误差（取三截面中最大值）					
圆柱度误差					
修理尺寸		（数据 + 级别）			

6. 计算

（1）根据所测气缸直径数据，计算出气缸的最大磨损量，圆度误差和圆柱度误差，并确定修理尺寸。

（2）技术要求：圆度＜ 0.05 mm；圆柱度＜ 0.175 mm。

（3）当气缸的圆度和圆柱度误差均小于限值，磨损量小于 0.15 mm 时，可更换活塞及活塞环。

7. 清理现场

清理、擦洗并回收工具、用具。

训练任务 3　检测气缸盖

一、训练要求

（1）能正确使用工量具、仪器、设备。

（2）按正确的操作规程检测气缸盖。

（3）能查阅维修手册，分析检测结果。

（4）作业过程规范、整洁、有序，并确保安全。

二、训练相关准备

序号	名称	规格	单位	数量	备注
1	发动机气缸盖		个	1	任一型号均可
2	检测平台		张	1	
3	三角木		套	1	
4	塞尺		把	1	
5	刀口尺		把	1	
6	玻璃片		块	1	
7	针筒或量杯		个	1	
8	铲刀		把	1	
9	刮刀或刀片		把	1	
10	棉纱 / 抹布		团 / 块	1	
11	维修手册		本	1	与发动机型号相同

三、评分标准

序号	作业项目	考核内容及要求	配分	评分标准
1	劳动保护用品穿戴	劳动保护用品穿戴齐全	5	穿戴不全不得分
2	正确选用工具、量具、材料	选用工具、量具、材料齐全、准确	5	缺一件扣 1 分，选错一件扣 1 分，扣完为止
3	准备	检测前准备	5	准备不充分一次扣 2.5 分，扣完为止
				准备失误扣 5 分
4	检验气缸盖的变形	检验气缸盖下平面的平面度	10	检验方法不正确扣 5 分
				检验结果不正确扣 5 分
		检验气缸盖侧平面的平面度	10	检验方法不正确扣 5 分
				检验结果不正确扣 5 分
5	修理气缸盖结合面（口述）	下平面及侧平面的修理方法和技术要求	10	修理方法不正确扣 5 分
				技术要求叙述不正确扣 5 分

续表

序号	作业项目	考核内容及要求	配分	评分标准
6	检查调整燃烧室容积	燃烧室容积的检查（只需检查一个）	20	检验方法不正确扣 10 分
				检验结果不正确扣 10 分
		燃烧室容积的调整（口述）	10	调整方法不正确扣 5 分
				技术要求叙述不正确扣 5 分
7	正确使用工具、用具	工具、用具使用正确	10	一种工具、用具使用不正确扣 2 分，扣完为止
				损坏或丢失一件工具、用具不得分
8	操作规程	操作规程执行情况	10	违反操作规程不得分
9	清理现场	清理、擦洗并回收工具、用具	5	少收一件工具、用具扣 1 分，扣完为止
合计			100	

四、作业清单

1. 作业前准备

（1）穿戴好劳动保护套装。

（2）准备好工具、量具、设备。

2. 检验气缸盖翘曲变形

（1）用棉纱和扁铲清洁气缸盖下平面。

（2）检查气缸盖下平面，将刀口尺放在工作平面上，用塞尺配合，在横向、纵向、对角线方向各选两个部位进行测量。

（3）侧立刀口尺，用塞尺测量，在如图 2-2-4 所示的 6 个位置上，测量刀口尺与气缸盖下平面间的最大间隙值。

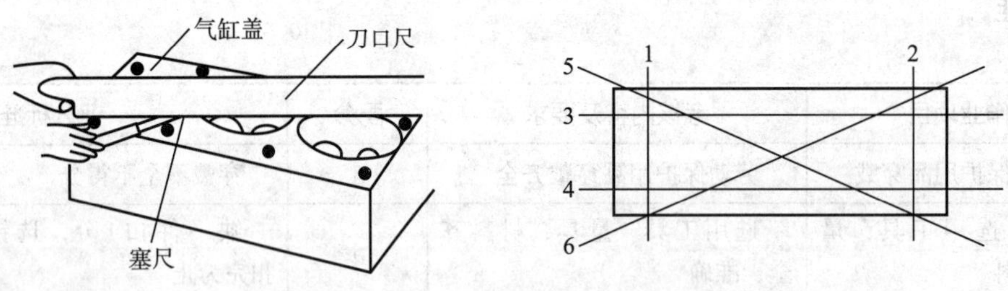

图 2-2-4　气缸盖翘曲变形检测

（4）读数并做记录。

部位	A	B	C	D	E	F
数值						

3. 气缸盖变形修整（口述）

（1）以上表 6 个测量部位中的最大值为气缸盖下平面的平面度误差。

（2）缸盖平面度技术要求：每 50 mm × 50 mm 范围内平面度公差值不大于 0.05 mm。

（3）“互研法”适用于变形量较小的情形，在缸体与缸盖间均匀涂抹研磨砂，往复推拉气缸盖，使之互研。

（4）“锉磨法”适用于螺纹孔周边凸起处，用细平锉锉平，再用油石修磨平整。

（5）“磨铣法”适用于变形量较小的情形，用机床磨削或铣削，磨铣量≤ 0.40 mm。

4. 燃烧室容积的检查

（1）将研磨好的气门安装到气缸盖上，拧紧火花塞。

（2）使燃烧室向上，将气缸盖平置在平台上（两侧等高垫起）。

（3）用玻璃片覆盖在燃烧室上且留一小空隙。

（4）用注射器向燃烧室内充入液体，当液面高度正好达到玻璃片时即停止充入。

（5）再将充入燃烧室的液体全部放入量杯中，测得的体积即为燃烧室容积。

5. 燃烧室容积的调整（口述）

（1）缸盖修理后，燃烧室容积不小于标准容积的 95%。

（2）同一台发动机各缸燃烧室容积差小于 4 mL。

（3）燃烧室容积不符合标准时可用磨削的方法扩大其容积。

6. 清理现场

清理、擦洗并回收工具、用具。

训练任务 4　活塞连杆的检验

一、训练要求

（1）能正确使用工量具、仪器、设备。

（2）按操作规程检测活塞连杆。

（3）能查阅维修手册，分析检测结果。

（4）作业过程规范、整洁、有序，并确保安全。

二、训练相关准备

序号	名称	规格	单位	数量	备注
1	汽车（发动机）		辆	1	
2	发动机检测维修工具		套	1	
3	检测平台		个	1	
4	连杆校验仪		套	1	
5	塞尺		把	1	
6	直尺		把		

三、评分标准

序号	作业项目	考核内容及要求	配分	评分标准
1	劳动保护用品穿戴	劳动保护用品穿戴齐全	5	穿戴不全不得分
2	正确选用工具、量具、材料	选用工具、量具、材料齐全、准确	5	缺一件扣1分，选错一件扣1分，扣完为止
3	活塞的检验	对活塞表面、磨损和活塞环的检验方法和检验结果	10	检验方法一处错误扣2.5分，共10分
				检验结果一处错误扣2.5分，共5分
4	气缸体的检验	对上下平面的平行度、平面度、飞轮壳后端面的径向跳动等检验的方法和结果	15	检验方法一处错误扣2.5分，共10分
				检验结果一处错误扣2.5分，共5分
5	连杆的检验	检验连杆变形	15	检验方法一处错误扣2.5分，共10分
				检验结果一处错误扣2.5分，共5分
6	活塞与连杆装合后的检验	对活塞裙部变形量、活塞偏缸、缸壁间隙检验	15	检验方法一处错误扣2.5分，共10分
				检验结果一处错误扣2.5分，共5分
7	分析	根据检验结果进行分析是否符合技术标准	10	分析方法错误扣5分
				判断错误扣5分
8	正确使用工具、用具	工具、用具使用正确	10	一种工具、用具使用不正确扣2分，扣完为止
				损坏或丢失一件工具、用具不得分
9	操作规程	操作规程执行情况	10	违规操作规程不得分
10	清理现场	清理、擦洗并回收工具、用具	5	少收一件工具、用具扣1分，扣完为止
合计			100	

四、作业清单

1. 测量前的准备

（1）用干净的清洁布清洁连杆轴颈、下轴承。

（2）用压缩空气吹净连杆轴颈、下轴承。

（3）用手安装连杆下轴承，并润滑下轴承。

2. 测量连杆轴向间隙

（1）先将磁性表座吸附在气缸体上，调整百分表，使百分表表头紧贴在轴承盖的侧面上；然后对百分表预压（1 mm）、调零。

（2）用手前后移动连杆轴承盖，同时观察百分表的数值。该连杆轴向间隙为百分表左右偏摆值之和，标准轴向间隙为 0.160 ~ 0.342 mm，最大轴向间隙为 0.342 mm。

（3）记录数据，进行结果分析，如果轴向间隙大于最大值，必要时更换连杆总成。如有必要，则更换曲轴。

3. 测量活塞环侧隙

（1）用干净的清洁布清洁厚薄规。

（2）用记号笔在活塞顶部做好测量位置的记号。

（3）确认新的活塞环零件号，检查外观有无损伤。

（4）将两道新的活塞环分别放在对应的环槽内，围绕环槽旋转一周，应能自由活动，无阻滞现象。

（5）根据标准侧隙选择厚薄规厚度，测量两道压缩环的侧隙，第一道压缩环的标准侧隙为0.02～0.07 mm；第二道压缩环的标准侧隙为0.02～0.06 mm；刮油环的标准侧隙为0.02～0.065 mm。

4. 测量活塞环端隙

（1）将第一道压缩环放入相对应的气缸内。

（2）用活塞从气缸体的顶部将活塞环推至活塞环底部使其行程超过50 mm。

（3）用厚薄规测量第一道压缩环端隙，第一道压缩环标准端隙为0.2～0.3 mm；最大端隙为0.5 mm。

（4）用同样方法测量第二道压缩环、上下刮油环端隙，第二道压缩环标准端隙为0.3～0.5 mm；最大端隙为0.7 mm；上下刮油环的标准端隙为0.1～0.4 mm，最大端隙为0.7 mm。

5. 连杆的检验

用百分表式连杆检验校正仪（见图2-2-5）检验弯扭变形，其操作方法如下：

图2-2-5　百分表式连杆检验校正仪

（1）先将连杆盖安装到连杆杆身上（不装连杆轴承），按规定力矩拧紧连杆螺栓。

（2）将专用测量心轴装入已拆除衬套的连杆小头孔中，无专用心轴时可用活塞销代替，但必须预先修配和安装好连杆衬套。

（3）将连杆大端套装到百分表式连杆检验校正仪的可张心轴上并张紧。

（4）用支撑块支住连杆小头。

（5）将百分表装于表架上，使其测杆与测量心轴接触（尽量保持垂直）并有1 mm左右的预压量。

（6）转动百分表表盘使其指针对正零位。

（7）推拉表架使百分表沿测量心轴轴向移动，测出连杆的弯、扭变形量：百分表A反映连杆的扭曲变形，百分表B反映连杆的弯曲变形。

6. 连杆的校正

（1）标准：在100 mm长度上，连杆的弯曲度误差应不大于0.03 mm，扭曲度误差应不大于0.06 mm，否则应对其进行校正。

（2）方法：反向变形校正，图 2–2–6a 所示为弯曲变形校正，图 2–2–6b 所示为扭曲变形校正。

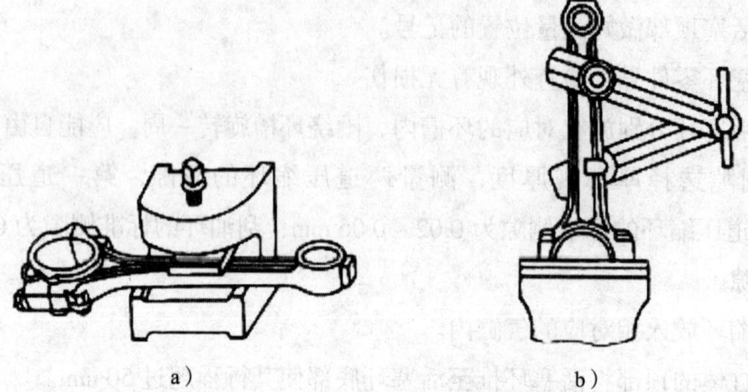

图 2–2–6　连杆反向变形校正

a）弯曲变形校正　b）扭曲变形校正

（3）注意事项

1）反向变形量大小应适当，应尽量避免反复校正；

2）当连杆弯扭并存时，应先校正扭曲后校正弯曲。

7. 清理现场

清理、擦洗并回收工具、用具。

训练任务 5　曲轴检测

一、训练要求

（1）能正确使用工量具、仪器、设备。

（2）按操作规程检测曲轴。

（3）能查阅维修手册，分析检测结果。

（4）作业过程规范、整洁、有序，并确保安全。

二、训练相关准备

序号	名称	规格	单位	数量	备注
1	汽车发动机曲轴		根	1	
2	发动机检测维修工具		套	1	
3	检测平台		个	1	
4	V 形铁		对	1	
5	千分尺	25 ~ 50 mm，50 ~ 75 mm	把	各 1	
6	带磁力表座百分表		个	1	
7	方箱		个	1	

三、评分标准

序号	作业项目	考核内容及要求	配分	评分标准
1	劳动保护用品穿戴	劳动保护用品穿戴齐全	5	穿戴不全不得分
2	正确选用工具、量具、材料	选用工具、量具、材料齐全、准确	5	缺一件扣 1 分，选错一件扣 1 分，扣完为止
3	检查曲轴裂纹	检查方法和检查结果	10	检查方法错误扣 5 分
				检查结果错误扣 5 分
4	曲轴支撑	曲轴支撑位置，调平方法和调平的质量	5	支撑位置错误扣 2 分
				调整方法错误扣 2 分
				调整有误差扣 1 分
5	曲轴测量并确定修理尺寸	测量轴颈，并判断是否需要修磨，确定修理尺寸	10	测量一处错误扣 2 分，共 4 分
				结论错误扣 3 分
				修理尺寸确定错误扣 3 分
6	测量弯曲	测量径向圆跳动和端面圆跳动的方法和测量结果	10	测量方法一处错误扣 2 分，共 6 分
				测量结果一处错误扣 2 分，共 4 分
7	测量扭曲	测量方法和测量结果	10	测量方法一处错误扣 2 分，共 6 分
				测量结果一处错误扣 2 分，共 4 分
8	测量曲柄半径	测量方法和测量结果	10	测量方法一处错误扣 2 分，共 6 分
				测量结果一处错误扣 2 分，共 4 分
9	结论	判断曲轴可否继续使用	10	判断一处错误扣 5 分，扣完为止
10	正确使用工具、用具	工具、用具使用正确	10	一种工具、用具使用不正确扣 2 分，扣完为止
				损坏或丢失一件工具、用具不得分
11	操作规程	操作规程执行情况	10	违规操作规程不得分
12	清理现场	清理、擦洗并回收工具、用具	5	少收一件工具、用具扣 1 分，扣完为止
合计			100	

四、作业清单

1. 作业前准备

（1）穿戴好劳动保护套装。

（2）准备好工具、量具、设备。

2. 曲轴弯曲变形的检测

（1）将曲轴放在检测平台上的 V 形块上，百分表测量头抵触在中间主轴颈上（见图 2–2–7），转动曲轴一圈，百分表指针的摆差一般不应超 0.04 mm。

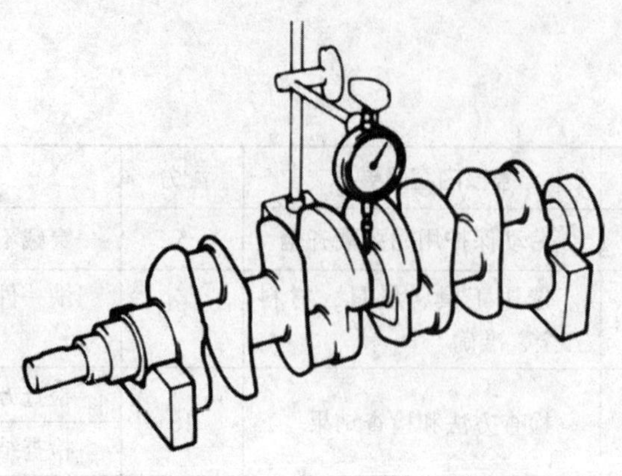

图 2-2-7　曲轴弯曲变形检测

（2）技术要求：径向圆跳动误差一般不应超过 0.04 mm；曲轴轴颈：圆度和圆柱度误差一般不超过 0.01 mm。

3. 曲轴磨损的检测

（1）将曲轴主轴颈擦干净，使用千分尺时要轻拿轻放。

（2）松开千分尺锁紧装置，校准零位，转动旋钮，使测砧与测微螺杆之间的距离略大于曲轴主轴颈。

（3）一只手拿千分尺的尺架，将待测曲轴主轴颈置于测砧与测微螺杆的端面之间，另一只手转动旋钮，当螺杆接近曲轴主轴颈时，改旋测力装置直至听到“喀喀”声后再轻轻转动 0.5 ~ 1 圈，如图 2-2-8 所示。

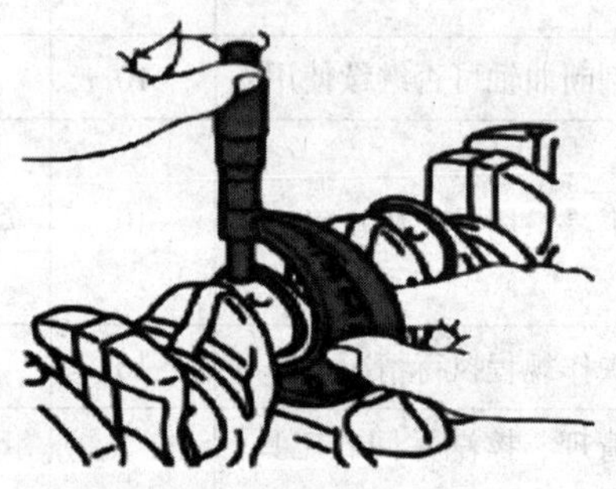

图 2-2-8　曲轴磨损量检测

（4）旋紧锁紧装置（防止移动千分尺时螺杆转动），即可读数。

4. 读千分尺（见图 2-2-9）

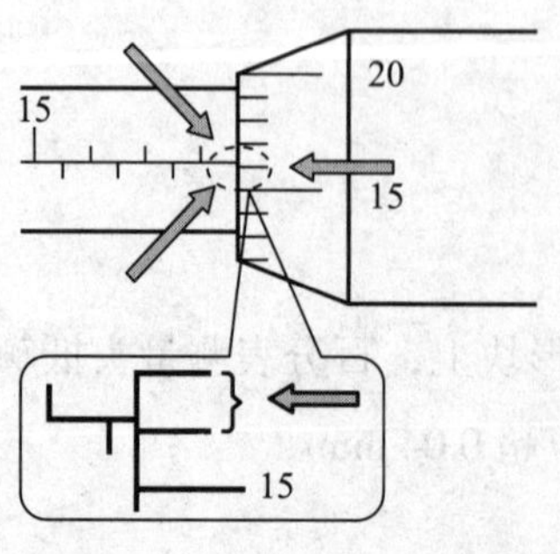

图 2-2-9　千分尺读数

（1）读取固定套筒 0 基准上的刻度：18。

（2）读取固定套筒 0 基准线下 0.5 单位的刻度：+0.5。

（3）读取 0 基准线下的微分筒刻度：+0.16。

（4）读取微分筒估值：+0.002。

千分尺刻度为 =18+0.5+0.16+0.002=18.662（mm）。

5. 记录测量值

（1）用抹布清洁曲轴。

（2）用外径千分尺测量曲轴各主轴颈的直径，在主轴颈的Ⅰ－Ⅰ、Ⅱ－Ⅱ截面且互成 90° 的 *A–A*、*B–B* 方向进行测量（见图 2–2–10），在每个截面上沿曲柄方向量出其最小直径，垂直方向量出其最大直径（允许测量误差：0.015 mm，表面粗糙度：1.6 μm）。

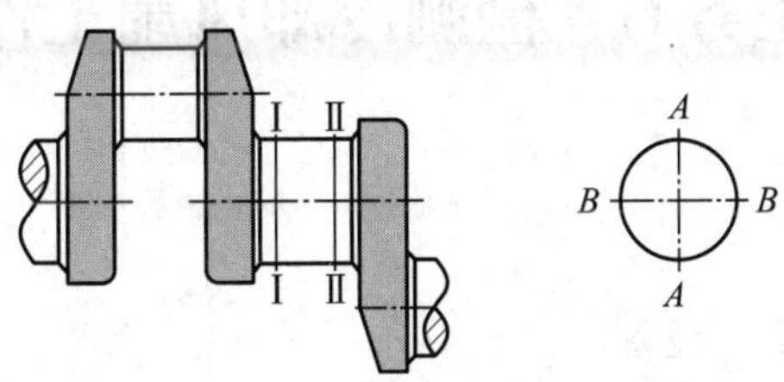

图 2–2–10 曲轴主轴颈测量部位

（3）记录并填表

标准尺寸：mm（连杆轴颈或主轴颈）

连杆轴颈或主轴颈	第 1 道	第 2 道	第 3 道	第 4 道
1. *A* 向Ⅰ截面				
2. *B* 向Ⅰ截面				
3. *A* 向Ⅱ截面				
4. *B* 向Ⅱ截面				
5. 圆度偏差				
6. 圆柱度偏差				
7. 修理尺寸	（数据 + 级别）			

6. 计算结果并确定修理尺寸

（1）计算：同一截面所测得的 4 个直径值，最大直径值与最小直径值的差值之半即为该截面的圆度误差，同一轴颈上各截面所测得的圆度误差进行比较，取圆度误差大者作为该轴颈的圆度误差；同一轴颈上任意截面所测得的最大与最小直径差值之半即为该轴颈的圆柱度误差。

（2）确定修理尺寸：根据曲轴轴颈上一次的修理尺寸、磨损程度和磨削余量来选择。现代发动机的修理级别一般为二到三级修理，级差为 0.25 mm。

（3）技术要求

1）轴颈直径＜ 80 mm 时，其圆度和圆柱度误差应≤ 0.025 mm；轴颈直径≥ 80 mm 时，其圆度和圆柱度误差应≤ 0.040 mm。

2）修理尺寸是根据曲轴连杆轴颈前一次的修理尺寸、磨损程度和磨削余量来决定的，以最大直径为准。修理的尺寸除标准外，一般有四级修理尺寸（旧标准六级），以 0.25 mm 为一级，在标准尺寸基础上逐级递减。

3）曲轴主轴颈表面不允许有横向裂纹。对横向裂纹，其深度如在轴颈修理尺寸以内，可通过磨削磨掉，否则应予以报废。

4）曲轴的材质不同，冷压校正时操作要求不同，注意防止曲轴折断或出现新的裂纹。

5）注意区分轴颈径向圆跳动误差、曲轴轴线的直线度误差及弯曲度等指标之间的关系。

6）测量曲轴主轴颈尺寸及圆度、圆柱度误差时，应与油孔错开。

7. 清理现场

清理、擦洗并回收工具、用具。

训练任务 6　检测冷却风扇工作状态

一、训练要求

（1）能正确使用工量具、仪器、设备。

（2）按操作规程检测冷却风扇。

（3）能查阅维修手册，分析检测结果。

（4）作业过程规范、整洁、有序，并确保安全。

二、训练相关准备

序号	名称	规格	单位	数量	备注
1	整车 / 发动机实训台架		辆 / 台	1	
2	翼子板布、前格栅布		套	1	
3	车内四件套		套	1	
4	三角木		套	1	
5	常用工具		套	1	
6	万用表		个	1	
7	试灯		只	1	

三、评分标准

序号	作业项目	考核内容及要求	配分	评分标准
1	劳动保护用品穿戴	劳动保护用品穿戴齐全	5	穿戴不全不得分
2	正确选用工具、量具、材料	选用工具、量具、材料齐全、准确	5	缺一件扣 1 分，选错一件扣 1 分

续表

序号	作业项目	考核内容及要求	配分	评分标准
3	准备	作业前准备	5	准备不充分一次扣 2.5 分
				准备失误扣 5 分
4	检测冷却风扇控制电路	正确使用汽车故障诊断仪	10	操作方法不正确每次扣 2 分
		就车检测冷却风扇电路	15	操作方法不正确每次扣 2 分
		拆检冷却风扇、温控开关	25	拆检方法不正确每次扣 5 分
		确认故障点	10	确认不正确扣 10 分
5	正确使用工具、用具	工具、用具使用正确	10	一种工具、用具使用不正确扣 2 分
				损坏或丢失一件工具、用具不得分
6	操作规程	操作规程执行情况	10	违反操作规程不得分
7	清理现场	清理、擦洗并回收工具、用具	5	少收一件工具、用具扣 1 分
合计			100	

四、作业清单

1. 作业前准备

（1）穿戴好劳动保护套装。

（2）准备好工具、量具、设备。

2. 外观检查

（1）检查冷却风扇叶片是否破损。叶片破损将导致噪声增大，冷却效果不佳。

（2）检查风扇叶片表面是否过脏。

3. 读取故障码

（1）检查仪表板上的发动机故障警告灯是否点亮。

（2）连接故障诊断接插头，使车载电脑与故障诊断仪相连接。

（3）故障诊断仪开机，进入对应车型的诊断系统。

（4）读取故障码，检查是否记录下与冷却风扇控制相关的故障代码。

（5）清除故障码，启动发动机，查看故障码是否重现。

4. 控制线路检查

（1）如图 2–2–11 所示，检测蓄电池正负极电压是否正常（发动机熄火时应达到 12 V，启动后达到 13.8 V）。

（2）在熔丝、继电器盒找到冷却风扇熔丝，测量是否熔断。

（3）检查风扇控制继电器各端子电压是否正常，测试继电器能否正常工作。

（4）检查温控开关工作是否正常。

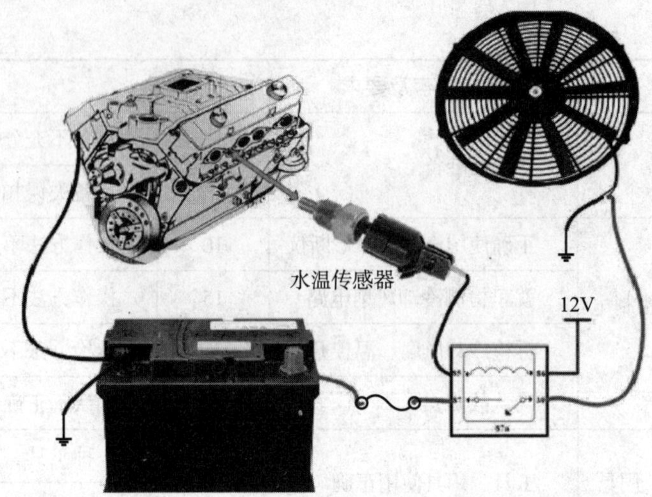

图 2-2-11　检测冷却风扇控制线路

5. 检测风扇电动机

检查风扇电动机。若经检查确认风扇控制电路无故障，温控开关工作良好，直接供电驱动风扇也无法转动，则说明风扇电动机损坏，应予以更换。

6. 测定电动风扇的启动、停转温度

（1）低速转动：当散热器冷却液温度达到 95 ℃时，电动风扇开始以低速转动。

（2）高速转动：当散热器冷却液温度达到 105 ℃时，电动风扇开始以高速转动。

（3）风扇停转：当发动机负荷减小，冷却液温度下降时，电动风扇转速将从高速挡降至低速挡，当发动机冷却液温度进一步降低到 90 ℃以下时，风扇将停止转动。

7. 清理现场

复位车辆，清洁场地。

训练任务 7　检测点火系统电路

一、训练要求

（1）能正确使用汽车故障诊断仪。

（2）按操作规程就车检查点火系统电路。

（3）按操作规程拆装、检测点火线圈及火花塞。

（4）能查阅维修手册，分析检查情况。

（5）作业过程规范、整洁、有序，并确保安全。

二、训练相关准备

序号	名称	规格	单位	数量	备注
1	汽油车或汽油机台架		辆 / 台	1	

续表

序号	名称	规格	单位	数量	备注
2	压缩空气源		台	1	
3	翼子板布、前格栅布		套	1	
4	车内四件套		套	1	
5	三角木		套	1	
6	汽车故障诊断仪		台	1	
7	常用工具		套	1	
8	万用表		个	1	
9	火花塞拆装套筒		个	1	
10	试灯		只	1	
11	风枪		把	1	
12	棉纱 / 抹布		团 / 块	1	

三、评分标准

序号	作业项目	考核内容及要求	配分	评分标准
1	劳动保护用品穿戴	劳动保护用品穿戴齐全	5	穿戴不全不得分
2	正确选用工具、量具、材料	选用工具、量具、材料齐全、准确	5	缺一件扣 1 分，选错一件扣 1 分
3	准备	作业前准备	5	准备不充分一次扣 2.5 分
				准备失误扣 5 分
4	检测点火系统电路	正确使用汽车故障诊断仪	10	操作方法不正确每次扣 2 分
		就车检测点火系统电路	15	操作方法不正确每次扣 2 分
		拆检点火线圈、火花塞	25	检测方法不正确每次扣 5 分
		确认故障点	10	确认不正确扣 10 分
5	正确使用工具、用具	工具、用具使用正确	10	一种工具、用具使用不正确扣 2 分
				损坏或丢失一件工具、用具不得分
6	操作规程	操作规程执行情况	10	违反操作规程不得分
7	清理现场	清理、擦洗并回收工具、用具	5	少收一件工具、用具扣 1 分
合计			100	

四、作业清单

1. 作业前准备

（1）安置三角木。

（2）安装车内四件套（座椅套、方向盘套、换挡杆套、脚垫）。

（3）安装车外三件套（左右翼子板布、前格栅布）。

2. 读取故障码

（1）检查仪表板上的发动机故障警告灯是否点亮。

（2）连接故障诊断接插头，使车载电脑与故障诊断仪相连接。

（3）故障诊断仪开机，进入对应车型的诊断系统。

（4）读取故障码，检查是否记录下与点火系统相关的故障代码。

（5）清除故障码，启动发动机，查看故障码是否重现。

3. 就车检测点火系统电路（见图 2-2-12）

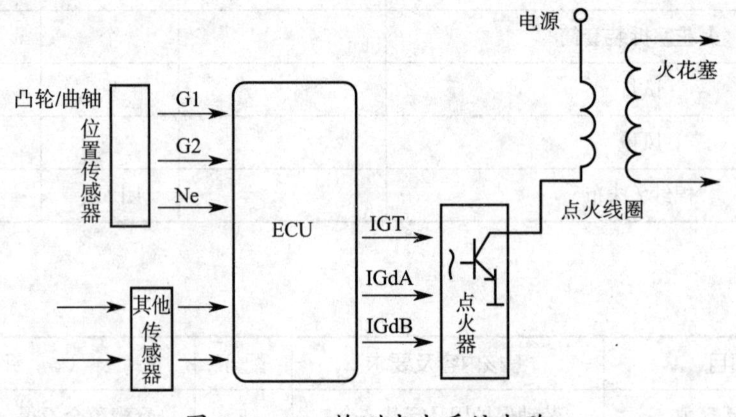

图 2-2-12　检测点火系统电路

（1）点火开关置于“ON”挡，检查“+B”端子对接地端的电压，电压值应符合规定。

（2）将二极管试灯接在点火控制器与 IGT（或搭铁）之间，启动发动机，试灯应闪烁。

（3）IGdA、IGdB 应有电脑提供的 5 V 基准电压，其工作状态可用示波器检查。

端子	标准电压值	检测条件
+B—接地	9 ~ 14 V	点火开关 ON
IGT—接地	有电压脉冲	发动机启动或怠速运转
IGdA—接地	有电压脉冲	发动机启动或怠速运转

4. 拆检点火线圈

（1）拔下点火线圈插头，并从火花塞上拔下点火线。

（2）用万用表测量点火线圈次级电阻（4 000 ~ 6 000 Ω）。

（3）将点火线圈控制器的 4 针插头拔下，用万用表测量线束插头端子 2（电源端）与 4（搭铁端）之间的电压。打开点火开关，其电压值应为蓄电池电压（大于或等于 11.5 V）。

5. 检查火花塞

（1）目测火花塞是否有积炭、油污。

（2）检查火花塞间隙，标准值为 0.7 ~ 1.2 mm。

（3）用万用表 200 MΩ 挡测量电极与外壳的阻值为“∞”。

6. 清理现场

清理、擦洗并回收工具用具。

训练任务 8　读取故障码

一、训练要求

（1）按操作规程使用汽车故障诊断仪。

（2）按操作规程检测车辆。

（3）能查阅维修手册，分析检测结果。

（4）作业过程规范、整洁、有序，并确保安全。

二、训练相关准备

序号	名称	规格	单位	数量	备注
1	整车 / 电控发动机台架		辆 / 台	1	具备诊断插座
2	翼子板布、前格栅布		套	1	
3	车内四件套		套	1	
4	三角木		套	1	
5	汽车故障诊断仪		台	1	能够与考试用汽车通信
6	常用工具		套	1	
7	维修手册		本	1	与考试车型或发动机型号相同

三、评分标准

序号	作业项目	考核内容及要求	配分	评分标准
1	劳动保护用品穿戴	劳动保护用品穿戴齐全	5	穿戴不全不得分
2	正确选用工具、量具、材料	选用工具、量具、材料齐全、准确	5	缺一件扣 1 分，选错一件扣 1 分
3	准备	作业前准备	5	准备不充分一次扣 2.5 分
				准备失误扣 5 分
4	读取故障代码	连接故障诊断仪	15	操作方法不正确每次扣 2 分
		读取故障代码	15	操作方法不正确每次扣 2 分
		清除故障代码	15	操作方法不正确每次扣 2 分
		再次读取故障代码	15	操作方法不正确每次扣 2 分
5	正确使用工具、用具	工具、用具使用正确	10	种工具、用具使用不正确扣 2 分
				损坏或丢失一件工具、用具不得分

续表

序号	作业项目	考核内容及要求	配分	评分标准
6	操作规程	操作规程执行情况	10	违反操作规程不得分
7	清理现场	清理、擦洗并回收工具、用具	5	少收一件工具、用具扣 1 分
合计			100	

四、作业清单

1. 作业前准备

（1）安置三角木。

（2）安装车内四件套（座椅套、方向盘套、换挡杆套、脚垫）。

（3）安装车外三件套（左右翼子板布、前格栅布）。

2. 连接故障诊断仪

（1）汽车蓄电池电压应在 11 ~ 14 V，X–431 故障诊断仪的额定电压为 12 V，节气门应处于关闭状态，即怠速触点应闭合。

（2）发动机预热，点火正时和怠速应在标准范围，水温和变速器油温达到正常工作温度（水温 90 ~ 110 ℃，变速器油温 50 ~ 80 ℃）。

（3）选择测试接头。X–431 故障诊断仪带有各种测试接头，测试时，根据各种汽车诊断座的类型，选择相应的测试接头，将其插入故障诊断插座。

（4）确定诊断座位置。不同车型的诊断座位置会有不同。

（5）连接仪器。将 CF 卡插入 X–431 的 CF 卡插槽内，注意：使印有“UP SIDE”字样的一面朝上，且确保卡插入到位。将 X–431 主测试线的一端插入 SMARTBOX 数据接口内。将 X–431 主测试线的另一端与选择的测试头相连接。将测试接头的另一端与汽车诊断座相连接，如图 2–2–13 所示。

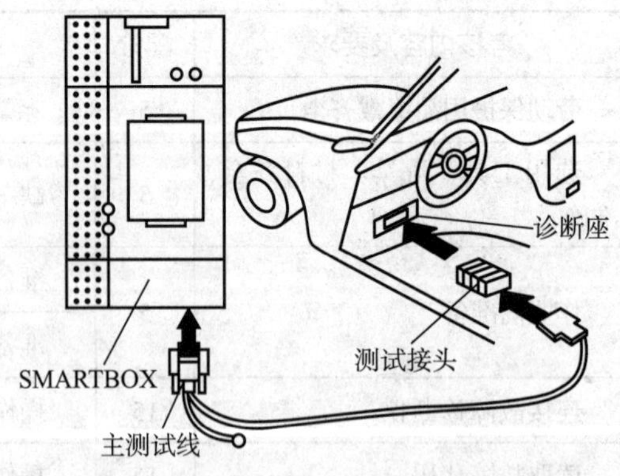

图 2–2–13　连接 X–431 故障诊断仪

（6）连接电源。如果所测汽车的诊断座电源不足或其电源引脚损坏，可通过以下任一方式获取电源。

1）通过点烟器线。取出点烟器，将点烟器线的一端插入汽车点烟器孔，另一端与 X–431 主测试线的电源插头连接。需关闭点火开关时应先关闭 X–431 开关，以防止非法关机。

2）通过双钳电源线。将双钳电源线的电源钳夹在蓄电池的正、负极，另一端插入 X–431 主测试线的电源插头。

3）通过电源转接线。将电源转接线的一端插入 100 ~ 240 V 交流电源插座，另一端插入开关电源的插孔内，并将开关电源插头与 X–431 主测试线的电源插头连接。

3. 读取故障码

（1）将故障诊断仪准确地与被测车诊断插口连接完毕后，按 POWER 键启动 X–431 故障诊断仪，故障诊断仪屏幕经启动后直接进入启动界面。

（2）单击启动界面左下角 [开始] 按钮，点选诊断程序的“汽车解码程序”，屏幕进入等待界面。

（3）单击 [开始] 按钮，屏幕显示选择车系菜单。

（4）单击选择被检测车所属的系统后，单击 [确定] 按钮。

（5）单击选择的诊断座（OBD）后，单击 [确定] 按钮。

（6）单击选择的系统。以检测发动机系统为例，单击“发动机系统”，如果通信成功，屏幕将显示所测系统控制计算机相关信息，如计算机型号、系统类型、发动机类型、适用配置的设定号等。

（7）在功能菜单中，单击“读取故障代码”选项，X–431 开始读取计算机确认的故障码及故障内容等。测试完毕后，屏幕显示测试结果，如图 2–2–14 所示。

4. 清除故障码

（1）根据故障码的指引，检查并排除相应的故障。

（2）在功能菜单中，单击“清除故障代码”选项，清除历史故障码。

5. 再次读取故障码

（1）清除故障码后，启动发动机，试车。

（2）再次读取故障码，若故障码重现，即为当前故障码，需要进一步排除故障。若故障码消失，则故障已经被排除。

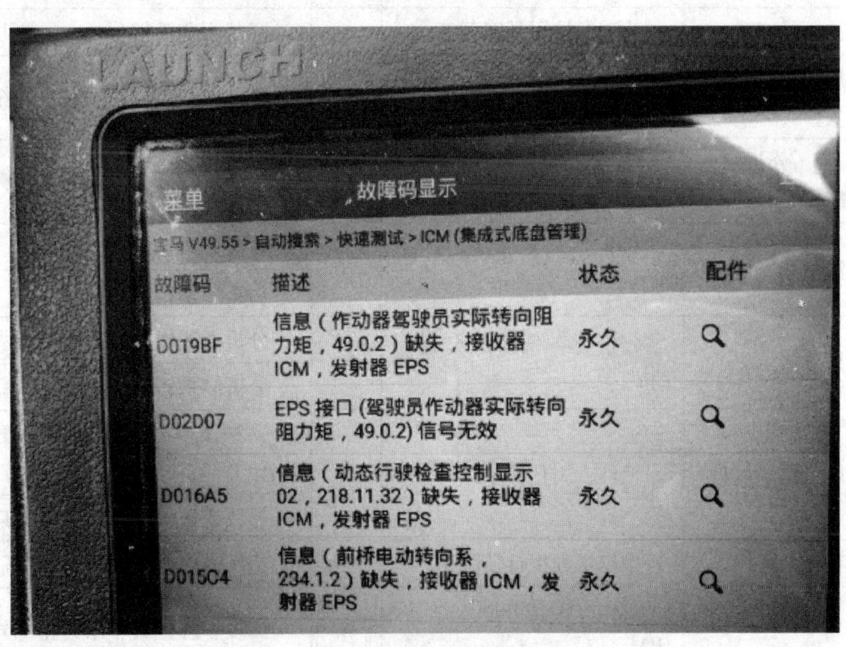

图 2–2–14　元征 X–431 读取故障码

6. 清理现场

复位车辆，清洁场地，清理、擦洗并回收工具、用具。

训练任务 9 检测汽车尾气排放

一、训练要求

（1）按操作规程使用汽油发动机废气分析仪。

（2）按操作规程检测车辆。

（3）能查阅维修手册，分析检测结果。

（4）作业过程规范、整洁、有序，并确保安全。

二、训练相关准备

序号	名称	规格	单位	数量	备注
1	汽车		辆	1	
2	发动机检测维修工具		套	1	
3	起动设备		台	1	
4	汽油发动机废气分析仪		套	1	
5	电源插座	带有数字显示电压	只	1	

三、评分标准

序号	作业项目	考核内容及要求	配分	评分标准
1	劳动保护用品穿戴	劳动保护用品穿戴齐全	5	穿戴不全不得分
2	正确选用工具、量具、材料	选用工具、量具、材料齐全、准确	5	缺一件扣 1 分，选错一件扣 1 分，扣完为止
3	发动机废气分析仪与待测车辆的准备	设备管、线连接，预热，车辆准备	20	每个步骤方法错误扣 4 分，共 20 分
4	双怠速法检测	分析仪的设置、操作要领及安全注意事项	20	检查方法错误扣 10 分
				检查结果错误扣 10 分
5	检测结果分析	分析各种气体成分超标的原因	20	分析方法错误扣 10 分
				分析结果错误扣 10 分
6	正确使用工具、用具	工具、用具使用正确	10	一种工具、用具使用不正确扣 2 分，扣完为止
				损坏或丢失一件工具、用具不得分
7	操作规程	操作规程执行情况	15	违反操作规程不得分
8	清理现场	清理、擦洗并回收工具、用具	5	少收一件工具、用具扣 1 分，扣完为止
合计			100	

四、作业清单

1. 作业前准备

（1）安置三角木。

（2）安装车内四件套（座椅套、方向盘套、换挡杆套、脚垫）。

（3）安装车外三件套（左右翼子板布、前格栅布）。

2. 仪器的预热

打开主电源（仪器电源、气泵电源），检查电路、气路及控制是否正常，气泵打开后，至少预热 15 min。

注意： 在预热时不要按动任何键，让其自动完成预热；同时取样探头不要接入车辆排气管中，预热前请将测漏帽取下。

3. 校准

进入功能选择屏，设定值区根据标准气体的浓度值来设定相应的数值。测量值区为通入标准气时显示的实际浓度值。校准成功后测量值应和设定值基本一致。

4. 泄漏检查

检查仪器取样系统是否泄漏：连接好取样管和取样探头后，用测漏帽堵住进气口以及标气口，按下 OK 键开始检查。当仪器测量数值偏低时，先进行此项检查。如不合格，检查粉尘过滤器盖和粉尘过滤器底座之间是否拧紧，粉尘过滤器底座螺纹是否破裂，除水器接头是否拧紧。

5. 双怠速法测量

（1）将取样探头插入车辆排气管内约 40 cm，直到测试流程结束才可取出探头，并将转速传感器夹在发动机高压火线上。

（2）仪器提示加速，操作者要把发动机转速加到额定转速的 70%，具体数值在目标转速位置提示。显示界面会出现“保持”和 10 s 的倒计时。倒计时完成后，进入下一个步骤。

（3）仪器提示减速到高怠速转速。此时操作者应该松开油门，当发动机转速降到高怠速范围时，显示界面会出现“保持”和 15 s 的倒计时。倒计时完成，进入下一个步骤。

（4）取数 30 s，这个过程有倒计时。倒计时完毕，显示 30 s 内的测试平均值。

（5）仪器提示减速到怠速转速。此时操作者应该松开油门，当发动机转速降到怠速范围时，显示界面会出现“保持”和 15 s 的倒计时。倒计时完成，进入下一个步骤。

（6）取数 30 s，这个过程有倒计时。倒计时完毕，显示 30 s 内的测试平均值。

（7）按下 OK 键可以打印这个测试结果，按“🖫”键可保存当前测试结果。

（8）测量结果的记录

需记录试验时的发动机转速，以及排气中的 CO、CO_2、HC 排放的体积分数值。

6. 清理现场

复位车辆，清洁场地，清理、擦洗并回收工具、用具。

项目 3　汽车底盘检修

训练任务 1　检查、调整主减速器

一、训练要求

（1）能正确使用工量具、仪器、设备。

（2）按操作规程检查主减速器。

（3）按操作规程调整主减速器啮合间隙。

（4）作业过程规范、整洁、有序，并确保安全。

二、训练相关准备

序号	名称	规格	单位	数量	备注
1	主减速器		台	1	
2	常用工具		套	1	
3	弹簧秤		个	1	
4	压缩空气泵		台	1	
5	润滑油			若干	
6	清洗液、抹布			若干	

三、评分标准

序号	作业项目	考核内容及要求	配分	评分标准
1	劳动保护用品穿戴	劳动保护用品穿戴齐全	5	穿戴不全不得分
2	正确选用工具、量具、材料	选用工具、量具、材料齐全、准确	5	缺一件扣1分，选错一件扣1分，扣完为止
3	分解、清洁主减速器	采取正确的方法拆卸，且清洗彻底、吹干	15	方法不正确扣3分，清洗不彻底扣3分，扣完为止
4	检修主减速器的主、从动齿轮	运用正确方法检修主减速器的主、从动齿轮	20	检验方法错误一处扣5分，检验结果错误一处扣5分，扣完为止
5	检修差速器总成的十字轴、行星齿轮	运用正确方法检修差速器总成的十字轴、行星齿轮	15	检验方法错误一处扣5分，检验结果错误一处扣5分，扣完为止
6	装配主减速器	运用正确方法装配主减速器各零部件	15	装配方法错误一处扣5分，装反一处扣5分，漏装一件扣5分，部件装配不到位扣5分，未按规定力矩拧紧扣5分，扣完为止

续表

序号	作业项目	考核内容及要求	配分	评分标准
7	调整主减速器	运用正确方法调整主减速器	10	不会调整不得分，检查调整不正确扣 5 分
8	正确使用工具、用具	工具、用具使用正确	5	一种工具、用具使用不正确扣 1 分，扣完为止。 损坏或丢失一件工具、用具不得分
9	操作规程	操作规程执行情况	5	违反操作规程不得分
10	清理现场	清理、擦洗并回收工具、用具	5	少收一件工具、用具扣 1 分，扣完为止，未回收不得分
合计			100	

四、作业清单

1. 作业前准备

（1）穿戴好劳动保护套装。

（2）准备好工具、量具、设备。

2. 主减速器的拆卸与检查

（1）拆下主传动盖的固定螺栓，拆下差速器总成。

（2）用专用拉器拉出主传动盖上的轴承外圈，取下调整垫圈 S1，并记下 S1 的厚度。

（3）从齿轮箱壳上拉下另一个轴承外圈，取下调整垫片 S2，并记下 S2 的厚度。

3. 主减速器的装配

（1）行星齿轮和半轴齿轮的安装。

1）用齿轮油润滑，安装复合式止推垫片。

2）通过螺纹套和半轴来安装半轴齿轮，用六角螺栓来拧紧。

3）将两个行星齿轮错开 180°，转动半轴，使其向内摆动，使行星齿轮、复合式止推垫片和差速器罩壳对准。

4）推入行星齿轮轴并用锁销或轴向弹性挡圈锁紧。

5）检查行星齿轮与半轴齿轮间的间隙应为 0.5 ~ 0.20 mm，如超过限度，则应重新选取用复合式止推垫片。

（2）盆形齿轮的安装。将盆形齿轮加热到 100 ℃左右，用定心销为导向，迅速安装好，用螺栓对称进行紧固。

（3）将滚柱轴承加热到 100 ℃左右放好并压紧。

（4）压入车速表主动齿轮，压入深度为 1.4 mm。

方法：选好一个厚度和深度（1.4 mm）一样尺寸的垫圈，放在压紧套筒上进行下压，压平即可保证规定深度。

（5）用专用工具将变速器壳内和主传动器盖上的轴承外座圈及调整垫圈压入，压入前应考虑到其间调整垫圈的厚薄尺寸，尽量使用原装调整垫圈。

（6）差速器总成的安装。将差速器总成和主传动盖一起装入变速器壳内，用拉索进行紧固，将车速表驱动齿轮装入主传动器盖中，装配时要参阅调整部分。

4. 主动锥齿轮和从动锥齿轮总成的调整

（1）调整方法：通过调节左、右轴承螺母进行调整，如图 2–3–1 所示。

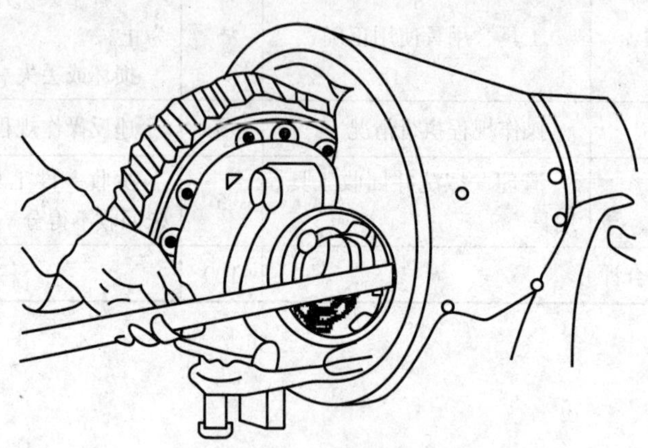

图 2–3–1　调整轴承螺母

调整时先将螺母旋紧，再退回 1/10 ~ 1/16 圈，使最近的一个开口与锁止板重合，用锁止板固定。调整后，轴向推拉齿轮应无间隙感，转动齿轮时，无卡滞现象。

（2）主、从动圆锥齿轮啮合印痕与齿侧间隙的调整。主、从动圆锥齿轮应沿齿长方向接触，其位置控制在轮齿的中部偏向小端。检查时在从动圆锥齿轮上，沿圆周大致均布的 3 个齿的凸面上，均匀地涂上一薄层红丹油，用手转动主动齿轮凸缘，带动从动圆锥齿轮旋转。啮合痕迹应离小端端部 2 ~ 4 mm，其长度不小于齿长的 50%，齿高方向的啮合印痕应不小于齿高的 50%，一般应距齿顶 0.80 ~ 1.60 mm，齿侧间隙为 0.15 ~ 0.50 mm，如图 2–3–2 所示。但每一对锥齿轮副啮合间隙的变动量不得大于 0.15 mm。

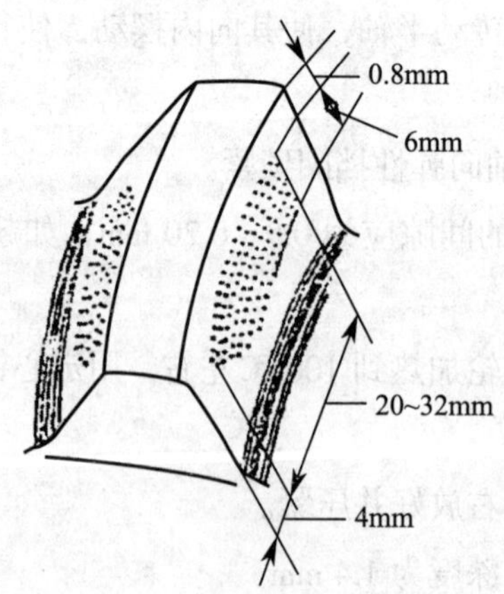

图 2–3–2　啮合印痕与齿侧间隙

5. 主减速器和差速器的检测

（1）检查主减速器主动齿轮、从动齿轮、行星齿轮及半轴齿轮的齿面是否有刮伤或严重磨损。

（2）检查从动锥齿轮的偏摆量。

（3）检查主、从动齿轮的啮合间隙。
（4）检查半轴齿轮与行星齿轮的啮合间隙。
（5）检查主、从动齿轮轮齿的啮合印痕。

6. 清理现场

清理、擦洗并回收工具、用具。

训练任务 2 更换轮胎

一、训练要求

（1）能正确使用工量具、仪器、设备。
（2）按操作规程拆卸轮胎。
（3）按操作规程安装轮胎。
（4）作业过程规范、整洁、有序，并确保安全。

二、训练相关准备

序号	名称	规格	单位	数量	备注
1	轮胎		个	1	
2	轮胎拆装机		台	1	
3	轮胎动平衡机		台	1	
4	轮胎气压表		块	1	
5	气门芯扳手		把	1	
6	金属撬棍		根	1	
7	清洁抹布		块	1	
8	压缩空气源		台	1	

三、评分标准

序号	作业项目	考核内容及要求	配分	评分标准
1	劳动保护用品穿戴	劳动保护用品穿戴齐全	5	穿戴不全不得分
2	正确选用工具、量具、材料	选用工具、量具、材料齐全、准确	5	缺一件扣 1 分，选错一件扣 1 分
3	准备	作业前准备	5	检查准备不充分一次扣 2 分
				未对轮胎进行清洁、未检查胎压一次扣 5 分
4	拆卸轮胎	放气、开启胎圈（压胎）	15	数据采集不正确每个扣 5 分； 操作方法不正确每次扣 5 分
		轮胎剥离轮毂	20	操作方法不正确每次扣 5 分

续表

序号	作业项目	考核内容及要求	配分	评分标准
5	安装轮胎	安装轮胎到轮毂上	25	操作方法不正确每次扣 5 分； 未做平衡验证扣 5 分
6	正确使用工具、用具	工具、用具使用正确	10	一种工具、用具使用不正确扣 2 分
				损坏或丢失一件工具、用具不得分
7	操作规程	操作规程执行情况	10	违反操作规程不得分
8	清理现场	清理、擦洗并回收工具	5	少收一件工具、用具扣 1 分
合计			100	

四、作业清单

1. 作业前准备

（1）穿戴好劳动保护套装，按要求戴好安全帽，拉紧衣服拉链，扣好衣扣，系紧鞋带。

（2）准备好工具、量具、设备。

2. 开启胎圈

（1）确定好轮胎内外侧并做好标记。

（2）为避免发生危险，拆卸车轮上的平衡块。

（3）将轮胎中的空气全部放掉。

（4）在胎圈与轮辋接合处涂润滑液或肥皂水，让液体渗入一些便于铲胎。

将轮胎放在地上，竖起靠近支承胶板，踩下压胎踏板，利用大铲将胎圈全部铲开，如图 2–3–3 所示。压内侧时，重复上述动作（注意避开气嘴位置）。

图 2–3–3 大铲压胎

3. 拆卸轮胎

（1）将轮胎放入转盘上，踩动卡爪开启、闭合踏板，使卡爪外夹或内夹夹紧轮辋，如图 2–3–4

所示。

注意：避免夹到轮胎并务必夹紧。

图 2-3-4　转盘卡爪夹紧轮辋

（2）按下垂直立柱，使拆装头靠近轮辋边缘，并用锁紧杆锁紧垂直立柱。调整悬臂定位螺栓，使拆装头与轮辋的上侧间隙为 3 mm，外侧间隙为 5 ~ 7 mm，如图 2-3-5 所示。

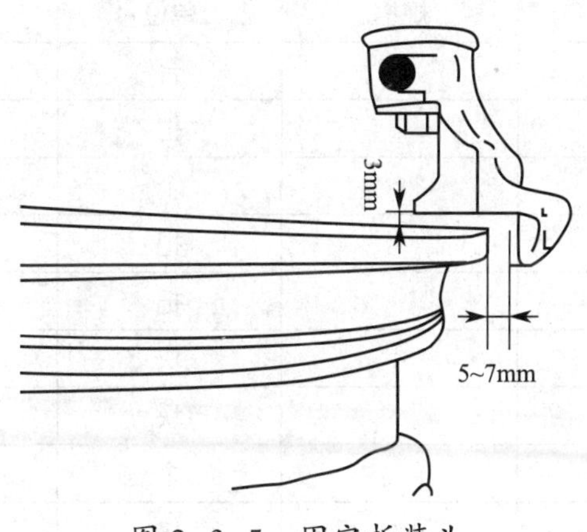

图 2-3-5　固定拆装头

（3）用撬棍将胎缘撬至拆装头上，（**注意：**将拆装头对面胎缘压低）踩动转盘踏板，让转盘顺时针旋转，直到轮胎上边缘脱离轮辋为止。

4. 安装轮胎

（1）先将轮胎两侧胎缘涂上肥皂水，然后把轮胎套在轮毂上，把拆装头固定在工作位置。

（2）将下侧胎缘置于拆装头尾部上面机头下部，同时压低轮胎，踩动转盘踏板，顺时针转动转盘使胎缘旋入轮辋。

（3）使用同样的方法安装轮胎上侧胎缘。

注意：务必将上侧胎缘压低，可利用撬棍。

（4）踩动卡爪开启、闭合踏板，松开卡爪，取下车轮。

5. 充气、检漏

（1）给轮胎充至标准胎压，注意要勤测气压，以防止充气压力过高发生意外事故。

（2）将车轮放入指定容器或在其上涂肥皂水，检查车轮周边是否密封良好，确保无漏气。

6. 清理现场

清理、擦洗并回收工具、用具。

训练任务 3　车轮动平衡检查

一、训练要求

（1）能正确使用工具、仪器、设备。

（2）按操作规程进行动平衡测试。

（3）按操作规程安装平衡块。

（4）能查阅维修手册，分析检查情况。

（5）作业过程规范、整洁、有序，并确保安全。

二、训练相关准备

序号	名称	规格	单位	数量	备注
1	卧式动平衡机		台	1	
2	轮胎平衡钳		把	1	
3	锥块		个	1	
4	平衡机快速螺母		把	1	
5	动平衡机卡尺		把	1	
6	卡扣式平衡块		块	若干	
7	粘贴式平衡块		块	若干	
8	胎压表		个	1	
9	抹布		块	1	

三、评分标准

序号	作业项目	考核内容及要求	配分	评分标准
1	劳动保护用品穿戴	劳动保护用品穿戴齐全	5	穿戴不全不得分
2	正确选用工具、量具、材料	选用工具、量具、材料齐全、准确	5	缺一件扣 1 分，选错一件扣 1 分
3	准备	作业前准备	5	检查准备不充分一次扣 2 分 未对轮胎进行清洁、未检查胎压一次扣 5 分

续表

序号	作业项目	考核内容及要求	配分	评分标准
4	动平衡测试	数据采集、输入	25	数据采集不正确每个扣5分； 操作方法不正确每次扣5分
		动平衡测试	10	操作方法不正确每次扣5分
5	安装平衡块及验证	安装平衡块及验证	25	操作方法不正确每次扣5分； 未做平衡验证扣5分
6	正确使用工具、用具	工具、用具使用正确	10	一种工具、用具使用不正确扣2分
				损坏或丢失一件工具、用具不得分
7	操作规程	操作规程执行情况	10	违反操作规程不得分
8	清理现场	清理、擦洗并回收工具	5	少收一件工具、用具扣1分

四、作业清单

1. 作业前准备

（1）穿戴好劳动保护套装，按要求戴好安全帽，拉紧衣服拉链，扣好衣扣，系紧鞋带。

（2）准备好工具、量具、设备。

2. 动平衡机使用前检查

（1）机器应水平稳固安装。

（2）附件应齐全。

（3）显示面板应正常。

3. 清洁、检查车轮

（1）清除车轮上杂物。

（2）检查轮胎胎压。

（3）拆除旧平衡块。

4. 固定车轮

（1）打开电源开关。

（2）装上车轮，选择适合的锥体，注意锥体的方向。

（3）装上快速螺母，并旋紧，注意力度不能过大。

5. 输入车轮相关数值（见图 2-3-6）

（1）测量轮辋边缘至机箱的距离 a，输入相应数值。

（2）用卡尺卡住轮辋两侧并读取数值 b，输入轮辋宽度的相应数值。

（3）读取轮胎参数，字母 R 后面是轮辋直径 d，输入轮辋直径的相应数值 d。

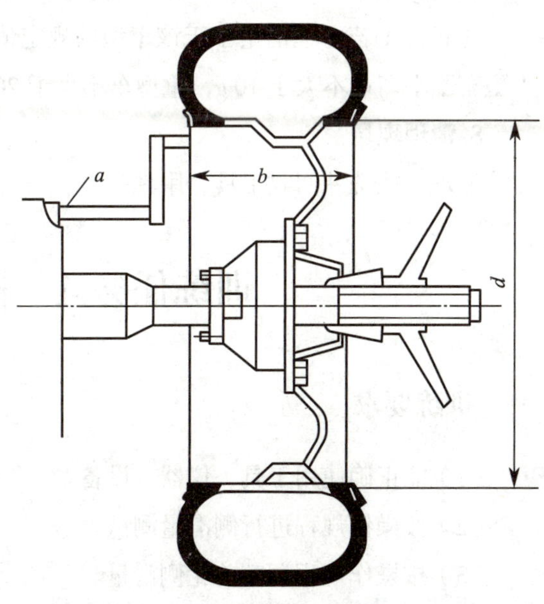

图 2-3-6　车轮动平衡相关数值

6. 动平衡测试

（1）按 START 按钮启动运转，数秒后自动停止。左右显示屏显示出不平衡量。

（2）车轮在旋转中，机器在进行数值的收集与计算，注意不能有外力加在平衡机上。

（3）显示面板上左边是车轮内侧，右边为外侧，转动车轮，当指示灯全亮时停止，在轮辋的外侧上部（12 点位置）安装相应质量的平衡块。

7. 安装平衡块（见图 2-3-7）

图 2-3-7　安装车轮动平衡块

（1）选择合适的平衡块，平衡块上有数值，动不平衡量小于 5 g，机器显示合格为止。

（2）再次测平衡：安装平衡块后有可能产生新的不平衡，应重新进行平衡试验，直至不平衡量小于 5 g 指示装置显示“00”或“OK”时为止，测试结束，关闭电源开关。

注意：①若不平衡量小于该车型的规定值，则不必对车轮进行平衡校正。②一般检测评定办法是：小型车不平衡量不大于 10 g，重型车不大于 20 g，且每侧轮辋边缘所加平衡块以不超过 3 块为宜。

8. 清理现场

清理、擦洗并回收工具、用具。

训练任务 4　检查与调整前轮侧滑量

一、训练要求

（1）能正确使用工具、仪器、设备。

（2）按操作规程进行侧滑量测试。

（3）按操作规程调整前轮侧滑量。

（4）能查阅维修手册，分析检查情况。

（5）作业过程规范、整洁、有序，并确保安全。

二、训练相关准备

序号	名称	规格	单位	数量	备注
1	汽车		辆	1	任一型号均可
2	前轮侧滑试验台		台	1	
3	开口扳手		套	1	
4	梅花扳手		套	1	
5	鲤鱼钳		把	1	
6	管子扳手		把	1	
7	轮胎气压表		只	1	
8	轮胎花纹深度规		只	1	

三、评分标准

序号	作业项目	考核内容及要求	配分	评分标准
1	劳动保护用品穿戴	劳动保护用品穿戴齐全	5	穿戴不全不得分
2	正确选用工具、量具、材料	选用工具、量具、材料齐全、准确	5	缺一件扣1分，选错一件扣1分，扣完为止
3	准备	检测前准备	5	准备不充分一次扣2.5分，扣完为止
				准备失误扣5分
4	检查	检查轮胎气压及表面状况	10	检查方法不正确扣10分
		将汽车以规定的速度驶过侧滑试验台，并读取前轮侧滑量	20	测量方法不正确扣10分
				测量结果不正确扣10分
5	调整	调整前轮侧滑量	20	操作方法不正确扣20分
		调整完毕，再次检查前轮侧滑量	10	操作方法不正确扣5分
				检查结果不正确扣5分
6	正确使用工具、用具	工具、用具使用正确	10	一种工具、用具使用不正确扣2分，扣完为止
				损坏或丢失一件工具、用具不得分
7	操作规程	操作规程执行情况	10	违反操作规程不得分
8	清理现场	清理、擦洗并回收工具、用具	5	少收一件工具、用具扣1分，扣完为止
合计			100	

四、作业清单

1. 作业前准备

（1）穿戴好劳动保护套装，按要求戴好安全帽，拉紧衣服拉链，扣好衣扣，系紧鞋带。

（2）试验台的准备

1）检查侧滑试验台导线连接情况，如发现故障，应及时清除。

2）检查侧滑试验台及其周围的清洁情况，如有油污、泥土、砂石及水等应予清除。

3）打开侧滑试验台的锁止装置，检查滑动板能否在外力作用下左右自如滑动，外力消失后是否回到原始位置，且指示装置指在零点。

4）检查报警装置在规定值时能否发出报警信号，并视需要进行调整或修理。

2. 检查被检汽车

（1）轮胎气压应符合汽车制造厂规定。

（2）清理轮胎上的油污、泥土、水及石子等杂物。

（3）轮胎花纹深度必须符合《机动车运行安全技术条件》（GB 7258—2017）的规定。

3. 侧滑量检测

（1）拔掉滑动板的锁止销钉，接通电源。

（2）如图 2-3-8 所示，汽车以 3 ~ 5 km/h 的速度垂直滑动板驶向侧滑试验台，使前轮平稳通过滑动板。

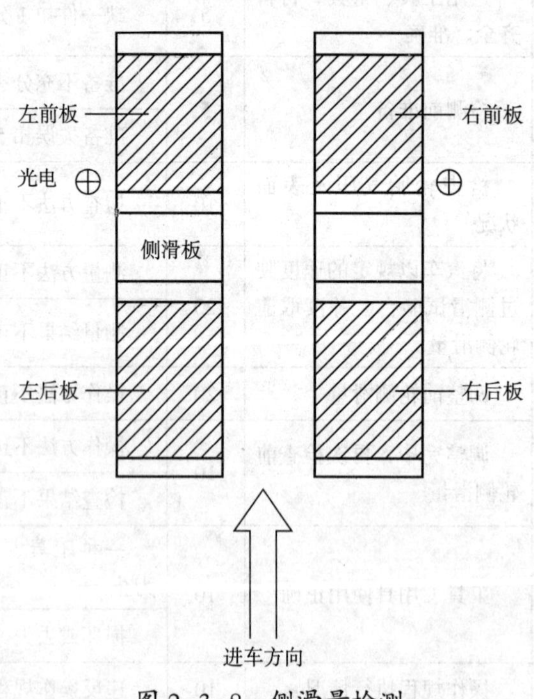

图 2-3-8　侧滑量检测

（3）当前轮完全通过滑动板后，从显示器上观察侧滑方向并读取、打印最大侧滑量。

（4）检测结束后，关闭电源并锁止滑动板。

注意事项：

1）不能让轴重超过试验台允许重量的汽车通过侧滑试验台。

2）汽车不能在侧滑试验台上转向或制动。

3）保持侧滑试验台内、外及周围环境清洁。

4）非检测汽车不能在侧滑试验台上停留。

4. 汽车侧滑的调整

（1）车轮外倾角的调整，对于不同的悬架形式其方式也不同。非独立悬架的汽车，车轮外倾角是在转向节设计中确定的。当车轮外倾角不符合规定时，须检查轮辋轴承是否松旷、转向节铜套是否磨损和转向节轴是否变形等，根据故障情况可予以修复或更换。对于独立悬架汽车，如国产红旗轿车，前轮采用不等长双摆臂式螺旋弹簧独立悬架，车轮外倾角的调整可通过增减调整垫片来实现。

（2）车轮前束的检查与调整，可通过改变转向梯形机构的横拉杆长度来实现。调整时，须首先松开横拉杆长度锁紧螺母，然后用管钳转动调整螺母套管，该套管左右两端螺旋线方向相反，转动时可使横拉杆向两端伸长或缩短，以此来调节车轮前束值。

（3）重新检测侧滑量，经过反复调试，直至汽车驶过侧滑试验台时，其侧滑量符合国家标准要求。

5. 清理现场

清理、擦洗并回收工具、用具。

训练任务5 拆装万向传动装置

一、训练要求

（1）能正确使用工具、设备。

（2）按操作规程拆装万向传动装置。

（3）作业过程规范、整洁、有序，并确保安全。

二、训练相关准备

序号	名称	规格	单位	数量	备注
1	整车		辆	1	
2	三角木		套	1	
3	举升机		台	1	
4	专用工具		套	1	
5	常用工具		套	1	
6	清洗剂		只	1	
7	油盘		只	1	
8	毛刷		把	1	
9	棉纱		团	1	
10	记号笔		支	1	

三、评分标准

序号	作业项目	考核内容及要求	配分	评分标准
1	劳动保护用品穿戴	劳动保护用品穿戴齐全	5	穿戴不全不得分
2	正确选用工具、量具、材料	选用工具、量具、材料齐全、准确	5	缺一件扣1分，选错一件扣1分
3	准备	作业前准备	5	准备不充分一次扣2分 准备失误扣5分
4	拆卸	拆卸传动轴总成	20	操作方法不正确每次扣2分
		拆卸万向节	10	操作方法不正确每次扣2分
5	组装	组装工艺和质量	10	加油嘴未朝向传动轴一面扣2分
			10	两端面万向节叉不在同一平面内扣5分
6	检验	验证效果	10	十字轴同轴承配合松紧度不适当、转动不灵活扣5分
7	正确使用工具、用具	工具、用具使用正确	10	一种工具、用具使用不正确扣2分
				损坏或丢失一件工具、用具不得分
8	操作规程	操作规程执行情况	10	违反操作规程不得分
9	清理现场	清理、擦洗并回收工具、用具	5	少收一件工具、用具扣1分
合计			100	

四、作业清单

1. 作业前准备

（1）穿戴好劳动保护套装。

（2）准备好工具、量具、设备。

2. 举升车辆

（1）摆好举升臂，对准车辆举升点。

（2）缓慢将车辆举离地面，摇晃车身确认支撑稳妥。

（3）举升车辆到合适的作业高度。

3. 拆附件

（1）拆除排气管。

（2）拆除固定支架等。

4. 拆卸传动轴总成

（1）拆下传动轴万向节与主减速器的凸缘相连接的6个螺栓。

（2）拆下传动轴前端凸缘叉与中间传动轴凸缘相连接的6个螺栓，拆下传动轴。

5. **拆解万向节**

（1）拆解万向节前，应清除外表面污泥，并做好装配标记。

（2）松开连接螺母、螺栓，并摆放整齐。

（3）拆除全部卡环，如图 2–3–9 所示。

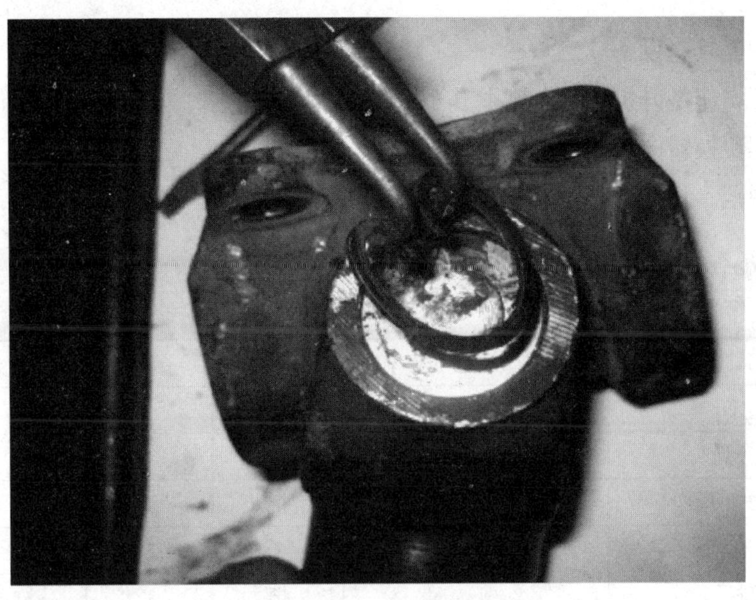

图 2–3–9 拆除卡环

（4）托起传动轴，并用手锤敲打万向节叉，将滚针轴承震出，取下十字轴。万向节分解图如图 2–3–10 所示。

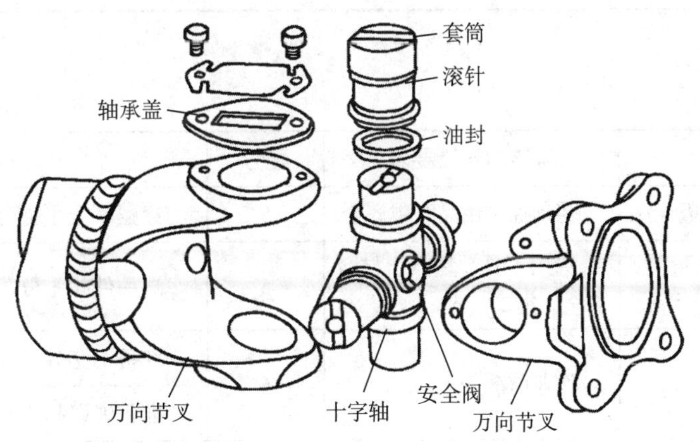

图 2–3–10 万向节分解图

6. **装配**

（1）清洗零件，对拆下的零部件进行清洗。

（2）按拆卸传动轴相反的顺序装配传动轴，并按规定力矩拧紧螺栓、螺母。

7. **清理现场**

复位车辆，清洁场地。

训练任务 6　更换转向横拉杆和球头

一、训练要求

（1）能正确使用工具、设备。

（2）按操作规程操作举升机（将车辆举升至适当位置）。

（3）按操作规程更换转向横拉杆和球头。

（4）作业过程规范、整洁、有序，并确保安全。

二、训练相关准备

序号	名称	规格	单位	数量	备注
1	整车		辆	1	
2	举升机		台	1	
3	扭力扳手		把	1	
4	17 号套筒		个	1	
5	接杆		把	1	
6	专用工具		把	1	
7	梅花扳手	（19～21 号）	把	1	
8	鲤鱼钳		把	1	
9	纱布		块	1	

三、评分标准

序号	作业项目	考核内容及要求	配分	评分标准
1	劳动保护用品穿戴	劳动保护用品穿戴齐全	5	穿戴不全不得分
2	正确选用工具、量具、材料	选用工具、量具、材料齐全、准确	5	缺一件扣 1 分，选错一件扣 1 分
3	准备	作业前准备	5	准备不充分一次扣 2 分
				准备失误扣 5 分
4	拆卸	拆卸转向横拉杆	15	操作方法不正确每次扣 2 分
		拆卸球头	15	操作方法不正确每次扣 2 分
5	组装	组装、调整	25	操作方法不正确每次扣 2 分
6	检验	四轮定位验证	5	表述不完整扣 2 分
7	正确使用工具、用具	工具、用具使用正确	10	一种工具、用具使用不正确扣 2 分
				损坏或丢失一件工具、用具不得分

续表

序号	作业项目	考核内容及要求	配分	评分标准
8	操作规程	操作规程执行情况	10	违反操作规程不得分
9	清理现场	清理、擦洗并回收工具、用具	5	少收一件工具、用具扣 1 分
合计			100	

四、作业清单

1. 作业前准备

（1）穿戴好劳动保护套装。

（2）准备好工具、量具、设备。

（3）举升车辆到适合位置，锁住举升机。

2. 拆卸前左右车轮

（1）将转向盘调整到中间位置。

（2）用扭力扳手、套筒、接杆按照对角多遍的要求旋松四个车轮固定螺栓。

（3）操纵举升机将车辆举升至适当位置。

（4）使用车轮扳手旋出四个车轮固定螺栓，取下螺栓，取下车轮放置到车轮支架上。

（5）按照相同要求拆卸另一侧车轮。

3. 拆卸转向横拉杆球头

（1）使用工具拧松转向横拉杆球头固定螺母，旋下螺母。

（2）将专用工具固定在球头销和转向节臂上。

（3）使用梅花扳手旋入专用工具丝杆压出球头，取下拆卸工具。

4. 拆卸转向横拉杆支架

（1）操纵举升机将车辆举升至适当位置并可靠锁止。

（2）使用扭力扳手、套筒、接杆旋松转向横拉杆支架两个固定螺母，旋下螺母。

（3）使用游标卡尺测量横拉杆外球头外露长度，并记录测量数值，作为安装连接杆位置的依据。

（4）将转向横拉杆外球头销插入转向节臂的沉孔中。

（5）使用 13 ~ 14 mm 开口扳手固定连接杆，使用 22 ~ 24 mm 拧松连接杆锁紧螺母。

（6）脱出转向球头销。

（7）操纵举升机将车辆降至轮胎最低点距离地面适当高度并可靠锁止。

（8）使用扭力扳手、套筒、接杆拧松转向横拉杆两条固定螺栓并旋出，取出固定螺栓并脱出转向横拉杆支架。

（9）取出转向横拉杆及其支架并摆放在操作台上。

5. 拆卸转向器防尘罩

（1）使用鲤鱼钳松开转向器防尘罩压紧夹箍。

（2）取下固定环及防尘罩。

6. 拆卸转向横拉杆及其球头

（1）使用铁锤震松连接杆两端的箍紧帽。

（2）旋下左右转向横拉杆球头、连接杆，取下箍紧帽。

（3）拧松转向横拉杆固定螺母，旋下固定螺母，取出带连接板的固定螺栓。

7. 安装转向横拉杆及其球头

（1）将带连接板的螺栓穿过衬套和支架，旋上螺母。

（2）使用扭力扳手、套筒、接杆将螺母拧紧至力矩 45 N · m。

（3）安装箍紧帽，旋入连接杆，安装箍紧帽，旋上球头。

（4）按照相同要求旋上另一侧的连接杆和转向球头。

（5）安装防尘罩、固定环，使用鲤鱼钳安装防尘罩卡箍。

（6）安装转向横拉杆及其支架。

（7）安装转向横拉杆球头。

（8）安装前左右车轮。

8. 清理现场

复位车辆，清洁场地，清理、擦洗并回收工具、用具。

训练任务 7　更换鼓式制动器

一、训练要求

（1）能正确使用工具、设备。

（2）按操作规程操作举升机，将车辆举升至适当位置。

（3）按操作规程更换制动器。

（4）作业过程规范、整洁、有序，并确保安全。

二、训练相关准备

序号	名称	规格	单位	数量	备注
1	整车		辆	1	
2	举升机		台	1	
3	常用工具		套	1	
4	扭力扳手		把	1	
5	游标卡尺		把	1	
6	千分尺		把	1	

三、评分标准

序号	作业项目	考核内容及要求	配分	评分标准
1	劳动保护用品穿戴	劳动保护用品穿戴齐全	5	穿戴不全不得分
2	正确选用工具、量具、材料	选用工具、量具、材料齐全、准确	5	缺一件扣1分，选错一件扣1分
3	准备	作业前准备	5	准备不充分一次扣2分
				准备失误扣5分
4	拆卸	制动鼓分解	15	操作方法不正确每次扣2分
		制动蹄分解	15	操作方法不正确每次扣2分
5	安装	制动蹄安装	15	操作方法不正确每次扣2分
		制动鼓安装	15	操作方法不正确每次扣2分
6	正确使用工具、用具	工具、用具使用正确	10	一种工具、用具使用不正确扣2分
				损坏或丢失一件工具、用具不得分
7	操作规程	操作规程执行情况	10	违反操作规程不得分
8	清理现场	清理、擦洗并回收工具、用具	5	少收一件工具、用具扣1分
合计			100	

四、作业清单

1. 作业前准备

（1）车辆进入工位前，清洁工位，准备好相关的工具、量具及材料。

（2）将待检车辆停驻在举升机中央位置。

（3）安装车外三件套。

（4）安装车内四件套

（5）拉紧驻车制动器，并将手动变速器置于空挡位置，自动变速器置于N挡位置。

2. 制动鼓的分解

（1）拆卸前，使用起子通过车轮的螺栓孔将楔形件向上压，使制动蹄回位。

（2）用VW637/2专用工具拆下轮毂盖，拔出开口销，拆下冠状螺母保险环。

（3）拆下轮毂轴承预紧度的调整螺母及垫圈、轴承，取下制动鼓。

3. 制动蹄的分解

（1）压下制动蹄定位销压簧，取下制动蹄定位销及压簧垫圈，借助起子、撬棍或用手从下面的支座上提起制动蹄，取出下回位弹簧。

（2）拆下制动杆上的手制动钢丝，用鲤鱼钳取下楔形件的拉力弹簧和上回位弹簧，取下制动蹄。

（3）将带压力杆的制动蹄卡紧在台钳上，拆下定位弹簧。

4. 制动器检查

（1）检查制动轮缸活塞处是否有制动液泄漏，轮缸防尘罩是否破损。

（2）用游标卡尺测量制动鼓的直径是否在规定的范围内，如超出规定范围应更换。

车型	制动鼓		制动蹄（不包括底板）	
	标准直径	允许最大直径	标准厚度	允许最小厚度
爱丽舍	203 mm	205 mm	4.75 mm	1 mm
桑塔纳 2000 型	200 mm	201 mm	5 mm	2.5 mm
捷达	181 mm	183 mm	5 mm	2.5 mm

（3）用钢直尺测量制动蹄摩擦片的厚度是否在规定的范围内，如超出规定范围应更换。

（4）检查制动蹄摩擦片与制动鼓的结合情况。

1）用白色粉笔在制动鼓的工作面上抹一层粉末。

2）用手将制动蹄片贴合在制动鼓的工作面上转动。

3）检查制动蹄摩擦片上的贴合印痕。

（5）检查各个回位弹簧、拉紧弹簧是否有断裂、变形的现象。

5. 制动蹄的安装

（1）装上回位弹簧，并将制动蹄与压力杆（推杆）连接好，装上楔形件（凸块朝向制动器底板），将另一个带有传动管的制动蹄装在压力杆上。

（2）装入上回位弹簧（最大允许长度为 130 mm），在制动臂上套上手制动绳索，把制动蹄装在车轮制动分泵的活塞外槽上。

（3）装入下回位弹簧，并把制动蹄提起，装到下面的支座上，装上楔形件的拉力弹簧（最大允许长度为 113 mm）；装入制动蹄定位销、压簧及垫圈。

6. 制动鼓的安装

（1）用制动零件清洗剂清洗制动鼓、制动蹄片工作面上的油污，并用压缩空气吹干。

（2）使制动蹄回位，装上制动鼓及后轮轴承。

（3）调整好轴承预紧度，用力踩制动踏板一次，使制动蹄能正确就位。

7. 清理现场

复位车辆，清洁场地，清理、擦洗并回收工具、用具。

训练任务 8　更换制动液

一、训练要求

（1）能正确使用工具、设备。

（2）按操作规程操作举升机，将车辆举升至适当位置。

（3）按操作规程检查、更换制动液。

（4）作业过程规范、整洁、有序，并确保安全。

二、训练相关准备

序号	名称	规格	单位	数量	备注
1	整车		辆	1	
2	举升机		台	1	
3	塑料软管		根	1	
4	接油器		个	1	
5	专用扳手		把	1	
6	棉纱		团	1	
7	制动液		瓶	1	

三、评分标准

序号	作业项目	考核内容及要求	配分	评分标准
1	劳动保护用品穿戴	劳动保护用品穿戴齐全	5	穿戴不全不得分
2	正确选用工具、量具、材料	选用工具、量具、材料齐全、准确	5	缺一件扣 1 分，选错一件扣 1 分
3	准备	作业前准备	5	准备不充分一次扣 2 分
				准备失误扣 5 分
4	检查制动液	检查制动液的液位和质量	10	操作方法不正确每次扣 2 分
		检查制动液泄漏	10	操作方法不正确每次扣 2 分
5	更换制动液	排放旧制动液	20	操作方法不正确每次扣 2 分
		加注新制动液，排空	20	操作方法不正确每次扣 2 分
6	正确使用工具、用具	工具、用具使用正确	10	一种工具、用具使用不正确扣 2 分
				损坏或丢失一件工具、用具不得分
7	操作规程	操作规程执行情况	10	违反操作规程不得分
8	清理现场	清理、擦洗并回收工具、用具	5	少收一件工具、用具扣 1 分
合计			100	

四、作业清单

1. 作业前准备

（1）车辆进入工位前，清洁工位，准备好相关的工具、量具及材料。

（2）将待检车辆停驻在举升机中央位置。

（3）安装车外三件套。

（4）安装车内四件套。

2. 制动液的种类与选用

（1）标准：①《机动车辆制动液》（GB 12981—2012）的分类：HZY3、HZY4、HZY5、HZY6。②国际安全标准的 DOT 分类：DOT3 、DOT4 、DOT5。

（2）选用：①尽可能购买长期为汽车厂提供配套制动液的生产厂家的产品，确保质量可靠，性能稳定。②尽量到资质合格的大型销售场所购买，以防伪劣产品。③在种类选择上，最好考虑选合成制动液，不要购买已淘汰的醇型制动液。④制动液级别越高越好，级别越高，安全保障性越好。

（3）更换周期：①两年或 50 000 km。②制动液变质。

3. 检查制动液

（1）检查储液罐油量。液面应在储液罐上的 MAX 和 MIN 刻度之间；如果液面低于 MIN 刻度以下，则需要检查管路、轮缸是否有泄漏。

（2）油质检查，将制动液滴在白纸上，检查制动液中是否有杂质，观察颜色，如变色应更换。

（3）检查制动总泵、储液罐、油管是否有泄漏，并填写检查表。

部位	总泵	分泵	制动管路	储液罐
是否泄漏				

4. 排放旧制动液

提示：此操作需要甲乙两人配合完成（见图 2-3-11）。

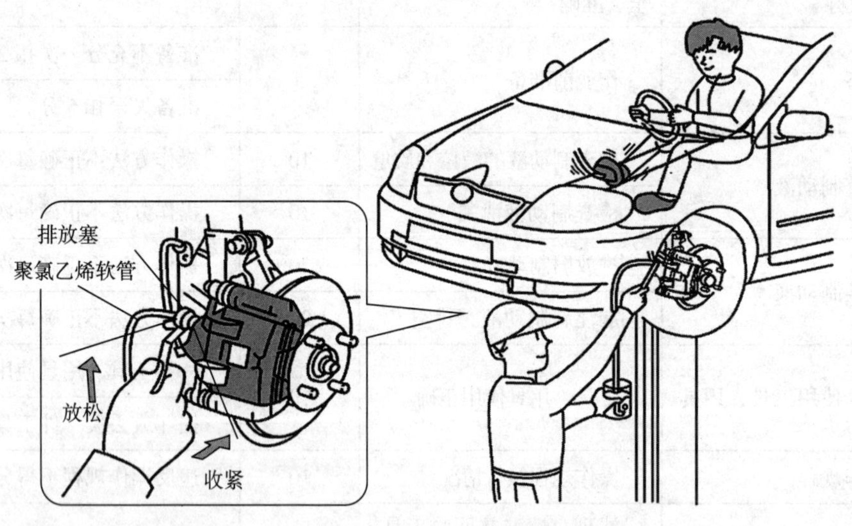

图 2-3-11　排放旧制动液

（1）甲进入驾驶室，放松驻车制动器操纵杆。

（2）乙操作举升机，将车辆举升至适当高度，并进行安全锁止。

（3）乙进入车辆下面，取下车轮制动轮缸放气阀上的防尘帽，摆放在零件车上。

（4）乙将塑料软管一端插入制动轮缸的放气阀上，另一端插入接油容器中。

（5）甲连续踩踏制动踏板多次后，踩住制动踏板不放，向乙发出信号，乙听到信号后使用排气扳手拧松制动轮缸上的放气阀。

（6）无制动液排放时，乙拧紧放气阀后，向甲发出继续踩制动踏板信号。

（7）甲、乙相互配合，重复（5）、（6）的操作步骤，直到使用过的制动液排放完毕，拧紧放气阀，取下塑料软管。

5. 加注制动液并清洗管路

（1）乙旋开制动液包装盖，将制动液缓慢倒入储液罐内，直到液面达到规定要求为止，旋紧储液罐盖。

（2）甲进入驾驶室，乙操作举升机，将车辆举升到适当高度，并进行安全锁止。

（3）乙用手取下左后车轮制动轮缸放气阀上的防尘帽，并摆放在零件车上。

（4）乙将塑料软管一端插入制动轮缸的放气阀上，另一端插入接油容器中。

（5）甲连续踏踩制动踏板，踩住不放并向乙发出信号，乙使用排气扳手拧松制动轮缸上的放气阀。

提示：在操作的过程中，须及时向储液罐中添加制动液，以保证制动液在规定的范围内。

（6）观察流入接油容器中制动液的情况，重复（5）的操作步骤，直到排出的制动液色泽鲜亮、无杂质，停止踩踏制动踏板。

6. 制动系统排气（方法与排放、加注制动液相似，由甲、乙两人配合完成）

（1）甲连续踩踏制动踏板数次，当感觉制动踏板阻力增大时，踩住制动踏板，并向乙发信号。

（2）乙听到信号后，使用排气扳手，拧松制动轮缸上的放气阀，制动液和空气快速进入接油容器中。

（3）当进入接油容器中的制动液流速变慢时，乙拧紧制动轮缸上的放气阀，并向甲发出信号。

（4）重复（1）、（2）、（3）的操作步骤，直到制动轮缸里的空气排放完毕，拧紧放气阀，取下塑料软管。

（5）擦净制动轮缸周围的油液，即为车轮制动管路排气完毕。

7. 清理现场

复位车辆，清洁场地，清理、擦洗并回收工具、用具。

项目 4　汽车电气设备检修

训练任务 1　检测蓄电池技术状况

一、训练要求

（1）能正确使用工具、仪器、设备。

（2）按操作规程检查蓄电池外观。

（3）按操作规程连接蓄电池检测仪。

（4）按操作规程使用蓄电池检测仪，学会通过各参数（内阻、容量、电量等）判断蓄电池技术状况。

（5）作业过程规范、整洁、有序，并确保安全。

二、训练相关准备

序号	名称	规格	单位	数量	备注
1	整车		辆	1	
2	蓄电池		个	1	
3	蓄电池检测仪		个	1	
4	棉纱		团	1	

三、评分标准

序号	作业项目	考核内容及要求	配分	评分标准
1	劳动保护用品穿戴	劳动保护用品穿戴齐全	5	穿戴不全不得分
2	正确选用工具、量具、材料	选用工具、量具、材料齐全、准确	5	缺一件扣 1 分，选错一件扣 1 分
3	准备	作业前准备	5	准备不充分一次扣 2 分
				准备失误扣 5 分
4	检测蓄电池技术状况	外观检查	10	漏检一项扣 2 分
		使用仪器检查	25	操作方法不正确每次扣 5 分
		检测结果分析	25	分析不正确每个扣 5 分
5	正确使用工具、用具	工具、用具使用正确	10	一种工具、用具使用不正确扣 2 分
				损坏或丢失一件工具、用具不得分
6	操作规程	操作规程执行情况	10	违反操作规程不得分

续表

序号	作业项目	考核内容及要求	配分	评分标准
7	清理现场	清理擦洗并回收工具、用具	5	少收一件工具、用具扣 1 分
合计			100	

四、作业清单

1. 作业前准备

（1）穿戴好劳动保护套装。

（2）准备好工具、量具、设备。

2. 外观检查

（1）检查外壳是否有裂纹、破损，是否泄漏电解液。

（2）检查极桩是否有氧化物。

（3）加液孔盖是否损坏、通气孔是否畅通。

（4）蓄电池外表是否清洁。

3. 液面高度检查

（1）玻璃管测量法。

（2）观察液面高度指示线法。

（3）从加液面孔观察判断法。

4. 蓄电池电压的测量

用万用表测量蓄电池端电压，只能作为检测的参考因素。通常静置时，测量端电压≥ 12.6 V，并且电解液密度≥ 1.22 g/cm^3，才可以基本判定蓄电池具有一定的电量储备。

5. 使用高率放电计检测

（1）原理：高率放电计是模拟起动机工作状态，检测蓄电池容量的仪表。由于在检测时，蓄电池对负载电阻放电电流可达 100 A 以上，所以，能比较准确判定蓄电池的容量和基本性能，是目前普遍使用的检测仪表。

（2）使用方法（见图 2–4–1）。

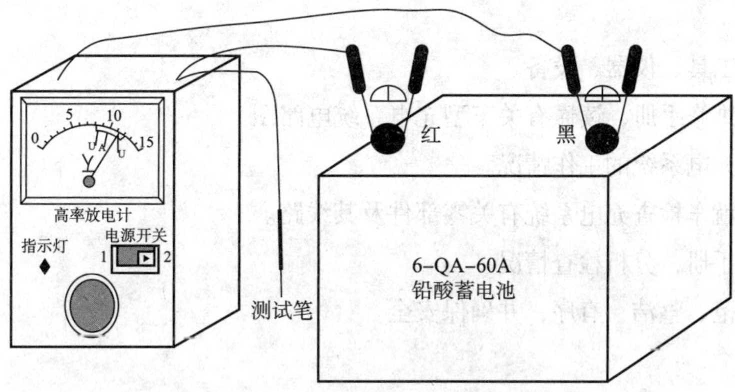

图 2–4–1　放电计检测蓄电池

1）将测试夹分别对应夹在蓄电池的正、负极柱桩上。此时读数显示蓄电池的空载电压值。通常显示在 11.8 ~ 13 V 范围内为正常。

2）按下按钮开关，蓄电池开始瞬间大电流放电，在 5 s 内读出电压表的负载电压指示数值。

（3）结果分析

1）若指针稳定在 10 ~ 12 V 区间（绿色区域），说明蓄电池存电充足，不需要充电。

2）若指针在 9 ~ 10 V 区间（黄色区域），说明蓄电池存电不足，需要充电。

3）若指针在 9 V 以下区间（红色区域），说明蓄电池严重亏电，要立即充电才能使用。

4）如果空载电压基本符合要求，但负载时指针迅速下降至红色区域以下，说明蓄电池已经损坏。

注意：此项测量不能连续进行，必须间隔 1 min 后才可以再次检测，以防止损坏蓄电池。

6. 蓄电池测试仪检测

（1）按电源开关打开蓄电池内阻测试仪。打开测试仪后，可根据需要打开 / 关闭 LCD 背光。

（2）将电池夹连接到蓄电池上，注意极性连接正确。

（3）按确认键进入主菜单。

（4）按数字键 1 选择“1. 单节测量”。

（5）输入存储序号，如不输入，序号较前一次自动增加。

（6）按［←］［→］键选择电池类型后，按［↑］和［↓］键可以根据电压等级来挑选电池类型，按［确认］键进行测试。

（7）测试仪显示测试结果。

（8）按［确认］键，测试仪保存测量数据，并开始下一个测量。

（9）记录测量结果：内阻、电量、容量、寿命、充电量、能否正常使用：能□不能□。

7. 清理现场

清理、擦洗并回收工具、用具。

训练任务 2　检修充电系统线路

一、训练要求

（1）能正确使用工具、仪器、设备。

（2）能正确查阅维修手册，读懂有关车型充电系统电路图。

（3）能准确描述充电系统的工作情况。

（4）按操作规程就车检查充电系统有关零部件及其线路。

（5）能查阅维修手册，分析检查情况。

（6）作业过程规范、整洁、有序，并确保安全。

二、训练相关准备

序号	名称	规格	单位	数量	备注
1	整车或充电系统台架		辆 / 台	1	
2	车外三件套		套	1	
3	车内四件套		套	1	
4	三角木		套	1	
5	手电筒		只	1	
6	相关车型维修手册		本	1	
7	常用工具		套	1	
8	干净抹布		块	1	
9	蓄电池检测仪		台	1	
10	汽车故障诊断仪		台	1	
11	数字式万用表		个	1	
12	试灯		只	1	
13	导线	1.5 mm^2	米	1	
14	电工胶布		卷	1	

三、评分标准

序号	作业项目	考核内容及要求	配分	评分标准
1	劳动保护用品穿戴	劳动保护用品穿戴齐全	5	穿戴不全不得分
2	正确选用工具、量具、材料	选用工具、量具、材料齐全、准确	5	缺一件扣 1 分，选错一件扣 1 分
3	准备	作业前准备	5	准备不充分一次扣 2.5 分
				准备失误扣 5 分
4	检查	检查充电系统工作情况	15	未确定故障现象扣 5 分
		正确查阅维修手册及电路图，分析系统电路	15	漏检一项或操作方法不正确每次扣 2 分
		检查充电系统线路	25	每漏检一项扣 5 分， 测量方法不正确每次扣 3 分
5	检查结果分析	分析检查结果	5	未进行分析扣 5 分
6	正确使用工具、用具	工具、用具使用正确	10	一种工具、用具使用不正确扣 2 分
				损坏或丢失一件工具、用具不得分
7	操作规程	操作规程执行情况	10	违反操作规程不得分
8	清理现场	清理、擦洗并回收工具、用具	5	少收一件工具、用具扣 1 分
合计			100	

四、作业清单

1. 作业前准备

（1）穿戴好劳动保护套装。

（2）准备好工具、量具、设备。

（3）安装车外三件套。

（4）安装车内四件套。

2. 检查充电系统工作情况

（1）启动发动机，检查仪表盘的充电故障指示灯是否点亮。如图 2–4–2 所示，当发动机启动后，充电指示灯常亮（不熄灭），则充电系统有故障。

图 2–4–2　充电故障指示灯常亮

（2）用万用表检测蓄电池空载电压（发动机不启动，不开车灯等任何用电设备，正常空载电压达到 12.5 V 以上，启动发动机后，正常空载电压达到 13.5 ~ 14.5 V）。测量值为：　　　V（□正常　□不正常）。

（3）用万用表检测蓄电池全负载电压（发动机启动前，打开车灯、鼓风机等用电设备，蓄电池电压不低于 11 V，启动发动机瞬间，蓄电池端电压不低于 9 V，启动发动机后，正常负载电压达到 12.8 V）。测量值为：　　　V（□正常　□不正常）。

3. 充电系统电路分析

汽车充电系统电路如图 2–4–3 所示。

（1）当点火开关闭合时（他励回路），电流走向为：蓄电池（+）—点火开关—继电器—充电指示灯—发电机 L 端子—发电机内部 D_+ 接线柱—发电机励磁绕组—发电机内部 F 接线柱—电压调节器晶体管 VT2　搭铁—蓄电池（–）。

（2）当发电机向外供电时（自励回路），电流走向为：发电机磁场二极管输出端—发电机励磁绕组—发电机内部 F 接线柱—电压调节器晶体管 VT2—搭铁—蓄电池（－）。

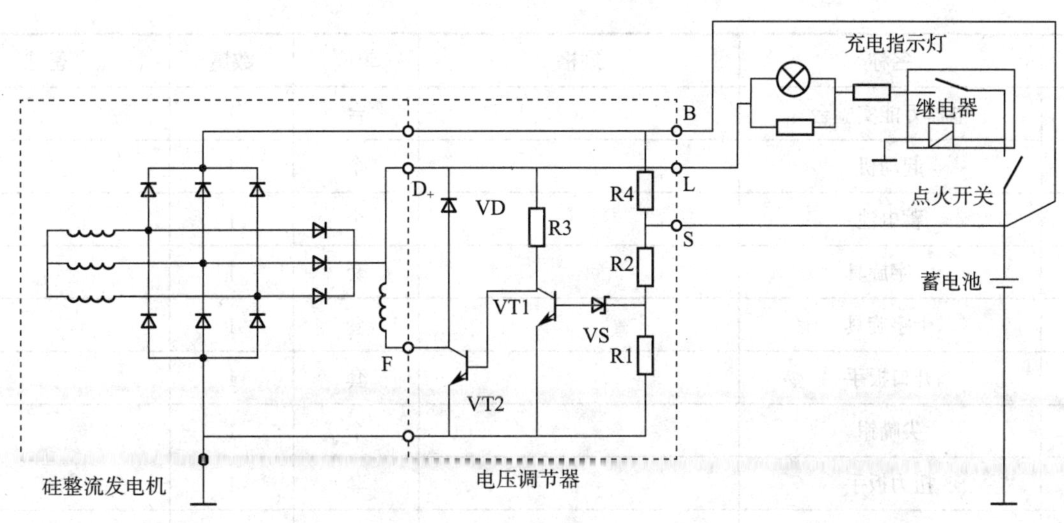

图 2-4-3　汽车充电系统电路

4. **检查发电机传动带松紧度**

（1）用传动带张紧力表检查传动带变形量，用手指压传动带，以检查变形量。

（2）将精密直规倚放在发电机和传动带轮之间的传动带上，用 98 N（10 kg/s）的力推压传动带的中心部位，用直尺测量变形量，新带 7 ~ 8.5 mm，旧带 11 ~ 13 mm。

5. **检查电压调节器接线柱上的电压**

（1）将万用表调至直流 20 V 电压挡。

（2）万用表红表笔分别搭在电压调节器 B、L、S 端，黑表笔搭铁，分别测出发电机输出电压、励磁电压、电压调节控制信号电压。

6. **检查断路、短路和搭铁不良现象**

（1）将万用表调至蜂鸣挡，红表笔、黑表笔分别连接各导线两端，检查是否断路：有蜂鸣声，则无断路现象。

（2）将万用表调至蜂鸣挡，红表笔接电路负极、黑表笔接车身搭铁，有蜂鸣声，则搭铁良好。

7. **清理现场**

复位车辆，清洁场地，清理、擦洗并回收工具、用具。

训练任务 3　检测起动机技术状况

一、训练要求

（1）清洁分解：掌握正确的方法对起动机壳体进行彻底清洗，并按规范的方法、步骤分解起动机。

（2）总成检修：规范地对转子总成、定子绕组、电刷组件、电磁开关进行检修。

（3）起动机试验：掌握正确的方法对起动机进行空载试验和全制动试验。

二、训练相关准备

序号	名称	规格	单位	数量	备注
1	电器万能实验台		台	1	
2	起动机		个	1	
3	蓄电池		个	1	
4	一字旋具		套	1	
5	十字旋具		套	1	
6	开口扳手		套	1	
7	尖嘴钳		个	1	
8	扭力扳手		套	1	
9	台虎钳		架	1	
10	万用表		个	1	
11	百分表		个	1	
12	弹簧秤		个	1	
13	00 号砂纸		张	若干	
14	游标卡尺		把	1	

三、评分标准

序号	作业项目	考核内容及要求	配分	评分标准
1	劳动保护用品穿戴	劳动保护用品穿戴齐全	5	穿戴不全不得分
2	正确选用工具、量具、材料	选用工具、量具、材料齐全、准确	5	缺一件扣 1 分，选错一件扣 1 分，扣完为止
3	清洁、分解起动机	采取正确的清洁方法，彻底清洗、吹干、分解起动机	15	方法不正确扣 3 分，清洗不彻底扣 3 分，扣完为止
4	定子、转子总成检修	运用正确方法检修定子、转子组件	20	检修方法错误一处扣 5 分，扣完为止
5	电刷组件检修	运用正确方法检修电刷组件	15	检修方法错误一处扣 5 分，扣完为止
6	电磁开关检修	运用正确方法检修电磁开关	10	检修方法错误一处扣 5 分，扣完为止
7	起动机试验	运用正确方法进行起动机试验	15	不会试验不得分，检查试验不正确扣 5 分
8	正确使用工具、用具	工具、用具使用正确	5	一种工具、用具使用不正确扣 1 分，扣完为止。 损坏或丢失一件工具、用具不得分

续表

序号	作业项目	考核内容及要求	配分	评分标准
9	操作规程	操作规程执行情况	5	违反操作规程不得分
10	清理现场	清理、擦洗并回收工具、用具	5	少收一件工具、用具扣1分，扣完为止，未回收不得分
合计			100	

1. 作业前准备

（1）穿戴好劳动保护套装。

（2）准备好工具、量具、设备。

2. 磁场绕组的检测

如图 2–4–4a 所示，用万用表欧姆挡检查励磁绕组和定子外壳时，不应导通；如图 2–4–4b 所示，用万用表蜂鸣挡检查励磁绕组两电刷之间时，应导通。

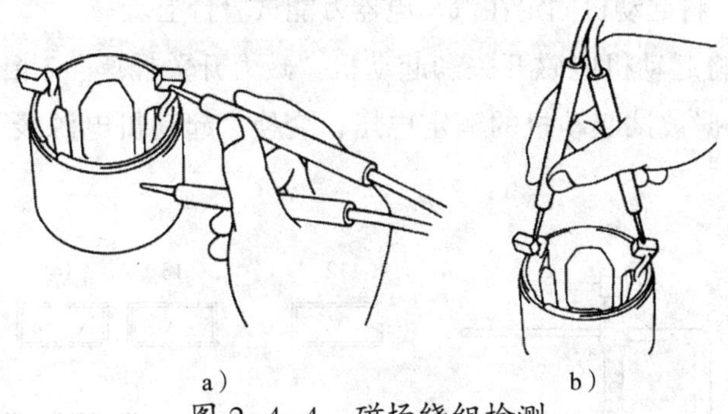

a）　　b）

图 2–4–4　磁场绕组检测

3. 电枢的检查

（1）用万用表 2 兆欧挡位测量换向器和电枢线圈铁芯之间不应导通，如图 2–4–5 中左图所示。

（2）用万用表 200 欧姆挡位检查电枢绕组（换向片与换向片间），两表笔接在两整流片上应该导通，如图 2–4–5 中右图所示。

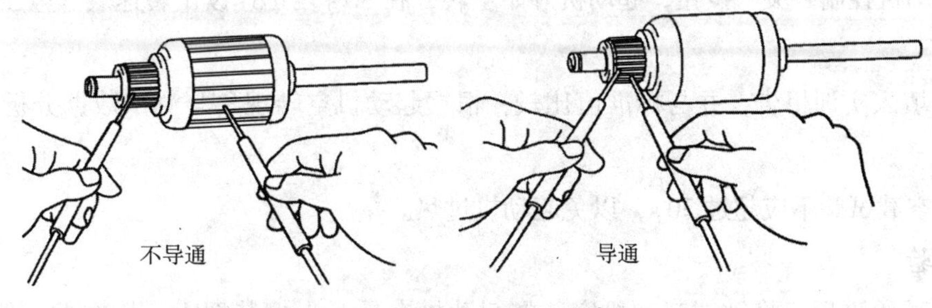

图 2–4–5　电枢检查

（3）用百分表检查换向器失圆，其失圆（跳动量）不应超过 0.03 mm，最新的标准为 0.02 mm。

（4）用游标卡尺检查换向器最小直径，检查时应和标准值进行比较，若测得的直径小于最小值，应更换电枢。

（5）用百分表检查电枢轴跳动，其跳动量应不大于 0.08 mm，否则应进行校正或更换电枢。

（6）换向器绝缘片的检查，换向片应洁净，无异物。绝缘片的深度为 0.5 ~ 0.8 mm，最大深度为 0.2 mm，太高应使用锉刀进行修正。

4. 电刷、电刷架及电刷弹簧的检查

（1）用游标卡尺测量电刷长度，测量电刷的长度时要结合具体的标准，不应小于最小长度标准。

（2）检查“+”电刷架和“-”电刷架之间不应导通。若导通，应进行电刷架总成的更换。

5. 电磁开关的检查

（1）活动铁芯的检查：推入活动铁芯，然后松开，活动铁芯应能迅速回位。

（2）吸引线圈的开路检查：用欧姆表连接端子 50 和端子 C 应导通，并且电阻的阻值应在标准范围内，可以进行不解体检查。

（3）保持线圈的开路检查：用欧姆表连接端子 50 和搭铁应导通，并且电阻的阻值在标准范围内，可以进行不解体检查。

6. 空载试验

（1）如图 2–4–6 所示，将起动机固定在汽车电器万能试验台上。

（2）接线：用附件线将起动机电磁开关和起动机“磁力开关插座”7 相连，用附件线将起动机和“起动机插座”8 相连，根据被试起动机的额定电压，变换“起动机电源线”在蓄电池 12 V、24 V 的位置。

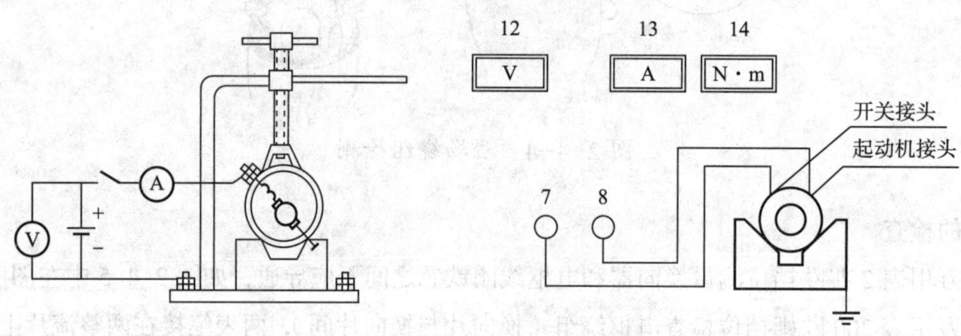

图 2–4–6　起动机空载试验

（3）按“起动机控制开关”按钮，起动机开始空转，在 30 s 内迅速读出转速表、电压表和电流表的读数。

（4）将读数填入实训报告，并与标准值比较；根据起动机空转现象与测试数据分析起动机的空转性能。

注意：每次空载试验不应超过 30 s，以免起动机过热。

7. 全制动试验

（1）在空转试验之后，将被试起动机安装在起动机夹具 V 形槽装置上，用左龙门固定起动机体，用右龙门固定起动机头，旋紧压紧螺栓，使其固定在 V 形槽上，观察起动机齿轮的齿顶或起动机齿轮的中心与 V 形支撑块是否对正（见图 2–4–6 右图）。

（2）将“功能开关Ⅱ”拨到“制动转矩”位置，“制动转矩”指示灯亮。将起动机电压开关拨到和起动机相对应的电压位置。

（3）接线：不需改变，与上述起动机空转性能测试相同。

（4）根据被试起动机制动时的电压、电流规定正确配以适当电压、适当容量的蓄电池，按下“起动机控制开关”按钮（必须按紧，不得松动），起动机被制动，表 V、表 A 分别显示出起动电压和电流，从表 N · m 上即可读出制动时转矩数值，起动机制动时间不得超过 5 s，每次时间间隔不少于 10 min。

（5）将读数填入实训报告，并与标准值比较；根据起动机全制动现象与测试数据分析起动机的全制动性能。

8. 清理现场

清理、擦洗并回收工具、用具。

训练任务 4　检修起动机控制线路

一、训练要求

（1）能正确使用工具、仪器、设备。

（2）能正确查阅维修手册，读懂有关车型起动机控制电路图。

（3）能准确描述启动系统的工作情况。

（4）按操作规程就车检查起动系统有关零部件及其线路。

（5）能查阅维修手册，分析检查情况。

（6）作业过程规范、整洁、有序，并确保安全。

二、训练相关准备

序号	名称	规格	单位	数量	备注
1	整车或充电系统台架		辆 / 台	1	
2	手电筒		只	1	
3	相关车型维修手册		本	1	
4	常用工具		套	1	
5	干净抹布		块	1	
6	汽车故障诊断仪		台	1	
7	数字式万用表		个	1	
8	试灯		只	1	
9	导线		米	1	
10	电工胶布		卷	1	

三、评分标准

序号	作业项目	考核内容及要求	配分	评分标准
1	劳动保护用品穿戴	劳动保护用品穿戴齐全	5	穿戴不全不得分

续表

序号	作业项目	考核内容及要求	配分	评分标准
2	正确选用工具、量具、材料	选用工具、量具、材料齐全、准确	5	缺一件扣1分，选错一件扣1分
3	准备	作业前准备	5	准备不充分一次扣2.5分
				准备失误扣5分
4	检查	检查起动系统工作情况	15	未确定故障现象扣5分
		正确查阅维修手册及电路图，分析系统电路	15	每漏检一项扣2分，操作方法不正确每次扣2分
		检查起动线路	25	每漏检一项扣5分，测量方法不正确每次扣3分
5	检查结果分析	分析检查结果	5	未进行分析扣5分
6	正确使用工具、用具	工具、用具使用正确	10	一种工具、用具使用不正确扣2分
				损坏或丢失一件工具、用具不得分
7	操作规程	操作规程执行情况	10	违反操作规程不得分
8	清理现场	清理、擦洗并回收工具、用具	5	少收一件工具、用具扣1分
合计			100	

四、作业清单

1. 作业前准备

（1）穿戴好劳动保护套装。

（2）准备好工具、量具、设备。

（3）安装车外三件套。

（4）安装车内四件套

2. 检查起动系统工作情况

（1）启动发动机，检查起动机是否运转正常，发动机能否正常启动。

（2）用万用表检测蓄电池电压。发动机不启动，不开车灯等任何用电设备，蓄电池电压达到12.5 V以上，点火开关“ST”挡启动发动机瞬间，蓄电池端电压应不低于9 V。

3. 起动系统电路分析（见图2-4-7）

（1）当手动挡车型未踩下离合器踏板（开关A5断开），自动挡车型换挡杆不在P挡或N挡（B88断开），点火开关ST1、ST2闭合时，启动继电器ST无动作，点火开关ST1端子到启动继电器1号端子断路。

（2）当踩下离合器踏板，或自动挡杆在P挡、N挡时，A5或B88开关闭合，此时，点火开关打到ST挡，起动机应正常运转，电流形成三个回路：

第一回路：蓄电池+→MAIN FL→AM1→ST1→A5/B88→ST线圈→搭铁，作用是使线圈通电，ST继电器开关吸合。

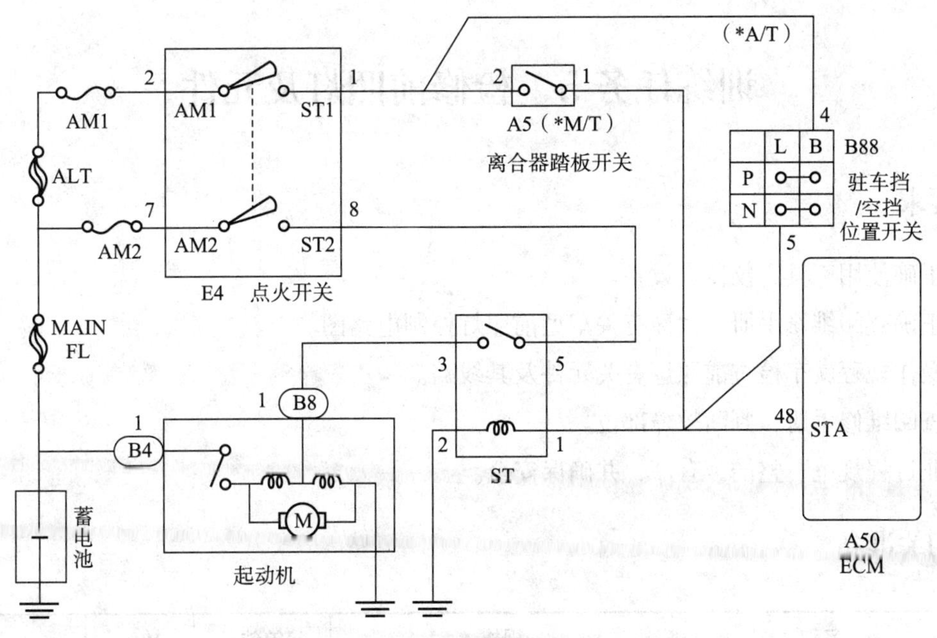

图 2-4-7　汽车起动系统电路

第二回路：蓄电池 + → MAIN FL → AM2 → ST2 →起动继电器开关闭合→起动机电磁开关 B8 端子→电磁开关吸拉线圈（经电动机）、保持线圈→搭铁，作用是使吸拉线圈和保持线圈通电，使电磁开关接触盘吸合。

第三回路：蓄电池 + →电磁开关 B4 端子→电磁开关接触盘→起动电动机 M →搭铁，此时起动电动机直接由蓄电池大电流供电，启动发动机。

4. 检修起动机电磁开关

（1）选择万用表直流电压 20 V 挡，黑表笔搭铁，红表笔接起动机电磁开关 B4 端子，电压应大于 12 V。

（2）用跨接线短接 B4、B8 端子，起动机电磁开关应有吸合动作，起动电动机应运转。

（3）若电磁开关无动作，拆检起动机电磁开关。若起动电动机不运转，拆检起动电动机。

5. 检修起动继电器

（1）点火开关 ST 挡闭合，用万用表测量起动继电器接线盒 1、5 号端子。如果有 12 V 电压，则线路正常，进一步检测起动继电器是否工作正常。如果没有电压，继续检修蓄电池正极至起动继电器的控制电路。

（2）检查继电器：用万用表电阻挡检查继电器线圈，一般电阻为 100 ~ 200 Ω。线圈两端接 12 V 电源，测试继电器动作是否正常。

6. 检查断路、短路和搭铁不良现象

（1）将万用表调至蜂鸣挡，红、黑表笔分别连接各保险丝两端，检查是否断路：有蜂鸣声，则无断路现象。

（2）将万用表调至蜂鸣挡，红表笔接电路负极、黑表笔接车身搭铁，有蜂鸣声，则搭铁良好。

7. 清理现场

清理、擦洗并回收工具、用具。

训练任务 5 检修前照灯及元件

一、训练要求

（1）能正确使用工具、仪器、设备。

（2）能正确查阅维修手册，读懂有关车型前照灯控制电路图。

（3）按操作规程就车检查前照灯有关元件及其线路。

（4）能查阅维修手册，判断故障部位。

（5）作业过程规范、整洁、有序，并确保安全。

二、训练相关准备

序号	名称	规格	单位	数量	备注
1	整车或照明系统台架		辆 / 台	1	
2	车外三件套		套	1	
3	车内四件套		套	1	
4	三角木		套	1	
5	手电筒		只	1	
6	相关车型维修手册		本	1	
7	常用工具		套	1	
8	干净抹布		块	1	
9	数字式万用表		个	1	
10	试灯		只	1	
11	导线		米	1	
12	熔丝	5 A、10 A、15 A、20 A、25 A、30 A	个	1	每种规格各 1 个
13	继电器	4 脚、5 脚	个	1	每种规格各 1 个
14	前照灯灯泡		只	1	根据车型的不同提供相应的灯泡
15	电工胶布		卷	1	

三、评分标准

序号	作业项目	考核内容及要求	配分	评分标准
1	劳动保护用品穿戴	劳动保护用品穿戴齐全	5	穿戴不全不得分

续表

序号	作业项目	考核内容及要求	配分	评分标准
2	正确选用工具、量具、材料	选用工具、量具、材料齐全、准确	5	缺一件扣 1 分，选错一件扣 1 分
3	准备	作业前准备	5	准备不充分一次扣 2.5 分
				准备失误扣 5 分
4	检测前照灯线路及元件	检查功能	10	未检查扣 10 分
		检查前照灯有关元件及线路	40	每漏检一项扣 5 分，测量方法不正确每次扣 3 分
5	验证	验证结果	10	未进行验证扣 10 分
6	正确使用工具、用具	工具、用具使用正确	10	一种工具、用具使用不正确扣 2 分
				损坏或丢失一件工具、用具不得分
7	操作规程	操作规程执行情况	10	违反操作规程不得分
8	清理现场	清理、擦洗并回收工具、用具	5	少收一件工具、用具扣 1 分
合计			100	

四、作业清单

1. 作业前准备

（1）穿戴好劳动保护套装。

（2）准备好工具、量具、设备。

2. 检查前照灯开关

（1）打开前照灯控制开关，检查前照灯是否点亮。

（2）操纵变光开关 LOW/HIGH 切换，检查远、近光灯变光是否正常。

（3）反复拨动变光开关至 FLASH，检查前照灯闪光功能是否正常。

3. 前照灯控制电路分析（见图 2-4-8）

（1）灯光控制开关打到 OFF 或 TAIL 挡，前照灯继电器线圈与搭铁断路，前照灯不亮。

（2）灯光控制开关打到 HEAD 挡，电流回路：蓄电池正极→熔丝→前照灯继电器线圈→灯光控制开关 HEAD→搭铁，导通，前照灯继电器开关触点吸合，前照灯远光或近光点亮（由变光开关决定）。

（3）当灯光控制开关打到 HEAD 挡、变光开关打到 LOW 挡时，变光继电器线圈与搭铁断路，继电器 30 触点与 87a 常闭触点接触，电流回路：蓄电池正极→熔丝→前照灯继电器开关闭合→变光继电器常闭开关→近光熔丝（左右并联）→近光灯泡（左右并联）→搭铁。

（4）当灯光控制开关打到 HEAD 挡、变光开关打到 HIGH 挡时，变光继电器线圈→变光开关 HIGH→搭铁导通，继电器 30 触点与 87 常开触点吸合，电流回路：蓄电池正极→熔丝→前照灯继电器开关闭合→变光继电器常开触点→远光熔丝（左右并联）→远光灯泡（左右并联）→搭铁。

（5）当变光开关 FLASH 挡拨动时，无论灯光控制开关在哪个挡位，都能控制远光闪烁，控制原理是：前照灯继电器线圈、变光继电器线圈→变光开关 FLASH →搭铁，同时控制前照灯继电器、变光继电器开关触点吸合。

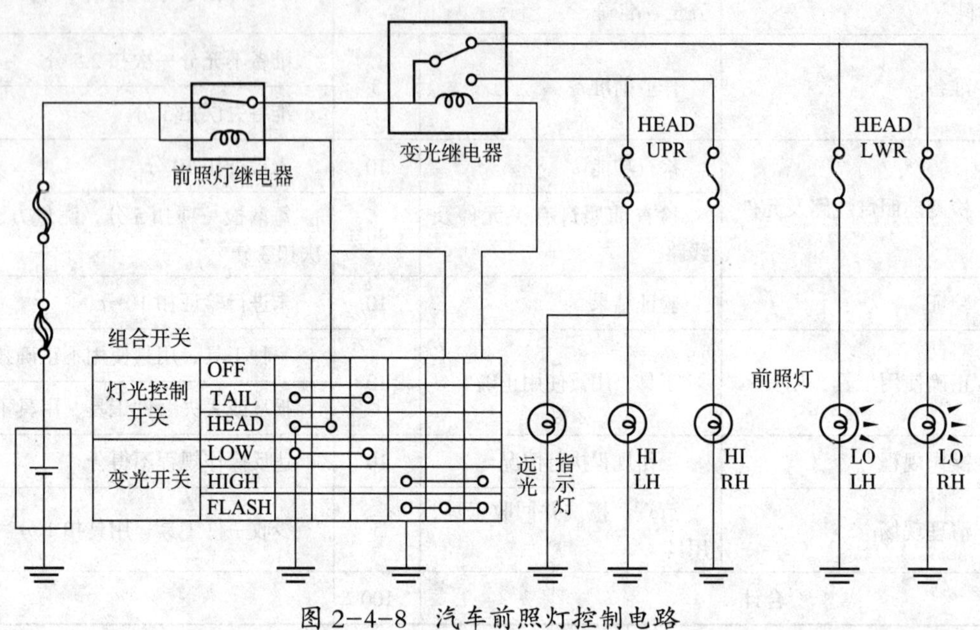

图 2-4-8　汽车前照灯控制电路

4. 检查前照灯的熔丝或继电器

（1）用万用表蜂鸣挡测量各熔丝的两个检测端子，如果有蜂鸣声，熔丝正常，如果没反应，熔丝烧断。

（2）拔下前照灯继电器，用万用表测量前照灯继电器接线盒 30、85 端子。如果有 12 V 电压，则线路正常，进一步检测前照灯继电器是否工作正常。

（3）检查变光继电器，用万用表电阻挡检查继电器线圈，一般电阻为 100 ~ 200 Ω。线圈两端接 12 V 电源，测试继电器动作是否正常。

5. 检查前照灯的灯泡

（1）拔下前照灯防潮胶罩，松开前照灯灯泡卡簧，取下前照灯灯泡。

注意：手指不要触碰灯泡的玻璃，以免灯泡沾染手指油渍后，导致灯泡意外烧毁。

（2）观察灯泡内的灯丝是否烧坏。

（3）用万用表检测灯泡插座是否有 12 V 电压。

6. 检查断路、短路和搭铁不良现象

（1）将万用表调至蜂鸣挡，红、黑表笔分别连接各熔丝两端，检查是否断路：有蜂鸣声，则无断路现象。

（2）将万用表调至蜂鸣挡，红表笔接电路负极，黑表笔接车身搭铁，有蜂鸣声，则搭铁良好。

7. 清理现场

清理、擦洗并回收工具、用具。

训练任务 6　检查、更换电动车窗电动机

一、训练要求

（1）能正确使用工具、仪器、设备。

（2）能正确查阅维修手册，读懂有关车型电动车窗控制电路图。

（3）能准确描述电动车窗升降的工作情况。

（4）按操作规程就车检查电动车窗电动机及其元件。

（5）能查阅维修手册，分析检查情况。

（6）作业过程规范、整洁、有序，并确保安全。

二、训练相关准备

序号	名称	规格	单位	数量	备注
1	整车或电动车窗系统台架		辆 / 台	1	
2	车外三件套		套	1	
3	车内四件套		套	1	
4	三角木		套	1	
5	手电筒		只	1	
6	相关车型维修手册		本	1	
7	常用工具		套	1	
8	干净抹布		块	1	
9	数字式万用表		个	1	
10	试灯		只	1	
11	导线		米	1	
12	熔丝	5 A、10 A、15 A、20 A、25 A、30 A	个	1	每个规格各一个
13	继电器	4 脚、5 脚	个	1	每种规格各 1 个
14	电动车窗电动机		个	1	根据车型的不同提供相应的电动机
15	电工胶布		卷	1	

三、评分标准

序号	作业项目	考核内容及要求	配分	评分标准
1	劳动保护用品穿戴	劳动保护用品穿戴齐全	5	穿戴不全不得分

续表

序号	作业项目	考核内容及要求	配分	评分标准
2	正确选用工具、量具、材料	选用工具、量具、材料齐全、准确	5	缺一件扣 1 分，选错一件扣 1 分
3	准备	作业前准备	5	准备不充分一次扣 2.5 分
				准备失误扣 5 分
4	检测电动车窗线路及元件	检查功能	10	未检查扣 10 分
		检查电动车窗有关元件及线路	20	每漏检一项扣 5 分，测量方法不正确每次扣 3 分
5	更换车窗电动机	按规程更换车窗电动机	20	操作方法不正确每次扣 5 分，损坏零部件不得分
6	验证	验证结果	10	未进行验证扣 10 分
7	正确使用工具、用具	工具、用具使用正确	10	一种工具、用具使用不正确扣 2 分
				损坏或丢失一件工具、用具不得分
8	操作规程	操作规程执行情况	10	违反操作规程不得分
9	清理现场	清理、擦洗并回收工具、用具	5	少收一件工具、用具扣 1 分
合计			100	

四、作业清单

1. 作业前准备

（1）穿戴好劳动保护套装。

（2）准备好工具、量具、设备。

2. 电动车窗功能检查

（1）按下车窗升降开关，检查车窗升降是否正常。

（2）检查一键升降车窗功能是否正常。

（3）检查车窗防夹手功能是否正常。

3. 电动车窗控制线路分析（见图 2-4-9）

（1）点火开关闭合，操纵驾驶位侧主控开关 UP，电流回路：蓄电池正极→点火开关→驾驶位主控开关 UP→触点 A→前驱动器（电流 UP 方向）→触点 B→电阻 R→蓄电池负极，车窗上升。

（2）驾驶位侧主控开关 DOWN，触点 A 搭铁，触点 B 通过点火开关与蓄电池正极连通，通过前驱动器的电流方向变为“DOWN”，车窗下降。

（3）防夹手功能：当车窗上升遇到阻碍时，通过电阻 R 的电流增大，比较器 1 得到高出正常值的电压信号，再通过比较器 2 控制电磁线圈导通，使触点 A 与 UP 断开，车窗停止上升。

4. 车窗控制总开关的检查与更换

（1）用数字万用表测量各车窗升降器按钮端子上的电压，应均为 12 V。

（2）测量其端子与搭铁间的导通性，应导通正常。若不符合规定，更换车窗主开关。

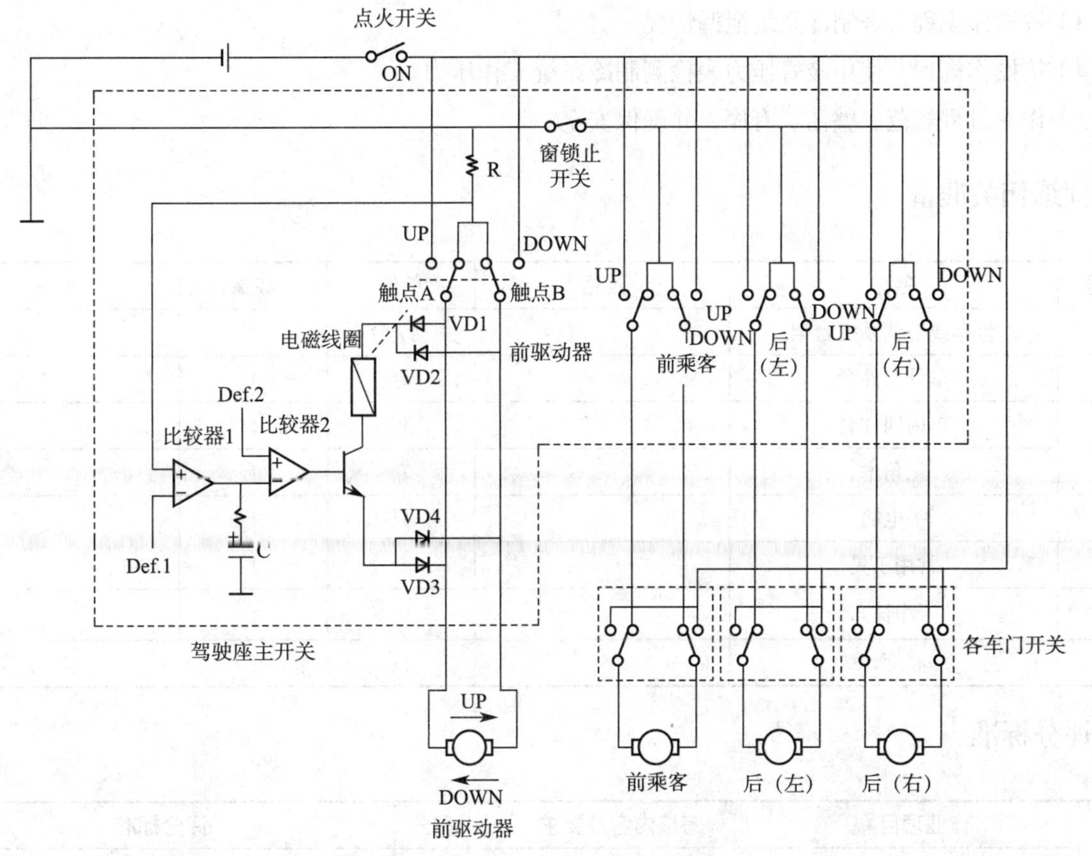

图 2-4-9　电动车窗控制线路

5. **车窗控制分开关的检查与更换**

（1）用数字万用表测量副驾驶员侧前部车窗升降器按钮端子上的电压，应为 12 V。

（2）测量其端子与搭铁间的导通性，应导通正常。若不符合规定，则更换分开关总成。

6. **车窗升降电动机的检查与更换**

（1）拆下电动车窗电动机连接器，将蓄电池正极和负极直接连接电动机的两端子，电动机应能转动。

（2）当蓄电池反向连接电动机两端子时，电动机应反向运转。若不符合要求，则更换电动车窗电动机。

7. **清理现场**

清理、擦洗并回收工具、用具。

训练任务 7　检查空调制冷系统的技术状况

一、训练要求

（1）能正确使用工具、仪器、设备。

（2）按操作规程检查空调制冷系统工作情况。

（3）按操作规程检查制冷系统泄漏情况。

（4）按操作规程，使用歧管压力表检测制冷系统工作压力。

（5）作业过程规范、整洁、有序，并确保安全。

二、训练相关准备

序号	名称	规格	单位	数量	备注
1	整车或空调系统台架		辆 / 台	1	
2	车外三件套		套	1	
3	车内四件套		套	1	
4	三角木		套	1	
5	手电筒		只	1	
6	常用工具		套	1	
7	干净抹布		块	1	
8	温度计		只	1	

三、评分标准

序号	作业项目	考核内容及要求	配分	评分标准
1	劳动保护用品穿戴	劳动保护用品穿戴齐全	5	穿戴不全不得分
2	正确选用工具、量具、材料	选用工具、量具、材料齐全、准确	5	缺一件扣 1 分，选错一件扣 1 分，扣完为止
3	空调制冷系统压力检查	连接歧管压力表	30	歧管压力表连接不正确一处扣 10 分，扣完为止
		读取歧管压力表数据并填表	20	不会读数扣 20 分，读数不正确一处扣 10 分，扣完为止
4	补充制冷剂	若压力不符合规定，进行补充	24	不会补充扣 24 分
5	正确使用工具、用具	工具、用具使用正确	5	一种工具、用具使用不正确扣 2 分，扣完为止
				损坏或丢失一件工具、用具不得分
6	操作规程	操作规程执行情况	5	违反操作规程不得分
7	清理现场	清理、擦洗并回收工具、用具	6	少收一件工具、用具扣 1 分，扣完为止
合计			100	

四、作业清单

1. 作业前准备

（1）穿戴好劳动保护套装。

（2）准备好工具、量具、设备。

2. **汽车空调系统外观检查**

依次检查空调压缩机及电磁离合器、冷凝器、蒸发器及膨胀阀、储液干燥器等工作是否正常，是否泄漏。如图 2-4-10 所示为汽车空调系统组成。

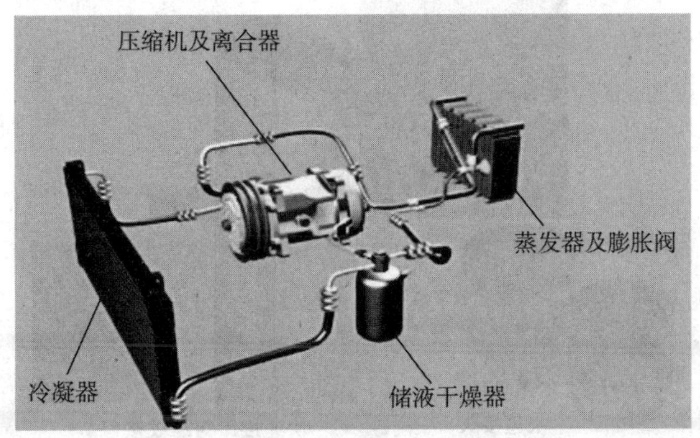

图 2-4-10　汽车空调系统组成

3. **空调歧管压力表的使用**

（1）空调歧管压力表的作用：空调歧管压力表用于测量系统内制冷剂的量和用于系统抽真空、加压检漏等，也可以用于制冷剂、冷冻油的加注；并且也是一种故障诊断工具。

（2）空调歧管压力表的组成：两表——高压表（红色）、低压表（蓝色），两阀——高压手动阀（红色）、低压手动阀（蓝色），三管——高压管（红色）、加注管（黄色）、低压管（蓝色），如图 2-4-11 所示。

图 2-4-11　空调歧管压力表

4. **连接歧管压力表**

将歧管压力计的高、低压表分别接在压缩机的排气、吸气口的维修阀上。

注意事项：

①不能将高、低压阀打开，否则制冷剂将会往外排。

②空调运转时，不能打开高压侧手动阀，否则会造成制冷剂泄漏、压缩机损坏等危险。

③ R12 系统使用的是螺纹接口，R134a 系统使用的是快速接口，如图 2-4-12 所示。

图 2-4-12 R12 系统与 R134a 系统接头对比

5. 空调系统压力检查结果分析

（1）静态压力检查

在空气温度为 30 ~ 35 ℃，发动机不工作时，高低压压力应为 0.5 ~ 0.7 MPa。

（2）动态压力检查

如图 2-4-13 所示，发动机转速为 2 000 r/min，打开空调，风机风速调至高挡，温度调至最冷挡，其正常状况是：

高压端压力应为 1.37 ~ 1.57 MPa；低压端压力应为 0.15 ~ 0.25 MPa。

若不在此范围，则说明系统有泄漏或原来制冷剂没加够。

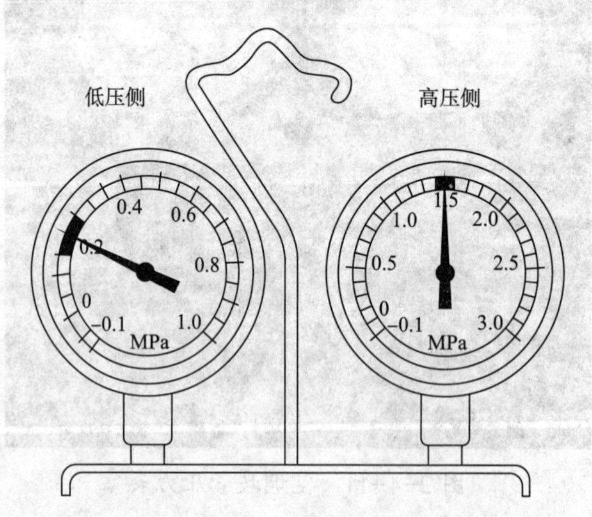

图 2-4-13 动态压力检查

6. 补充制冷剂

（1）高压端加注制冷剂方法

1）关闭歧管压力表上的高、低压手动阀。

2）将中间软管的一端与制冷剂罐注入阀的接头连接。打开制冷剂罐开启阀，再拧开歧管压力表软管一端的螺母，让气体溢出几分钟，然后拧紧螺母。

3）拧开高压侧手动阀至全开位置，将制冷剂罐倒立。

4）从高压侧注入规定量的液态制冷剂。

注意：从高压侧向系统加注制冷剂时，发动机处于不启动状态（压缩机停转），不要拧开歧管压力表上的低压手动阀，以防产生液压冲击。

（2）低压端加注制冷剂方法

1）首先将歧管压力表与压缩机和制冷罐连接好。

2）打开制冷剂罐，拧松中间注入软管在歧管压力表上的螺母，直到听见有制冷剂蒸气流动声，然后拧紧螺母，从而排出注入软管中的空气。

3）打开低压手动阀，让制冷剂进入制冷系统。当系统的压力值达到 0.4 MPa 时，关闭低压手动阀。

4）启动发动机，将空调开关接通，并将鼓风机开关和温控开关都调至最大。

5）打开歧管压力表上的手动阀，让制冷剂继续进入制冷系统，直至加注量达到规定值（低压侧压力应为 0.15 ~ 0.25 MPa，高压侧压力应为 1.37 ~ 1.57 MPa）。

7. 清理现场

清理、擦洗并回收工具、用具。

训练任务 8　汽车常用传感器的检测

一、训练要求

（1）能正确使用工具、仪器、设备。

（2）按操作规程检查进气温度传感器的工作情况。

（3）按操作规程检查节气门位置传感器的工作情况。

（4）按操作规程，使用示波器检测曲轴位置传感器的工作情况。

（5）作业过程规范、整洁、有序，并确保安全。

二、训练相关准备

序号	名称	规格	单位	数量	备注
1	汽车常用传感器		盒	1	按考位 +1
2	万用表		个	1	按考位 +1
3	电吹风		把	1	按考位 +1
4	一字旋具		把	1	按考位 +1
5	导线		根	1	按考位 +1

三、评分标准

序号	作业项目	考核内容及要求	配分	评分标准
1	劳动保护用品穿戴	劳动保护用品穿戴齐全	5	穿戴不全不得分
2	正确选用工具、量具、材料	选用工具、量具、材料齐全、准确	5	缺一件扣1分，选错一件扣1分，扣完为止
3	传感器检测	在以下各种传感器中：节气门位置传感器、进气压力传感器、进气温度传感器、水温传感器、氧传感器、凸轮轴位置传感器，由考评员指定其中任意四个进行考核	70	元件编号与名称对应不正确，每空扣10分，扣完为止 性能判断不正确每空扣10分，扣完为止
4	正确使用工具、用具	工具、用具使用正确	5	一种工具、用具使用不正确扣2分，扣完为止 损坏或丢失一件工具、用具不得分
5	操作规程	操作规程执行情况	5	违反操作规程不得分
6	清理现场	清理、擦洗并回收工具、用具	10	少收一件工具、用具扣1分，扣完为止
合计			100	

四、作业清单

1. 作业前准备

（1）穿戴好劳动保护套装。

（2）准备好工具、量具、设备。

2. 节气门位置传感器检测

（1）安装位置（见图 2–4–14）。

图 2–4–14　节气门位置传感器安装位置

（2）作用：检测节气门开度，修正喷油量。

（3）结构原理（见图 2-4-15）。

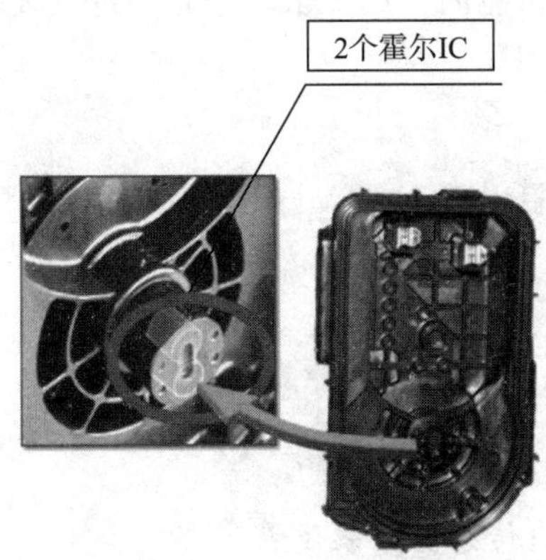

节气门位置传感器

当节气门开度发生变化时，磁铁随之转动，从而改变了与霍尔元件之间的相对位置，霍尔元件中的磁通量发生变化，所产生的霍尔电压也随之变化，IC电路将霍尔电压放大后即可作为节气门开度信号传给ECU。

图 2-4-15　节气门位置传感器结构原理

（4）性能检测（见图 2-4-16）。

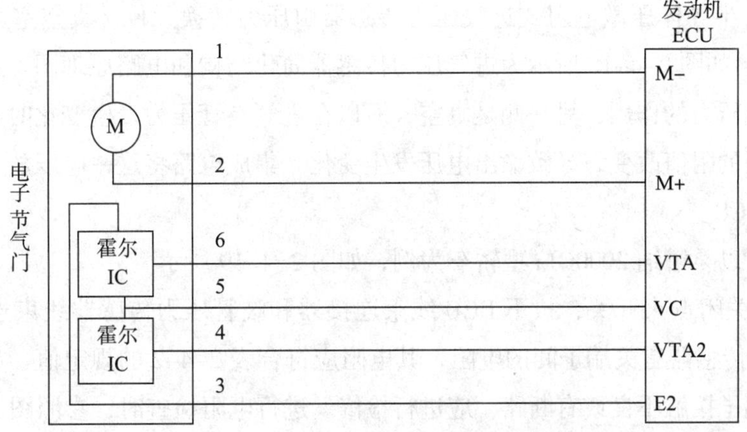

图 2-4-16　节气门位置传感器检测电路

霍尔式节气门位置传感器检测参数见表 2-4-1。

表 2-4-1　　霍尔式节气门位置传感器检测参数

端子	用途	检测
M−	是节气门电动机的控制端，发动机电脑通过这两个端子来控制电动机的工作	关闭点火开关 电阻正常为 0.3 ~ 200 Ω
M+		
E2	是传感器的搭铁端	
VTA2	用于检测 VTA 的故障	点火开关置于 ON 位置 松开油门踏板：2.1 ~ 3.1 V 完全踩下油门踏板：4.6 ~ 5.0 V
VC	发动机 ECU 向传感器输出的 5 V 基准电压	点火开关置于 ON 位置 电压正常为 4.5 ~ 5.5 V
VTA	用于检测节气门开度	点火开关置于 ON 位置 松开油门踏板：0.5 ~ 1.1 V 完全踩下油门踏板：3.2 ~ 4.8 V

3. 进气压力传感器检测

（1）安装位置：进气压力传感器一般安装在发动机舱内，用一根真空管与进气歧管相连接或直接安装在节气门后方的进气歧管上（见图 2–4–17）。

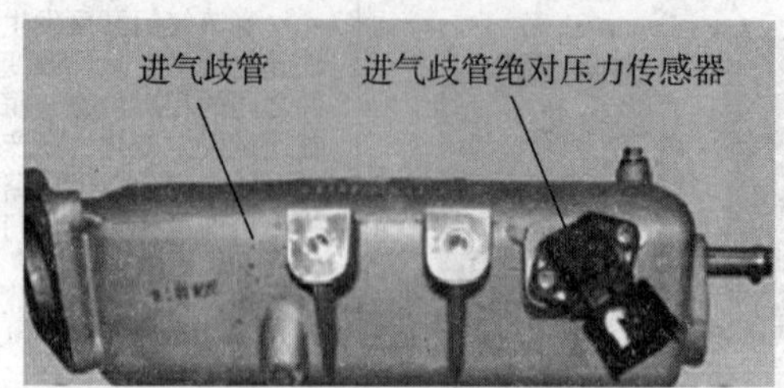

图 2–4–17　进气压力传感器安装位置

（2）功用：检测节气门后进气歧管内的绝对压力，并将压力信号转变成电信号输入 ECU，作为燃油喷射和点火控制的主控制信号。

（3）结构原理：半导体压敏电阻式进气压力传感器由压力转换元件（真空室、硅膜片、绝对真空室）和 IC 电路组成。如图 2–4–18 所示为进气压力传感器简化结构和电路原理图。封装在真空室内的硅片，由于一侧受进气压力的作用，另一侧是真空，所以在进气歧管压力发生变化时，硅片产生变形，使扩散在硅片上的电阻的阻值改变，导致输出电压发生变化。集成电路将这一电压放大处理，作为进气歧管压力信号传送给 ECU。

（4）性能检测：以桑塔纳 2000GLi 型轿车为例，如图 2–4–19 所示。

1）电阻检查。关闭点火开关，拔下 ECU 线束连接器和歧管压力传感器线束连接器。用万用表的 R×1 挡检查 ECU 和传感器有关端子间的电阻，其电阻应符合表 2–4–2 的规定值。如果电阻过大或为无穷大，说明线束与端子接触不良或有断路，应进行检修。进行电阻检查时，参照图 2–4–19 进行。

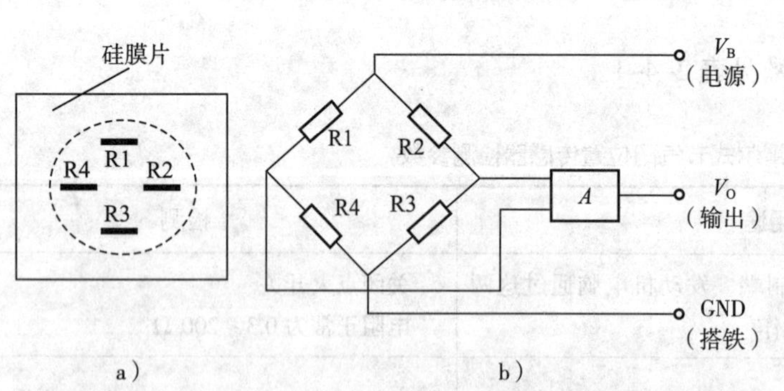

图 2–4–18　进气压力传感器简化结构和电路原理图
a）简化结构　b）电路原理图

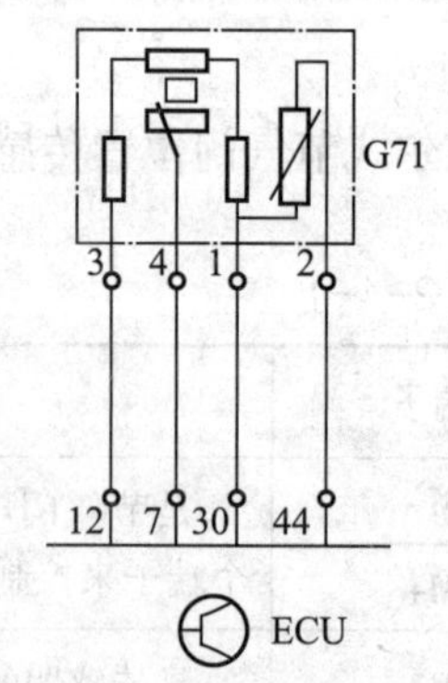

图 2–4–19　传感器检测电路

2）电压检查。用万用表直流电压挡检查电压时，打开点火开关，检查歧管压力传感器连接器 3 与 1 端子间电源电压，标准值应为 5 V 左右。当打开点火开关，发动机不运转，检查歧管压力传感器信号输出端子 4 与搭铁 1 端子间电压，标准值应为 3.8 ~ 4.2 V；当发动机怠速运转时，信号电压应为 0.8 ~ 1.3 V；当加大油门，信号电压应上升。如果信号电压经检查不符合上述规定，说明传感器已经损坏，应更换。

表 2–4–2　　　　　　　　　桑塔纳 2000GLi 进气压力传感器检测参数

检测状态		检测项目	检测部位	标准值
点火开关 OFF		传感器正极导线	ECU 的 12 端子至传感器 3 端子	＜0.5 Ω
		传感器信号线	ECU 的 7 端子至传感器 4 端子	＜0.5 Ω
		传感器负极导线	ECU 的 30 端子至传感器 1 端子	＜0.5 Ω
		温度传感器信号线	ECU 的 44 端子至传感器 2 端子	＜0.5 Ω
点火开关 ON	熄火状态	传感器端子电源电压	传感器连接器 3 与 1 端子	（5 ± 0.5）V
		传感器信号输出电压	传感器信号输出 4 与搭铁 1 端子	3.8 ~ 4.2 V
	怠速状态	传感器信号输出电压	传感器信号输出 4 与搭铁 1 端子	0.8 ~ 1.3 V
	加大油门	传感器信号输出电压	传感器信号输出 4 与搭铁 1 端子	电压应上升

4. 水温传感器检测

（1）发动机水温传感器安装位置（见图 2–4–20）。

图 2–4–20　水温传感器安装位置

（2）作用：检测发动机冷却液温度，在冷启动时加浓混合气，冷车时控制快怠速，控制冷却风扇，修正点火提前角。

（3）水温传感器的结构原理（见图 2–4–21）。

水温传感器由负温度系数的热敏电阻组成，其电阻值随温度的升高而减小。

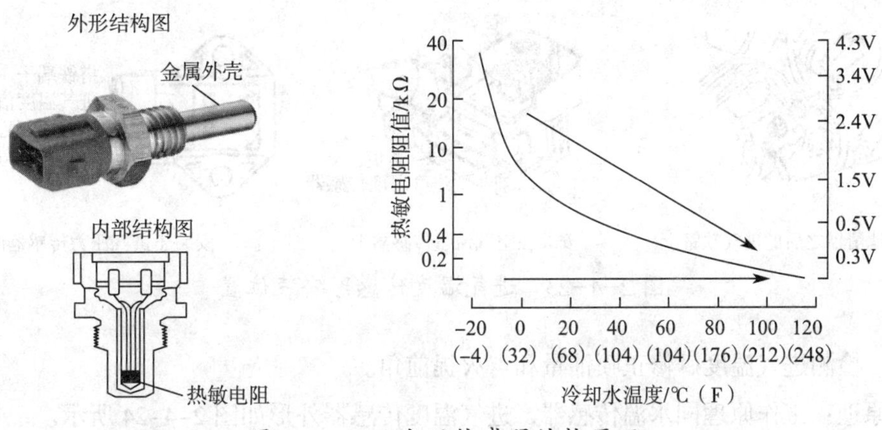

图 2–4–21　水温传感器结构原理

（4）水温传感器检测电路（见图 2–4–22）。

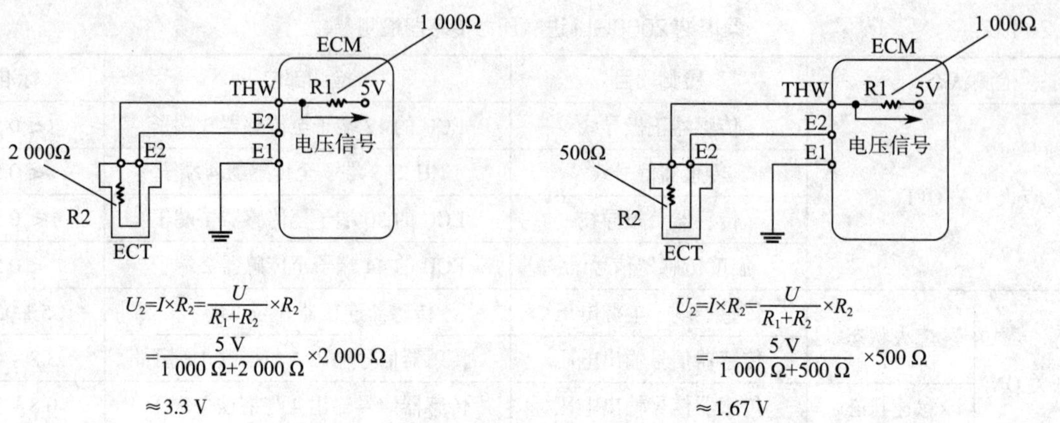

图 2–4–22　水温传感器检测电路

（5）性能检测（见表 2–4–3）。

表 2–4–3　水温传感器检测参数

检测项目	性能检测
传感器电阻检测	20 ℃时标准电阻为 2.32 ~ 2.59 kΩ 80 ℃时标准电阻为 0.31 ~ 0.32 kΩ
传感器线路检测	1）断开冷却液温度传感器连接器 2）断开 ECM 连接器 3）测量冷却液温度传感器至 ECM 线路导通性，正常电阻小于 1 Ω
传感器信号电压检测	1）点火开关置于 ON 位置 2）插上冷却液温度传感器连接器 3）万用表选择 20 V 挡位，检测传感器信号线与搭铁线，常温下信号电压为 2 ~ 3 V，温度升高，信号电压降低

5. 进气温度传感器检测

（1）安装位置（见图 2–4–23）。

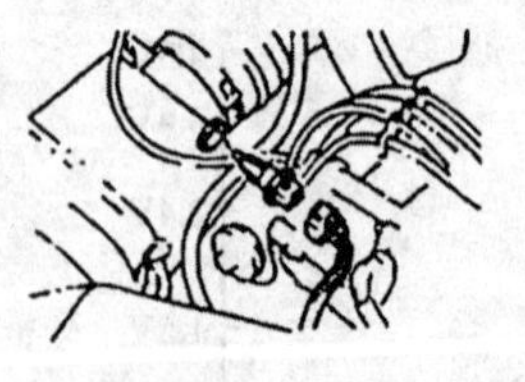

安装在空气滤清器之后的进气软管上

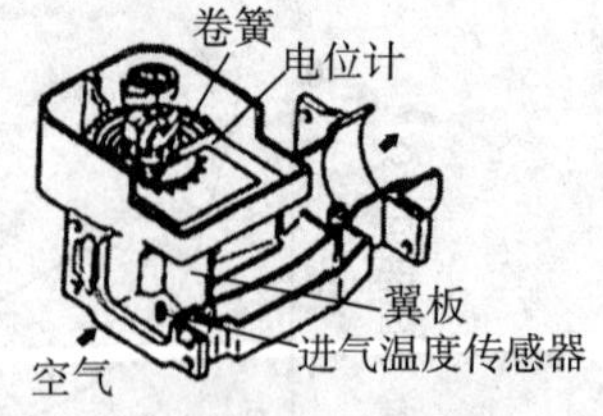

安装在空气流量传感器上

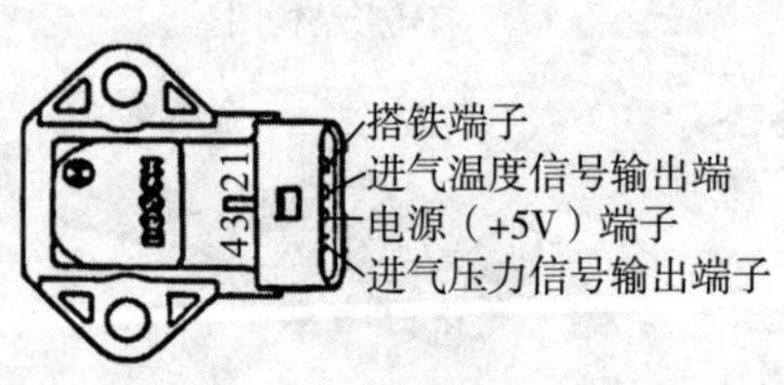

安装于进气压力传感器内

图 2–4–23　进气温度传感器安装位置

（2）作用：检测进气温度、修正喷油量和点火提前角。

（3）结构原理：工作原理同水温传感器，进气温度传感器外形如图 2–4–24 所示。

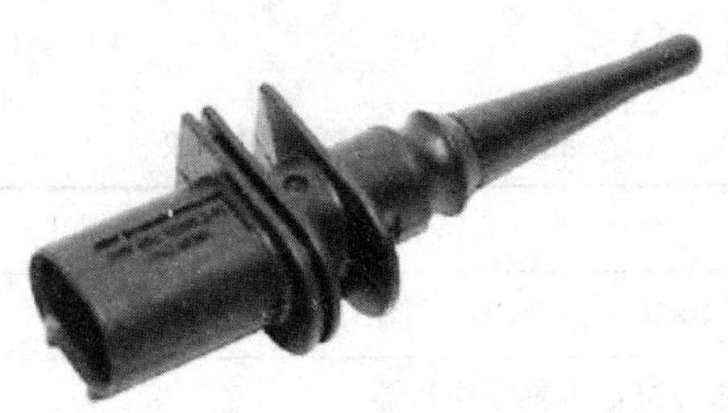

图 2–4–24　进气温度传感器外形

（4）性能检测（见表 2–4–4）。

表 2–4–4　　进气温度传感器检测参数

检测项目	性能检测
传感器电阻检测	20 ℃时标准电阻为 2.32 ~ 2.59 kΩ 80 ℃时标准电阻为 0.31 ~ 0.32 kΩ
传感器线路检测	1）断开进气温度传感器连接器 2）断开 ECM 连接器 3）测量冷却液温度传感器至 ECM 线路导通性，正常电阻小于 1 Ω
传感器信号电压检测	1）点火开关置于 ON 位置 2）插上进气温度传感器连接器 3）万用表选择 20 V 挡位，检测传感器信号线与搭铁线，常温下信号电压为 2 ~ 3 V，温度升高，信号电压降低

6. **曲轴位置传感器检测**

（1）安装位置（见图 2–4–25）。

图 2–4–25　曲轴位置传感器安装位置

（2）作用：检测发动机转速、确定喷油量及喷油提前角、确定点火提前角，以及怠速控制、废气再循环控制、燃油蒸发控制。

（3）工作原理：以电磁感应式为例，当转子信号盘旋转时，由于转子齿与线圈铁芯、拖架间的间隙不断发生变化，通过线圈的磁通也不断变化，线圈两端便产生感应电压并以交流信号输出，如图 2–4–26 所示。

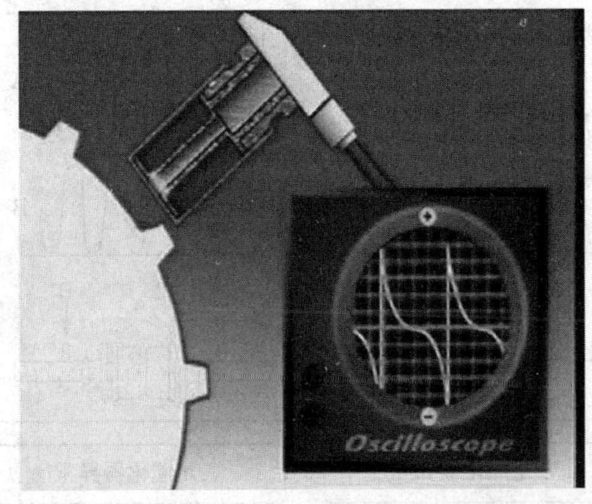

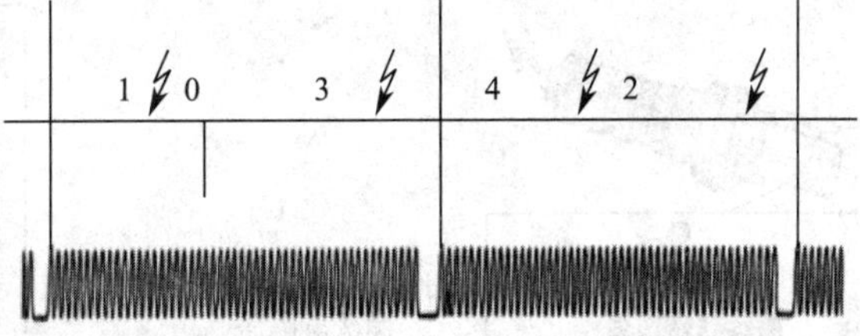

◆通过电磁感应产生交流信号电压。
◆信号转子上必须有一个与众不同的凸齿或缺齿，此处代表发动机1/4缸上止点。
◆电磁式曲轴位置传感器属于无源传感器，不需要工作电源。

图 2–4–26　曲轴位置传感器工作原理

（4）性能检测（见表 2–4–5）。

表 2–4–5　曲轴位置传感器检测参数

检测项目	性能检测
电阻检测	正常电阻 1 850 ~ 2 450 Ω（丰田卡罗拉发动机）
线路检测	1）断开曲轴位置传感器连接器 2）断开 ECM 连接器 3）测量曲轴位置传感器至 ECM 线路导通性，正常电阻小于 1 Ω
信号电压检测	起动发动机检测，怠速时，信号电压为 0.7 ~ 1.2 V，随着转速升高，电压上升

7. 氧传感器检测

（1）安装位置（见图 2–4–27）。

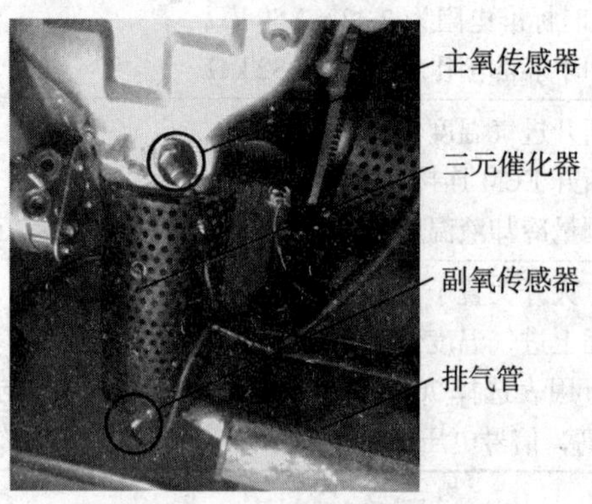

图 2–4–27　氧传感器安装位置

（2）作用：检测尾气中氧的含量，用于修正喷油量，使发动机喷油形成闭环控制，并检测三元催化器工作是否良好。

（3）结构原理：氧化锆型氧传感器结构如图 2–4–28 所示，当汽车套管废气一侧的氧浓度低时，在氧传感器电极之间产生一个高电压（0.6 ~ 1 V），这个电压信号被送到汽车 ECU 放大处理，ECU 把高电压信号看作浓混合气，而把低电压信号看作稀混合气。氧传感器只有在高温时（端部达到 300 ℃以上）其特性才能充分体现，才能输出电压。它在约 800 ℃时，对混合气的变化反应最快，而在低温时这种特性会发生很大变化。氧传感器信号波形如图 2–4–29 所示。

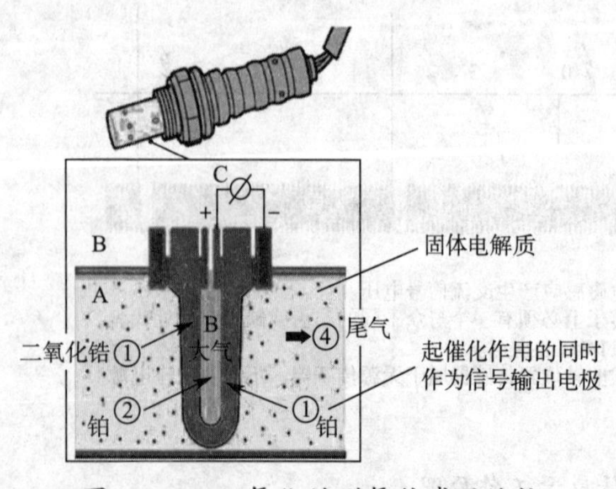

图 2–4–28　氧化锆型氧传感器结构

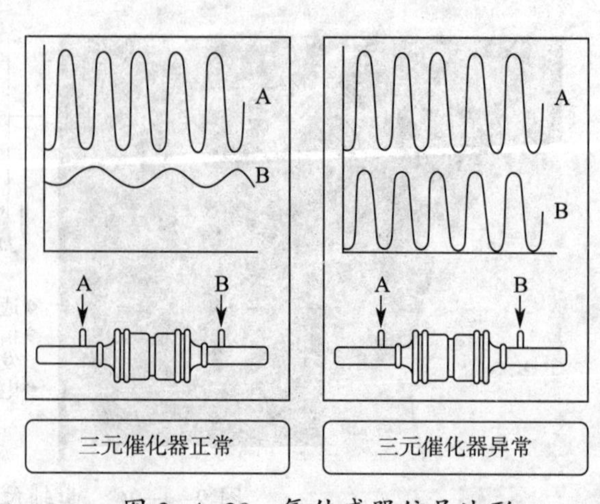

图 2–4–29　氧传感器信号波形

（4）性能检测（见表 2-4-6）。

表 2-4-6 氧传感器检测参数

检测项目	性能检测
传感器线路检测	1）断开氧传感器连接器 2）断开 ECM 连接器 3）测量氧传感器至 ECM 线路导通性，正常电阻小于 1 Ω
传感器信号电压检测	信号电压为 0 ~ 1 V（发动机充分预热后，检测为 0 ~ 1 V 之间变化，每 10 s 变化次数不少于 8 次）

第三部分

理论知识模拟试卷

汽车维修工中级理论知识模拟试卷 1

一、单项选择题（第 1 题～第 160 题。选择一个正确的答案，将相应的字母填入题内的括号中。每题 0.5 分，满分 80 分。）

1. 道德是（　　）。
A. 人和市场都具有的行为规范
B. 规定人们的权力和义务的行为规范
C. 一定社会阶级向人们提出的处理人与人、人与社会、人与自然之间关系的行为规范
D. 随阶级、国家的消亡而消亡的特殊行为规范
2.（　　）是市场经济的基本原则。
A. 资源配置　　B. 成本控制
C. 诚实守信　　D. 利润最大化
3. 职业纪律是从事这一职业的员工应该共同遵守的行为准则，它包括的内容有（　　）。
A. 操作程序　　B. 外事纪律
C. 交往规则　　D. 群众观念
4. 在职业道德修养中，“慎独”的意思是（　　）。
A. 团结同事，多交朋友
B. 除了熟悉本职工作，业务范围外的不应参与
C. 社会充满了陷阱，做事情要小心谨慎
D. 在别人看不见的情况下，按照道德要求办事，加强道德自律
5. 职业道德对企业的作用是（　　）。
A. 决定经济效益　　B. 促进决策科学化
C. 增强竞争力　　D. 滋生员工守业意识
6. 职业道德的最基本要求是（　　）。
A. 诚实守信　　B. 奉献社会
C. 爱岗敬业　　D. 服务群众
7. 汽车维修企业废机油的处理方式为（　　）。
A. 卖给个人　　B. 公司自行处理
C. 倾倒　　D. 专业回收公司回收
8. 使用举升机升起车辆后，在增加或去除任何主要的重物维修作业时，（　　）。
A. 多人合作，提高维修作业效率
B. 需用辅助支撑来保持汽车的平衡
C. 应有强大的力气完成维修作业
D. 选择合适的高度，快速完成维修作业
9. 使用气动或电动砂轮机打磨零件时，应佩戴（　　）。
A. 口罩　　B. 耳塞
C. 防毒面具　　D. 防护眼镜
10. 用液压千斤顶支顶车辆，应用（　　）进行辅助支撑后方可进入车底作业。
A. 石头或砖块　　B. 木头或安全凳
C. 木头或砖块　　D. 安全凳或石头
11. 新能源汽车的维修属于高压电气作业，高压部件维修，必须（　　）。
A. 进行绝缘检测　　B. 测量电机三相绕组
C. 拔开维修开关　　D. 断开动力电池母线
12. 在火场的浓烟区被围困时，错误的做法是（　　）。
A. 短呼吸
B. 将门窗锁好，以防浓烟进来
C. 低姿势行走
D. 用湿毛巾捂住嘴
13. 安全生产工作应立足于（　　）。
A. 积极预防　　B. 事故调查处理
C. 安全检查　　D. 执法监督
14. 下班前将使用工具、设备按指定位置归类放好，属于“6S”管理中的（　　）。
A. 清洁　　B. 整理
C. 整顿　　D. 清扫
15. 汽车整车修理竣工质量的评定应包括整车外观及（　　）、总成机构检查及主要技术性能测试方面。
A. 门窗、座椅检查　　B. 装配检查
C. 外观尺寸检查　　D. 更换部件检查
16. 全面质量管理的基本方法就是（　　）。
A. PADC　　B. PCDA
C. PACD　　D. PDCA
17. 产品质量取决于（　　）。
A. 生产第一线的工人　　B. 全体员工
C. 最高管理人员　　D. 后勤人员

18. 不属于金属材料的工艺性能的是（　　）。
A. 可焊性　　B. 可锻性
C. 耐磨性　　D. 韧性
19. 轴承代号由前置代号、基本代号和（　　）组成。
A. 内径代号　　B. 后置代号
C. 系列代号　　D. 宽度代号
20. 根据 GB/T 898—1988，螺柱 M24×50 代号中 24 是指（　　）。
A. 公称直径 24 mm　　B. 公称长度 24 mm
C. 公称半径 24 mm　　D. 公称宽度 24 mm
21. 在满足工件表面功能要求的情况下，应尽量选用（　　）表面粗糙度数值。
A. 较小的　　B. 相同的
C. 较大的　　D. 不同的
22. 液压传动系统中的下列节流调速回路中溢流阀在正常工作时不抬起的是（　　）。
A. 进油路节流调速　　B. 回油路节流调速
C. 旁油路节流调速　　D. 容积调速回路
23.（　　）只允许液流向一个方向通过，对另一个方向的液流则截止。
A. 流量阀　　B. 单向阀
C. 方向阀　　D. 压力阀
24. 液压传动以油液作为工作介质，依靠油液内部的（　　）来传递动力。
A. 分子　　B. 压力
C. 变化　　D. 压强
25. 电器元件在检查测量之前应将点火开关（　　）。
A. 分解　　B. 关闭
C. 拆卸　　D. 打开
26. 汽车电气设备电路采用的是（　　）。
A. 双线并联　　B. 单线并联
C. 正极搭铁　　D. 单线串联
27. 更换车辆熔断片时应注意熔断片的规格，也可从熔断片颜色进行规格区分，其中插片式绿色断片为（　　）A。
A. 10　　B. 15
C. 20　　D. 30
28. 在汽车电路中常用符号“B”来表示（　　）。
A. 电源　　B. 端子、插头、插座
C. 熔丝　　D. 开关
29. 在电路中常用符号（　　）来表示电机。
A. M　　B. W
C. H　　D. Y
30. 发动机 ECU 工作电压为（　　）V。
A. 5　　B. 9
C. 12　　D. 24
31. 半导体压力传感器的硅膜片，一面接触的是真空室压力，一面接触的是（　　）压力。
A. 排气管　　B. 进气歧管
C. 空气　　D. 燃油
32.（　　）具有单向导电性。
A. 三极管　　B. 电容
C. 二极管　　D. 稳压管
33. 主要用于汽车零件清洗的清洗机是（　　）。
A. 刷子式　　B. 转盘式
C. 门式　　D. 喷射式
34. 用（　　）测量工件时，读完数后需倒转微分套筒后再取出工件。
A. 游标卡尺　　B. 百分表
C. 千分尺　　D. 千分表
35. 百分表的分度值为（　　）。
A. 0.01　　B. 0.02
C. 0.001　　D. 0.002
36. 主要对汽车进行局部举升的装置是（　　）。
A. 举升器　　B. 千斤顶
C. 木块　　D. 金属块
37. 发动机气缸排量是指（　　）。
A. 气缸总容积　　B. 气缸工作容积
C. 气缸燃烧室容积　　D. 气缸行程
38. 发动机工作过程的 4 个行程是（　　）、压缩行程、做功行程、排气行程。
A. 进气行程　　B. 提升行程
C. 进去行程　　D. 缓期行程
39. 汽车使用技术状况包括汽车的动力性、（　　）、燃料经济性、滑油消耗性。
A. 启动性能　　B. 加速性能
C. 工作可靠性　　D. 爬坡性能
40. 汽车的驱动型式一般用符号“n×m”表示，其中 m 表示（　　）。
A. 驱动轮的数量　　B. 车的宽度
C. 车轮总数量　　D. 车的长度
41. 车辆 VIN 码指的是 17 位字符长的车辆识别代

码，其中第一位数字或字母表示（　　）。

A. 原产国　　B. 车身型式

C. 生产品牌　　D. 车辆类别

42. 轿车类别代号是（　　）。

A. 1　　B. 3

C. 5　　D .7

43. 检查连杆轴承间隙时，在轴承表面涂以清洁的机油，将轴承装在连杆轴颈上，按规定拧紧螺母，将连杆放平，以杆身的重量徐徐下垂，用手握住连杆小端，沿（　　）向扳动时应无松旷感。

A. 径　　B. 水平

C. 轴　　D. 前后

44. 发动机曲轴轴颈主要的检测项目是（　　）。

A. 圆度误差　　B. 圆度和圆柱度误差

C. 弯曲变形　　D. 圆柱度误差

45. 发动机曲轴各轴颈的圆度和圆柱度误差一般用（　　）来测量。

A. 百分表　　B. 内径千分尺

C. 游标卡尺　　D. 外径千分尺

46. 以下属于曲轴轴承异响原因的是（　　）。

A. 按规定力矩拧紧曲轴轴承

B. 机油多

C. 更换了新曲轴轴承

D. 曲轴轴承磨损、松旷

47. 发动机气缸体上平面翘曲后，应采用（　　）的方法进行修理。

A. 磨削　　B. 加热校正

C. 刨削　　D. 冷压校正

48. 发动机变形将导致其与轴承孔轴线（　　）的变化。

A. 垂直度　　B. 对称度

C. 平行度　　D. 同轴度

49.（　　）的作用是连接活塞与连杆，将活塞承受的气体作用力传给连杆。

A. 活塞销　　B. 飞轮

C. 活塞环　　D. 曲轴

50. 发动机的安装都有一定角度，需要用（　　）测量发动机安装角度。

A. 角度盘　　B. 游标卡尺

C. 倾角仪　　D. 直尺

51. 以下属于气缸盖腐蚀的主要原因的是（　　）。

A. 使用了不符合要求的冷却液

B. 汽车长时间超时间超负荷工作

C. 冷却液加注过多

D. 汽车工作条件恶劣

52. 安装正时皮带或正时链条及导链板时，应调整（　　）张紧轮或正时链条导链板张紧器到规定的程度。

A. 正时齿轮　　B. 水泵皮带

C. 发电机皮带　　D. 正时皮带

53. 用（　　）检测发动机凸轮轴凸轮的轮廓变化，来判断凸轮的磨损情况。

A. 百分表　　B. 标准样板

C. 游标卡尺　　D. 外径千分尺

54.（　　）不是凸轮轴磨损常见原因。

A. 凸轮轴轴颈油槽毛刺未清除

B. 机油过多

C. 与摇臂轴孔平行度超差

D. 机油泵出现问题

55. 气门高度用（　　）测量。

A. 内径千分尺　　B. 刀尺

C. 外径千分尺　　D. 直尺

56. 四冲程发动机凸轮轴正时齿轮齿数是曲轴正时齿轮的（　　）倍。

A. 1　　B. 2

C. 3　　D. 4

57.（　　）的功用是将从凸轮轴经过挺柱传来的推力传给摇臂。

A. 凸轮轴　　B. 气门导管

C. 推杆　　D. 正时齿轮

58. 热车状态时，水箱盖（　　）。

A. 可以打开　　B. 戴上护目镜即可打开

C. 严禁打开　　D. 戴上手套即可打开

59. 当散热器中压力升高到一定压力时，（　　）便开启，使水蒸气从通气孔排出，以防止膨胀压坏散热器芯管。

A. 蒸汽阀　　B. 节温器

C. 空气阀　　D. 电磁阀

60. 加注发动机冷却水，下列最好选择（　　）。

A. 泉水　　B. 矿泉水

C. 井水　　D. 纯净水或蒸馏水

61. 发动机冷却系的组成部件中用来改变冷却水的大、小循环路线及流量的是（　　）。

A. 节温器　　B. 散热器

C. 水泵　　D. 风扇

62.（　　）的功用是使转动中的发动机保持在最适宜的工作温度范围。

A. 润滑系　　B. 冷却系

C. 燃料供给系　　D. 传动系

63. 发动机的机油警告灯，在（　　）的情况下会发亮。

A. 润滑系油压过低

B. 警告灯正极与车身搭铁短路

C. 主油道有轻微泄漏现象

D. 机油过多

64. 机油压力过低报警灯报警开关安装在（　　）上。

A. 发动机曲轴箱　　B. 节气门体

C. 润滑油主油道　　D. 气门室罩盖

65. 润滑油是用在各种类型机械上以减少摩擦，保护机械及加工件的液体润滑剂，能起（　　）等作用。

A. 润滑、冷却、防锈

B. 润滑、冷却、防锈、清洁、密封和缓冲

C. 润滑、冷却

D. 润滑、冷却、防锈、密封

66.（　　）不是润滑系统的功用之一。

A. 密封　　B. 润滑

C. 清洗　　D. 传递动力

67. 柴油机高压油路供给装置包括（　　）及喷油器等。

A. 喷油泵　　B. 滤清器

C. 柴油泵　　D. 柴油箱

68. 四冲程柴油机在进气行程时进入气缸内的是（　　）。

A. 空气　　B. 柴油

C. 汽油　　D. 可燃混合气

69. 怠速工况下，为保证发动机稳定工作，应供给（　　）的混合气。

A. 少而浓　　B. 少而稀

C. 多而浓　　D. 多而稀

70.（　　）轻柴油适合于高寒地区严冬使用。

A. –50 号　　B. –10 号

C. 0 号　　D. 10 号

71. 自动变速器内制动器的作用是（　　）。

A. 连接　　B. 固定

C. 锁止　　D. 制动

72. 自动变速器主要由液力变矩器、机械变速器、（　　）、电子控制系统、油冷却系统等组成。

A. 液压控制系统　　B. 飞轮

C. 传感器　　D. 离合器

73. 装备手动变速器的汽车，可安装（　　）来减小换挡所引起的齿轮冲击。

A. 同步器　　B. 差速器

C. 离合器　　D. 制动器

74. 为分析离合器打滑故障的原因，应最先进行检查的项目是（　　）。

A. 检查离合器踏板自由行程

B. 检查离合器盖，飞轮连接螺钉是否松动

C. 检查离合器分离杠杠内端面高低

D. 检查离合器摩擦片

75. 常见手动变速器由变速器箱体、（　　）、轴线固定的几根轴和若干对齿轮组、同步器等组成。

A. 拉索　　B. 花键

C. 杠杆　　D. 换挡机构

76. 装传动轴时，十字轴轴颈如有压痕，压痕不严重且不在传力面时，可将十字轴由原装配位置旋转（　　）装复。

A. 30°　　B. 60°

C .90°　　D. 120°

77.（　　）能在变速器的输出轴和驱动桥的输入轴之间的有一定夹角和相对位置经常变化的两轴之间传递动力。

A. 差速器　　B. 主减速器

C. 离合器　　D. 万向传动装置

78. 汽车差速器是当汽车（　　）或在不平路面上行驶时，使左右车轮以不同转速滚动的装置。

A. 直线行驶　　B. 下坡

C. 转弯　　D. 上坡

79. 主减速器的作用是将来自变速器或万向传动装置的转矩（　　），同时降低转速并改变动力的传递方向。

A. 保持　　B. 连续

C. 减小　　D. 增大

80. 四轮定位安装（　　）时应注意对传导导线的保护，防止碾压、踩踏。

A. 传感器　　B. 刹车锁

C. 方向锁　　D. 固定锁

81. 关于转向沉重的原因：转向器摇臂与衬套间隙（　　）、转向梯形横、直拉杆球头配合间隙过小。

A. 过小　　B. 过宽

C. 过大　　D. 过高

82. 动力转向液压助力系统缺少液压油会导致（　　）。

A. 转向沉重　　B. 不能转向

C. 行驶跑偏　　D. 制动跑偏

83. 球头在安装时，一定要检查（　　）端螺纹是否有损坏，防止螺母无法正确安装。

A. 橡胶　　B. 轴承

C. 螺栓　　D. 密封

84.（　　）转向器主要由壳体、转向螺杆、摇臂轴、转向螺母等组成。

A. 齿轮–齿条式　　B. 双指销式

C. 循环球式　　D. 蜗杆指销式

85. 转向柱是连接（　　）和转向器的传动件。

A. 雨刮器　　B. 灯光

C. 方向盘　　D. 喇叭

86.（　　）转向器采用齿轮齿条传动原理传递动力。

A. 循环球式　　B. 齿轮齿条式

C. 曲柄指销式　　D. 蜗轮蜗杆式

87. 中型以上越野汽车和自卸汽车多用（　　）转向器。

A. 不可逆式　　B. 齿轮条式

C. 可逆式　　D. 极限可逆式

88. 使用深度尺检查轮胎花纹深度，同一截面需至少测量（　　）个点。

A. 2　　B. 3

C. 4　　D. 5

89. 某轮胎的规格是 175/70 H R13，其中 R 的含义是（　　）。

A. 斜交轮胎　　B. 无内胎轮胎

C. 应急轮胎　　D. 子午线轮胎

90. 充气轮胎按其结构组成可分为（　　）。

A. 高压轮胎和低压轮胎

B. 普通花纹轮胎和混合花纹轮胎

C. 有内胎轮胎和无内胎轮胎

D. 子午线轮胎和普通斜交轮胎

91. 汽车减振器从产生阻尼材料的角度主要分为液压和（　　）。

A. 加水　　B. 水

C. 充气　　D. 加氟

92. 横向稳定杆主要是在左右悬架上下运动不一致时产生扭力（　　）车身倾斜，提高车辆在过弯、颠簸路面行驶的稳定性。

A. 都不对　　B. 阻止

C. 增加　　D. 允许

93. 对于独立悬架，弹簧的（　　）是影响乘员舒适性的主要因素。

A. 刚度　　B. 压缩长度

C. 强度　　D. 自由长度

94. 汽车行驶中车轿是传递车架与（　　）之间各向作用力及其所产生的弯矩的装置。

A. 车轮　　B. 发动机

C. 方向盘　　D. 半轴

95. 制动蹄与制动鼓之间的间隙过大，应调整（　　）。

A. 制动气室压力　　B. 制动底板上的偏心支承

C. 制动踏板高度　　D. 储气筒压力

96. 液压制动总泵的安装程序是：安装真空助力器、制动主缸、（　　）和制动踏板。

A. 拉杆　　B. 制动软管

C. 制动传动装置　　D. 制动分泵

97. 鼓式制动器可分为非平衡式、平衡式和（　　）。

A. 单向助势　　B. 双向自动增力式

C. 自动增力式　　D. 双向助势

98. 盘式制动器拆卸时不要损伤制动软管，也不要踩（　　）踏板。

A. 加速　　B. 软管

C. 离合　　D. 制动

99. 在（　　）中，空气助力气室制动时产生的推力，也同踏板力一样直接作用在制动主缸活塞推杆上。

A. 真空增压器　　B. 空气助力器

C. 真空助力器　　D. 空气增压器

100. 车用液压制动系统中控制制动蹄的液压元件是（　　）。

A. 制动分泵　　B. 推杆

C. 制动总泵　　D. 制动踏板

101. 传统的制动系统一般由（　　）和制动器两个主要部分组成。

A. 制动分泵　　B. 制动操纵机构
C. 制动踏板　　D. 制动液

102. 不是“自行放电”，而蓄电池没电的原因是(　　)。
A. 蓄电池长期存放　　B. 电解液不足
C. 电解液不纯　　D. 正负极柱导通

103. 如蓄电池为满电，电量检查孔颜色为(　　)。
A. 黄色　　B. 紫色
C. 红色　　D. 蓝色

104. 蓄电池电解液的正常液面高度，应(　　)。
A. 高于极板　　B. 充满整个容积
C. 低于极板　　D. 与极板等高

105. 现代车用铅酸蓄电池由(　　)个单格电池串联而成，每个单格电池约为 2 V，串联后蓄电池电压为 12 V。
A. 2　　B. 4
C. 6　　D. 8

106. 发电机转子端隙应不大于(　　)mm。
A. 0.10　　B. 0.20
C. 0.25　　D. 0.30

107. 交流发电机过载时，(　　)可协同发电机向用电设备供电。
A. 起动机　　B. 高压包
C. 蓄电池　　D. 分电器

108. (　　)的作用是在发电机转速变化时，自动改变励磁电流的大小，使发电机输出电压保持不变。
A. 调节器　　B. 电容器
C. 整流器　　D. 蓄电池

109. 启动发动机时，接通点火开关至启动挡，起动机如发出“嗒、嗒”的响声，检查蓄电池的放电程度，若电量严重不足，应进行(　　)。
A. 先充电再放电　　B. 放电
C. 先放电再充电　　D. 充电

110. 检查起动机电枢绕组换向器是否断路，应用(　　)检查。
A. 电压表　　B. 伏安表
C. 电流表　　D. 欧姆表

111. 汽车起动继电器的作用是(　　)。
A. 直接控制直流电机电流的通断
B. 控制点火线圈的电源通断
C. 控制电磁开关电流的通断，避免大电流烧蚀点火开关
D. 控制油泵电流的通断

112. 起动机的组成中，(　　)在发动机启动后使起动机驱动齿轮与飞轮启动齿环脱离，起保护作用。
A. 控制装置　　B. 电枢
C. 单向离合器　　D. 电刷

113. (　　)是汽车音响故障率最高的部分。
A. 喇叭　　B. 线路
C. 天线　　D. 功率放大器

114. 检查喇叭不响故障时，检查熔断器，如果正常，则用喇叭的接点直接和(　　)连接试验。
A. 搭铁　　B. 发电机
C. 起动机　　D. 蓄电池正极

115. 汽车灯具中，倒车灯的光色为(　　)，当车辆挂入倒挡时，自动发亮同时警示后方车辆行人注意安全。
A. 红色　　B. 橙色
C. 白色　　D. 黄色

116. 排除前照灯不断电故障的方法是从电源开始到前照灯做线路的(　　)检查。
A. 外观　　B. 污垢
C. 电阻　　D. 电压

117. 利用灯光作汽车信号的装置，不包括(　　)。
A. 牌照灯　　B. 制动灯
C. 示宽灯　　D. 转向灯

118. 以保护头面部为主的安全气囊应(　　)才能发挥较好的作用。
A. 加大爆炸充气压力　　B. 提早引爆使气囊早展开
C. 增加气囊的强度　　D. 与安全带联合使用

119. 电动座椅采用的是(　　)电机。
A. 双向直流　　B. 单向交流
C. 单向直流　　D. 双向交流

120. (　　)会导致所有电动车窗都不能升降。
A. 副驾驶员控制开关故障
B. 右后控制开关故障
C. 驾驶员主开关故障
D. 左后控制开关故障

121. (　　)能导致前排乘员侧电动车门锁不能锁定。
A. 车窗天线故障　　B. 开关故障
C. 车门锁拉杆卡住　　D. 遥控器故障

122. 门锁电路的定时装置一般利用（　　）充、放电特征。

A. 电容器　　B. 三极管

C. 继电器　　D. 电阻

123. 关于刮水器橡胶件安装的说法正确的是（　　）。

A. 安装带有背板的刮水器橡胶件时，先将背板安装在刮水器橡胶上，然后安装在刮水器片上

B. 在完成刮水器橡胶件的更换后，将沙子等放在玻璃上测试刮水器的刮水性能

C. 刮水器橡胶件的长度可以通过削切橡胶上设有固定孔的末端来进行调节

D. 当安装没有背板的刮水器橡胶件时，将设有小突起的橡胶端从刮水器片的缺口上穿过

124. 关于电压表检修，车载电压表显示的数值为蓄电池或发电机的（　　）。

A. 电压之和　　B. 电压之积

C. 端电压　　D. 电压值之差

125. 空调器运行后储液干燥器外壳有一层白霜，说明（　　）。

A. 储液干燥器脏堵　　B. 压缩机损坏

C. 制冷剂过量　　D. 制冷剂泄漏

126. 用厚薄规检查电磁离合器四周边的空气间隙，应在（　　）mm 范围内。

A. 0.1 ~ 0.5　　B. 0.2 ~ 0.8

C. 0.4 ~ 0.8　　D. 0.6 ~ 1

127. 开启瓶装制冷剂，所使用的工具是（　　）。

A. 扳手　　B. 棘轮扳手

C. 旋具　　D. 开启阀

128. 加压检漏法是先向制冷剂装置内充入（　　）的高压气体，然后找出泄漏点。

A. 1 ~ 2 kPa　　B. 1 ~ 2 MPa

C. 3 ~ 4 kPa　　D. 10 ~ 20 MPa

129. 打开空调 AC 开关时且 AC 指示灯点亮，鼓风机（　　）。

A. 运转　　B. 都不对

C. 不运转　　D. 不定时运转

130. 在汽车制冷循环系统中，经膨胀阀送往蒸发器管道中的制冷剂是（　　）状态。

A. 低温低压液体　　B. 高温低压液体

C. 高温高压液体　　D. 低温低压气体

131.（　　）不是汽车空调制冷系统的作用。

A. 制冷　　B. 制热

C. 除湿　　D. 净化空气

132. 不是气缸密封性的检测方法的是（　　）。

A. 测量曲轴箱窜气量　　B. 测量排气背压

C. 测量气缸压力　　D. 测量进气管真空度

133. 汽油机通过检测发动机进气歧管真空度，可以判断发动机的（　　）。

A. 气缸密封性　　B. 环保性

C. 油耗　　D. 动力性

134. 废气涡轮增压器的动力来源于（　　）。

A. 电动机　　B. 进气

C. 曲轴　　D. 排气

135. 安装涡轮增压器时，应将（　　）。

A. 润滑油进口向下，出油口垂直向下

B. 润滑油进口向下，出油口垂直向上

C. 润滑油进口向上，出油口垂直向下

D. 润滑油进口向上，出油口垂直向上

136. 用来检测进气压力的传感器是（　　）传感器。

A. 进气压力　　B. 空气流量

C. 进气温度　　D. 曲轴位置

137. 将非电信号转换为电信号的装置是（　　）。

A. ECU　　B. 执行器

C. A/D 转换器　　D. 传感器

138. 电控汽油喷射发动机运转不稳是指发动机转速处于（　　）情况，发动机运转都不稳定，有抖动现象。

A. 怠速　　B. 任一转速

C. 中速　　D. 加速

139. 喷油器就车断油检查方法是：拔下某缸喷油器线束插头，发动机转速应立即下降，这表明该喷油器（　　）。

A. 喷油量少　　B. 工作正常

C. 喷油过量　　D. 喷油器堵塞

140.（　　）时，喷油正时改变。

A. 出油阀密封不严

B. 输油泵安装位置改变

C. 喷油器开启压力降低

D. 喷射泵体在柴油机上的安装位置改变

141. 一般来说，电动燃油泵的工作电压是（　　）V。

A. 5　　B. 12

C. 24　　D. 42

142. (　　) 不是电控发动机燃油喷射系统的组成部分。

A. 燃油系统　　B. 空调系统

C. 空气系统　　D. 控制系统

143. 电控燃油喷射系统能实现 (　　) 的高精度控制。

A. 空燃比　　B. 点火高压

C. 负荷　　D. 转速

144. 关于更换点火模块前应采取的措施，说法错误的是 (　　)。

A. 拆下蓄电池正极导线

B. 关闭点火开关

C. 注意观察点火模块的连接方式

D. 注意观察点火模块的型号

145. 故障码包含了五个字符，第一个是字母，后边的四个是数字，字母表示 (　　)。

A. 故障系统

B. 触发故障码的条件

C. 制造的代码

D. 故障码发生的系统或子系统

146. 用汽车万用表测量发动机转速，红表笔应连 (　　)，黑表笔搭铁。

A. 点火线圈正接线柱　B. 分电器中央高压线

C. 点火线圈负接线柱　D. 转速传感器

147. 发动机控制系统主要由信号输入装置、(　　)、执行器等组成。

A. 电子控制单元 (ECU)

B. 存储器

C. 传感器

D. 中央处理器 (CPU)

148. (　　) 可导致柴油机排放污染物中碳烟浓度过大。

A. 喷油器喷雾质量过差

B. 高压油管压力过小

C. 喷油泵泵油压力过小

D. 低压油管压力过小

149. 柴油车废气排放检测的是 (　　)。

A. CO　　B. HC

C. CO 和 HC　　D. 烟度值

150. 排放控制系统包括 PCV、(　　)、TWC 以及 EGR 四个系统。

A. EVAP　　B. TRC

C. VVTI　　D. VTEC

151. 汽油车检测排放时，发动机应处于 (　　) 状态。

A. 低速　　B. 加速

C. 中速　　D. 怠速

152. 进行丝绒座椅的清洁护理时应选用的清洁剂是 (　　)。

A. 皮革清洗剂　　B. 去油剂

C. 漂白剂　　D. 化纤清洗

153. 喷漆修复前对漆面进行表面清洁时应选用的清洁剂是 (　　)。

A. 中性清洁剂　　B. 化清剂

C. 碱性清洁剂　　D. 酸性清洁剂

154. 水系清洗剂洗车液不易燃，属生物降解型，对环境 (　　) 污染。

A. 污染较轻　　B. 严重污染

C. 无　　D. 不确定

155. 机油 5W–30 牌号中，数字代表机油的低温特性与黏度等级，“W” 代表 (　　)。

A. 柴油机油

B. 低温系列，W 表示冬用

C. 夏季使用机油

D. 汽油机油

156. 以下不属于发动机 30 000 km 维护内容的是 (　　)。

A. 检查发动机支架的连接及损坏情况

B. 检查、紧固、调整散热器及百叶窗

C. 按规定次序和扭矩校紧缸盖螺栓

D. 更换气门油封

157. (　　) 30 000 km 维护作业内容包括清除发电机滑环表面油污，清洗检查轴承，填充润滑脂。

A. 底盘　　B. 起动机

C. 电器设备　　D. 发动机

158. 汽车 10 000 km 维护竣工检查技术要求中，转向臂、转向拉杆、制动操纵机构工作可靠，锁销 (　　)，转向杆球头、转向传动十字轴承、传动轴十字轴承 (　　)。

A. 齐全有效无松旷

B. 坚固无裂纹

C. 可有可无间隙可大些

D. 无须检查坚固

159. 电器设备在进行 (　　) 维护时，要求灯光、喇叭、仪表齐全有效。

A. 10 000 km　　B. 30 000 km

C. 50 000 km　　D. 大修

160.（　）是指为维持汽车完好技术状况或工作能力而进行的作业，应贯彻“预防为主、强制维护”的原则。

A. 汽车维护的目的

B. 保持车容整洁

C. 汽车维护

D. 延长汽车大修间隔里程

二、判断题（第 161 题～第 200 题。将判断结果填入括号中。正确的填“√”，错误的填“×”。每题 0.5 分，满分 20 分。）

161. 职业道德是人格的一面镜子，体现在人的职业道德的提高有利于人的思想道德素质的全面提高。（　）

162. 诚实守信的基本要求有：做老实人，说老实话，办老实事，不搞虚假，保密守信，不为利益所利诱。（　）

163. 使用风炮等气动工具时不得使用这些工具玩耍，以免出现意外。（　）

164. 拆装零部件前，应首先清理工作场地，拆卸时必须使用合适工具或专用工具，不得大力蛮干，不得用硬物、手锤直接敲击零件。所有零件拆卸后要按顺序摆放整齐，不得随地堆放。（　）

165. 车辆技术档案的主要内容包括车辆基本情况、检测和维修记录等，但不包括事故处理记录。（　）

166. 滚动轴承的类型代号由字母表示。（　）

167. 将发动机输入的机械能转换为液体的压力能的液压元件是液压缸。（　）

168. 在电路中常用符号 R 来表示电阻。（　）

169. 继电器的作用是通过小电流控制大电流，保护开关。（　）

170. ECU 是汽车上一种电子综合控制装置。（　）

171. 测量发动机火花塞的间隙时，应用百分表测量。（　）

172. VIN 码 1GNDM15Z8RB122003 代表的汽车生产国为中国。（　）

173. 检查发动机曲轴轴向间隙时应先将曲轴用撬棒撬至一端，再用塞尺测量第 4 道曲柄与止推轴承之间的间隙。（　）

174. 发出较大清脆的“当当”金属敲击声是连杆轴承异响的特征之一。（　）

175. 顶置式配气机构按凸轮轴的布置形式可分为凸轮轴下置式、凸轮轴中置式和凸轮轴上置式。（　）

176. 水泵流出，经分水管→水套→出水口→叶水泵，进行的是大循环。（　）

177. 当发动机达到一定水温时，蜡式节温器主阀门开始打开，部分冷却液开始进行大循环。（　）

178. 机油泵泵油压力过低会导致曲轴轴承烧熔。（　）

179. 柴油机喷油泵供油提前角可以根据发动机工况减小或增大供油提前角。（　）

180. 常见手动变速器由液力变矩器、变速器箱体、换挡机构、若干对齿轮组、同步器组成。（　）

181. 对传动轴总成进行动平衡检测，要求在传动轴两端的最大不平衡值不大于 20 g · cm。（　）

182. 汽车的前束值一般都小于 10 mm。（　）

183. 常流式液压动力转向装置因泄漏大、消耗功率高，目前应用较少。（　）

184. 目前轿车轮胎都为无内胎轮胎。（　）

185. 安装轮胎时，应在轮胎边上涂上小量润滑脂或滑石粉，以免断裂轮边。（　）

186. 制动阀调整不当是气压制动系统制动不良的原因之一。（　）

187. 空气液压制动传动装置分为增压式和助力式两种。（　）

188. 蓄电池储存了 3 个月，此时对电池应该进行补充充电。（　）

189. 拆卸蓄电池时先断开正极接线柱，再断开负极接线柱。（　）

190. 发电机正常发电现象为发动机高于怠速运转时，电流表指示放电的指示灯熄灭。（　）

191. 起动机的启动控制线主要负责给起动机上的电磁开关供电。（　）

192. LED 的灯泡一定比卤素的灯泡发光强度强。（　）

193. 当遥控无法控制车辆门锁时，应使用驾驶员

中控门锁开关，以此来判断故障是否在车辆遥控。（ ）

194. 电磁离合器皮带盘与压力板接合面磨损严重而打滑会导致空调压缩机间隙运转或不运转故障。（ ）

195. 采用电控燃油喷射系统使发动机综合性能得以提高。（ ）

196. 电动燃油泵都安装在油箱内。（ ）

197. 点火模块用于控制点火线圈的次级绕组。（ ）

198. 汽油车废气排放检测方法采用自由加速的方法。（ ）

199. 除尘一般是用吸尘器清除内饰各部件上的灰尘过程。（ ）

200. 30 000 km 维护前，检查发动机的转速为 1 000 r/min 时，单缸发动机断火的转速下降应不低于 90 r/min。（ ）

汽车维修工中级理论知识模拟试卷 2

一、单项选择题（第 1 题 ~ 第 160 题。选择一个正确的答案，将相应的字母填入题内的括号中。每题 0.5 分，满分 80 分。）

1. “诚者，天之道也；思诚者，人之道也。”孟子的这句话表明（　　）。
A. 诚实守信是每个人都需遵守的做人准则
B. 诚实守信放在心里就可以，不必表现在行动上
C. 诚实守信是自然形成的行为准则
D. 诚信的内涵还需进一步探讨

2. 职业道德活动中，符合“仪表端庄”具体要求的是（　　）。
A. 鞋袜搭配合理　　B. 发型突出个性
C. 着装华贵　　D. 饰品俏丽

3. 下列选项不属于职业道德的价值的是（　　）。
A. 可以提高成本、劳动生产率和经济效益
B. 有利于企业树立良好形象，创造著名品牌
C. 有利于企业提高产品和服务质量
D. 有利于协调职工之间及职工与领导之间的关系

4. 职业道德不包括（　　）。
A. 道德准则　　B. 道德认同
C. 道德情操　　D. 道德品质

5. 在市场经济条件下，（　　）是职业道德社会功能的重要表现。
A. 遏制牟利最大化　　B. 促进员工行为的规范化
C. 克服利益导向　　D. 增强决策科学化

6. 1 L 油可污染（　　）L 纯净水。
A. 100　　B. 1 000
C. 10 000　　D. 100 000

7. 以下废物中，属于特种垃圾的是（　　）。
A. 废钢铁　　B. 废机油
C. 电线　　D. 离合器片

8. 液压千斤顶的液压开关处于（　　）状态时，方可顶起汽车。
A. 放松　　B. 拧紧
C. A、B 均可　　D. 半松半紧

9. 路试车辆必须由具有（　　）及技术熟练的试车员进行，并在规定的路段上进行。
A. 行驶证　　B. 维修经验
C. 上岗证　　D. 驾驶证

10. 以下行为中，（　　）属于安全用电的做法。
A. 随手拉闸断电
B. 作业完毕后拉闸断电，暂时先不锁好开关箱、配电箱
C. 车间内不乱接电线和使用电器
D. 配电箱、开关箱临时存放物品

11. 安装高压组件时，我们需要注意（　　）。
A. 高压插接件内部一般有花纹锁止结构，只要能插进去，就一定没有错
B. 高压组件是原厂维修件，禁止拆卸
C. 高压组件上面有多个高压插接件时，一定要注意插接件的位置，不能错插、漏插、硬插
D. 插一个上一次电，最保险

12. 生产安全事故发生后，首先要抢救受伤人员，并采取措施防止事故扩大，还要（　　），给事故调查提供条件。
A. 清理现场　　B. 禁止拍照
C. 保护现场　　D. 停产整顿

13. 车间“6S”管理的含义是（　　）。
A. 清理、清扫、整理、整顿、素养、安全
B. 清理、清扫、整理、整顿、素质、安全
C. 清洁、清扫、整理、整顿、素养、安全
D. 清理、清扫、整理、整改、素养、安全

14. 加强对运输企业的监督检查，对冒黑烟、车辆尾气超标车辆进行（　　），拒不整改车辆处以停运处理。
A. 强制报废　　B. 强制清洁
C. 强制更换　　D. 强制维护

15. 全面的质量管理是把（　　）和效益统一起来的质量管理。
A. 工作质量　　B. 使用成本
C. 产品质量　　D. 质量成本

16. 广义的汽车维修质量，是指除了生产对象本身的质量外，还包括生产活动中的工作质量即工序质

量，（ ）和服务质量。

A. 员工质量 B. 维修质量

C. 工具质量 D. 产品质量

17. 不属于金属材料的力学性能的是（ ）。

A. 塑性 B. 韧性

C. 渗透性 D. 强度

18. 轴承内部一般由（ ）组成，通常称为四大件。

A. 内圈、外圈、滚动体和保持架

B. 内圈、外圈、滚动体和支持架

C. 内圈、外圈、钢球和保持架

D. 内圈、外圈、滚动体和铜支持架

19. 螺柱 GB/T 898—1988 M24×50，代号中 50 是指（ ）。

A. 公称直径 50 mm B. 公称长度 50 mm

C. 公称半径 50 mm D. 公称宽度 50 mm

20. 在圆柱或圆锥外表面上所形成的螺纹是（ ）。

A. 细牙螺纹 B. 内螺纹

C. 粗牙螺纹 D. 外螺纹

21.（ ）回路可使工作部件在运动过程中的某一位置上停留一段时间保持不动。

A. 顺序 B. 减压

C. 换向 D. 锁紧

22.（ ）将油液的压力转换为机械能带动负载运动。

A. 液压缸 B. 换向阀

C. 液压泵 D. 液压控制阀

23. 属于液压传动缺点的是（ ）。

A. 不便于过载保护 B. 传动效率低

C. 不易实现无级调速 D. 润滑条件差

24. 更换车辆熔断片时应注意熔断片的规格，也可从熔断片颜色进行规格区分，其中插片式黄色熔断片为（ ）A。

A. 10 B. 15

C. 20 D. 25

25. 汽车上常见的电路保护器件有易熔线、（ ）及电路断路保护器等。

A. 熔断器（片） B. 继电器

C. 二极管 D. 开关

26. 继电器在线圈中通电时，电磁继电器上的衔铁带动活动触点与固定（ ）断开。

A. 常闭触点

B. 常开触点、常闭触点、铁芯都不对

C. 常开触点

D. 铁芯

27. 在汽车电路中常用符号“F”来表示（ ）。

A. 电源 B. 端子、插头、插座

C. 保险丝 D. 开关

28. 在电路中常用符号（ ）来表示电容器。

A. F B. μF

C. C D. CF

29.（ ）是车用电子控制系统的输出装置。

A. A/D 转换器 B. 微型计算机

C. 输入回路 D. 执行器

30. 整流电路是利用二极管的（ ）把交流电变为直流电的电路。

A. 热敏特性 B. 电阻特性

C. 单向导电性 D. 光敏特性

31. ROM 表示（ ）。

A. 随机存储器 B. 只读存储器

C. 中央处理器 D. 转换器

32. 拆装油底壳、变速器等的放油螺栓通常选用（ ）。

A. 专业扳手 B. 圆螺母扳手

C. 内六角扳手 D. 钩形扳手

33. 用千分尺测量工件时，先旋转微分套筒，当（ ）时改用旋转棘轮，直到棘轮发出 2～3 下“咔咔”声时，开始读数。

A. 测砧与工件测量表面接近

B. 测砧远离工件表面

C. 测砧与测微螺杆接近

D. 测砧远离测微螺杆

34. 百分表的分度值为（ ）mm。

A. 0.001 B. 0.005

C. 0.01 D. 0.02

35. 安装锯条时，锯齿的齿尖要（ ）。

A. 朝前 B. 朝后

C. 倾斜 D. 无要求

36. 活塞由上止点运动到下止点，活塞顶部所扫过的容积是指（ ）。

A. 燃烧室容积 B. 内燃机排量

C. 气缸工作容积 D. 气缸最大容积

37. 最大爬坡度是车轮（　　）时的最大爬坡能力。
A. 满载　　B. 空载
C. ＜ 5 t　　D. ＞ 5 t
38. 在常见的车型中，把发动机放置车辆的前端，变速器也放置车辆的前端，这种布置方式称为（　　）。
A. 前置前驱　　B. 后置前驱
C. 前置后驱　　D. 后置后驱
39. 车辆识别代号简称（　　），是汽车的身份证号，它根据国家车辆管理标准确定，包含了车辆的生产厂家、年代、车型、车身型式及代码、发动机代码及组装地点等信息。
A. VIN　　B. NVI
C. VIM　　D. MVI
40. 1988 年颁布的国家标准中，汽车型号由（　　）部分构成。
A. 2　　B. 3
C. 4　　D. 5
41. 同一活塞环上漏光弧长所对应的圆心角总和不超过（　　）。
A. 15°　　B. 25°
C. 45°　　D. 60°
42. 确定发动机曲轴修理尺寸时，除根据测量的圆柱度、圆度进行计算外，还应考虑（　　）对修理尺寸的影响。
A. 弯曲　　B. 轴瓦
C. 裂纹　　D. 连杆
43. 以下属于曲轴变形的主要原因的是（　　）。
A. 按规定力矩拧紧螺栓力矩
B. 曲轴轴承磨损
C. 机油压力过高
D. 未按规定力矩拧紧螺栓
44. 根据《汽车发动机曲轴技术条件》的技术要求，曲轴各主轴颈的径向圆跳动公差为（　　）mm。
A. 0.025　　B. 0.05
C. 0.075　　D. 0.1
45. 发动机气缸沿径向的磨损呈不规则的（　　）。
A. 圆柱形　　B. 椭圆形
C. 圆形　　D. 圆锥形
46. 若弯曲度超过 0.03 mm，摆差超过（　　）mm，应予冷压校直。
A. 0.02　　B. 0.05
C. 0.06　　D. 0.08
47. 在测量发动机气缸磨损程度时，为准确起见，应在不同的位置和方向共测出至少（　　）个值。
A. 2　　B. 4
C. 6　　D. 8
48. 在发动机停机状态下测量的是（　　）。
A. 气缸漏气量测量　　B. 排气背压测量
C. 气缸压力测量　　D. 进气歧管压力测量
49. 发动机悬置系统螺栓螺母拧紧力矩要求是（　　）。
A. 按规定力矩拧紧　　B. 按维修厂规定力矩拧紧
C. 任意拧紧　　D. 用力拧到拧不动
50. 气缸盖平面翘曲变形用（　　）进行检测。
A. 厚薄规　　B. 刀口尺和厚薄规
C. 直尺　　D. 千分尺
51. 检查所装配的正时配气机构的安装标记是否（　　），若正时皮带或正时链条张紧后标记有误，应重新调整。
A. 对齐　　B. 对准
C. 对正　　D. 正确
52. 在安装发动机新凸轮轴油封时，应先涂一层（　　）。
A. 机油　　B. 齿轮油
C. 密封胶　　D. 凡士林
53. 将发动机凸轮轴支于平台上的 V 形铁上，用（　　）检测凸轮轴的弯曲程度。
A. 高度尺　　B. 游标卡尺
C. 直尺和塞尺　　D. 百分表
54. 气门座圈工作面应低于气缸盖平面（　　）mm。
A. 0.5　　B. 1
C. 1.5　　D. 2
55.（　　）是将气门放入相配的气门座中，用汽油或煤油进行密封性检查。
A. 拍打法　　B. 仪器检验法
C. 划线法　　D. 渗油法
56.（　　）的功用是用来控制各气缸的进、排气门开闭时刻，使之符合发动机工作次序和配气相位的要求，同时控制气门开度的变化规律。
A. 凸轮轴　　B. 气门导管
C. 推杆　　D. 正时齿轮
57. 热车状态下，冷却风扇（　　）。
A. 可以伸手检查风扇

B. 戴上手套即可检查冷却风扇
C. 严禁伸手检查风扇
D. 关掉点火开关即可伸手检查风扇
58. 发动机冷却水温报警灯点亮，不需检查（　　）。
A. 风扇是否运转　　B. 报警灯线路是否损坏
C. 冷却液是否缺少　　D. 节温器是否损坏
59. 发动机冷却系的组成部件中能将冷却水携带的热量散入大气，以保证发动机的正常工作温度的是（　　）。
A. 散热器　　B. 水套
C. 节温器　　D. 水泵
60. 水泵的动力源自（　　）。
A. 曲轴　　B. 凸轮轴
C. 平衡轴　　D. 传动轴
61. 发动机使用的冷却液是水和（　　）的混合物。
A. 防冻剂　　B. 防泡剂
C. 润滑剂　　D. 清洁剂
62. 汽车更换发动机润滑油后，应该（　　），检查滤清器处应无润滑油泄漏。
A. 清洁发动机　　B. 检查冷却液
C. 启动发动机　　D. 盖上引擎盖
63. 牌号 5W/40、10W/40、20W/40 为（　　）。
A. 汽油机油　　B. SF 汽油机油
C. 柴油机油　　D. SD 汽油机油
64. 润滑脂的使用性能主要有（　　）、低温性能、高温性能和抗水性等。
A. 中温　　B. 稠度
C. 油脂　　D. 高温
65.（　　）的作用是建立足够的机油压力。
A. 机油滤清器　　B. 机油压力感应塞
C. 机油泵　　D. 限压阀
66. 四冲程柴油机工作时，柴油在（　　）时进入气缸。
A. 接近压缩行程终了　　B. 排气行程
C. 进气行程　　D. 接近做功行程终了
67. 柴油发动机的（　　）开始压油到上止点为止的曲轴转角称为喷油提前角。
A. 机油泵　　B. 汽油泵
C. 输油泵　　D. 喷油泵
68. 混合气的空燃比的理论值是（　　），汽车在理论值下运行能保证汽车不仅具有较好的动力性能，还能省油。
A. 13.6 ： 1　　B. 14.7 ： 1
C. 15.3 ： 1　　D. 16.2 ： 1
69. 柴油的牌号按（　　）编制。
A. 黏度　　B. 闪点
C. 凝点　　D. 十六烷值
70.（　　）的作用用于检测自动变速器油温度。
A. 自动变速器油温传感器
B. 空挡开关
C. 车速传感器
D. 输入轴转速传感器
71. 汽车采用的液力变矩器属于（　　）液压传动。
A. 容积式　　B. 体积式
C. 动力式　　D. 压力式
72.（　　）的作用是将两个不同步的齿轮连接起来使之同步。
A. 同步器　　B. 差速器
C. 离合器　　D. 制动器
73. 液压式离合器安装完成后，需要把液压系统中的（　　）排放干净。
A. 水　　B. 金属
C. 液压油　　D. 空气
74. 离合器踏板自由行程过大，会造成离合器（　　）。
A. 打滑　　B. 分离不彻底
C. 起步发抖　　D. 半接合状态
75. 汽车传动系统由（　　）、变速器、万向传动装置、主减速器、差速器和半轴等组成。
A. 分电器　　B. 起动机
C. 离合器　　D. 方向盘
76. 等速万向节的基本原理是从结构上保证万向节在工作过程中，其传力点永远位于（　　）。
A. 两轴交点上
B. 两轴交点的平分面上
C. 两轴交点的平分线上
D. 两轴交点的 1/2 处
77. 汽车万向传动装置一般由万向节、（　　）和中间支撑组成。
A. 半轴　　B. 拉杆
C. 变矩器　　D. 传动轴
78. 汽车差速器由左右半轴齿轮、两个（　　）及齿轮架组成。

A. 行星齿轮　　B. 倒挡

C. 太阳轮　　D. 惰轮

79. 主减速器的作用是将来自变速器或万向传动装置的转矩增大，同时（　　）转速并改变动力的传递方向。

A. 降低　　B. 连续

C. 升高　　D. 保持

80. 四轮定位检测前应检查汽车的轮胎（　　）符合规定。

A. 温度　　B. 湿度

C. 质量　　D. 气压

81.（　　）是转向沉重的原因。

A. 前悬架两侧弹簧挠度不一致

B. 前轮前束过大或过小

C. 前桥变形

D. 转向器转向轴弯曲与管柱凹瘪相互摩擦

82.（　　）是汽车动力转向左右转向力不一致的原因。

A. 缺液压油或滤油器堵塞

B. 油泵磨损

C. 分配阀反作用弹簧过软或损坏

D. 滑阀内有脏物阻滞

83. 转向节各部位螺纹的损伤最少不能超过（　　），否则需要更换。

A. 四牙　　B. 五牙

C. 二牙　　D. 三牙

84. 电动助力转向系统的 ECU 是根据车速传感器和转矩传感器的信号决定（　　）的旋转方向和助力电流的大小，从而完成实时控制助力转向。

A. 电动机　　B. 发电机

C. 起动机　　D. 发动机

85.（　　）有利于转向结束后转向轮和方向盘自动回正，但也容易将坏路面对车轮的冲击力传到方向盘，出现“打手”现象。

A. 不可逆式转向器　　B. 齿轮条式转向器

C. 可逆式转向器　　D. 极限可逆式转向器

86. 电动助力转向系统是一种直接依靠（　　）提供辅助扭矩的动力转向系统。

A. 电压　　B. 电阻

C. 电流　　D. 电动机

87. 目前，除少数重型汽车外，其余多采用（　　）液压动力转向装置。

A. 常压式　　B. 其他形式

C. 常流式　　D. 电动式

88. 轮胎装卸时应（　　）碰撞平衡机体。

A. 防止　　B. 立即

C. 允许　　D. 通过

89. 轿车的轮辋一般是（　　）。

A. 平式　　B. 圆形式

C. 深式　　D. 可拆式

90. 内胎充气轮胎由外胎、内胎和（　　）组成。

A. 胎面　　B. 缓冲层

C. 胎圈　　D. 垫带

91. 减振器总成由减振器、下弹簧垫、防尘套、弹簧减振垫、上弹簧垫、弹簧座、（　　）、顶胶和螺母组成。

A. 螺栓　　B. 油管

C. 橡胶　　D. 轴承

92. 汽车减振器从结构角度分为单筒和（　　）两种。

A. 三筒　　B. 五筒

C. 双筒　　D. 四筒

93. 汽车悬架一般都由弹性元件、（　　）和导向机构三部分组成。

A. 减速器　　B. 差速器

C. 离合器　　D. 减振器

94. 轮式行驶系主要由车架、（　　）、悬架和车轮等组成。

A. 车桥　　B. 车体

C. 车身　　D. 车厢

95. 两前轮车轮制动器间隙不一致会导致汽车（　　）。

A. 制动跑偏　　B. 轮胎异常磨损

C. 制动失效　　D. 制动过热

96. 制动器安装完毕后，将储液罐注满制动液，排净制动系统（　　）并进行制动试验，检查各安装零件是否漏油。

A. 静电　　B. 软管

C. 空气　　D. 汽油

97. 鼓式车轮制动器装复过程中，两制动蹄的位置不能互换，其上端要与凸轮工作面完全贴合，支承销端部标记（　　）。

A. 朝外相对　　B. 朝右相对

C. 朝内相对　　D. 朝左相对

98. 盘式制动器在拆卸活塞和活塞密封圈时可以利用（　　）压力将活塞从工作缸中推出。

A. 空气　　B. 软管

C. 踏板　　D. 制动液

99. 空气液压制动传动装置分为增压式和（　　）两种。

A. 减速式　　B. 急加速式

C. 加速式　　D. 助力式

100. 液压行车制动系在达到规定的制动效能时，对于制动器装有自动调整间隙装置的车辆的踏板行程不得超过踏板全行程的（　　）。

A. 1/4　　B. 2/4

C. 3/4　　D. 4/4

101. 按制动能量的传输方式来看，（　　）是目前最广泛使用的一种传输形式 。

A. 液压传动式　　B. 电磁力式

C. 机械传动式　　D. 气压传动式

102. 充足电的蓄电池，其开路端电压是（　　）V。

A. 3　　B. 12.6

C. 9　　D. 24

103. 检查蓄电池液面高度不足时，一般补充（　　）。

A. 硫酸　　B. 蒸馏水

C. 盐酸　　D. 井水

104. 蓄电池盖上严禁放置（　　）物品。

A. 橡胶　　B. 金属

C. 陶瓷　　D. 塑料

105. 发电机不发电故障可能是（　　）。

A. 风扇皮带是否装反

B. 风扇叶片损坏

C. 风扇损坏

D. 发电机皮带损坏

106. 电子调节器都是根据发电机端电压的变化，使（　　）及时地导通或截止，进一步控制大功率三极管饱和和截止，使发电机端电压不变。

A. 电阻器　　B. 电容器

C. 二极管　　D. 稳压管

107. 汽车发电机的（　　）是用来产生三相交流电的。

A. 定子总成　　B. 电压调节器

C. 转子总成　　D. 整流器

108. 若起动机在启动时伴有撞击声，应检查（　　）是否损坏。

A. 拨叉　　B. 蓄电池

C. 直流电机　　D. 电磁离合器

109. 起动机不能与飞轮结合的故障应先检查（　　）部件。

A. 直流电机　　B. 起动继电器

C. 电磁开关　　D. 点火开关

110. 启动发动机时，每次接通起动机的时间不应超过（　　）s。

A. 5　　B. 10

C. 15　　D. 20

111. 起动机一般由（　　）、传动机构（单向离合器）、控制机构等三大部分组成。

A. 直流串励式电动机　　B. 电容器

C. 交流电动机　　D. 发电机

112. 不属于诊断喇叭不响故障的处理方法的是（　　）。

A. 检查喇叭继电器

B. 检查调节器

C. 检查喇叭用保险丝

D. 检查喇叭开关导通情况

113. 倒车灯的光色为（　　）色。

A. 黄　　B. 橘黄

C. 红　　D. 白

114. 关于大灯灯泡处理的方法，下面说法正确的一种是（　　）。

A. 右侧转向灯个别损坏

B. 闪光器内部故障

C. 左侧转向灯个别损坏

D. 右侧转向灯功率较大

115. 前照灯搭铁不实，会造成前照灯（　　）。

A. 灯光暗淡　　B. 一侧灯不亮

C. 不亮　　D. 远近光切换不良

116. 汽车电动座椅能调节的方向比较多，许多车辆使用 4 个电动机，能够对座椅进行（　　）个方向的调节。

A. 8　　B. 6

C. 4　　D. 2

117.（　　）会导致所有电动车窗都不能升降。

A. 前乘员侧开关故障

B. 右后乘员侧开关故障

C. 主熔断器故障

D. 左后乘员侧开关故障

118. 电动后视镜的调整电动机采用（　　）型，可以正反向转动。

A. 直流　　B. 减速

C. 交流　　D. 永磁

119. 汽车能根据（　　）信号，使车辆自动上锁。

A. 车速　　B. 挡位

C. 发动机转速　　D. 驻车制动

120. 检查刮水器时，双速刮水器的控制开关在（　　）位置时电动机转速较低。

A. “Ⅰ”挡　　B. “Ⅱ”挡

C. “0”挡　　D. 任何挡位

121. 关于汽车电流表，当电流表指示“–”时为蓄电池处于（　　）。

A. 既不充电也不放电　　B. 边充电边放电

C. 充电　　D. 放电

122. 空调压缩机电磁离合器无法吸合的故障原因可能是（　　）。

A. 制冷剂中有少量空气

B. 制冷剂中含有少量水分

C. 电磁离合器线圈断路

D. 鼓风机转速在最高挡位

123. 用汽车万用表测量空调出风口温度时，温度传感器应放在（　　）。

A. 驾驶室外　　B. 空调出风口

C. 驾驶室内　　D. 高压管道

124. 空调滤清器更换周期为（　　）。

A. 一年　　B. 不需要更换

C. 根据具体情况　　D. 半年

125. 检测空调系统压力是否正常时，高压系统接口连接压力歧管表（　　）。

A. 低压接口、红色表

B. 高压接口、蓝色表

C. 低压接口、蓝色表

D. 高压接口、红色表

126. 当车内温度与驾驶员设定温度相差大时，鼓风机转速（　　）。

A. 自动降低　　B. 先慢后快

C. 自动提高　　D. 不变

127. 制冷剂进入压缩机时的状态为（　　）。

A. 低压过冷蒸气　　B. 高压过冷蒸气

C. 低压过热蒸气　　D. 高压过热蒸气

128. 轿车空调加热系统一般采用（　　）加热。

A. 排气管　　B. 排气管或冷却水

C. 电热线　　D. 冷却水

129. 测量气缸压缩压力，可以检测气缸、气门、气缸垫、（　　）的综合密封性。

A. 连杆　　B. 油底壳

C. 活塞　　D. 曲轴

130. 进气管真空度是指（　　）内的进气压力与外界大气压力之差。

A. 进气歧管　　B. 油箱

C. 气缸　　D. 排气管

131. 废气涡轮增压器由废气驱动的涡轮机、压缩新鲜空气的压缩机、中间起轴承支撑作用的中间体、旁通阀和（　　）等组成。

A. 活塞　　B. 控制机构

C. 驱动齿轮　　D. 飞轮

132. 关于增压器，说法正确的是（　　）。

A. 装有增压器的发动机不能立即熄火

B. 可以在发动机运转时，对增压器进行作业

C. 装有增压器的发动机可以着车就走

D. 拆装增压器时，没必要戴防护镜

133. 拆装或更换电子节气门单元后，需对电控系统进行（　　）后方可正常使用。

A. 清除故障码　　B. 动作测试

C. 读取故障码　　D. 自适应设置

134.（　　）用于检测发动机运转时吸入的进气量。

A. 节气门位置传感器

B. 发动机转速传感器

C. 空气流量计

D. 进气温度传感器

135. 电控汽油喷射发动机怠速不稳是指发动机在怠速运转时（　　）。

A. 转速过高　　B. 转速过低

C. 忽高忽低　　D. 突然熄火

136. 对于四缸发动机而言，有一个喷油器堵塞会导致发动机（　　）。

A. 不易启动　　B. 减速不良

C. 不能启动　　D. 怠速不稳

137. 低阻抗喷油器的电阻值为（　　）Ω。

A. 2 ~ 3　　B. 5 ~ 10

C. 12 ~ 15　　D. 50 ~ 100

138. 怠速运行时，燃油压力是（ ）MPa。
A. 0.15 ~ 0.20 B. 0.25 ~ 0.45
C. 0.55 ~ 0.65 D. 0.75 ~ 0.85

139.（ ）不是电控燃油喷射系统中空气供给系统的组成构件。
A. 空气滤清器 B. 转速传感器
C. 进气管 D. 怠速旁通阀

140. 燃油供给系主要由燃油箱、低压燃油管、输油泵、燃油滤清器、喷油泵、高压油管和喷油器等组成，其中主要起雾化作用的部件是（ ）。
A. 喷油器 B. 油压调节器
C. 燃油滤清器 D. 输油泵

141. 用（ ）检查电控燃油汽油机各缸是否工作。
A. 单缸断火法 B. 双缸断火法
C. 数字式万用表 D. 模拟式万用表

142. 安装火花塞时，先用手抓住火花塞的尾部，对准火花塞孔，慢慢用手拧上几圈，确保正常无误，然后再用（ ）拧紧。
A. 扭力扳手 B. 火花塞套筒
C. 梅花扳手 D. 快速扳手

143.（ ）的作用是把高压导线送来的高压电放电，击穿火花塞两电极间空气，产生电火花以此引燃气缸内的混合气体。
A. 点火线圈 B. 火花塞
C. 分电器 D. 电容器

144. 检测发动机ECU是否工作，不需怀疑的是（ ）。
A. 搭铁 B. 信号回路
C. 电源 D. ECU本身

145. 发动机转速低于怠速时，空调的怠速继电式控制，是指（ ）。
A. 保持空调低工效运行
B. 保持空调只运行在怠速工况
C. 自动切断空调压缩机的电磁离合器电流，使空调停止工作
D. 提升发动机转速，使空调工作

146. 使用汽车尾气检测仪测出的（ ）值通常为百万分之几。
A. CO、O_2、CO_2和NO_x
B. HC
C. HC、CO_2和NO_x
D. CO、HC和CO_2

147. 排放控制系统包括曲轴箱强制通风系统、蒸发排放系统、（ ）以及废气再循环系统四个系统。
A. 涡轮增压系统
B. 二次喷射系统
C. 三元催化转换系统
D. 高压共轨系统

148. 在检测排放前，应调整好汽油发动机的（ ）。
A. 点火正时 B. 怠速和点火正时
C. 怠速 D. 供油量

149. 汽车玻璃裂痕修理所用胶水是（ ）。
A. AB胶 B. 工业结构胶
C. 502胶水 D. 专业树脂胶

150.（ ）不属于车用玻璃的种类。
A. 双层中空玻璃 B. 普通玻璃
C. 夹层玻璃 D. 电热玻璃

151.（ ）不能消除新车异味。
A. 通风暴晒 B. 用水冲洗
C. 光触媒处理 D. 车内空气净化机

152. 树脂蜡一般作运输车辆的保护剂，它的主要目的是防雨水、防尘和划痕。这种保护层一般不含油脂物质。因此，在开脂时要用含树脂聚合物溶解元素的（ ）开蜡。
A. 油脂蜡开蜡水 B. 化清剂
C. 树脂开蜡水 D. 水质去油剂

153. 下列不属于车身污垢的种类的是（ ）。
A. 非水溶固体污垢 B. 打蜡
C. 水溶性污垢 D. 油脂性污垢

154. 下列牌号CA、CB、CC、CE、CF4等为（ ）。
A. 齿轮油 B. 液压油
C. 汽油机油 D. 柴油机油

155. 不属于汽车底盘30 000 km维护作业内容的是（ ）。
A. 检查转向器
B. 检查补足轮胎气压
C. 检查离合器片
D. 检查离合器自由行程

156. 汽车底盘30 000 km维护竣工技术要求悬架、排气管、燃油管路、制动管路（ ）。
A. 个别可以损坏

B. 无须检查
C. 无损坏、泄漏
D. 须大多数紧固、无裂纹即可
157. 紧固、润滑（　　）球头销是汽车底盘 10 000 km 维护的作业内容。
A. 后桥
B. 支架
C. 前桥
D. 传动轴
158. 汽车 10 000 km 维护竣工检查技术要求中，发动机前后悬挂、进排气歧管、散热器、轮胎、传动轴、车身、附件支架等外露件螺母（　　）。
A. 须齐全、紧固、有裂纹
B. 无须检查
C. 须齐全、紧固、无裂纹
D. 须大多数齐全、紧固、无裂纹即可
159. 下列不属于 10 000 km 维护项目的是（　　）。
A. 清洁空气滤清器　　B. 检查活塞环
C. 清洁发动机　　D. 检查水泵
160. 电器设备在进行（　　）维护时，要求蓄电池通风孔畅通。
A. 10 000 km　　B. 30 000 km
C. 50 000 km　　D. 大修

二、判断题（第 161 题～第 200 题。将判断结果填入括号中。正确的填“√”，错误的填“×”。每题 0.5 分，满分 20 分。）

161. 服务群众是衡量机动车维修从业人员职业道德水平的重要标志。（　　）
162. 安全帽是用来保护头顶而戴的钢制或类似原料制的浅圆顶帽子，防止冲击物伤害头部的防护用品。（　　）
163. 在各工位应配备充足的灭火器材，并加强维护保养使之保持良好的技术状态，所有的员工应学会正确使用灭火器材。（　　）
164. 电线属于特种垃圾。（　　）
165. 出现质量问题不可怕，可怕的是没有分析，没有预防和整改措施。（　　）
166. 螺栓 GB/T 5782—2016　M24×70，是指公称直径 d=24 mm，公称长度 L=70 mm（不包括头部）的螺栓。（　　）
167. 汽车制动液是液压制动系统和液压式离合器操纵机构传递能量的工作介质，必须具有多种适应现代汽车的性能要求，以保证行驶安全。（　　）
168. 可以用万用表电流挡测试导线的导通性。（　　）
169. 当反向电压达到某一电压时，稳压二极管反向击穿导通，电流急剧增加，两端电压几乎不变。（　　）
170. 气缸压力表用于诊断发动机气缸及进排气门的密封状况。（　　）
171. 对于四冲程发动机，无论其是几缸，其做功间隔均为 180° 曲轴转角。（　　）
172. 气缸盖主要变形的形式是扭曲。（　　）
173. 发动机气缸盖翘曲，不可用敲击法校正。（　　）
174. 发动机凸轮轴变形的主要形式是弯曲和扭曲。（　　）
175. 太低或太高的温度皆对润滑油有不良的影响，因而不宜将润滑油长久存储于过冷或过热的地方。（　　）
176. 根据当地冬季的最低气温选用适当冰点牌号的防冻液，冰点至少应低于最低气温 5 ℃。（　　）
177. 机油黏度小，内摩擦阻力小，可节约燃料，因此机油的黏度越小越好。（　　）
178. 混合气过浓会导致发动机油耗过高。（　　）
179. 离合器总成是在传动系统中起连接或切断发动机与变速器之间动力传递的一种装置。（　　）
180. 汽车差速器主要是消除汽车在转弯时左右两轮转速不一致而造成机械干涉现象的装置。（　　）
181. 汽车更换转向横拉杆后，不需要做四轮定位进行数据调整。（　　）
182. 车轮定位的四个参数是：前轮前束、前轮外倾、主销后倾、主销内倾。（　　）
183. 气压式减振器具有高压空气对温度不敏感的特点。（　　）
184. 拆下减振器，双手紧握减振器的两端，缓缓拉伸和压缩，感觉阻力的大小。如果快速拉伸和压缩，阻力明显减小，说明减振器的减振性能良好。（　　）
185. 制动分泵的皮碗可以用酒精清洗。（　　）
186. 盘式制动器外廓尺寸小，防泥沙和防水性能

好，因而得到广泛应用。（　　）

187. 蓄电池的充电电压越高越好。（　　）

188. 当发电机的端电压高于蓄电池的电压时，蓄电池可以储存电能。（　　）

189. 检测发电机整流器的性能应选用万用表“二极管”挡。（　　）

190. 起动机电枢轴弯曲与磁极碰擦导致起动机运转无力。（　　）

191. 关于喇叭长鸣故障，故障原因有可能是喇叭按钮接触不良。（　　）

192. 雨刮开关挡位中字母 HIGH 挡位为间歇挡。（　　）

193. 对汽车的 SRS 进行电气检查时，通常规定不允许用一般万用表进行电阻检测。（　　）

194. 风量、温度、压力和清洁度是空调系统的诊断参数。（　　）

195. 测量进气歧管真空度时，不需要将发动机预热到正常工作温度。（　　）

196. 电控燃油喷射发动机燃油压力检测时，关闭点火开关，将油压表接在供油管和分配管之间。（　　）

197. 发动机的点火提前角一般为 11° ~ 13°。（　　）

198. 严格控制车辆源头，对更新的营运车辆严格按照国家机动车污染排放标准办理营运车辆更新事宜，加快高油耗车辆更新，淘汰高消耗、污染重的老旧车辆，鼓励使用节能环保型车辆。（　　）

199. 高温蒸汽杀菌不可频繁多次，因为水蒸气可能会损坏电子设备。（　　）

200. 底盘竣工验收要求制动系统管路无泄漏即可。（　　）

汽车维修工中级理论知识模拟试卷 3

一、单项选择题（第 1 题 ~ 第 160 题。选择一个正确的答案，将相应的字母填入题内的括号中。每题 0.5 分，满分 80 分。）

1. 对待职业和岗位，（　　）并不是爱岗敬业所要求的。
A. 干一行、爱一行、专一行
B. 一职定终身，不改行
C. 树立职业理想
D. 遵守企业的规章制度

2. 职业道德通过（　　），起着增强企业凝聚力的作用。
A. 增加职工福利
B. 调节企业与社会的关系
C. 协调员工之间的关系
D. 为员工创造发展空间

3. 职业道德与人的事业的关系是（　　）。
A. 没有职业道德的人不会获得成功
B. 缺乏职业道德的人往往更容易获得成功
C. 职业道德是人成功的充分条件
D. 事业成功的人往往具有较高的职业道德

4. 职业道德品质不包括（　　）。
A. 对财富的孜孜追求　B. 爱岗敬业
C. 职业理想　D. 社会责任感

5. 下列选项中，（　　）既是一种职业精神，又是职业活动的灵魂，还是从业人员的安身立命之本。
A. 节约　B. 公道
C. 敬业　D. 纪律

6. 清洗完零件后的清洗剂或更换下的废旧油品应（　　）。
A. 过滤后倒入污水渠
B. 用油桶收集后倒去垃圾池
C. 倒入污水渠内冲走
D. 用油桶收集后交专业机构回收

7. 发动机皮带重新安装时，需要注意的事项为（　　）。
A. 应同拆卸时方向相反
B. 必须更换新皮带
C. 应同拆卸时方向一致
D. 随意安装

8. 根据《中华人民共和国安全生产法》的要求，生产者上岗作业前，应组织生产者进行（　　）培训，经考核合格后方可上岗作业。
A. 劳动技能　B. 产品质量控制
C. 安全文明生产　D. 生产工艺流程

9. 工作灯应采用低于（　　）以下电压的安全灯，工作灯不得冒雨或拖在水地上使用，应经常检查导线、插座是否良好。
A. 5 V　B. 12 V
C. 24 V　D. 36 V

10. 不属于触电假死的临床表现为（　　）。
A. 呼吸停止，心跳尚存但脉搏微弱
B. 心跳停止，面色苍白，瞳孔放大，多处重要部位烧伤
C. 心跳停止，尚能呼吸
D. 心跳、呼吸均停止

11. 关于灭火器的使用正确的是（　　）。
A. 不要把灭火器放在靠近门口的地方
B. 灭火器要专物专用，定期保养
C. 应将灭火器放在离可能发生火灾最近的地方
D. 拉开灭火器开关前应使自己尽可能远离火源

12.《中华人民共和国劳动法》规定，建立劳动关系应当订立（　　）。
A. 劳动合同　B. 约定
C. 契约　D. 公证书

13. 在评定车辆是否为完好车时对投入运行年限（　　）。
A. 无要求　B. 要求在 2 年内
C. 有要求　D. 未规定

14. 全面质量管理“三全”不包括（　　）。
A. 全员参与　B. 全技术
C. 全面　D. 全过程

15. 质量方针是指由组织的最高管理者正式发布的该组织总的质量宗旨和（　　）。

A. 指导方向 B. 质量方向
C. 指导方针 D. 质量方针
16. 属于有色金属的是（ ）。
A. 碳素钢 B. 合金钢
C. 铸铁 D. 轴承合金
17. 银的相对磁导率（ ）。
A. ＜0 B. ＜1
C. ＞1 D. ∞
18. 套螺纹前的圆杆直径应（ ）螺纹大径的尺寸。
A. 略大于 B. 大于
C. 略小于 D. 等于
19. 平行度属于（ ）公差。
A. 形状 B. 对称度
C. 尺寸 D. 位置
20. 下面不是溢流阀功用的是（ ）。
A. 用作背压阀 B. 用作卸荷阀
C. 用作安全阀 D. 用作顺序阀
21. 方向阀分为单向阀和（ ）两种。
A. 多向阀 B. 控制阀
C. 双向阀 D. 换向阀
22. 液压传动系统中，（ ）是动力元件。
A. 液压缸 B. 液压辅件
C. 液压泵 D. 液压控制阀
23. 我国汽车电气设备电路采用（ ）。
A. 串联 B. 单线负极搭铁
C. 正极搭铁 D. 双线
24. 普通电磁继电器由（ ）和触点组成。
A. 衔铁 B. 电磁铁
C. 铁芯 D. 永久磁铁
25. 在汽车电路中常用符号 S 来表示（ ）。
A. 电源 B. 端子、插头、插座
C. 熔丝 D. 开关
26. 在电路中常用符号（ ）来表示集成电路。
A. U B. ICU
C. IC D. IC 或 U
27. ECU 主要包括（ ）两部分。
A. 转换器和执行器
B. 硬件和软件
C. 输入回路和输出回路
D. 输入回路和微型计算机
28. 霍尔元件产生的霍尔电压为（ ）级。
A. mV B. V
C. kV D. μV
29. SRS 的中文含义是（ ）。
A. 防撞装置
B. 安全系统
C.（乘员）辅助约束保护系统
D. 防震装置
30. 检查轮胎气压所选用的工具是（ ）。
A. 电流表 B. 气压表
C. 电压表 D. 欧姆表
31. 用游标卡尺不能直接测量零件的（ ）。
A. 外径 B. 粗糙度
C. 内径 D. 宽度
32. 百分表是一种比较性测量仪器，主要用于测量工件的（ ）。
A. 公差值 B. 偏差值
C. 实际值 D. 极值
33. 车辆举升时，车辆下方（ ）。
A. 可以站人
B. 允许进行拆卸零部件作业
C. 不允许站人
D. 允许进行紧固螺栓作业
34.（ ）属于压燃式发动机。
A. 煤气机
B. 汽油机、煤气机、柴油机均不对
C. 汽油机
D. 柴油机
35. 运动型轿车和方程式赛车多采用的布置形式是（ ）。
A. 发动机后置后轮驱动
B. 发动机中置后轮驱动
C. 发动机前置前轮驱动
D. 发动机前置后轮驱动
36. 汽车的总体构造中，用来安置乘员与货物的主要是（ ）。
A. 车身 B. 车架
C. 底盘 D. 车厢
37. 汽车识别代码（VIN 码）共有（ ）位码。
A. 17 B. 18
C. 15 D. 16
38. 按照国标 GB/T 3730.1—2022，有动力的汽车分为（ ）两类。

A. 载货汽车和客运车
B. 商用车和专用车
C. 乘用车和商用车
D. 大型汽车和小型汽车

39. 检查连杆轴承间隙，采用塑料间隙规，是通过查看间隙规的（　　）来判断的。
A. 最大宽度　　B. 最小宽度
C. 最大厚度　　D. 最小厚度

40. 活塞开口间隙过小时，会导致活塞环（　　）。
A. 折断　　B. 变形
C. 对口　　D. 泵油

41. 用质量为 0.25 kg 的锤子沿曲轴（　　）向轻轻敲击连杆，连杆能沿轴向移动，且连杆大头两端与曲柄的间隙为 0.17 ~ 0.35 mm。
A. 径　　B. 前后
C. 轴　　D. 侧

42. 曲轴扭曲变形的检测一般用（　　）来测量。
A. 高度尺　　B. 外径千分尺
C. 百分表　　D. 游标卡尺

43. 可用来测量气缸漏气率的是（　　）。
A. 气缸漏气测量仪　　B. 万用表
C. 气缸压力表　　D. 歧管压力表

44. 发动机气缸轴线方向磨损量最大部位是在活塞上止点时（　　）所对应的缸壁。
A. 第一道活塞环　　B. 第二道活塞环
C. 活塞顶　　D. 活塞销

45. 曲柄连杆机构的（　　）由活塞、活塞环、活塞销、连杆等机件组成。
A. 活塞连杆组
B. 曲轴箱组、活塞连杆组、曲轴飞轮组都不对
C. 曲轴箱组
D. 曲轴飞轮组

46. 下列不属于发动机悬置系统作用的是（　　）。
A. 抑制动态位移　　B. 减轻重量
C. 支撑重量　　D. 降低震动传递

47. 以下属于气缸盖损伤的原因的是（　　）。
A. 异物碰撞　　B. 机油达不到要求
C. 冷却液过多　　D. 机油压力过高

48. 检查所装配的正时配气机构的安装标记是否对准，若正时皮带或正时链条张紧后标记有误，应重新（　　）。
A. 选配　　B. 对齐
C. 调整　　D. 更换

49. 发动机凸轮轴轴颈磨损后，主要产生（　　）误差。
A. 圆柱度　　B. 圆度和圆柱度
C. 圆度　　D. 圆跳动

50. 通常排气门的气门间隙是（　　）mm。
A. 0.10 ~ 0.20　　B. 0.20 ~ 0.25
C. 0.30 ~ 0.35　　D. 0.35 ~ 0.45

51. 调整发动机气门间隙时应在（　　）、气门挺杆落至最终位置进行。
A. 排气门完全关闭　　B. 进、排气门不需关闭
C. 进气门完全关闭　　D. 进、排气门完全关闭

52.（　　）的作用是使汽车直线行驶时保持方向稳定，汽车转弯时前轮自动回正。
A. 主销内倾　　B. 前轮前束
C. 主销后倾　　D. 前轮外倾

53. 要根据汽车使用地区的气温，选用不同冰点的冷却液，冷却液的冰点（　　）。
A. 可以高于该地区最低温度，没什么大影响
B. 至少要比该地区最低温度低 10 ℃，以免失去防冻作用
C. 根据价格选购高价位便可
D. 与该地区最低温度接近，以免失去防冻作用

54. 发动机冷却水温报警灯点亮，应检查（　　）。
A. 机油是否缺少　　B. 制动液是否缺少
C. 冷却液是否缺少　　D. 燃油是否缺少

55. 按时更换发动机冷却液，（　　）应每 6 个月更换一次。
A. 长效防锈防冻液　　B. 水
C. 普通冷却液　　D. 甘油型冷却液

56. 当冷却水温低于（　　）℃时，节温器主阀门关闭，副阀门开启，冷却水在水泵与水套之间小范围内循环，促使水温迅速升高。
A. 26　　B. 46
C. 76　　D. 86

57.（　　）的作用是使发动机冷却水强制循环。
A. 风扇　　B. 水温感应塞
C. 水泵　　D. 节温器

58. 润滑油最好存放在室内，避免高温、阳光直射而氧化；不同品牌的机油（　　）。
A. 不能混合储存　　B. 可以少量混合使用
C. 可以混合储存　　D. 可以同时使用

59. 润滑系统中，一般装有几个不同滤清能力的滤清器，即（　　）、粗滤器和细滤器。

A. 集滤器　　B. 粗滤器
C. 细滤器　　D. 滤清器

60. 润滑脂的使用性能主要有稠度、低温性能、高温性能和（　　）等。

A. 中温　　B. 油脂
C. 抗水性　　D. 高温

61.（　　）的作用是将杂质从机油中清除。

A. 机油集滤器　　B. 机油细滤器
C. 机油粗滤器　　D. 机油滤清器

62. 柴油机燃烧室按结构形式可分为（　　）燃烧室和统一式燃烧室。

A. 球形式　　B. 分开式
C. U 形式　　D. W 形式

63. 柴油机的混合气形成与燃烧是在（　　）。

A. 进气管　　B. 输油泵
C. 燃烧室　　D. 喷油器

64. 喷油器未调试前，应做好（　　）使用准备工作。

A. 喷油泵试验台　　B. 喷油器试验器
C. 喷油器清洗器　　D. 压力表

65. 国产柴油的牌号按（　　）分类。

A. 密度　　B. 凝点
C. 熔点　　D. 十六辛烷值

66.（　　）用于控制油路，使自动变速器油只能朝一个方向流动。

A. 主调节阀　　B. 手动阀
C. 换向阀　　D. 单向阀

67. 液力变矩器安装在（　　）的飞轮上。

A. 发电机　　B. 压缩机
C. 起动机　　D. 发动机

68. 同步器依靠（　　）来实现动力的传递。

A. 摩擦　　B. 啮合
C. 链条　　D. 齿带

69. 变速器挂入传动比大于 1 的挡位时，实现（　　）。

A. 减速增扭　　B. 增扭升速
C. 增速增扭　　D. 减速减扭

70. 离合器总成是由飞轮盘、（　　）、从动盘组成。

A. 离合器片　　B. 起动机
C. 齿轮　　D. 电动机

71. 在越野车型中，将发动机前置，在变速器上装有分动器，可以通过分动器将动力传递到全部车轮上。这种驱动方式称为（　　）。

A. 前置前驱　　B. 四轮驱动
C. 前置后驱　　D. 后置后驱

72. 汽车万向传动装置的十字轴万向节主要由十字轴、万向节叉和（　　）组成。

A. 套筒　　B. 滚针
C. 套筒和滚针　　D. 双联叉

73. 万向传动装置的作用是连接不在同一（　　）上的变速器输出轴和主减速器输入轴，并保证在两轴之间的夹角和距离经常变化的情况下，仍能可靠地传递动力。

A. 平面　　B. 曲线
C. 直线　　D. 角度

74. 汽车差速器由左右半轴齿轮、两个行星齿轮及（　　）组成。

A. 飞轮　　B. 齿轮架
C. 太阳轮　　D. 惰轮

75. 主减速器的作用是将来自变速器或万向传动装置的转矩增大，同时降低转速并改变动力的传递（　　）。

A. 方向　　B. 连续
C. 转矩　　D. 位置

76. 四轮定位检测前应检查汽车的轮胎胎面应清洁，无水、泥、油污、（　　）等异物。

A. 温度　　B. 湿度
C. 重量　　D. 嵌石

77.（　　）是装备动力转向系统的汽车方向跑偏的原因。

A. 缺液压油或滤油器堵塞
B. 分配阀反作用弹簧过软或损坏
C. 油泵磨损
D. 油路中有气泡

78.（　　）是动力转向液压助力系统引起的转向沉重的原因。

A. 缺液压油或滤油器堵塞
B. 流量控制阀被卡住
C. 油液脏
D. 分配阀反作用弹簧过软或损坏

79. 当转向柱受到巨大冲击而产生轴向位移时，通过转向柱管或（　　）产生塑性变形、转向柱产生错位等方式，吸收冲击能量。

A. 支架　　B. 螺母

C. 方向盘　　D. 螺栓

80. 汽车转向时，其内轮转向角（　　）外轮转向角。

A. 小于　　B. 大于或等于

C. 大于　　D. 等于

81. 转向柱是连接方向盘和（　　）的传动件。

A. 喇叭　　B. 灯光

C. 雨刮器　　D. 转向器

82. 电动助力转向系统由（　　）、车速传感器、电动机、减速机构和电子控制单元等组成。

A. 温度传感器　　B. 湿度传感器

C. 扭矩传感器　　D. 压力传感器

83. 常见的助力转向系统有机械液压助力、电子液压助力、（　　）等三种助力类型。

A. 电动助力　　B. 真空液压助力

C. 手动助力　　D. 真空助力

84.（　　）不是轮胎异常磨损的原因。

A. 主销后倾角改变　　B. 单侧悬挂弹簧弹力不足

C. 减振器性能减弱　　D. 轮胎气压不平衡

85.（　　）是汽车轮胎中央磨损的原因。

A. 轮胎气压过低　　B. 车轮前束不正确

C. 轮胎气压过高　　D. 车轮转向角不正确

86. 轮胎应当定期做动平衡检查，用（　　）检查。

A. 动平衡检测仪　　B. 测功机

C. 静平衡检测仪　　D. 扒胎机

87.（　　）是外胎的骨架。

A. 帘布层　　B. 胎圈

C. 胎面　　D. 缓冲层

88. 轮胎的尺寸 34×7，其中 × 表示（　　）。

A. 高压胎　　B. 超高压胎

C. 低压胎　　D. 超低压胎

89. 拆下减振器，双手紧握减振器的两端，快速拉伸和压缩，阻力依然如故，说明减振器的减振性能（　　）。

A. 已损坏　　B. 连续

C. 正常　　D. 不变

90. 汽车减振器是用来抑制（　　）吸震后反弹时的震荡及来自路面的冲击。

A. 元件　　B. 油管

C. 弹簧　　D. 部件

91. 对于非独立悬架，（　　）是影响乘员舒适性的主要因素。

A. 轴　　B. 轮胎

C. 钢板弹簧　　D. 车轮

92. 汽车行驶系统是通过车轮与路面之间的附着作用，使传动系传来的力矩变为汽车行驶的（　　）。

A. 驱动力矩　　B. 转动力矩

C. 驱动力　　D. 转动力

93. 总泵旁通孔或回油孔堵塞会导致汽车（　　）。

A. 液压制动系统卡死　　B. 制动甩尾

C. 制动系统过热　　D. 制动跑偏

94. 对液压制动的汽车连续踏几次制动踏板后，踏板能升高但踏制动踏板感觉有弹性，则是由于（　　）。

A. 液压系统有空气或制动液气化

B. 制动液牌号不对

C. 主缸皮碗破坏、顶翻

D. 液压系统有渗漏

95. 制动钳体缸筒（　　）误差应不大于 0.02 mm。

A. 圆柱度　　B. 粗糙度

C. 圆度　　D. 平面度

96. 盘式制动器在安装制动钳支架前，应在制动钳导向销上涂（　　）。

A. 纯净水　　B. 软管

C. 润滑脂　　D. 汽油

97. 真空助力式液压制动传动装置，加力气室和控制阀组成一个整体，叫作（　　）。

A. 真空增压器　　B. 空气助力器

C. 真空助力器　　D. 空气增压器

98. 液压行车制动系在达到规定的制动效能时，踏板行程不得超过踏板全行程的（　　）。

A. 1/4　　B. 2/4

C. 3/4　　D. 4/4

99. 在汽车制动系中，（　　）将驾驶员或其他动力源的作用力传到制动器，同时控制制动器工作，以获得所需的制动力矩。

A. 制动鼓　　B. 制动缸

C. 制动蹄　　D. 制动传动装置

100. 更换仪表时，首先应拆开蓄电池的（　　），取下加强板装饰罩。

A. 负极连接线　　B. 固定螺栓

C. 正极连接线　　D. 固定支架

101. 计算出电池容量与数量使之符合自己的使用要求，这是免维护电池的（　　）原则。

A. 性价比选择　　B. 按适应性选择

C. 安全选择　　D. 按需选择

102. 当发电机过载时，蓄电池和发电机（　　）向用电设备供电。

A. 同时　　B. 蓄电池

C. 都不　　D. 发电机

103. 充电电流不稳故障的原因，有可能是（　　）。

A. 转子断路　　B. 蓄电池故障

C. 定子断路　　D. 发电机皮带打滑

104. 组装汽车发电机绕组时应用（　　）清洗。

A. 柴油　　B. 干净的布

C. 汽油　　D. 化清剂

105. 汽车三相交流发电机的（　　）是用来产生磁场的。

A. 定子总成　　B. 电压调节器

C. 转子总成　　D. 整流器

106. 给起动机定子上每个磁场绕组通电，若某个磁极力较弱，说明该绕组（　　）。

A. 短路　　B. 击穿

C. 断路　　D. 搭铁

107. 检验起动机的工作性能应使用（　　）。

A. 发动机综合分析仪　　B. 解码仪

C. 测功仪　　D. 电器万能试验台

108. 车上使用起动机，每次启动时间不准超过 5 s，再次启动时间应间隔（　）s。

A. 20　　B. 15

C. 10　　D. 5

109. 下列不属于带传动的设备是（　　）。

A. 发电机　　B. 起动机

C. 空调压缩机　　D. 动力转向油泵

110. 检查喇叭不响故障时，用喇叭的接点直接和蓄电池连接试验，如果喇叭不响，喇叭继电器正常，则对喇叭继电器与喇叭间的配线进行（　　）检查。

A. 锈蚀　　B. 电流

C. 短路　　D. 导通

111. 关于制动信号灯，以下说法不正确的是（　　）。

A. 会发强烈的黄光

B. 可以和后灯装成一体

C. 当踩下制动踏板时即发亮

D. 用以提醒后车驾驶员注意

112. 转向信号灯闪光频率一般为（　　）次 / 分。

A. 45 ~ 60　　B. 60 ~ 80

C. 100 ~ 120　　D. 120 ~ 150

113. 前照灯不亮故障的处理方法是：首先检查灯泡是否良好，然后从电源开始顺着线路做有无电压的（　　）检查。

A. 断路　　B. 接触不良

C. 锈蚀　　D. 短路

114. 装有 4 个双向电机的座椅可以实现（　　）个方向的调节。

A. 1　　B. 2

C. 8　　D. 20

115.（　　）会导致左后侧电动车窗都不能升降。

A. 前乘员侧开关故障

B. 右后乘员侧开关故障

C. 主熔断器故障

D. 左后乘员侧开关故障

116. 电动后视镜开关可以分别控制电动后视镜（　　）、左右方向位置。

A. 水平方向　　B. 向上

C. 上下方向　　D. 内外方向

117. 中央门锁出现故障时可能有许多原因，首先要区分是（　　）、电器故障、线路故障还是气路故障。

A. 油路故障　　B. 电机故障

C. 机械故障　　D. 气路故障

118. 清洗刮水器刮片时，可用蘸有（　　）的棉纱轻轻擦去刮片上的污物，刮水器刮片不可用汽油清洗和浸泡，否则刮片会变形而影响其工作。

A. 汽油　　B. 机油

C. 酒精　　D. 柴油

119. 电动刮水器一般由微型（　　）驱动。

A. 直流电动机　　B. 蓄电池

C. 交流电动机　　D. 发动机

120. 空调系统通风管道破损，会造成（　　）。

A. 系统太冷　　B. 无冷气产生

C. 出风口风速过小　　D. 间断制冷

121. 加热器芯内部堵塞，会导致（　　）。

A. 冷气不足　　B. 过冷

C. 暖气不足　　D. 不制冷

122. 空调制冷系统工作时出风口温度偏高，关闭空调压缩机后出风口有热气，可能的原因有（　　）。
A. 制冷剂加得过量　B. 制冷剂含水量超标
C. 发动机水温过高　D. 暖水阀关闭不严
123.（　　）不是由于压缩机工作不良造成的。
A. 冷空气量不足　B. 系统压力过小
C. 失去制冷作用　D. 系统太冷
124. 空调系统补加制冷剂，正确操作方法是（　　）。
A. 从低压侧，将制冷剂瓶倒立注入
B. 从高压侧，将制冷剂瓶倒立注入
C. 从高压侧，将制冷剂瓶正立注入
D. 从低压侧，将制冷剂瓶正立注入
125. 检修空调时进行加压试漏，一般加压压力为（　　）。
A. 250 kPa　B. 200 kPa
C. 1 500 kPa　D. 100 kPa
126. 用于制冷压缩机内各运动部件润滑的油，称为（　　）。
A. 润滑脂　B. 特种油
C. 冷冻油　D. 冷冻液
127. 制冷剂离开冷凝器时（　　）状态。
A. 总是 100% 的液体
B. 50% 的气体
C. 总是 100% 的气体
D. 并不总是 100% 的液体
128. 汽车的通风系统要求（　　）。
A. 车内压力等于车外压力
B. 新鲜空气进入量大于排出的和泄漏的空气量
C. 车内压力小于车外压力
D. 进风口在汽车行驶的负压分布区
129. 检测进气系统密封性时，（　　）用于诊断发动机气缸及进排气门的密封状况。
A. 真空表
B. 尾气分析仪
C. 气缸漏气量检测仪
D. 发动机分析仪
130. 发动机进气管道真空度的测量所用仪器是（　　）。
A. 电流表　B. 欧姆表
C. 电压表　D. 真空表
131. 排气背压的检测，应将压力表装于（　　）。
A. 排气歧管　B. 催化器后
C. 进气歧管　D. 催化器前
132. 经过增压器后的气体温度会（　　）。
A. 变低　B. 变高后再变低
C. 变高　D. 不变
133. 热线式空气流量计的输出信号是（　　）。
A. 数字信号　B. 固定信号
C. 脉冲信号　D. 模拟信号
134.（　　）用于检测节气门的开启角度。
A. 节气门位置传感器
B. 发动机转速传感器
C. 空气流量计
D. 进气温度传感器
135. 电控燃油喷射发动机在运转时，严禁将（　　）从电路中断开。
A. 传感器　B. 电动汽油泵
C. 蓄电池　D. 点火线圈
136. 高阻抗喷油器的电阻值为（　　）Ω。
A. 2 ~ 3　B. 5 ~ 10
C. 12 ~ 15　D. 50 ~ 100
137. 电控发动机可用（　　）检查油压调节器是否有故障。
A. 万用表　B. 油压表或万用表
C. 模拟式万用表　D. 油压表
138. 对于安装在进气歧管上的喷油器在（　　）喷油。
A. 压缩行程　B. 排气行程
C. 进气行程　D. 做功行程
139. 燃油箱中盛满油时，燃油表指针应指在（　　）。
A. 红区　B. “0”处
C. “1/2”处　D. “1”或“F”处
140. 拆下火花塞，观察绝缘体裙部颜色，裙部呈（　　）并且干净，说明选型正确。
A. 黑色　B. 棕色
C. 浅褐色　D. 灰白色
141.（　　）的作用是将高压电分配给各个分缸线。
A. 点火线圈　B. 火花塞
C. 分电器　D. 电容器
142. 电控发动机可用（　　）检查发动机电脑是否有故障。
A. 数字式万用表　B. 试灯或万用表

C. 万用表　　D. 模拟式万用表

143. 开关式怠速控制阀控制线路断路会导致（　　）。

A. 不能启动　　B. 怠速过高

C. 怠速不稳　　D. 减速不良

144. 排气消声器属于（　　）。

A. 点火系　　B. 冷却系

C. 启动系　　D. 供给系

145. 个别车型在三元催化转换器前的排气管内还有一个预热三元催化转换器，其作用是降低发动机预热期间的（　　）、CO 和 NO_x 排放量。

A. H_2O　　B. HC

C. NC　　D. NO

146.（　　）由臭氧和多种过氧化物及多种游离基组成。

A. CO　　B. HC

C. NO_x　　D. 光化学烟雾

147. 汽车防爆膜的（　　）主要是反射和阻挡红外线及能产生大热量的波长范围的光线，实现隔热、隔紫外线功能。

A. 安全基层　　B. 胶着层

C. 金属涂层　　D. 聚酯膜层

148. 臭氧消毒机要求在相对湿度大于（　　）条件下使用，湿度越大消毒效果越好。

A. 60%　　B. 50%

C. 40%　　D. 30%

149. 下列不是车蜡的主要功能的是（　　）。

A. 研磨抛光　　B. 腐蚀漆面

C. 增加漆面的光洁度　　D. 保护漆面

150. 下列不属于污垢形成方式的是（　　）。

A. 渗透　　B. 贴膜

C. 黏附　　D. 凝结

151. 汽车发动机罩盖（　　）。

A. 是铆接复合连接　　B. 不能调节

C. 是铆接连接　　D. 位置可以调节

152. 底盘螺栓紧固时，（　　）。

A. 按规定力矩拧紧　　B. 按维修厂规定力矩拧紧

C. 随意拧紧　　D. 用力拧到拧不动为止

153. 用油脂加注器加注完润滑脂后，用（　　）清洁油嘴。

A. 汽油　　B. 机油

C. 棉纱　　D. 柴油

154. 电器设备 30 000 km 维护作业的内容包括检查电解液密度，根据情况加注（　　）。

A. 硫酸　　B. 蒸馏水

C. 盐酸　　D. 井水

155. 下列不属于汽车底盘 30 000 km 维护竣工要求的是：变速箱、驱动桥、万向节（或半轴）传动装置等（　　）。

A. 换挡灵活无漏油　　B. 润滑 90% 以上即可

C. 链接可靠、无异响　　D. 润滑良好

156. 对于底盘 30 000 km 维护作业的技术要求，叙述不正确的是（　　）。

A. 差速器齿轮损伤应不超过齿高的 1/3

B. 转向盘自由转动量符合规定

C. 变速器的油质和油面应符合要求

D. 差速器齿轮损伤应不超过齿高的 1/5

157. 下列不属于 10 000 km 维护技术要求的是（　　）。

A. 曲轴箱润滑油液面高度正常

B. 更换刹车片

C. 发动机各部无油污

D. 机油滤清器清洁完好、无渗漏

158. 电器设备在进行 10 000 km 维护时，要求蓄电池电解液液面（　　）极板 10 ~ 15 mm。

A. 高于　　B. 有时低于

C. 低于　　D. 等于

159. 将（　　）分为日常维护、10 000 km 维护、30 000 km 维护、大修等。

A. 车辆检修　　B. 更换润滑油维护

C. 轮胎维护　　D. 汽车维护

160. 汽车维护是指为维持汽车完好技术状况或（　　）而进行的作业：应贯彻“预防为主、强制维护”的原则。

A. 车辆行驶　　B. 工作能力

C. 车辆照明　　D. 车辆启动

二、判断题（第 161 题 ~ 第 200 题。将判断结果填入括号中。正确的填“√”，错误的填“×”。每题 0.5 分，满分 20 分。）

161. 事业成功的人往往具有较高的职业道德。（　　）

162. 在工作过程中，若发现异常的现象，必须立刻停机检查，同时采取措施加以排除，否则禁止开机。（ ）

163. 更换汽油发动机和柴油发动机机油时，润滑油一般不能通用。（ ）

164. 汽车发动机大修基本检验技术文件的评定包括：汽车发动机大修工艺过程检验单、汽车发动机大修进厂检验单、汽车发动机大修竣工检验单、汽车发动机大修合格证。（ ）

165. 螺纹根据其特点和用途可分为四大类。（ ）

166. 液压传动的工作介质是液压油。（ ）

167. 汽车单线制是在汽车电子系统中从电源到用电设备只用一根导线相连，而用汽车底盘、发动机等金属机体作为另一公用导线。（ ）

168. 符号 RAM 表示只读存储器。（ ）

169. 双柱式举升器主要用于举升 3 t 以下的轿车或小客货车。（ ）

170. 多缸发动机各气缸的总容积之和，称为发动机排量。（ ）

171. 气缸体工作时受热不均匀会导致气缸体变形。（ ）

172. 发动机气缸体纵向变形的规律是呈两端低、中间高的弧形。（ ）

173. 发动机液压挺杆因为能自动补偿气门间隙，所以不再需要人工调整气门间隙。（ ）

174. 溢水孔被堵死，泄漏的冷却液就会进入水泵轴承内，导致轴承的损坏。（ ）

175. 蜡式节温器在橡胶管和感应体之间的空间里装有石蜡。（ ）

176. 汽车制造厂有特别说明或标明的润滑油是汽油机和柴油机的通用时，可以任意通用。（ ）

177. 空燃比小于 15 的混合气称为浓混合气。（ ）

178. 汽车传动系统由离合器、变速器、万向传动装置、主减速器、差速器和半轴等组成。（ ）

179. 万向传动装置的作用是连接不在同一直线上的变速器输出轴和主减速器输入轴，并保证在两轴之间的夹角和距离经常变化的情况下，仍能可靠地传递动力。（ ）

180. 汽车球头是利用球型连接实现不同轴的动力传送，提供多角度的旋转，使得转向机构得以平顺转向。（ ）

181. 当转向柱受到巨大冲击而产生轴向位移时，通过转向柱管或支架产生塑性变形、转向柱产生错位等方式，吸收冲击能量。（ ）

182. 汽车行驶系统是通过驱动轮与路面间附着作用，产生汽车牵引力，保证汽车正常行驶。（ ）

183. 车轮在安装时，螺栓安装拧紧顺序要求对角交错方法进行。（ ）

184. 制动分泵的皮碗用汽油清洗。（ ）

185. 盘式制动器在安装时可以使用不同型号制动液或稀释剂。（ ）

186. 电解液纯度是影响蓄电池电气性能和使用寿命的重要因素。（ ）

187. 交流发电机是汽车中除起动机外的另一个重要电源。（ ）

188. 启动系的功用是将蓄电池的电能转变为机械能，产生转矩，启动发动机。（ ）

189. 检查前照灯是否正常，前照灯的近光灯灯丝位于焦点上方。（ ）

190. 主驾驶位可以调节左右两边后视镜。（ ）

191. 更换汽车仪表内新的里程表时，应将新里程表的读数调到原车的公里数。（ ）

192. 空调系统中的压缩机润滑是采用冷冻机油润滑。（ ）

193. 空调系统无制冷剂时，压缩机电磁离合器可以正常吸合。（ ）

194. 鼓风机有故障导致鼓风机不运转时会造成车内出风口无冷气。（ ）

195. 装有增压器的发动机长时间高速运转后，可以立即熄火。（ ）

196. 测量排气背压，在发动机转速为 2 500 r/min 时，如果压力大于或等于 20.70 kPa，则表明排气系统堵塞。（ ）

197. 喷油器的工作电压有 5 V 和 12 V 两种。（ ）

198. 更换发动机转速传感器前应拆下蓄电池。（ ）

199. 汽车玻璃必须经过 3C 强制认证才可以安装使用。（ ）

200. 电器设备在进行 10 000 km 维护时，要求蓄电池电解液液面低于极板 10 ~ 15 mm。（ ）

汽车维修工中级理论知识模拟试卷 4

一、单项选择题（第 1 题 ~ 第 160 题。选择一个正确的答案，将相应的字母填入题内的括号中。每题 0.5 分，满分 80 分。）

1. 遵守职业道德是对每个从业人员的要求，从业人员在职业工作中慎待诺言，表里如一，言行一致，遵守劳动纪律，这是职业道德中（　　）。
A. 爱岗敬业的基本要求
B. 服务群众的基本要求
C. 办事公道的基本要求
D. 诚实守信的基本要求

2. 在市场经济条件下，职业道德具有（　　）的社会功能。
A. 遏制牟利最大化
B. 最大限度地克服人们受利益驱动
C. 鼓励人们自由选择职业
D. 促进人们的行为规范化

3. 在企业生产经营活动中，不属于员工之间加强团结互助的要求是（　　）。
A. 平等交流，平等对话
B. 既合作，又竞争，竞争与合作相统一
C. 讲究合作，避免竞争
D. 互相学习，共同提高

4. 职业道德对企业起到（　　）的作用。
A. 增强员工独立意识
B. 调和企业上级与员工关系
C. 使员工能规矩做事情
D. 增强企业凝聚力

5. 我国社会主义基本经济制度相适应的社会主义道德的基本原则是（　　）。
A. 民族主义　　B. 集团主义
C. 个人主义　　D. 集体主义

6. 以下废弃物中，属于特种垃圾的是（　　）。
A. 废钢铁　　B. 废机油
C. 电线　　D. 离合器片

7. 非工作需要不得动用任何车辆，车辆在厂区内行驶车速不得超过（　　），不得在厂区内试刹车性能。
A. 5 km/h　　B. 15 km/h
C. 25 km/h　　D. 35 km/h

8. 特种作业人员经过（　　）合格，取得操作许可证者，方可上岗。
A. 机构考试　　B. 专业技术培训考试
C. 公司考核　　D. 专业测试

9. 成人心肺复苏时打开气道的最常用方式为：（　　）。
A. 双手推举下颌法　　B. 环状软骨压迫法
C. 仰头举颏法　　D. 托颏法

10. 发现有人触电，首先应（　　）。
A. 将触电者拉开　　B. 报警
C. 迅速脱离电源　　D. 立即叫人

11. 汽车维修作业时由于电路短路引起火灾首先应（　　）。
A. 切断电源　　B. 用干粉灭火剂灭火
C. 用水扑救　　D. 用布盖住

12. 车辆技术管理原则要求对车辆定期检测、（　　）、视情修理。
A. 自愿维护　　B. 按需维护
C. 定期维护　　D. 强制维护

13.（　　）是车辆技术管理中最重要的。
A. 车辆定期检测　　B. 准驾培训
C. 汽车修理　　D. 汽车维护

14. 在质量方面的指挥和控制活动，通常包括制定质量方针和质量目标及质量策划、质量控制、（　　）和质量改进。
A. 质量管理　　B. 产品管理
C. 质量保证　　D. 产品保证

15. 汽车工程材料包括金属材料和（　　）材料。
A. 复合　　B. 非金属
C. 分子　　D. 塑料

16. 根据 GB/T 6170—2015，螺母 M24，代号中 M 是指（　　）。
A. 密封螺纹　　B. 内螺纹
C. 普通螺纹　　D. 细螺纹

17. 直线度属于（　　）公差。
A. 形状　　B. 形位
C. 尺寸　　D. 位置
18. 自卸车的举升系统属于（　　）液压传动。
A. 容积式　　B. 体积式
C. 动力式　　D. 压力式
19.（　　）回路的作用是控制液压系统的最高工作压力，使系统压力不超过压力控制阀的调定值。
A. 减压　　B. 换向
C. 调压　　D. 增压
20. 液压传动靠（　　）来传递动力。
A. 油液的容积　　B. 油液的黏度
C. 油液的压力　　D. 油液的压缩性
21.（　　）用于测试发电机端电压。
A. 气压表　　B. 油压表
C. 万用表　　D. 真空表
22. 交流电的有效值是根据（　　）来确定的。
A. 电流　　B. 电压
C. 最大值　　D. 热效应
23. 全电路欧姆定律的表达式为（　　）。
A. $I=E/(R+r)$　　B. $I=E^2/(R+r)$
C. $I=U/R$　　D. $I=U^2/R$
24. 在电路中常用符号（　　）来表示继电器。
A. L　　B. F
C. K　　D. G
25. 发动机微机控制系统主要由信号输入装置、（　　）、执行器等组成。
A. 传感器
B. 电子控制单元（ECU）
C. 中央处理器（CPU）
D. 存储器
26. 实际工作中，常采用模拟信号发生器的（　　）来断定模拟信号发生器的好坏。
A. 电流　　B. 电压
C. 电阻　　D. 动作
27. 发光二极管的英文缩写是（　　）。
A. LDD　　B. LFD
C. LCD　　D. LED
28. 轮毂轴承螺栓、螺母拆装适宜选用（　　）。
A. 内六角扳手　　B. 方扳手
C. 钩形扳手　　D. 专用套筒扳手
29. 游标卡尺常用的精度值是（　　）。
A. 0.10 mm、0.02 mm、0.05 mm
B. 0.01 mm、0.02 mm、0.05 mm
C. 0.10 mm、0.20 mm、0.50 mm
D. 0.10 mm、0.20 mm、0.05 mm
30. 百分表中的短指针转动一格为（　　）mm。
A. 0.1　　B. 0.2
C. 1　　D. 2
31. 剪式举升器为（　　）。
A. 气动式举升器　　B. 电动式举升器
C. 液压式举升器　　D. 移动式举升器
32. 在发动机的四个工作行程中，只有（　　）行程是有效行程。
A. 压缩　　B. 排气
C. 进气　　D. 做功
33. 气缸总容积与燃烧室容积的（　　）称为压缩比。
A. 差值　　B. 比值
C. 和　　D. 乘积
34. 在常见的车型中，把发动机放置车辆的后端，由后轮来驱动，这种布置方式称为（　　）。
A. 前置前驱　　B. 后置前驱
C. 前置后驱　　D. 后置后驱
35. 轿车和货车驾驶室广泛采用（　　）车身。
A. 半骨架式　　B. 无骨架式
C. 骨架式　　D. 3/4 骨架式
36. 无轨电车属于（　　）。
A. 普通乘用车　　B. 货车
C. 客车　　D. 乘用车
37. 进行连杆轴承间隙检查时，摇转曲轴，使被检连杆位于（　　）位置。
A. 最高　　B. 靠近最低位置
C. 最低　　D. 中央
38. 曲轴飞轮组主要由曲轴、（　　）和附件等组成。
A. 链轮　　B. 飞轮
C. 齿轮　　D. 带轮
39. 以下不属于曲轴产生裂纹的主要原因的是（　　）。
A. 应力集中　　B. 螺栓拧紧力矩过大
C. 材料缺陷　　D. 制造缺陷
40. 以下属于气缸体螺纹损伤的原因的是（　　）。
A. 异物碰撞

B. 气缸盖过小

C. 装配时螺栓没有拧正

D. 工具使用不当

41. 当气缸拉缸后，确定了某级修理尺寸，以下相应的零件可不报废的是（ ）。

A. 连杆　　B. 活塞环

C. 活塞　　D. 活塞销

42. 发动机气缸体裂纹和破损检测，最常用的方法是（ ）法。

A. 荧光探伤　　B. 水压试验

C. 磁力探伤　　D. 敲击

43. 发动机曲轴材料要求较高的耐疲劳强度和耐磨性，轴颈表面要经过（ ）。

A. 正火　　B. 退火

C. 氮化和高频淬火　　D. 回火

44. 用刀尺和塞尺对气缸盖的表面进行检查时，在六个方向上检查，并取六个方向上测得的（ ）为气缸盖表面不平度。

A. 最大值　　B. 任意值

C. 最小值　　D. 平均值

45. 用拇指强力按压两个带轮中间的皮带，皮带下压量在（ ）mm。

A. 5　　B. 10

C. 15　　D. 20

46. 以下不属于凸轮轴变形的主要原因的是（ ）。

A. 按规定力矩拧紧螺栓力矩

B. 材料缺陷

C. 凸轮轴受到冲击

D. 未按规定力矩拧紧螺栓

47. 通常汽油机进气门的气门间隙是（ ）mm。

A. 0.10～0.20　　B. 0.20～0.25

C. 0.30～0.35　　D. 0.35～0.40

48. 对气门座进行铰削时，首先应用（ ）铰刀进行粗铰。

A. 15°　　B. 30°

C. 45°　　D. 60°

49.（ ）是用来打开或封闭气道的。

A. 气门导管　　B. 气门弹簧

C. 气门　　D. 气门座

50. 发动机水温过高报警灯报警开关安装在（ ）上。

A. 水道　　B. 发动机曲轴箱

C. 气门室罩盖　　D. 节气门体

51. 补充发动机冷却液时，一定要等待发动机（ ）后再打开加水盖，以防止缸体变形或爆裂。

A. 制动　　B. 润滑

C. 加速　　D. 冷却

52. 防冻液的更换间隔为（ ）以上车需及时更换 。

A. 3 个月　　B. 2 年

C. 3 年　　D. 5 年

53.（ ）用来改变冷却水的循环路线及流量，自动调节冷却水温度。

A. 风扇　　B. 节温器

C. 水泵　　D. 散热器

54. 停机后，当发动机仍然很热的情形下，可以做的是（ ）。

A. 松开散热器盖　　B. 松开机油加注盖

C. 松开散热器排放塞　　D. 松开进、出水管接头

55.（ ）用于发动机机油压力检测。

A. 油压表　　B. 尾气分析仪

C. 润滑油质量分析仪　　D. 发动机分析仪

56. 发动机机油泵通常用外啮合齿轮泵，其组成主要有齿轮、轴承、泵盖及（ ）等。

A. 柱塞　　B. 传动轴

C. 叶片　　D. 油管

57.（ ）是以动植物脂肪酸钠皂稠化矿物润滑油制成的耐高温但不耐水的普通润滑脂。

A. 钠基润滑脂　　B. 耐磨钙基润滑脂

C. 钙基润滑脂　　D. 通用锂基润滑脂

58. 排放柴油滤清器中的（ ），确保马达转动皮带松紧适度。

A. 积水　　B. 柴油

C. 空气　　D. 汽油

59. 调整喷油泵各缸供油时间，应以第一缸为基准，根据喷油泵的（ ）调整其余各缸。

A. 间隔角　　B. 点火顺序和间隔角

C. 喷油顺序　　D. 喷油顺序和间隔角

60. 汽油的（ ）是指汽油在发动机中燃烧时，抵抗产生爆燃的能力。

A. 爆炸性　　B. 抗爆性

C. 燃烧性　　D. 爆抗性

61. 汽油的抗爆性可用汽油的（ ）来评定。

A. 抗爆指数　　B. 蒸发性和抗爆指数
C. 辛烷值　　D. 辛烷值和抗爆指数

62. 自动变速器进行维护作业检查时，首先应将变速器手柄置于（　）挡位置。
A. P　　B. S
C. R　　D. N

63. 液力变矩器安装在发动机的（　）上。
A. 发电机　　B. 飞轮
C. 起动机　　D. 发动机

64. 汽车变速器齿轮的材料应选用（　）。
A. 低碳合金钢　　B. 铸钢
C. 高碳合金钢　　D. 碳素工具钢

65. 膜片弹簧离合器的从动盘磨损，压盘前移，膜片弹簧对压盘的压力将（　）。
A. 减小　　B. 增大
C. 不变　　D. 消失

66.（　）可使发动机与传动系逐渐接合，保证汽车平稳起步。
A. 离合器　　B. 变速器
C. 主减速器　　D. 差速器

67. 万向节及传动轴检查时（　）。
A. 须齐全、紧固、有裂纹
B. 无须检查
C. 须齐全、紧固、无裂纹
D. 须大多数齐全、紧固、无裂纹即可

68. 万向传动装置的作用是连接不在同一直线上的变速器（　）轴和主减速器（　）轴，并保证在两轴之间的夹角和距离经常变化的情况下，仍能可靠地传递动力。
A. 三　四　　B. 输出　输入
C. 二　三　　D. 二　四

69. 汽车差速器主要是（　）汽车在转弯时左右两转速不一致而造成机械干涉现象的装置。
A. 增加　　B. 连续
C. 消除　　D. 减小

70. 不属于单级主减速器的零件是（　）。
A. 调整垫片　　B. 主动圆锥齿轮
C. 调整螺母　　D. 半轴齿轮

71. 前轮、前轴、转向节与（　）的相对安装位置，称为转向车轮定位。
A. 半轴　　B. 车桥
C. 悬架　　D. 车架

72. 四轮定位完成后，只有在传感器全部拆除，（　）和方向锁定解除后，汽车方可驶离定位仪。
A. 导线　　B. 制动
C. 轮胎　　D. 开关

73. 动力转向液压助力系统转向助力泵损坏会导致（　）。
A. 转向沉重　　B. 行驶跑偏
C. 不能转向　　D. 制动跑偏

74. 当转向柱受到巨大冲击而产生轴向位移时，通过转向柱管或支架产生塑性变形、转向柱产生错位等方式，（　）冲击能量。
A. 增加　　B. 连续
C. 吸收　　D. 维持

75. 在拆卸汽车拉杆时，拆下拉杆与转向节连接的螺栓，在没有专用工具的情况下，可以使用锤子敲击连接部位，把拉杆与（　）分开。
A. 下摆臂　　B. 轴承
C. 车身　　D. 转向节

76. 转向操纵机构由转向盘、转向轴、（　）、转向传动轴等组成。
A. 转向节臂　　B. 梯形臂
C. 转向拉杆　　D. 转向万向节

77. 电动助力转向系统根据安装位置不同，可分为（　）。
A. 齿轮助力式、齿条助力式
B. 转向轴助力式、齿轮助力式、齿条助力式
C. 转向轴助力式
D. 齿条助力式

78. 转向桥和（　）属于从动桥。
A. 转向驱动桥　　B. 后桥
C. 驱动桥　　D. 支持桥

79. 汽车车架变形会导致汽车（　）。
A. 行驶跑偏　　B. 轮胎变形
C. 制动跑偏　　D. 制动甩尾

80.（　）是导致汽车钢板弹簧损坏的主要原因。
A. 按要求拧紧钢板弹簧固定螺栓
B. 按要求对轮胎进行换位
C. 汽车长期超载
D. 装配符合要求

81. 汽车正常行驶时，总是偏向行驶方向的左侧或右侧，这种现象称为（　）。
A. 制动跑偏　　B. 车轮回正

C. 行驶跑偏　　D. 制动甩尾

82. 下列不属于悬置系统损坏原因的是（　）。

A. 老化　　B. 按规定力矩拧紧

C. 疲劳破坏　　D. 粘结面的剥离

83.（　）不是引起低速打摆现象的原因。

A. 车架变形或铆钉松动

B. 转向节主销与衬套间隙过大

C. 前束过大、车轮外倾角、主销后倾角变小

D. 转向器啮合间隙过大

84.（　）是轮胎异常磨损的原因。

A. 连接销松动　　B. 单侧悬挂弹簧弹力不足

C. 减振器性能减弱　　D. 减振器损坏

85. 关于轮胎异常磨损的原因：（　）悬挂弹簧弹力不足是其中之一。

A. 单侧　　B. 四轮

C. 前轮　　D. 后轮

86. 轮胎平衡机开机前，必须检查底座及固定螺母是否（　），以防运转时轮胎脱出。

A. 固定　　B. 活动

C. 松开　　D. 锁紧

87. 关于引起（　）打摆现象的主要原因：转向器啮合间隙过大、转向节主销与衬套间隙过大是其中原因之一。

A. 低速　　B. 急加速

C. 高速　　D. 匀速

88. 检查、安装轮胎时，轮胎的生产日期面向（　）。

A. 后　　B. 外

C. 前　　D. 内

89. 汽车轮胎尺寸规格标记在胎侧，比如 9.00 R20，其中 R 表示（　）。

A. 普通斜交轮胎　　B. 混合花纹轮胎

C. 无内胎轮胎　　D. 子午线轮胎

90. 液压式减振器具有阻尼油沸点（　），对高温敏感的特点。

A. 低　　B. 偏高

C. 高　　D. 中

91. 汽车减振器从（　）角度分为单筒和双筒两种。

A. 结构　　B. 左右

C. 位置　　D. 上下

92. 横向稳定杆通过两个橡胶（　）与车架固定。

A. 弹簧　　B. 轴承

C. 螺栓　　D. 衬套

93. 汽车行驶系统接受发动机经传动系统传来的（　）。

A. 声音　　B. 信号

C. 方向　　D. 转矩

94. 对于允许挂接挂车的汽车，其驻车制动装置必须能使汽车列车在满载状态下时能停在坡度（　）% 的坡道上。

A. 1　　B. 60

C. 80　　D. 12

95. 小型汽车的驻车制动器大多与（　）行车制动器共用一个制动器。

A. 后轮　　B. 前轮和后轮

C. 前轮　　D. 前轮或后轮

96. 制动蹄与制动鼓之间的间隙过大，将会导致（　）。

A. 制动不良　　B. 轮毂发热

C. 车辆行驶跑偏　　D. 制动异响

97. 检查制动器弹簧时，用（　）测量，其弹力不得小于规定值。

A. 地磅　　B. 张紧计

C. 弹簧秤　　D. 角尺

98. 盘式制动器，制动盘固定在（　）上。

A. 转向节　　B. 活塞

C. 轮毂　　D. 制动鼓

99.（　）不是真空助力式液压制动传动装置的组成部分。

A. 轮缸　　B. 主缸

C. 加力气室　　D. 控制阀

100. 真空增压制动传动装置比液压制动机构多装了一套真空增压系统，下列（　）不是真空增压系统组成部分。

A. 辅助缸　　B. 主缸

C. 加力气室　　D. 控制阀

101. 在汽车制动系中，制动传动装置将驾驶员或其他动力源的作用力传到制动器，同时控制制动器工作，以获得所需的（　）力矩。

A. 匀速　　B. 急加速

C. 加速　　D. 制动

102. 在充电完成 2 h 后测量电解液相对密度，若不符合要求，过高时可用（　）调整。

A. 蒸馏水　B. 浓硫酸
C. 稀硝酸　D. 稀硫酸

103.（　）季在启动发动机时，对蓄电池性能要求更高。
A. 夏　B. 冬
C. 春　D. 秋

104. 正常的电池电解液液面高度应高出极板（　）mm。
A. 5 ~ 10　B. 10 ~ 15
C. 15 ~ 20　D. 20 ~ 25

105. 如发动机转速升高时，经常发生烧坏用电设备的情况，可能原因是（　）的故障。
A. 定子总成　B. 电压调节器
C. 转子总成　D. 整流器

106. 汽车正常运转当充电指示灯亮时，应先区别是蓄电池存电不足，还是（　）有故障。
A. 点火系统　B. 起动系统
C. 充电系统　D. 转向系统

107. 汽车三相同步发电机中定子总成的作用是（　）。
A. 产生磁场　B. 调节励磁电流的大小
C. 产生三相交流电　D. 将交流变为直流

108. 起动机换向器圆周上径向跳动量超过 0.05 mm，应在（　）上修复。
A. 压力机　B. 铣床
C. 车床　D. 磨床

109. 启动发动机时，接通点火开关至启动挡，起动机不转，应检查起动机电磁开关保持线圈是否（　），若有应予以更换。
A. 断路　B. 搭铁
C. 短路　D. 锈蚀

110. 发动机启动时，蓄电池可向起动机提供高达（　）A 的启动电流。
A. 10 ~ 50　B. 50 ~ 100
C. 100 ~ 200　D. 200 ~ 600

111. 发动机启动后，起动机驱动齿轮与飞轮齿圈（　）。
A. 脱离　B. 半脱离
C. 接合　D. 半接合

112. 汽车信号喇叭通常固定在（　）上。
A. 旋转支架　B. 固定支撑板
C. 固定支架　D. 缓冲支架

113. 检查喇叭时，需按压方向盘上喇叭开关（　）个位置，喇叭响且音量正常。
A. 1　B. 2
C. 3　D. 4

114. 打开灯控开关，熔丝烧断，说明线路存在（　）故障。
A. 短路　B. 击穿
C. 断路　D. 接触不良

115. 打开前照灯时发现右侧前照灯近光灯不亮，可能存在的原因是（　）。
A. 右侧前照灯近光灯丝损坏
B. 近光继电器损坏
C. 蓄电池电量不足
D. 打光开关未开

116. 安全气囊分二级点火引爆是为了（　）。
A. 使气囊展开更快
B. 增大气囊压力
C. 防止气囊失效
D. 按需要引爆，防止爆炸力超过需要

117. 控制车窗玻璃上升、下降的机构是（　）。
A. 继电器　B. 门锁马达
C. 玻璃升降开关　D. 玻璃升降电机

118. 电动后视镜中，（　）接受折回开关的信号，并发出指令使折回驱动机工作，及时准确地控制后视镜的展开或收回。
A. 折回控制模块
B. 左侧后视镜
C. 折回电动机及驱动器
D. 电动后视镜开关

119.（　）是手动变速器改变不同齿轮组啮合，实现改变不同传动比的一种装置。
A. 换挡机构　B. 花键
C. 同步器　D. 轴承

120.（　）不能导致驾驶员侧电动车门锁不能开启。
A. 开关故障　B. 点火开关故障
C. 熔断器故障　D. 遥控器故障

121. 雨刮开关挡位中具有清洗功能的是（　）。
A. 间歇挡　B. 喷水挡
C. 低速挡　D. 高速挡

122. 更换雨刮片时，雨刮臂的位置应该在（　）。
A. 维修位置　B. 最高位置

C. 初始位置　　　　D. 中间位置

123. 膨胀阀堵塞，会导致（　）。

A. 系统太冷　　　　B. 间断制冷

C. 冷气不足　　　　D. 无冷气产生

124.（　　）不会造成除霜热风不足。

A. 出风口堵塞　　　B. 压缩机损坏

C. 除霜风门调整不当　D. 供暖不足

125. 压缩机离合器线圈松脱或接触不良，会造成制冷系统（　　）。

A. 系统太冷　　　　B. 间断制冷

C. 系统压力正常　　D. 无冷气产生

126. 打开鼓风机开关，只能在高速挡位运转，说明（　　）。

A. 调速电阻损坏　　B. 供电断路

C. 鼓风机开关损坏　D. 鼓风机损坏

127. 连接空调管路时，应在接头和密封圈上涂上干净的（　　）。

A. 机油　　　　　　B. 冷冻油

C. 煤油　　　　　　D. 润滑脂

128. 检修空调时可以加压法试漏，最好注入（　　）。

A. 空气　　　　　　B. 氮气

C. 氧气　　　　　　D. 二氧化碳

129. 在汽车空调的组成部件中，（　　）可以根据制冷负荷自动调节制冷剂的流量，达到控制车内温度的目的。

A. 冷凝器　　　　　B. 膨胀阀

C. 散热器　　　　　D. 储液干燥器

130. 制冷剂离开压缩机时的状态为（　　）。

A. 低压过冷蒸气　　B. 高压过冷蒸气

C. 低压过热蒸气　　D. 高压过热蒸气

131. 汽车空调系统低压压力开关在（　　）时起作用。

A. 系统压力过低　　B. 系统温度过高

C. 系统压力过高　　D. 系统压力过高或过低

132. 发动机怠速下，进气歧管真空度一般为（　　）。

A. 30 ~ 50 kPa　　　B. 50 ~ 70 kPa

C. 70 ~ 90 kPa　　　D. 90 ~ 110 kPa

133. 排气背压过高会导致（　　）。

A. 燃烧做功减少　　B. 提高排气率

C. 燃烧不充分　　　D. 燃油经济性恶化

134. 涡轮增压器上可能出现的泄漏不包括（　　）。

A. 排气系统　　　　B. 冷却系统

C. 燃油系统　　　　D. 润滑系统

135. 下列温度传感器中，用作进气温度传感器的是（　　）温度传感器。

A. 热敏电阻式　　　B. 半导体管式

C. 绕线电阻式　　　D. 扩散电阻式

136. 节气门位置传感器的功用是检测节气门的开度状态，如（　　）状态。

A. 全开

B. 部分打开

C. 怠速

D. 怠速、全开、部分打开都对

137. 电控燃油喷射发动机电控系统进行检修时，应先将点火开关（　　），并将蓄电池搭铁线拆下。

A. 打开　　　　　　B. 关闭

C. 打开或关闭　　　D. 关闭再打开

138. 喷油器滴漏会导致发动机（　　）。

A. 不易启动　　　　B. 加速不良

C. 不能启动　　　　D. 怠速不稳

139. 电控燃油喷射发动机燃油压力检测时，将油压表接在供油管和（　　）之间。

A. 燃油滤清器　　　B. 喷油器

C. 燃油泵　　　　　D. 分配油管

140. 电动燃油泵按安装形式可分为（　　）和油箱内置型两种。

A. 齿轮式　　　　　B. 转子式

C. 油箱外置型　　　D. 叶片式

141.（　　）用于减小燃油压力波动。

A. 喷油器　　　　　B. 油压缓冲器

C. 油泵　　　　　　D. 油压调节器

142. 用数字式万用表的（　　）挡检查点火线圈的绝缘电阻。

A. 电压　　　　　　B. 兆欧

C. 欧姆　　　　　　D. 千欧

143.（　　）的作用是控制点火线圈一次侧电路的通断，配合点火线圈完成升压任务。

A. 电容器　　　　　B. 电阻器

C. 配电器　　　　　D. 断电器

144. 一般来说，高能点火系统采用的火花塞中心电极与侧电极之间的间隙为（　　）mm。

A. 0.35 ~ 0.45　　　B. 0.45 ~ 0.55

C. 0.70 ~ 0.90　　D. 1.10 ~ 1.30

145. 柴油车废气检测时，发动机首先应（　），以保证检测的准确性。

A. 调整怠速　　B. 调整点火正时

C. 预热　　D. 加热

146. 发动机排气管上的三元催化转换器主要降低（　）的排放。

A. HC 和 NO_x　　B. CO、HC 和 NO_x

C. CO 和 HC　　D. CO 和 NO_x

147.（　）与血液中的血红蛋白结合，形成碳氧血红蛋白，从而使这部分血红蛋白失去送氧的能力，使人体缺氧。

A. CO　　B. HC

C. NO_x　　D. 微粒

148. 优质防爆太阳膜的使用期在（　）。

A. 三年左右　　B. 五年以上

C. 两年左右　　D. 四年左右

149. 汽车玻璃的透光率不低于（　）。

A. 90%　　B. 80%

C. 70%　　D. 60%

150. 下列不属于车内污垢的是（　）。

A. 食物残渣　　B. 炭包

C. 灰尘　　D. 泥土

151. 下列不属于汽车表面污垢的是（　）。

A. 树脂　　B. 漆面蜡

C. 鸟粪　　D. 虫尸

152. 检查灯光、仪表、信号装置是（　）维护的作业内容。

A. 发动机　　B. 大修

C. 电器设备　　D. 底盘

153. 在车速不高的平原地区，除冬季外，可选（　）级的制动液。

A. JG0　　B. JG1

C. JG2　　D. JG3

154. 汽车发动机冷却液由（　）、防冻防锈剂、添加剂三部分组成。

A. 乙二醇　　B. 水

C. 酒精　　D. 甘油

155.（　）不是汽车底盘 30 000 km 维护竣工检查项目。

A. 制动系统无泄漏、损坏

B. 发动机机油盖无损坏

C. 悬架系统无损坏、泄漏

D. 排气管无裂纹、泄漏

156. 电器设备 30 000 km 维护作业包括清除发电机滑环表面油污，清洗检查轴承，填充（　）。

A. 机油　　B. 绝缘胶

C. 润滑脂　　D. 密封胶

157. 底盘 30 000 km 维护作业内容包括检查离合器（　）与分离轴承之间的间隙。

A. 分离杠杆　　B. 横直拉杆

C. 支承销　　D. 调整臂

158. 检查调整行车制动踏板自由行程和驻车制动自由行程是汽车底盘（　）作业内容。

A. 日常维护　　B. 10 000 km 维护

C. 30 000 km 维护　　D. 50 000 km 维护

159. 汽车行驶 8 000 ~ 10 000 km 需要对空气滤清器进行（　）。

A. 更换　　B. 冲洗

C. 检查　　D. 维护

160. 下列（　）属于预防性维护作业。

A. 日常维护　　B. 10 000 km 维护

C. 30 000 km 维护　　D. 50 000 km 维护

二、判断题（第 161 题 ~ 第 200 题。将判断结果填入括号中。正确的填“√”，错误的填“×”。每题 0.5 分，满分 20 分。）

161. 属于爱岗敬业所要求的对待职业和岗位，应一职定终身，不改行。（　）

162. 在没有合适安培数保险丝的情况下，可以使用更大安培数的熔丝来代替。（　）

163. 绝缘手套的作用是在操作人员触碰高压元器件的时候，避免操作人员手部触电发生安全事故。（　）

164. 汽车全面质量管理基础工作主要包括质量责任制、质量教育工作、计量工作、标准化工作、质量信息工作和法规建设等。（　）

165. 相配合的孔和轴具有相同的基本尺寸。（　）

166. 液压传动的工作介质是油液。（　）

167. 汽车电器部件都与车身直接搭铁。（　）

168. 液晶显示器件的英文缩写是 LCD。（　）

169. 双柱托举式汽车举升器主要适用于中型汽车。（　）

170. 在常见的车型中，把发动机放置车辆的前端，变速器也放置车辆的前端，这种布置方式称为前置前驱。（　　）

171. 曲柄连杆机构的功用是把燃烧气体作用在活塞顶上的力转变为曲轴的转矩，并通过曲轴对外输出机械能。（　　）

172. 发动机曲轴弯曲校正一般可采用压床热压校正，这种方法可省去时效处理。（　　）

173. 发动机正时链条是铁的，终身不需要更换。（　　）

174. 在发动机运行期间，或者发动机以及散热器仍然很热的情形下，注意不要移动散热器盖，但可以松开散热器排放塞。（　　）

175. 气流温度超过 65 ℃时，硅油风扇离合器从动板上的进油口打开，硅油进入工作室。（　　）

176. 汽油供给装置包括空气滤清器、汽油滤清器、汽油箱、汽油泵和输油管等。（　　）

177. 液力变矩器安装在发动机的飞轮上。（　　）

178. 主减速器的作用是将来自变速器或万向传动装置的转矩增大，同时降低转速并改变动力的传递方向。（　　）

179. 汽车驶入或驶出四轮定位仪时应有专人指挥。（　　）

180. 电控式动力转向系是在原有机械式转向系组成基础上增设一套液压助力装置。（　　）

181. 汽车减振器为加速车架与车身振动的衰减，以增加汽车的行驶平顺性。（　　）

182. 检查轮胎气压时，为保持轮胎缓和路面冲击的能力，充气标准可略低于最高气压。（　　）

183. 制动总泵旁通孔或回油孔堵塞是液压制动系统卡死的原因之一。（　　）

184. 汽车在车速不高的平原地区，除冬季外，可选 JG3 级的制动液。（　　）

185. 将电能转换成蓄电池的化学能的过程称为充电过程。（　　）

186. 汽车的蓄电池与发电机串联。（　　）

187. 汽车音响外壳就是汽车音响电路的负极，从汽车音响内引出蓝色导线作为负极搭铁线。（　　）

188. 喇叭直接连接到蓄电池上，所以可以用判断喇叭声音大小来确定蓄电池是否有电。（　　）

189. 一般车窗升降电动机都配备电动机过热保护装置。（　　）

190. 就车检查后视镜电动调节功能时，应断开点火开关。（　　）

191. 连接空调管路时，应在接头和密封圈上涂上干净的润滑油。（　　）

192. 空调系统的制冷剂高压部分压力过高可能是由于制冷剂过量或系统内有空气。（　　）

193. 加压检漏的压力越高越容易检测出泄漏点，所以检漏时压力越高越好。（　　）

194. 汽车使用增压器的目的在于增加充气量、提高功率、改善经济性、改善排放。（　　）

195. 测量气缸排气终了时的压力，可以间接判断气缸的密封性。（　　）

196. 喷油器开启持续时间由点火开关控制。（　　）

197. 汽车故障码存储在 ECU 中的 ROM 里。（　　）

198. 为提高车身的防腐效果，对车身容易锈蚀的部位和构件，一般采用经过防锈处理的钢板。（　　）

199. 水溶性污垢可以用水清洗掉。（　　）

200. 发动机 30 000 km 维护内容为更换机油及机油滤清器。（　　）

汽车维修工中级理论知识模拟试卷 5

一、单项选择题（第 1 题～第 160 题。选择一个正确的答案，将相应的字母填入题内的括号中。每题 0.5 分，满分 80 分。）

1. 以下不属于诚实守信基本要求的是（　　）。
A. 维护企业信誉　　B. 保守企业秘密
C. 忠诚所属企业　　D. 树立职业理想

2. 从业者履行职业义务的道德责任感和自我评价能力、职业意识中各种道德心理因素有机结合的是（　　）。
A. 职业道德良心
B. 职业道德情感
C. 职业道德境界信念
D. 职业道德意识

3. 下列选项属于职业道德范畴的是（　　）。
A. 人们的文化水平　　B. 员工的技术水平
C. 人们的内心信念　　D. 人们的思维习惯

4. 职业道德修养之所以必须经过积极参加职业实践这一途径，原因在于（　　）。
A. 积极参加职业实践是职业道德修养的途径之一
B. 在实践中进行职业道德修养是由薪酬的多少决定的
C. 积极参加职业实践是职业道德修养的根本途径
D. 从业人员的高尚的职业道德品质来源于报酬

5. 职业道德中体现社会主义道德建设核心的是（　　）。
A. 诚实守信　　B. 奉献社会
C. 服务群众　　D. 爱岗敬业

6. 以下不属于汽车维修企业节能减排管理技术改造的是（　　）。
A. 加快设备升级改造，淘汰落后低效的生产设备
B. 企业响应政策方向，更换车间所有仪器和设备
C. 控制高耗能设备和器材的市场准入，鼓励企业使用节能设备和环保设备
D. 利用现有的高等教育资源和品牌维修企业基地，抓好员工的培训，提高维修服务质量，提高生产效率

7. 紧固底盘螺栓时（　　）。
A. 发动机不可以着车
B. 用力拧到拧不动为止
C. 发动机可以着车
D. 按维修厂规定力矩拧紧

8. 正确使用个人安全防护用品、用具，是保证劳动者（　　）的一种防护措施。
A. 健康　　B. 安全与消防
C. 安全　　D. 安全与健康

9. 抢救失血伤员时，应先进行（　　）。
A. 包扎　　B. 询问
C. 观察　　D. 止血

10. 下列对于拆卸下来的动力电池处理方式错误的是（　　）。
A. 动力电池包放置的位置不会干扰其他人
B. 电池包较重，移动之后不好复位，就近摆放
C. 将动力电池包单独摆放，并树立高压安全警示牌
D. 动力电池包上面的插接件接口一一做好防护

11. 汽油着火时可以用（　　）进行灭火。
A. 石头　　B. 湿布扑打
C. 水　　D. 沙子

12. 下道工序对上道工序流转过来的产品进行抽检称为（　　）。
A. 互检　　B. 巡检
C. 自检　　D. 终检

13. 根据《机动车运行安全技术条件》（GB 7258—2017），下列对汽车前风窗玻璃要求的说法中错误的是（　　）。
A. 刮水器关闭时，刮片应能任意位置停止
B. 乘用车前风窗玻璃应装有除雾、除霜装置
C. 机动车的前风窗玻璃应装备刮水器，其刮刷面积应确保驾驶员具有良好的前方视野
D. 汽车驾驶室内应设置防止阳光直射而使驾驶员产生炫目的装置，且该装置在汽车碰撞时，不应对驾驶员造成伤害

14. 不属于《中华人民共和国产品质量法》对产品质量管理标准的是（　　）。

A. 作坊自定标准

B. 企业质量体系认证制度

C. 国家及行政标准

D. 产品质量认证制度

15.（　　）具有较高的强度和良好的韧性，在汽车上主要用于制造受热、受磨损和冲击载荷较强烈的零件。

A. 合金结构钢　　B. 合金工具钢

C. 特殊性能钢　　D. 碳素钢

16. 滚动轴承的代号由前置代号、基本代号和后置代号组成，其中基本代号表示（　　）。

A. 轴承组件

B. 轴承游隙和配置

C. 轴承的类型、结构和尺寸

D. 轴承内部结构的变化和轴承公差等级

17. 代号 M24 表示（　　）。

A. 粗牙普通螺纹　　B. 右旋细牙螺纹

C. 细牙普通螺纹　　D. 左旋细牙螺纹

18. 用油压千斤顶支撑汽车时应置于（　　）。

A. 小液压缸上

B. 大液压缸上、小液压缸上、单向阀的一侧均不对

C. 大液压缸上

D. 单向阀的一侧

19.（　　）回路的作用是使液压系统的某一支路获得低于系统主油路工作压力的压力油。

A. 减压　　B. 换向

C. 调压　　D. 增压

20.（　　）时，液压系统不能稳定工作。

A. 低温　　B. 高温或低温

C. 高温　　D. 常温

21.（　　）用于测试蓄电池端电压。

A. 气压表　　B. 油压表

C. 万用表　　D. 真空表

22. 正弦交流电的有效值（　　）。

A. 在正半周变化，负半周不变化

B. 随交流电的频率变化而变化

C. 在正半周不变化，负半周变化

D. 不随交流电的频率变化而变化

23. 不考虑温度对电阻的影响，对一个“220 V，40 W”灯泡的结论正确的为（　　）。

A. 接在 440 V 电压上，功率为 80 W

B. 接在 220 V 电压上，功率为 40 W

C. 接在 110 V 电压上，功率为 20 W

D. 接在 110 V 电压上，功率为 10 W

24. 在电学中，AC 代表（　　）。

A. 交流电　　B. 磁体

C. 直流电　　D. 电阻

25. 微型计算机的组成不包括（　　）。

A. I/O　　B. 存储器

C. CPU　　D. A/D 转换器

26. 用万用表分别测量三极管 b、e 极间和 b、c 极间 PN 结的正、反向电阻，如果测得正、反向电阻相差较大，则说明三极管（　　）。

A. 已经断路　　B. 损坏

C. 良好　　D. 已击穿

27. 液晶显示器件的英文缩写是（　　）。

A. LBD　　B. LCD

C. LDD　　D. LED

28. 球轴承的拆卸选用（　　）。

A. 四爪拉器　　B. 球轴承拉器

C. 通用拉器　　D. 半轴套筒拉器

29. 游标卡尺上游标的刻线数越多则游标的（　　）。

A. 结构越小　　B. 长度越短

C. 分度值越大　　D. 读数精准度越高

30. 精度为 0.05 mm 的游标卡尺其游标的刻线格数为（　　）。

A. 10 格　　B. 20 格

C. 30 格　　D. 40 格

31. 举升 2.5 t 以下的各种小轿车、面包车适宜选用（　　）举升。

A. 气动式举升器　　B. 电动式举升器

C. 液压式举升器　　D. 移动式举升器

32. 直列六缸四冲程发动机曲拐布置形式分为 1—5—3—6—2—4 和（　　）两种。

A. 1—2—3—4—5—6

B. 1—6—2—4—3—5

C. 1—4—2—6—3—5

D. 1—5—3—6—4—2

33. 四冲程汽油机和柴油机具有相同的（　　）。

A. 压缩比　　B. 工作行程

C. 混合气形成方式　　D. 着火方式

34. 轿车车身一般采用的形式是（　　）。

A. 承载式　　B. 非承载式

C. 3/4 承载式　　D. 半承载式

35. 汽车的驱动型式一般用符号“n×m”表示，其中 n 表示（　　）。

A. 驱动轮的数量　　B. 车的宽度

C. 车轮总数量　　D. 车的长度

36. 座位在 9 座以上（包括驾驶员座位在内）的载客汽车称为（　　）。

A. 小型乘用车　　B. 普通乘用车

C. 高级乘用车　　D. 客车

37. 活塞环漏光处的缝隙应不大于（　　）mm。

A. 0.01　　B. 0.03

C. 0.05　　D. 0.07

38. 进行连杆轴承间隙检查时，用手（　　）向推动连杆，应无间隙感觉。

A. 径　　B. 前后

C. 轴　　D. 侧

39. 以下不属于曲轴变形的主要原因的是（　　）。

A. 按规定力矩拧紧螺栓

B. 材料缺陷

C. 曲轴受到冲击

D. 未按规定力矩拧紧螺栓

40. 根据《汽车发动机曲轴技术条件》的技术要求，补偿修复主轴轴颈时不可采用（　　）方法。

A. 气焊　　B. 镀铁

C. 金属丝喷涂　　D. 镀铬

41. 发动机气缸径向的磨损量最大的位置一般在进气门（　　）略偏向排气门一侧。

A. 后面　　B. 下面

C. 侧面　　D. 对面

42. 发动机气缸沿轴线方向磨损呈（　　）的特点。

A. 上小下大　　B. 中间大

C. 上大下小　　D. 上下相同

43. 根据《汽车发动机缸体与气缸盖修理技术条件》的技术要求，气缸体上平面 50 mm×50 mm 测量范围内平面度误差应不大于（　　）mm。

A. 0.01　　B. 0.04

C. 0.05　　D. 0.1

44. 发动机曲轴现广泛采用（　　），可满足强度和刚度要求以及较高的耐磨性。

A. 球墨铸铁　　B. 特殊合金钢

C. 合金钢　　D. 灰口铸铁

45. 以下不属于气缸盖裂纹的主要原因的是（　　）。

A. 发动机过热时，突然添加冷水

B. 气缸盖螺栓拧紧力矩过大

C. 车辆在严寒季节，停车后没有及时放净发动机水道和散热器内的冷却水

D. 气缸盖铸造时残余应力的影响及气缸盖在生产中壁厚过薄，强度不足

46. 当发动机正时皮带重新安装时，需要注意的事项为（　　）。

A. 应同拆卸时方向相反

B. 每次拆卸必须更换

C. 应同拆卸时方向一致

D. 随意安装

47. 以下属于凸轮轴变形的主要原因的是（　　）。

A. 按规定力矩拧紧螺栓

B. 凸轮轴轴承磨损

C. 机油压力过高

D. 未按规定力矩拧紧螺栓

48. 发动机凸轮轴变形的主要形式是（　　）。

A. 扭曲　　B. 圆度误差

C. 弯曲　　D. 弯曲和扭曲

49. 发动机气门座圈与座圈孔应为（　　）。

A. 过盈配合

B. 过渡配合、过盈配合、间隙配合均可

C. 过渡配合

D. 间隙配合

50. 发动机气门室盖上常见的“DOHC”英文字母是指（　　）。

A. 双顶置凸轮轴　　B. 多点顺序喷射

C. 单顶置凸轮轴　　D. 多点喷射

51. 装复水泵时，水封环要放正，放好水封总成后，将泵叶轮方孔对准（　　）装入水泵。

A. 水泵轴　　B. 水泵盖衬垫

C. 水泵盖　　D. 水泵壳

52. 可用来检测散热器盖的仪器是（　　）。

A. 密封检测仪　　B. 解码仪

C. 冰点仪　　D. 真空测试仪

53. 检查储液罐，如果冷却液变得污浊或充满水垢并低于最小线，应将冷却液（　　）并清洗冷却系。

A. 补足　　B. 全部放掉

C. 加水　　D. 补充白酒

54. 硅油风扇离合器以（　　）为介质来传递扭矩。

A. 硅油　　B. 汽油
C. 煤油　　D. 柴油

55. 下列情况下，机油警告灯不会发亮的是（　　）。
A. 机油警告灯开关接触不良
B. 机油滤清器上的油压警告开关短路
C. 润滑系油压过低
D. 警告灯至传感器开关间线路搭铁短路

56.（　　）用于发动机润滑油快速检测。
A. 油压表　　B. 尾气分析仪
C. 润滑油质量分析仪　　D. 发动机分析仪

57.（　　）安装在发动机机油泵进油口的前端。
A. 机油集滤器　　B. 机油细滤器
C. 机油粗滤器　　D. 机油散热器

58. 发动机润滑系中用来储存润滑油的装置是（　　）。
A. 集滤器　　B. 滤清器
C. 机油泵　　D. 油底壳

59. 柴油机喷油机（　　）实验，以每秒 3 次的速度均匀地掀动手油泵柄，直到开始喷油。
A. 倾斜性　　B. 压力
C. 密封性　　D. 防漏

60. 柴油机通过（　　）将柴油喷入燃烧室。
A. 输油管　　B. 喷油泵
C. 喷油器　　D. 输油泵

61. 汽油混合气空燃比的理论值是（　　），汽车在理论值下运行能保证汽车不仅具有较好的动力性能，还能省油。
A. 13.6 ∶ 1　　B. 14.7 ∶ 1
C. 15.3 ∶ 1　　D. 16.2 ∶ 1

62. 汽油的牌号越高说明（　　）也越高。
A. 密度　　B. 凝点
C. 熔点　　D. 辛烷值

63. 自动变速器试验后，应让发动机怠速运转（　　）s 左右，以使自动变速器油温正常。
A. 10　　B. 20
C. 30　　D. 60

64. 自动变速器内的离合器的作用是（　　）。
A. 连接　　B. 固定
C. 锁止　　D. 制动

65. 造成变速器乱挡的原因之一是（　　）。
A. 轮齿磨成锥形　　B. 自锁装置失效
C. 互锁装置失效　　D. 倒挡锁失效

66. 变速器通过不同的传动比啮合副改变（换挡）达到变换转速得到不同的（　　），保证汽车克服不同的道路阻力。
A. 扭矩　　B. 力矩
C. 转速　　D. 传动比

67. 膜片弹簧离合器的压盘（　　），热容量大，不易产生过热。
A. 较大　　B. 较小
C. 较薄　　D. 较厚

68. 常见的离合器分为两种，分别是机械式和（　　）。
A. 液压式　　B. 电机式
C. 机械式　　D. 电驱式

69. 万向传动装置的作用是连接不在同一直线上的变速器输出轴和主减速器输入轴，并保证在（　　）之间的夹角和距离经常变化的情况下，仍能可靠地传递动力。
A. 二轴　　B. 四轴
C. 一轴　　D. 三轴

70. 汽车左转向时，由于差速器的作用，左右两侧驱动轮转速不同，那么转矩的分配是（　　）。
A. 左轮大于右轮　　B. 右轮大于左轮
C. 左右轮相等　　D. 右轮为零

71. 差速器壳上安装着行星齿轮、半轴齿轮、从动圆锥齿轮和行星齿轮轴，其中不属差速器的是（　　）。
A. 行星齿轮　　B. 半轴齿轮
C. 从动圆锥齿轮　　D. 行星齿轮轴

72. 主减速器的主要功用是（　　），并改变力的传动方向。
A. 增速增扭　　B. 增速降扭
C. 降速降扭　　D. 降速增扭

73. 做四轮定位拆装定位爪时，应注意定位爪不要（　　）钢圈，以免擦掉钢圈油漆。
A. 远离　　B. 松开
C. 紧贴　　D. 固定

74. 主销后倾的作用是使汽车直线行驶时保持方向稳定，汽车转弯时前轮自动（　　）。
A. 回正　　B. 减速
C. 驾驶　　D. 加速

75. 汽车更换拉杆后，一定要做（　　），把数据调整在正常的范围内。

A. 四轮定位　　B. 前轮平衡

C. 轮胎动平衡　　D. 四轮对调

76. 汽车的前束值一般都小于（　　）mm。

A. 2　　B. 10

C. 50　　D. 100

77.（　　）不是动力转向液压助力系统引起的转向沉重的原因。

A. 缺液压油或滤油器堵塞

B. 分配阀反作用弹簧过软或损坏

C. 油泵磨损

D. 油路中有气泡

78. 汽车动力转向系统转向器滑阀内有脏物阻滞会导致汽车（　　）。

A. 左右转向力不一致　B. 转向发飘

C. 不能转向　　D. 转向沉重

79. 在安装拉杆时，把拉杆对比，确认配件相同后，先把拉杆一端装在方向机上，而且要把方向机上的锁片铆上，再把与（　　）连接的螺栓拧上。

A. 静电套　　B. 油管

C. 防尘套　　D. 转向节

80. 转向时通过转向操纵机构最终使装在左、右（　　）上的两车轮同时偏转，实现汽车转向。

A. 转向器　　B. 梯形臂

C. 转向拉杆　　D. 转向节

81. 为了防止汽车方向机内进水，拉杆上都有（　　）。

A. 密封圈　　B. 轴承

C. 防尘套　　D. 螺栓

82.（　　）的作用是增大转向盘传到转向轮上的转向力矩，并改变力的传递方向。

A. 转向传动轴　　B. 转向器

C. 转向万向节　　D. 转向横拉杆

83. 车架变形是（　　）的直接原因。

A. 加速无力　　B. 发动机无法启动

C. 行驶跑偏　　D. 发动机抖动

84.（　　）是行驶中产生异响的原因。

A. 前悬架移位　　B. 减振弹簧折断

C. 减振器性能减弱　　D. 单侧减振弹簧弹力不足

85. 两前轮胎（　　）过大不是行驶跑偏的原因。

A. 直径比　　B. 花纹比

C. 气压差　　D. 半径比

86. 轮胎平衡机在使用前必须先检查机体各部分润滑情况及通过电器部分的（　　）程序。

A. 自检　　B. 免检

C. 质检　　D. 互检

87. 轮胎平衡机在使用过程中，必须确认轮胎完全停止（　　）后才能打开防护罩，完全停止转动才能接触轮胎。

A. 上升　　B. 脱开

C. 旋转　　D. 下降

88. 拆装时，轮胎必须放尽（　　）。

A. 杂质　　B. 温度

C. 水分　　D. 余气

89. 轮胎上标有：195/60 R 14 85 H，其中“H”表示（　　）。

A. 允许载荷代码　　B. 速度范围代码

C. 轮胎结构代码　　D. 扁平率代码

90. 减振器装合后，各密封件应该（　　）。

A. 密封，无泄漏　　B. 过盈配合

C. 良好　　D. 有一定间隙

91. 减振器总成由减振器、下弹簧垫、防尘套、弹簧减振垫、上弹簧垫、弹簧座、轴承、顶胶和（　　）组成。

A. 螺栓　　B. 油管

C. 螺母　　D. 扳手

92. 横向稳定杆两端通过（　　）与左右悬挂连接。

A. 拉杆球头　　B. 轴承

C. 螺栓　　D. 弹簧

93. 汽车车桥通过（　　）与车架相连。

A. 悬架　　B. 半轴

C. 车轮　　D. 传动轴

94.（　　）制动器可以在行车制动装置失效后应急制动。

A. 非平衡式　　B. 驻车

C. 平衡式　　D. 行车

95. 驻车制动器多安装在（　　）或分动器之后。

A. 变速器　　B. 主减速器

C. 离合器　　D. 差速器

96. 制动鼓失圆，将不能导致（　　）。

A. 无制动　　B. 制动距离变长

C. 车辆行驶跑偏　　D. 制动时间变长

97. 用游标卡尺分别测量制动蹄支承销与衬套，其配合间隙应不超过（　　）mm。

A. 0.3 B. 5
C. 15 D. 30

98. 下面不是盘式制动器的优点的是（ ）。
A. 抗水衰退能力强 B. 管路液压低
C. 散热能力强 D. 制动平顺性好

99.（ ）的作用是使储气筒的气压保持在规定范围内，以减小发动机的功率消耗。
A. 单向阀 B. 调压器
C. 泄压阀 D. 限压阀

100. 空气液压制动传动装置分为（ ）两种。
A. 增压式和助力式 B. 助压式和助力式
C. 助压式和增力式 D. 增压式和增力式

101. 重型汽车的制动传动装置多采用（ ）。
A. 空气增压装置
B. 助力式液压装置
C. 真空助力式液压装置
D. 真空增压式液压装置

102. 在车上断开蓄电池连接线时应先断开（ ）。
A. 蓄电池负极接线柱 B. 蓄电池固定螺栓
C. 蓄电池正极接线柱 D. 正、负极接线柱无要求

103. 汽车蓄电池每单格的电位是（ ）左右。
A. 1 V B. 2 V
C. 3 V D. 4 V

104. 检查蓄电池外部是否清洁，主要看（ ）上是否有污物堆积。
A. 电池外部 B. 电池侧面
C. 电池内部 D. 电池盖

105.（ ）可导致发电机异响。
A. 碳刷过短
B. 转子短路
C. 转子与定子之间碰擦
D. 定子短路

106. 正常汽车启动后，充电指示灯由亮转灭，说明（ ）。
A. 发电机处于自励状态
B. 发电机有故障
C. 发电机处于他励状态
D. 充电系统有故障

107. 下列选项中能把机械能转换为电能的是（ ）。
A. 自动变速器 B. 转向器
C. 手动变速器 D. 发电机

108.（ ）不是诊断启动系电路短路、断路故障的方法。
A. 检查起动机导线是否短路
B. 检查磁力线圈是否短路
C. 检查蓄电池极柱是否牢固
D. 检查调节器触点是否烧蚀

109. 当发动机启动后，将启动开关关至 ON 挡，起动机仍然不能停止运转，可能发出的声音是（ ）声。
A. 摩擦 B. 划碰
C. 尖叫 D. 撞击

110. 使用起动机启动发动机时，每次启动时间不准超过（ ）s，再次启动时间应间隔 15 s。
A. 20 B. 15
C. 10 D. 5

111. 汽车起动机电磁开关将启动机主电路接通后，活动铁芯靠（ ）线圈产生的电磁力保持在吸合位置上。
A. 保持
B. 吸拉、保持、吸拉和保持都不是
C. 吸拉
D. 吸拉和保持

112.（ ）是用电磁控制金属膜片振动而发生的装置。
A. 刮水器 B. 电喇叭
C. 电磁阀 D. 风窗玻璃

113. 喇叭上的触点为（ ）式。
A. 常闭 B. 处于任意状态
C. 常开 D. 半开半闭

114. 打开右转向时，右转向灯闪光频率加快，原因是（ ）。
A. 右侧转向灯个别损坏
B. 闪光器内部故障
C. 左侧转向灯个别损坏
D. 右侧转向灯功率较大

115. 更换车灯时，用螺钉旋具将卡子上部按下去的同时，向外拉（ ）。
A. 水箱 B. 风扇
C. 车灯 D. 散热器罩

116. 检修气囊时（ ）。
A. 断开蓄电池负极 B. 可用万用表测试电阻
C. 关闭钥匙 D. 断开蓄电池正极

117.（　　）导致所有电动座椅都不能动。
A. 驾驶员侧开关故障
B. 驾驶员侧门锁开关
C. 熔断器故障
D. 乘员侧开关故障
118. 每个电动后视镜上有（　　）个调整电动机和1个驱动镜，能对后视镜进行4个方向的调整。
A. 1　　B. 2
C. 3　　D. 4
119.（　　）导致所有车门锁都不能工作。
A. 左侧电动车门锁电路断路
B. 左侧后电动车门锁故障
C. 电源导线断路
D. 右侧电动车门锁故障
120. 雨刮器需要经常更换的是（　　）。
A. 雨刮开关　　B. 雨刮传动机构
C. 雨刮电机　　D. 雨刮片
121. 拆卸刮水器刮片时，为了避免破坏前风窗玻璃，可以在刮水器臂的顶端包上（　　），并将其轻放在前风窗玻璃上。
A. 透明胶布　　B. 砂纸
C. 电工胶布　　D. 一块布
122. 蒸发器管件间严重脏污会导致（　　）。
A. 暖风效果不良　　B. 过度制冷
C. 制冷效果不良　　D. 制冷正常
123.（　　）不会造成空调系统漏水。
A. 热水开关关不死　　B. 软管老化
C. 加热器管损坏　　D. 冷凝器损坏
124. 制冷系统中有水汽，引起局部间断结冰，会造成（　　）。
A. 系统压力正常　　B. 系统太冷
C. 无冷气产生　　D. 间断制冷
125. 观察制冷系统玻璃处有气泡及雾状情况，低压表读数过低，膨胀阀发出噪声，说明（　　）。
A. 制冷剂过量　　B. 膨胀阀损坏
C. 制冷剂不足　　D. 压缩机损坏
126. 汽车空调压缩机泄漏检查的方法有多种，但下列方法中（　　）不能采用。
A. 电子检漏器　　B. 水压法
C. 卤化器检测器　　D. 肥皂泡
127. 检修空调所使用的压力表歧管总成一共（　　）块压力表。
A. 1　　B. 2
C. 3　　D. 4
128. 自动空调中的太阳能传感器是一个（　　）。
A. 稳压管　　B. 光电二极管
C. 二极管　　D. 发光二极管
129. 车外温度传感器包在一个（　　）内，以免对温度的突然变化做出反应，这样能准确地检测车外的平均气温。
A. 铁壳　　B. 注塑树脂壳
C. 铜壳　　D. 铝合金壳
130. 在汽车空调系统中，为制冷循环提供动力的部件是（　　）。
A. 压缩机　　B. 蒸发器
C. 冷凝器　　D. 储液干燥器
131. 测量进气歧管压力，是在发动机稳定（　　）运转时，读取真空表读数。
A. 低速　　B. 加速
C. 怠速　　D. 中速
132. 一般情况下，排气背压（　　）直接导致发动机燃油消耗率上升。
A. 变小　　B. 不变
C. 变大　　D. 不稳定
133. 一般而言，加装增压器后的发动机的功率及扭矩要增大（　　）。
A. 5%～10%　　B. 20%～30%
C. 40%～50%　　D. 60%～70%
134. 电控发动机燃油喷射系统中的怠速旁通阀是（　　）系统组成部分。
A. 供油　　B. 空调
C. 供气　　D. 控制
135. 以下不属于可燃混合气供给和排出装置的是（　　）。
A. 排气歧管　　B. 机油滤清器
C. 进气歧管　　D. 排气消声器
136. 电控汽油喷射发动机（　　）是指发动机进气歧管处有可燃混合气燃烧从而产生异响的现象。
A. 回火　　B. 放炮
C. 行驶无力　　D. 失速
137. 喷油器开启持续时间由（　　）控制。
A. 点火开关　　B. 凸轮轴位置传感器
C. 电控单元　　D. 曲轴位置传感器
138. 电控燃油喷射系统保持压力下降较快，应检查燃油泵上的（　　）和燃油系统的密封性。

A. 止回阀　　B. 真空管

C. 燃油滤清器　　D. 喷油器

139. 电动燃油泵根据泵体的结构不同可分为滚柱泵、（　　）和涡轮泵。

A. 齿轮泵　　B. 转子泵

C. 柱塞泵　　D. 叶片泵

140.（　　）用于将燃油喷入进气道中。

A. 喷油器　　B. 油压缓冲器

C. 油泵　　D. 油压调节器

141. 用诊断仪读取故障码时，应选择（　　）。

A. 数据流　　B. 基本设定

C. 故障诊断　　D. 执行元件测试

142. 检测汽车发动机电控系统时，应选用（　　）万用表。

A. 数字式　　B. 高阻抗数字式

C. 指针式　　D. 低阻抗数字式

143. 曲轴位置传感器在发动机工作时，提供活塞到达（　　）定时产生的信号。

A. 压缩行程下止点后

B. 进气行程下止点后

C. 压缩行程上止点前

D. 进气行程上止点前

144. 检测排放时，取样探头插入排气管的深度不小于（　　）mm，否则排气管应加接。

A. 200　　B. 250

C. 300　　D. 350

145.（　　）的作用：防止曲轴箱内气压过高，机油渗漏，把渗入曲轴箱的蒸气引入气缸内燃烧，防止机油稀释。

A. 曲轴箱通风　　B. 强制通风

C. 自然通风　　D. 活性炭罐

146. 汽车排放物中，（　　）不仅使人的骨髓功能减弱，血小板减少，而且也是形成光化学烟雾的因素。

A. CO　　B. HC

C. NO_x　　D. 微粒

147. 下列不属于汽车玻璃清洁养护的是（　　）。

A. 玻璃抛光　　B. 贴膜

C. 玻璃清洁剂清洗　　D. 玻璃上光保护

148. 可以从汽车玻璃上看出哪些生产时间信息？（　　）

A. 可以看出生产年月　　B. 看不出

C. 可以看出生产年　　D. 可以看出生产年月日

149. 下列不属于清除车内异味的方法是（　　）。

A. 光触媒处理　　B. 用水冲洗

C. 摆放炭包　　D. 臭氧除味

150. 适合汽车内部清洁用的设备是（　　）。

A. 抛光机　　B. 釉机

C. 高压洗车机　　D. 吸尘器

151. 底盘紧固作业时车辆应该（　　）。

A. 坡道停放　　B. 可以着车

C. 支撑牢固、锲实　　D. 不用拉手刹

152. 机动车检测、诊断参数包括工作过程参数、伴随过程参数和几何尺寸参数。（　　）是汽车诊断参数中的工作过程参数。

A. 发动机冷却液温度

B. 发动机噪声

C. 汽车燃料消耗量

D. 制动踏板的自由行程

153.（　　）不是汽车底盘二级维护竣工检查项目。

A. 变速器、主减速器凸缘螺母齐全、紧固、可靠

B. 轮毂轴承不松旷

C. 转向垂臂、转向横拉杆、制动操纵机构应完好

D. 电器设备螺母的紧固、可靠

154. 当汽车保养更换发动机机油时（　　）。

A. 将汽车停放在坡道上

B. 润滑油的黏度越大越好

C. 将汽车停在平坦的场地，在前、后车轮外垫上止滑块

D. 在冷车的状态下

155. 汽车更换发动机冷却液时间要求是长效防锈防冻液每（　　）更换一次。

A. 两年　　B. 三年

C. 6 个月　　D. 一年

156. 属于汽车底盘 30 000 km 维护作业内容的是（　　）。

A. 检查变速器齿轮

B. 检查调整气门间隙

C. 检查曲轴磨损

D. 检查离合器片厚度

157. 下列不属于发动机曲轴轴承 30 000 km 维护的技术要求的是（　　）。

A. 连杆轴承间隙符合规定要求

B. 主轴承和连杆轴承螺栓拧紧力矩应符合规定要求
C. 曲轴径向和轴向间隙符合规定要求
D. 清除火花塞积碳，矫正电极间隙

158. 电器设备 10 000 km 维护作业内容包括检查蓄电池液面高度，一般补充（　　）。

A. 水　　B. 盐酸
C. 蒸馏水　　D. 硫酸

159.（　　）是汽车底盘 10 000 km 维护作业内容。

A. 检查变速器润滑油质量
B. 检查灯光系统
C. 检查火花塞
D. 检查空调系统

160. 汽车 10 000 km 维护竣工检验技术要求中，转向器、变速器、驱动桥的润滑油面，应在检视口下沿（　　）mm 处，通风孔应畅通，变速器、减速器螺母紧固可靠。

A. 0 ~ 15　　B. 0 ~ 25
C. 20　　D. 15 ~ 25

二、判断题（第 161 题 ~ 第 200 题。将判断结果填入括号中。正确的填“√”，错误的填“×”。每题 0.5 分，满分 20 分。）

161. 职业道德的标准是单一的，只能代表单一的价值观。（　　）

162. 判断心脏骤停的必备症状：大动脉搏动消失、意识丧失、呼吸呈叹息样。（　　）

163. 在任何条件下，36 V 电压都是安全的。（　　）

164. 汽车维修企业妥善处理各类废弃物是节能减排的重要举措。（　　）

165. 液压元件在油液中工作，润滑条件好，寿命长。（　　）

166. 所谓直流电，指的就是方向不变的电流或者电压，并且一定要出现在电能供应的环节中。（　　）

167. 应根据需要举升车辆的结构、重量选择相应的举升器。（　　）

168. 发动机曲轴要有足够的强度、刚度和一定的耐磨性。（　　）

169. 曲轴轴颈擦伤是由于润滑油不清洁或发动机内残存有金属屑等硬杂物造成的。（　　）

170. 在测量发动机气缸体孔径时，必须在每个缸中上、中、下三个位置进行测量，其中下端位置是指活塞在下止点时，第一道环所对的缸壁位置。（　　）

171. 装配时气缸盖螺栓扭紧力不均匀会导致气缸盖翘曲变形。（　　）

172. 气门工作面磨损的检修主要是在气门光磨机上进行。（　　）

173. 任何水都可以直接作为冷却水加注在汽车水箱内。（　　）

174. 四冲程汽油机可燃混合气需要点燃。（　　）

175. 动力转向液压助力系统缺少液压油会导致不能转向。（　　）

176. 若在良好的路面上出现侧滑，应检查车轮定位。（　　）

177. 转向节各部位螺纹的损伤不得超过一牙。（　　）

178. 转向器是转向操纵机构的重要组成部分。（　　）

179. 减振器由下弹簧垫、防尘套、弹簧减振垫、上弹簧垫、弹簧座、轴承、顶胶组成。（　　）

180. 汽车正常行驶时，总是偏向行驶方向的左侧或右侧，这种现象称为车轮回正。（　　）

181. 装复轮毂时螺栓用力拧紧即可。（　　）

182. 汽车制动时，后轮先抱死比前轮先抱死安全。（　　）

183. 可通过蓄电池观察孔直接判断蓄电池性能的好坏。（　　）

184. 发动机启动时，发电机向起动机提供强大的启动电流。（　　）

185. 汽车灯光系统出现故障，除与本系统元件损坏有关外，还可能与充电系统有关。（　　）

186. 前排乘员侧电动座椅开关故障不能导致所有电动座椅不能动。（　　）

187. 空调滤清器可以使用高压水枪进行清洗。（　　）

188. 膨胀阀可将制冷系统的高压侧与低压侧隔离开来。（　　）

189. 制冷剂的充注量越多，制冷效果越好。（　　）

190. 进气管真空度随海拔变化而变化，因此应根据当地海拔高度修正真空度检测标准。（　　）

191. 使用低辛烷值的汽油，可以防止爆燃。（　　）

192. 汽车故障诊断仪器设备有解码仪、示波器、万

用表等。（　　）

193. 天窗玻璃面板的设计有隔绝热能和紫外线的功能，要用软布和清洁剂清洗，可以使用黏性清洁剂。（　　）

194. 脱蜡清洗剂含柔和性溶剂，具有较强的溶解功能。不仅可去除车身油垢，而且能把原有车蜡洗掉。主要适用于重新打蜡前的车身清洗。（　　）

195. 发动机安装角度不正确会影响变速箱、传动轴的使用寿命。（　　）

196. 发动机传动带张紧力可以用指压法或传动带张紧力计检查。（　　）

197. 汽车 10 000 km 维护作业时应检查转向传动十字轴承，传动轴十字轴承可以有松旷现象。（　　）

198. 汽车底盘 10 000 km 维护要求各润滑脂油嘴齐全有效，安装位置正确，所有润滑点均已润滑。（　　）

199. 汽车维护的目的是贯彻“预防为主、强制维护”。（　　）

200. 汽车维护工艺就是进厂、更换机油、竣工检验、出厂等。（　　）

汽车维修工中级理论知识模拟试卷 6

一、单项选择题（第 1 题～第 160 题。选择一个正确的答案，将相应的字母填入题内的括号中。每题 0.5 分，满分 80 分。）

1. 体现社会主义职业道德最高目标指向的是（　　）。

A. 诚实守信　　B. 奉献社会

C. 服务群众　　D. 爱岗敬业

2. 以下有关社会主义职业道德的说法，错误的是（　　）。

A. 社会主义职业道德是建立在社会主义公有制经济基础上的新型职业道德

B. 社会主义职业道德具有最平等、最真诚的特点，成为迄今为止人类历史上最纯洁、最高尚的职业道德

C. 社会主义职业道德与共产主义的道德原则是完全一致的

D. 社会主义职业道德以全心全意为人民服务为统一要求

3. 从事一定职业的人在职业活动中应当遵循的具有职业特征的道德要求和行为准则是（　　）。

A. 职业准则　　B. 职业道德

C. 职业规范　　D. 职业守则

4. 爱岗敬业的具体要求是（　　）。

A. 转变择业观念

B. 增强把握择业的机遇意识

C. 看效益决定是否爱岗

D. 提高职业技能

5. 在企业的经营活动中，（　　）不是职业道德功能的表现。

A. 决策能力　　B. 遵纪守法

C. 激励作用　　D. 规范行为

6. 新能源汽车的维修作业中不设置安全警示牌会造成的危害是（　　）。

A. 周围人员不知情，随意进出工位形成安全隐患

B. 周围人员不会随意进出维修工位

C. 无法进行维修作业

D. 不会有任何问题，没人会关注这个警示牌

7. 汽车常用的汽油具有（　　），使用时注意防止溢洒到漆膜表面，如不慎入眼，请立即用大量清水冲洗，并及时就医。

A. 抗爆性　　B. 安定性

C. 蒸发性　　D. 氧化性

8. 从事技术工种的劳动者上岗前必须经过（　　）。

A. 训练　　B. 教育

C. 培训　　D. 培养

9. 下面关于安全用电的叙述中，正确的是（　　）。

A. 电气设备运行时维修

B. 电气装置由专业电工进行安装或修理

C. 用铜丝代替熔丝

D. 用水冲洗电气设备

10. 使用二氧化碳灭火器时，人应站在（　　）。

A. 下风位　　B. 无一定位置

C. 上风位　　D. 上 / 下风位

11. 企业产生的污水可采用（　　）来处理。

A. 污水净化装置　　B. 公司自行处理

C. 倾倒　　D. 出售给回收部门

12. 全面质量管理的英文缩写是（　　）。

A. TCQ　　B. TQC

C. CTQ　　D. CQT

13. 评定在用运输车辆技术等级按（　　）标准进行。

A. 检测站自定　　B. 厂家

C. 国家　　D. 交通运输部

14. 汽车“4S”维修车间要求的“三不落地”指的是（　　）。

A. 泥土不落地、工具不落地、零件不落地

B. 污水不落地、工具不落地、汽油不落地

C. 油水不落地、工具不落地、零件不落地

D. 污水不落地、量具不落地、零件不落地

15. 根据 GB/T 6170—2015 的标准，螺母 M24，代号中 24 是指（　　）。

A. 公称直径 24 mm　　B. 公称长度 24 mm

C. 公称半径 24 mm　　D. 公称宽度 24 mm

16.（　　）轴承只能承受径向载荷。
A. 调心球　　B. 圆柱滚子
C. 深沟球　　D. 圆锥滚子
17.（　　）是指金属材料是否容易被切削工具进行加工的性能。
A. 可焊性　　B. 延展性
C. 切削性　　D. 渗透性
18. 油压千斤顶，重物应置于（　　）。
A. 大液压缸上
B. 小液压缸上
C. 单向阀的一侧
D. 大液压缸上、小液压缸上、单向阀的一侧均不对
19. 液压缸是将液体的压力能转换为（　　）的能量转换装置。
A. 机械能　　B. 热能
C. 动能　　D. 势能
20.（　　）回路是实现液压放大的回路。
A. 减压　　B. 换向
C. 调压　　D. 增压
21. 负温度系数热敏电阻随温度升高阻值（　　）。
A. 下降　　B. 先降后升
C. 升高　　D. 不变
22. 在电学中，DC 代表（　　）。
A. 交流电　　B. 磁体
C. 直流电　　D. 电阻
23. 用一段导体切割磁力线时，下列说法正确的是（　　）。
A. 一定有感应电流
B. 有感应磁场阻碍导线运动
C. 会产生感应电动势
D. 有感应磁场
24. 半导体二极管按（　　）可分为硅二极管和锗二极管两类。
A. 用途　　B. 结构
C. 尺寸　　D. 极片材料
25. 柱式举升机多为（　　）。
A. 气动式举升器　　B. 电动式举升器
C. 电动液压式举升器　　D. 移动式举升器
26. 关于研磨机说法正确的是（　　）。
A. 研磨机主要由壳体、电动机、控制机构三部分组成
B. 定速研磨机转速一般为 1 750 r/min
C. 研磨机转速不可调
D. 双功能型研磨机既能安上砂盘打磨金属材料，又能换上研磨 / 抛光盘做车漆护理
27. 用于高寒地区冬季使用的清洗机是（　　）。
A. 门式清洗机　　B. 盘式清洗机
C. 常温高压清洗机　　D. 热水清洗机
28. 使用厚薄规测量时，应根据间隙的大小，先用较薄片试插，逐步加厚，（　　）插入间隙内，插入深度应在 20 mm 左右。
A. 可以一片或数片重叠在一起
B. 随意
C. 单片
D. 不允许数片重叠在一起
29. 在常见的车型中，把发动机放置车辆的前端，变速器放置车辆的后端，这种布置方式称为（　　）。
A. 前置前驱　　B. 后置前驱
C. 前置后驱　　D. 后置后驱
30. VIN（Vehicle Identification Number）车辆识别代号中表示车型年份的是第（　　）位。
A. 7　　B. 8
C. 9　　D. 10
31. 汽车的装配基体是（　　）。
A. 车身　　B. 车梁
C. 车架　　D. 车轮
32. 轿车一般按发动机排量进行分类，而发动机排量是指（　　）。
A. 每个燃烧室容积　　B. 活塞的工作行程
C. 发动机气缸数量　　D. 各缸工作容积之和
33. 活塞行程 S 与曲柄半径 R 的关系是（　　）。
A. $S=R$　　B. $S=4R$
C. $S=1/2$　　D. $S=2R$
34. 一般发动机气缸的圆度误差应小于（　　）mm。
A. 0.005　　B. 0.000 5
C. 0.5　　D. 0.05
35. 直列四缸四冲程发动机曲拐布置形式分为 1—3—4—2 和（　　）两种。
A. 1—3—2—4　　B. 1—2—4—3
C. 1—4—2—3　　D. 1—2—3—4
36. 根据《汽车发动机缸体与气缸盖修理技术条件》的技术要求，燃烧室容积不小于原设计（　　）值的 95%。

A. 最小极限　　B. 最大极限
C. 最小尺寸　　D. 最大尺寸
37. 根据《汽车发动机缸体与气缸盖修理技术条件》的技术要求，气缸套上端面应不低于气缸体上平面，亦不高出（　　）mm。
A. 0.1　　B. 0.075
C. 0.05　　D. 0.25
38. 发动机曲轴裂纹易发生在轴颈与曲柄的连接处及（　　）周围。
A. 配重　　B. 主油道
C. 曲拐　　D. 润滑油眼
39. 下列说法正确的是（　　）。
A. 曲轴瓦、连杆瓦与曲轴之间的配合间隙过小可能导致机油压力高
B. 活塞环或气缸壁磨损严重可能导致机油压力高
C. 机油黏度过低可能导致机油压力高
D. 机油不足可能导致机油压力高
40. 用曲轴转角表示的进、排气门开闭时刻和开启持续时间，称为（　　）。
A. 气门锥角
B. 气门迟闭角
C. 气门重叠角
D. 配气相位
41. 发动机凸轮轴轴颈磨损后，主要产生（　　）误差。
A. 圆柱度　　B. 圆度和圆柱度
C. 圆度　　D. 圆跳动
42. 以下属于气缸盖螺纹损伤的原因的是（　　）。
A. 异物碰撞
B. 气缸盖过小
C. 装配时螺栓没有拧正
D. 工具使用不当
43. 当更换传动带后需要用（　　）把传动带张紧。
A. 中间轮　　B. 惰轮
C. 张紧器　　D. 曲轴皮带轮
44. 以下属于凸轮轴轴承螺纹损伤的原因的是（　　）。
A. 异物碰撞
B. 螺栓重复使用
C. 装配时螺栓没有拧正
D. 工具使用不当
45. 气门杆磨损用（　　）测量。
A. 内径千分尺　　B. 刀尺
C. 外径千分尺　　D. 直尺
46. 发动机散热器盖上空气阀密封不严，会使（　　）。
A. 散热器与大气相通
B. 节温器打开
C. 散热器内压力高于大气压
D. 散热器内压力低于大气压
47. 更换水泵的水封总成后应进行（　　）试验，检查各处应无漏水。
A. 水压　　B. 水流速
C. 漏水　　D. 水质
48. 经常发现发动机冷却液变少，应该（　　）。
A. 检查冷却系统密封性能
B. 检查节温器
C. 添加冷却液即可
D. 检查散热风扇
49. 发动机冷却系的部件中能对冷却水加压使其循环流动的是（　　）。
A. 节温器　　B. 散热器
C. 水泵　　D. 风扇
50. 机油压力报警灯开关装在（　　）上。
A. 润滑油主油道　　B. 发动机曲轴箱
C. 气门室罩盖　　D. 节气门体
51. 检查润滑油时，技术要求润滑油量应位于油标尺（　　）。
A. 上刻线与下刻线之间
B. 下刻线以下
C. 上刻线以上
D. 任何位置即可
52. 利用润滑油的（　　），使润滑油附着在运动零件表面，以提高零件的密封效果，这是润滑油的密封作用。
A. 冷却作用　　B. 清洁作用
C. 润滑作用　　D. 黏性
53. 发动机润滑系中并联于润滑系内，并能滤出润滑油中微小杂质的选项是（　　）。
A. 机油集滤器　　B. 机油细滤器
C. 机油粗滤器　　D. 机油散热器
54.（　　）是燃料燃烧过程中实际供给的空气质量与理论上完全燃烧时所需的空气质量之比。

A. 可燃混合气

B. 过量空气系数

C. 空燃比

D. 可燃混合气、空燃比、过量空气系数都不对

55. 泵喷嘴组成包括驱动部分、压力产生部分、(　　) 和喷嘴。

A. 高压油管　B. 控制部分

C. 输油泵　D. 输油管

56. 柴油机每个循环的供油量由 (　　) 确定。

A. 柱塞的有效行程　B. 喷射泵凸轮轴的升程

C. 出油阀　D. 喷油器针阀弹簧

57. 通过杠杆、拉索来控制离合器的接合或分开的方式称为 (　　)。

A. 液压式　B. 电机式

C. 机械式　D. 电驱式

58. 主减速器主、从动锥齿轮啮合印痕可通过 (　　) 来调整。

A. 增减主动锥齿轮前端调整垫片

B. 增减主动锥齿轮后端调整垫片

C. 增减从动锥齿轮前端调整垫片

D. 增减从动锥齿轮后端调整垫片

59. 自动空调中使用较多的半导体型传感器，其中车内温度、车外温度、蒸发器温度传感器是一个 (　　) 电阻。

A. 精制　B. 正温度系数热敏

C. 普通　D. 负温度系数热敏

60. 自动变速器主要由 (　　)、机械变速器、液压控制系统、电子控制系统、油冷却系统等组成。

A. 线圈　B. 离合器

C. 液力变矩器　D. 转子

61. 自动变速器单向离合器的作用是 (　　)。

A. 连接　B. 固定

C. 锁止　D. 制动

62. 小型汽车中，常见手动变速器可以实现 5 个 (　　) 和 1 个倒挡。

A. 同步器　B. 轴承

C. 前进挡　D. 惰轮

63. 万向传动装置是在工作过程中 (　　) 位置不断改变的两根轴间传递动力的装置。

A. 左右　B. 静止

C. 上下　D. 相对

64. 常见的手动变速器通过增加一个 (　　) 来实现车辆倒车。

A. 轴承　B. 花键

C. 同步器　D. 惰轮

65. 主减速器的作用是将来自变速器或万向传动装置的 (　　) 增大，同时降低转速并改变动力的传递方向。

A. 方向　B. 方位

C. 转矩　D. 位置

66. 球头在拆卸时一定要使用 (　　)，防止防尘套损坏。

A. 开口扳手　B. 专用工具

C. 活动扳手　D. 梅花扳手

67. 转向盘 (　　) 转动量是指将转向盘转动而车轮不随之摆动这一过程转向盘所转过的角度。

A. 自由　B. 极限

C. 最小　D. 最大

68. (　　) 是导致转向沉重的主要原因。

A. 转向轮轮胎气压过低

B. 汽车坡道阻力过大

C. 转向轮轮胎气压过高

D. 汽车空气阻力过大

69. 汽车球头是利用球型连接实现 (　　) 的动力传送，提供多角度的旋转，使得转向机构得以平顺转向。

A. 不同轴　B. 平面

C. 同轴　D. 直线

70. (　　) 不是汽车动力转向左右转向力不一致的原因。

A. 分配阀的滑阀偏离中间位置

B. 滑阀内有脏物阻滞

C. 缺液压油或滤油器堵塞

D. 分配阀的滑阀虽在中间位置但与阀体台阶的间隙大小不一致

71. 汽车球头是利用 (　　) 连接实现不同轴的动力传送，提供多角度的旋转，使得转向机构得以平顺转向。

A. 杠杆　B. 轴承

C. 球型　D. 螺栓

72. 对减振器性能的检查一般情况下可通过外观检查有无 (　　) 的地方。

A. 螺栓　B. 油管

C. 螺母　D. 扳手

73. 有内胎充气轮胎由于帘布层的结构不同可分为（　　）。

A. 高压轮胎和低压轮胎

B. 普通花纹轮胎和混合花纹轮胎

C. 有内胎轮胎和无内胎轮胎

D. 子午线轮胎和普通斜交轮胎

74. 检查轮胎上标识的相关信息时，446/1485 轮胎的尺寸 34×7，其中 × 表示（　　）。

A. 高压胎　　B. 超高压胎

C. 低压胎　　D. 超低压胎

75. 各轮胎气压差不超过（　　）。

A. 5%～10%　　B. 10%～20%

C. 20%～30%　　D. 30%～40%

76. 横向稳定杆在具有独立悬挂的车辆中（　　）都有安装。

A. 前后　　B. 对角

C. 上下　　D. 左右

77. 悬架属于（　　）的组成部分。

A. 行驶系　　B. 制动系

C. 传动系　　D. 转向系

78. 制动蹄与制动鼓之间的间隙过小，将导致（　　）。

A. 无制动　　B. 制动距离变长

C. 车辆行驶跑偏　　D. 制动时间变长

79. 制动液是液压制动系的重要组成部分，所以制动液要满足的要求是（　　）。

A. 高温不易产生气泡，低温不易凝固和有一定的密封作用

B. 只要是制动液就可以一起使用

C. 高温下不易汽化，良好的流动性、润滑性，吸水性差而溶水性好和不易腐蚀其他件

D. 高温不易产生气泡，低温不易凝固和有一定的黏度

80. 汽车上的液压制动系统属于（　　）液压传动。

A. 容积式　　B. 体积式

C. 动力式　　D. 压力式

81. 采用（　　）制动间隙的制动器可不需调整。

A. 鼓式　　B. 弹簧作用式

C. 盘式　　D. 带式

82. 踩下汽车制动踏板时，双腔制动主缸中（　　）。

A. 前腔液压先升高　　B. 保持不变

C. 后腔液压先升高　　D. 前后腔同时升高

83. 制动钳体缸筒与活塞的（　　）配合间隙应小于 0.15 mm。

A. 理想　　B. 理论

C. 极限　　D. 最小

84. 汽车电路的特点是两个电源、（　　）。

A. 低压直流、多线并联、正极搭铁

B. 低压直流、单线并联、正极搭铁

C. 低压直流、多线并联、负极搭铁

D. 低压直流、单线并联、负极搭铁

85. 常用测量蓄电池电压的仪表是（　　）。

A. 电流钳　　B. 电流表

C. 示波器　　D. 万用表

86. 对在使用过程中放电的电池进行充电称为（　　）。

A. 补充充电　　B. 锻炼性充电

C. 初充电　　D. 去硫化充电

87. 诊断、排除蓄电池自放电故障时，要关闭（　　）。

A. 所有用电设备　　B. 发电机

C. 点火开关　　D. 起动机

88. 测试汽车有关电阻及传感器必须用（　　）万用表进行。

A. 高阻抗数字式　　B. 模拟式或数字式

C. 模拟式　　D. 低阻抗数字式

89.（　　）会让发电机轴承异响。

A. 碳刷过短　　B. 转子短路

C. 发电机轴承润滑不良　D. 定子短路

90. 充电系统电压调整过高，对照明灯的影响有（　　）。

A. 灯泡烧毁　　B. 闪光频率增加

C. 灯光暗淡　　D. 熔丝烧断

91. 汽车发电机的端电压高于蓄电池的电动势时，蓄电池将一部分电能转变为（　　）储存起来。

A. 机械能　　B. 热能或机械能

C. 热能　　D. 化学能

92. 启动发动机时，接通点火开关至（　　），如发出“嗒、嗒”的响声，则可能是电磁开关吸合不实。

A. NO 挡　　B. OFF 挡

C. 前进挡　　D. 启动挡

93. 汽车起动机（　　）用于接通切断电动机和蓄电池之间的电路。

A. 直流电机　　B. 单向离合器

C. 传动机构　　D. 控制装置

94. 为保证车辆顺利启动，启动前蓄电池电压不小于（　　）V。

A. 8　　B. 10

C. 12　　D. 14

95. 螺旋弹簧安装在转向盘与转向柱之间，安装时应注意其安装（　　），否则将导致螺旋线束和电喇叭线束折断、转向盘转向角度不足或转向沉重。

A. 角度　　B. 力矩

C. 位置和方向　　D. 预紧度

96. 前照灯不亮故障的处理方法是：首先检查（　　）的好坏，不好应更换。

A. 继电器　　B. 导线

C. 熔丝　　D. 开关

97. 若闪光继电器频率失常，则会导致（　　）。

A. 右侧转向灯不正常

B. 前转向灯不正常

C. 左侧转向灯不正常

D. 左、右两侧转向灯不正常

98. 汽车音响中的 FM 表示（　　）。

A. 调幅　　B. 调音

C. 调频　　D. 调压

99.（　　）能导致前排乘员侧电动车门锁不能锁定。

A. 车窗天线故障　　B. 驾驶员主开关故障

C. 车门锁拉杆卡住　　D. 遥控器故障

100.（　　）用来清除风窗玻璃上的雨水、雪或尘土，确保驾驶员能有良好的视线。

A. 风窗玻璃清洗装置　　B. 玻璃加热装置

C. 电动刮水器　　D. 风窗除霜装置

101. 刮水器具有自动回位功能是因为有（　　）零部件。

A. 电磁开关　　B. 电磁继电器

C. 回位环　　D. 回位弹簧

102. 一般安全气囊 SRS 系统寿命约（　　）年。

A. 5　　B. 10

C. 15　　D. 20

103. 每个电动后视镜上有（　　）套调整电动机和驱动器。

A. 1　　B. 5

C. 8　　D. 10

104. 带记忆功能的电动座椅，驾驶员座椅会随（　　）信号而移动。

A. 挡位开关

B. 驻车制动开关

C. 副驾驶员电动座椅开关

D. 后视镜位置记忆开关

105. 空调电磁离合器线圈短路或烧毁，会造成（　　）。

A. 间歇制冷　　B. 不制冷

C. 冷气不足　　D. 过热

106. 检修空调所使用的压力表歧管总成一共有（　　）个压力表用来显示压力值。

A. 5　　B. 2

C. 9　　D. 10

107. 汽车制冷系统电子式卤素检漏仪电源是（　　）V。

A. 3　　B. 12

C. 110　　D. 220

108. 除霜热风出口位于（　　）。

A. 仪表台上方　　B. 变速杆前方

C. 仪表台下方　　D. 前风窗玻璃上方

109. 从环保角度来说，汽车空调制冷剂应采用（　　）。

A. R-134a　　B. R-22

C. R-12　　D. R-134b

110.（　　）是查找空调制冷剂微小泄漏最有效的方法之一。

A. 紫外线检漏法　　B. 真空试漏

C. 加压泄漏　　D. 充注试漏

111. 在发动机转速为 2 500 r/min 时，排气背压应该小于（　　）kPa。

A. 17.24　　B. 20.7

C. 30.2　　D. 41.5

112. 空气滤清器的滤网堵塞会加大汽车的（　　）排放量。

A. HC　　B. CO 和 HC

C. CO　　D. NO

113. 以下说法正确的是（　　）。

A. 曲轴位置传感器的输出信号为直流电压

B. 空气流量计用于检测节气门的开启角度

C. 曲轴位置传感器可以使计算机确定第 1 缸活塞的

位置

D. 节气门位置传感器用于检测发动机运转时吸入的进气量

114. 增压器转子轴的轴向间隙一般为（　　）mm。

A. 0.10 ~ 0.30　　B. 0.45 ~ 0.55

C. 0.70 ~ 0.90　　D. 1.10 ~ 1.30

115.（　　）用于检测诊断发动机气缸及进排气门的密封状况。

A. 气缸漏气量检测仪　　B. 尾气分析仪

C. 真空表　　D. 发动机分析仪

116. 喷油器每循环喷出的燃油量基本上决定于（　　）时间。

A. 开启开始　　B. 关闭开始

C. 开启持续　　D. 关闭持续

117. 电控发动机燃油泵工作电压检测时，蓄电池电压、燃油泵熔丝、燃油泵继电器和（　　）均应正常。

A. 点火线圈电压　　B. 发电机电压

C. 燃油滤清器　　D. 燃油泵

118. 使用燃油压力表检测燃油压力前首先要做的是（　　）。

A. 安装压力表　　B. 切断蓄电池负极

C. 卸压　　D. 运转发动机

119.（　　）用于调节燃油压力。

A. 喷油器　　B. 油压缓冲器

C. 油泵　　D. 油压调节器

120.（　　）的作用是按发动机的工作顺序依次分配高压电至各缸火花塞上。

A. 断电器　　B. 点火器

C. 分火头　　D. 点火线圈

121. 电控汽油喷射发动机启动困难是指（　　）启动困难。

A. 热车　　B. 冷车

C. 常温　　D. 热车、冷车、常温

122. 为确保安全，更换点火模块前应采取的措施是（　　）。

A. 拆下蓄电池正极导线

B. 关闭点火开关

C. 拆下蓄电池负极导线

D. 拆下蓄电池

123. 用诊断仪对发动机进行检测，点火开关应（　　）。

A. 打开　　B. 位于锁止挡

C. 关闭　　D. 位于启动挡

124. 排放控制系统用于减少废气中有害气体（　　）、HC 和 NO_x 的含量。

A. CO_2　　B. SO_2

C. O_2　　D. CO

125.（　　）用于检测柴油车废气中有害气体的含量。

A. 烟度计　　B. 废气分析仪

C. 示波表　　D. 万用表

126. 检测汽油车废气时，应清除取样探头上残留的（　　），以保证检测的准确性。

A. HC　　B. NO

C. CO　　D. CO 和 HC

127. 处理汽车漆面细微划痕应采用（　　）的工艺。

A. 镀膜　　B. 封釉

C. 打蜡　　D. 抛光

128.（　　）不属汽车玻璃的功能。

A. 防雨雪　　B. 隔绝阳光

C. 防风　　D. 保暖

129.（　　）不是车内异味形成的原因。

A. 洒落的饮料　　B. 腐烂的水果

C. 抽烟　　D. 炭包

130. 所有移动件保持清洁，必要时使用汽油清洁，注意（　　），确保拆装器转动灵活。

A. 加热　　B. 温度

C. 冷却　　D. 润滑

131. 不属于汽车底盘 10 000 km 维护作业内容的是（　　）。

A. 检查转向器　　B. 更换刹车片

C. 检查离合器片　　D. 检查离合器自由行程

132. 属于发动机 30 000 km 维护作业内容的是（　　）。

A. 检查变速箱支架的连接及损坏情况

B. 检查、紧固离合器

C. 按规定次序和扭矩校紧缸盖螺栓

D. 更换刹车片

133. 电器设备 30 000 km 维护作业包括清洁蓄电池表面和极桩，并在接线头上涂（　　）。

A. 不干胶　　B. 绝缘胶

C. 润滑脂　　D. 密封胶

134. 发动机 10 000 km 维护作业的内容主要有更换发动机机油和（　　）、补充冷却液、维护或更换空气滤清器滤芯、清洁火花塞、维护燃料系统、维护点火系统等。

A. 制动液　　B. 高压线

C. 机油滤清器　　D. 冷却液

135. 汽车 10 000 km 维护竣工检验技术要求中，各润滑脂油嘴齐全有效，安装位置正确，所有润滑点（　　）。

A. 无须检查　　B. 均已润滑，无遗漏

C. 可不润滑　　D. 须清洁

136. 动力电池的热平衡管理系统的功能是通过（　　）实现的。

A. 风扇等冷却系统　　B. 热电阻加热装置

C. 包括 A 和 B 两项　　D. 以上都不正确

137. 动力电池检测方法不包括（　　）。

A. 外部检查　　B. 液面高度检查

C. 普通仪器检查　　D. 放电程度检查

138. 更换动力电池，正确的操作步骤，首先要做的是（　　）。

A. 关闭点火钥匙，车辆静置 5 min 以上

B. 取下点火钥匙

C. 拔掉维修开关

D. 关闭点火钥匙

139. 更换动力电池箱散热风扇后，以下（　　）操作正确。

A. 装上蓄电池负极电缆，试车

B. 装上蓄电池负极电缆，清除故障码

C. 清除故障码，对模块进行设置，编程和试车

D. 清除故障码，用万用表进行性能测试

140. 更换动力电池箱散热器风扇时需要（　　）。

A. 进行维修作业时须佩戴绝缘手套

B. 拆下维修开关把手前，应关闭点火钥匙，车辆静止 5 min 以上，拆下蓄电池负极电缆

C. 将拆下的维修开关把手放在口袋内携带，以确保安全

D. 包括以上三项

141. 更换动力电池需要执行的步骤为（　　）。

A. 关闭点火锁匙，静置 5 min，断开蓄电池负极电缆，拆下维修开关

B. 关闭点火锁匙，静置 5 min，拆下维修开关

C. 关闭点火锁匙，断开蓄电池负极电缆，拆下维修开关，静置 5 min

D. 关闭点火锁匙，断开蓄电池负极电缆，拆下维修开关

142. 更换动力电器插件时需要测量插接件上的电压，以确保安全，使用的数字万用表量程是（　　）。

A. 交流电压挡　量程大于 400 V

B. 交流电压挡　量程小于 400 V

C. 直流电压挡　量程大于 400 V

D. 直流电压挡　量程小于 400 V

143. 更换动力电源插接件时，应该注意（　　）。

A. 拆下维修开关时须佩戴绝缘手套

B. 拆下维修开关把手前，务必将电源开关置于 OFF 位置（关闭 SMR）以确保安全

C. 维修开关把手拆下后要放在口袋内携带，以确保安全

D. 包括以上三项

144. 关于 HV（混合动力汽车）蓄电池冷却鼓风机的描述，（　　）是正确的。

A. 使用通过 HV 蓄电池的空气冷却车厢内部

B. 防止 HV 系统不工作时蓄电池温度升高

C. 从车厢内部引入空气

D. 也作为空调鼓风机

145. 关于 HV 蓄电池总成维修塞把手的描述，正确的是（　　）。

A. 拆下维修塞把手时无须佩戴绝缘手套

B. 拆下维修塞把手前，务必将电源开关置于 OFF 位置（关闭 SMR）以保证安全

C. 拆下维修塞把手前，务必将电源开关置于 ON 位置（关闭 SMR）以保证安全

D. 不要在口袋内携带拆下的维修塞把手，以防止维修时将其丢失

146. 关于串联式混合动力系统的描述，正确的是（　　）。

A. 发动机驱动发电机，电动机使用由此产生的电能驱动车轮

B. 车轮驱动发电机 HV 蓄电池充电且发动机不工作

C. 发动机和电动机均驱动车轮

D. 也可在仅使用电动机的情况下驱动车辆

147. 关于创新的论述，不正确的说法是（　　）。

A. 创新需要“标新立异”

B. 服务也需要创新

C. 创新是企业进步的灵魂
D. 引进别人的新技术不算创新

148. 关于动力电池插接件维修更换，以下说法正确的是（　　）。
A. 需要经过电动车型专项培训人员进行维修作业
B. 车间机电师傅进行维修作业
C. 车间技术主管人员进行维修作业
D. 需要电动车制造厂家专门人员进行维修作业

149. 关于更换电动汽车电气线束的说法，（　　）是不正确的。
A. 检查高压线部件，须佩戴绝缘手套
B. 拆卸检修高压电气部件时应切断高压回路
C. 可以使用万用表测量电气线束的绝缘等级
D. 每次通高压电之前，操作人员应检查电器周边是否有杂物

150. 关于混合动力车辆电源的描述，正确的是（　　）。
A. HV 蓄电池向电子部件，如前照灯、音响设备和各种 ECU 提供电能
B. 一个正常工作的 HV 蓄电池足以控制车辆
C. 一个正常工作的辅助蓄电池足以控制车辆
D. 一个正常工作的 HV 蓄电池和正常的辅助蓄电池都是控制车辆所必需的

151. 关于混合动力汽车冷却系统的描述，除（　　）外都是正确的。
A. 采用发动机冷却系统
B. 冷却 MG 和带转换器的逆变器总成
C. 采用电动水泵以循环冷却液
D. 电源开关置于 ON（READY ON）位置时，持续循环冷却液

152. 混合动力汽车的动力部分不包括（　　）。
A. 控制系统　　B. 发动机
C. 发电机　　D. 驱动电机

153. 混合动力汽车的动力部分一般包括（　　）。
A. 发动机　　B. 发电机
C. 驱动电机　　D. 包括以上三项

154. 混合动力汽车发动机中，关于阿特金森循环的描述，正确的是（　　）。
A. 与常规型汽油发动机相比，压缩比低
B. 压缩行程长而膨胀行程短
C. 与常规型汽油机相比，其排气损失低
D. 仅仅控制排气门正时

155. 检查动力电池的电气线束，重点操作内容是（　　）。
A. 检查线束是否有老化破损
B. 检查波纹管是否存在破损、老化现象
C. 检查高压线束与运动件之间的位置关系，是否存在剐蹭
D. 以上三项都对

156. 更换动力电池箱散热风扇时需要确保（　　）。
A. 佩戴绝缘手套，做好绝缘防护
B. 蓄电池负极电缆始终处于断开状态
C. 维修开关始终处于断开状态
D. 包括以上三项

157. 装接汽车使用的电磁式水温表线路时，下列接线中正确的是（　　）。
A. 仪表上的两个接线柱可以随便接线
B. 仪表的上面接线柱一定要接点火开关
C. 仪表的上面接线柱应该接蓄电池正极
D. 仪表的上面接线柱应接水温传感器

158. 自动变速器单向离合器的作用是（　　）。
A. 连接　　B. 固定
C. 锁止　　D. 制动

159. 自动变速器进行维护作业检查时，首先应将变速器手柄置于（　　）挡位置。
A. P　　B. S
C. R　　D. N

160. 自动变速器内，（　　）的作用是制动。
A. 单向离合器　　B. 离合器
C. 制动器　　D. 手动阀

二、判断题（第 161 题 ~ 第 200 题。将判断结果填入括号中。正确的填“√”，错误的填“×”。每题 0.5 分，满分 20 分。）

161. 横向稳定杆主要是在左右悬挂上下运动不一致时产生扭力阻止车身倾斜，提高车辆在过弯、颠簸路面行驶的稳定性。（　　）

162. 活塞环端面平整，装入环槽内应能转动灵活，不卡滞。（　　）

163. 进气温度传感器的输出信号是数字信号。（　　）

164. 空调系统的安全压力开关一定安装在冷凝

器上。（　）

165. 某轮胎的规格是：175/70R13，其中“70”表示轮胎的轮辋直径。（　）

166. 起动机的功用是：利用起动机将蓄电池的电能转换为机械能，再通过传动机构将发动机拖转启动。（　）

167. 汽车车间应加强对易燃物品的管理，除在用的以外，存放在指定位置。（　）

168. 汽车暖风装置除能完成其主要功能外，还能起到除霜的功能。（　）

169. 汽车上常用的蓄电池是铅酸蓄电池 。（　）

170. 汽车信号喇叭应定期更换。（　）

171. 全面质量管理这一概念最早由日本质量管理专家提出。（　）

172. 如果刮水器片上有油污可用汽油进行清洗。（　）

173. 如制动鼓过热，说明制动蹄与制动鼓之间的间隙可能过小。（　）

174. 散热器盖装有一个空气阀和一个蒸汽阀，对冷却系统有密封加压作用。（　）

175. 使用活塞环拆装钳拆装活塞环时用力必须均匀。（　）

176. 同一活塞环上漏光弧长所对应的圆心角总和不超过 30°。（　）

177. 凸轮轴轴颈擦伤可能是由于润滑油不清洁造成的。（　）

178. 循环球式转向器采用齿轮齿条传动原理传递动力。（　）

179. 一般来说，电动燃油泵的工作电压是 5 V。（　）

180. 一般来说车桥可分为整体式和断开式。（　）

181. 溢流阀一般安装在液压泵的出口处，起稳压、安全等作用。（　）

182. 在电路中常用符号“X”来表示端子、插头、插座。（　）

183. 职业道德具有强化从业者道德人格形成和发展的自律价值。（　）

184. 转向操纵机构应转动灵活、无卡滞现象，装配齐全、紧固可靠。（　）

185. 右侧电动机电路断路只会导致右侧电动后视镜不能动，左侧也同理。（　）

186. 右后乘员侧开关故障导致右后侧电动车窗都不能升降。（　）

187. 雨、冰、雪等湿滑路面上也可以使用巡航控制系统行驶。（　）

188. 锌镍电池单体工作电压为 1.65 V。（　）

189. 新能源纯电动汽车最大特点是无废气污染且噪声小。（　）

190. 新能源汽车发展迅速，做到了全生命周期都是环保且无污染。（　）

191. 行车制动系的踏板自由行程越大越好。（　）

192. 更换动力电池箱散热风扇，在拆下维修开关把手时需要佩戴绝缘手套。（　）

193. 更换发动机润滑油时汽油机润滑油和柴油机润滑油，牌号相差不大时可以通用。（　）

194. 电动车窗的开关分为安全开关和升降开关，安全开关能控制所有车门上的车窗。（　）

195. 电动后视镜熔断器故障能导致所有电动后视镜都不能动。（　）

196. 电动燃油泵可以根据发动机转速的变化而改变油泵。（　）

197. HV（混合动力汽车）蓄电池冷却鼓风机工作时，从车厢内部引入空气。（　）

198. 爱岗敬业作为职业道德的内在要求，指的是员工要爱自己喜欢的工作岗位。（　）

199. 安装正时皮带或正时链条及导链板，调整正时皮带张紧轮或正时链条张紧后标记有误，不用重新调整。（　）

200. 按滤清方式不同，润滑系机油滤清器可分为过滤式和离心式两种。（　）

理论知识模拟试卷答案

第 1 套模拟试卷参考答案：

1 ~ 5：CCBDC　6 ~ 10：CDBDB　11 ~ 15：CBABB　16 ~ 20：DBDBA　21 ~ 25：CCBBB
26 ~ 30：BDAAC　31 ~ 35：BCBCA　36 ~ 40：BBACA　41 ~ 45：ADCBD　46 ~ 50：DAACC
51 ~ 55：ADBBD　56 ~ 60：BCCAD　61 ~ 65：ABACB　66 ~ 70：DAAAA　71 ~ 75：DAAAD
76 ~ 80：CDCDC　81 ~ 85：AACCC　86 ~ 90：DDBDC　91 ~ 95：CBAAD　96 ~ 100：ACDBA
101 ~ 105：BBDAC　106 ~ 110：ACADD　111 ~ 115：CCDDC　116 ~ 120：DADAC
121 ~ 125：CAACA　126 ~ 130：DDBAA　131 ~ 135：BBADC　136 ~ 140：ADBBD
141 ~ 145：BBAAA　146 ~ 150：DAADA　151 ~ 155：DDACB　156 ~ 160：DCAAC
161 ~ 165：√√√√ ×　166 ~ 170：√ × √√√　171 ~ 175：× × √√√
176 ~ 180：× √√√√　181 ~ 185：× √ × √√　186 ~ 190：√√√ × √
191 ~ 195：√ × √√√　196 ~ 200：× √ × √√

第 2 套模拟试卷参考答案：

1 ~ 5：CAABB　6 ~ 10：DBBDC　11 ~ 15：CCCDD　16 ~ 20：DCABD　21 ~ 25：DABCA
26 ~ 30：ACCDC　31 ~ 35：BAACA　36 ~ 40：CAAAB　41 ~ 45：CADBB　46 ~ 50：BCCAB
51 ~ 55：CCDCD　56 ~ 60：ACBAA　61 ~ 65：ACABC　66 ~ 70：ADBCA　71 ~ 75：CADBC
76 ~ 80：BDAAD　81 ~ 85：DDCAC　86 ~ 90：DCACD　91 ~ 95：DCDAA　96 ~ 100：CCADD
101 ~ 105：ABBBD　106 ~ 110：CADCA　111 ~ 115：ABDBA　116 ~ 120：ACAAA
121 ~ 125：DCBCD　126 ~ 130：CCDCA　131 ~ 135：ACDCC　136 ~ 140：DABBA
141 ~ 145：AABBC　146 ~ 150：BBBDB　151 ~ 155：ACBDB　156 ~ 160：CCCBA
161 ~ 165：√√√ × √　166 ~ 170：√√ × √√　171 ~ 175：× √√√√
176 ~ 180：√ × × √√　181 ~ 185：× √√ × √　186 ~ 190：√ × √√√
191 ~ 195：× × √√√　196 ~ 200：√√√√√

第 3 套模拟试卷参考答案：

1 ~ 5：BCAAC　6 ~ 10：DCCDB　11 ~ 15：BACBB　16 ~ 20：DBCDD　21 ~ 25：DCBBD
26 ~ 30：DBACB　31 ~ 35：BBCDB　36 ~ 40：AACAB　41 ~ 45：CAAAA　46 ~ 50：BACBC
51 ~ 55：DCBCC　56 ~ 60：BCAAC　61 ~ 65：DBCBB　66 ~ 70：DDAAA　71 ~ 75：BCCBA
76 ~ 80：DBAAC　81 ~ 85：DCACC　86 ~ 90：AAAAC　91 ~ 95：CAAAA　96 ~ 100：CCCDA
101 ~ 105：DADBC　106 ~ 110：AABBD　111 ~ 115：ABACD　116 ~ 120：CCCAC
121 ~ 125：CDDDC　126 ~ 130：CDBCD　131 ~ 135：DCDAA　136 ~ 140：CDBDC

141～145：CAADB　146～150：DCABB　151～155：DACBB　156～160：DBADB

161～165：√√√√×　166～170：√√×√×　171～175：×√√√√

176～180：×√√√√　181～185：√×√××　186～190：××√√√

191～195：√√×√×　196～200：√××××

第4套模拟试卷参考答案：

1～5：DDCDD　6～10：BABDC　11～15：ADACB　16～20：CAACC　21～25：CDACB

26～30：DDDAC　31～35：CDBDB　36～40：CCBBC　41～45：ABCAB　46～50：ABCCA

51～55：DBBBA　56～60：BAADB　61～65：DDBAB　66～70：ACBCD　71～75：DBACD

76～80：DBDAC　81～85：CBABA　86～90：DABDA　91～95：ADDDA　96～100：ABCBB

101～105：DABBB　106～110：CCCCD　111～115：ADCAA　116～120：DCAAB

121～125：BADBB　126～130：ABBBD　131～135：ABBCA　136～140：DBDDC

141～145：BBDDC　146～150：BABBB　151～155：BCBBB　156～160：CABDA

161～165：××√√√　166～170：√×√×√　171～175：√×××√

176～180：√×√√×　181～185：√√√×√　186～190：××√√×

191～195：×√×√×　196～200：××√√×

第5套模拟试卷参考答案：

1～5：DACCC　6～10：BADDB　11～15：DAAAA　16～20：CACAB　21～25：CDBAD

26～30：CBBDB　31～35：CCBAC　36～40：DBAAA　41～45：DCCAB　46～50：CDCAA

51～55：AABAA　56～60：CADCC　61～65：BDDAC　66～70：ADAAC　71～75：CDCAA

76～80：BBADD　81～85：CBCBB　86～90：ACDBA　91～95：CAABA　96～100：AABBA

101～105：AABDC　106～110：ADDAD　111～115：ABAAC　116～120：ACBCD

121～125：DCDDC　126～130：BBBBA　131～135：CCBCB　136～140：ACADA

141～145：CBCCA　146～150：CBABD　151～155：CCDCA　156～160：DDCAA

161～165：×√×√√　166～170：√√√√×　171～175：×√×√×

176～180：√××××　181～185：××√×√　186～190：√×√××

191～195：×√√√√　196～200：××√××

第6套模拟试卷参考答案：

1～5：BDBDA　6～10：ADCBC　11～15：AADCA　16～20：BCAAD　21～25：ACCDC

26～30：DDACD　31～35：CDDDB　36～40：ADDAD　41～45：BCCCC　46～50：ACACA

51～55：ADBCB　56～60：ACBDC　61～65：CCDDC　66～70：BAAAC　71～75：CADAA

76～80：AACCA　81～85：CCCDD　86～90：AABCA　91～95：DDDCC　96～100：CDCCC

101～105：CBADB　106～110：BBAAA　111～115：ABCAA　116～120：CDCDC

121～125：BCADA　126～130：ADBDD　131～135：BCCCB　136～140：BBABD

141～145：ACDBB　146～150：ADACD　151～155：AADAD　156～160：DDCDC

161～165：√××××　166～170：√√√√×　171～175：××√√×

176～180：√√×√√　181～185：√√√√√　186～190：√×√√×

191～195：×√××√　196～200：×√××√

第四部分

实操技能模拟试卷

卷一　考场准备通知单（样卷）

汽车维修工（汽车维修检验工）技能等级认定中级技能考核试卷

试题 1：更换转向横拉杆和球头

①本题分值：20 分

②考核时间：30 min

③考核形式：实际操作

④设备设施准备：

序号	名称	规格	单位	数量	备注
1	整车		辆	1	
2	举升机		台	1	
3	扭力扳手		把	1	
4	17 号套筒		个	1	
5	接杆		把	1	
6	专用工具		把	1	
7	梅花扳手	（19 ~ 21 号）	把	1	
8	鲤鱼钳		把	1	
9	纱布		张	1	

备注：以上设备设施和工具只能满足各试题一个工位，具体数量根据实际认定人数来定。

试题 2：检测点火系统电路

①本题分值：30 分

②考核时间：30 min

③考核形式：实际操作

④设备设施准备：

序号	名称	规格	单位	数量	备注
1	汽油车或汽油机台架		辆 / 台	1	
2	压缩空气源		台	1	
3	翼子板布、前格栅布		套	1	
4	室内四件套		套	1	
5	三角木		套	1	
6	汽车故障诊断仪		台	1	
7	常用工具		套	1	
8	万用表		个	1	
9	火花塞拆装套筒		个	1	
10	试灯		只	1	
11	风枪		把	1	
12	棉纱 / 抹布		团 / 块	1	

备注：以上设备设施和工具只能满足各试题一个工位，具体数量根据实际认定人数来定。

试题 3：检查及更换盘式车轮制动器制动片

①本题分值：30 分

②考核时间：30 min

③考核形式：实际操作

④设备设施准备：

序号	名称	规格	单位	数量	备注
1	整车		辆	1	
2	举升机		台	1	
3	压缩空气源		台	1	
4	翼子板布、前格栅布		套	1	
5	室内四件套		套	1	
6	三角木		套	1	
7	常用工具		套	1	
8	扭力扳手		把	1	
9	游标卡尺		把	1	
10	轮胎架		套	1	
11	零件盘		个	1	
12	风枪		把	1	
13	棉纱 / 抹布		团 / 块	1	

备注：以上设备设施和工具只能满足各试题一个工位，具体数量根据实际认定人数来定。

试题 4：检测蓄电池技术状况

①本题分值：20 分

②考核时间：30 min

③考核形式：实际操作

④设备设施准备：

序号	名称	规格	单位	数量	备注
1	整车		辆	1	
2	蓄电池		个	1	
3	蓄电池检测仪		个	1	
4	棉纱		张	1	

备注：以上设备设施和工具只能满足各试题一个工位，具体数量根据实际认定人数来定。

卷二　考生样卷

注 意 事 项

1. 考试时间：120 min。

2. 请首先按要求在试卷的标封处填写您的姓名、准考证号和所在单位的名称。

3. 请仔细阅读各种题目的回答要求，在规定的位置填写您的答案。

4. 不要在试卷上乱写乱画，不要在标封区填写无关的内容。

题号	一	二	三	四	总分
得分					

得分	
评分人	

一、更换转向横拉杆和球头

（1）本题分值：20 分

（2）考核时间：30 min

（3）考核形式：实际操作

（4）具体考核要求：

1）能正确使用工具、仪器、设备；

2）按操作规程操作举升机（将车辆举升至适当位置）；

3）按操作规程更换拉杆和球头；

4）作业过程规范、整洁、有序，并确保安全。

（5）作业清单：

序号	操作步骤	作业内容	完成情况
1	作业前准备	举升车辆到适合位置，锁住举升机，加强安全操作	□已完成　□未完成
		拆卸前左右车轮	□已完成　□未完成
2	更换转向横拉杆和球头	拆卸转向横拉杆球头	□已完成　□未完成
		拆卸转向横拉杆支架	□已完成　□未完成
		取出转向器防尘罩，拆卸转向横拉杆及其球头	□已完成　□未完成
		安装转向横拉杆和球头	□已完成　□未完成
		安装转向防尘罩，安装转向横拉杆及其支架	□已完成　□未完成
		安装转向横拉杆球头，安装前左、右车轮并进行四轮定位检查	□已完成　□未完成
3	清理现场	复位车辆，清洁场地	□已完成　□未完成

备注：出现重大安全事故按 0 分计。

得分	
评分人	

二、检测点火系统电路

（1）本题分值：30 分

（2）考核时间：30 min

（3）考核形式：实际操作

（4）具体考核要求：

1）能正确使用汽车故障诊断仪；

2）按操作规程就车检查点火系统电路；

3）按操作规程拆装检测点火线圈及火花塞；

4）能查阅维修手册，分析检查情况；

5）作业过程规范、整洁、有序，并确保安全。

（5）作业清单：

序号	操作步骤	作业内容	完成情况
1	作业前准备	准备工具、量具、设备	□已完成　□未完成
2	检测点火系统电路	正确使用汽车故障诊断仪	□已完成　□未完成
		就车检测点火系统电路	□已完成　□未完成
		查阅维修资料，分析电路故障	□已完成　□未完成
		拆检点火线圈、火花塞	□已完成　□未完成
		分析检测结果，确认故障点	□已完成　□未完成
		排除故障	□已完成　□未完成
3	清理现场	复位车辆，清洁场地	□已完成　□未完成

备注：出现重大安全事故按 0 分计。

得分	
评分人	

三、检查及更换盘式车轮制动器制动片

（1）本题分值：30 分

（2）考核时间：30 min

（3）考核形式：实际操作

（4）具体考核要求：

1）能正确使用工具、仪器、设备；

2）按正确的操作规程就车检测该部件；

3）按正确的操作规程检测更换该部件；

4）懂得查阅维修手册，分析检查情况；

5）作业过程规范、整洁、有序，并确保安全。

（5）作业清单：

序号	操作步骤	作业内容	完成情况
1	作业前准备	准备工具、量具、设备	□已完成 □未完成
2	检查制动器	正确操作举升机	□已完成 □未完成
		解体制动器	□已完成 □未完成
		检查制动盘损伤情况	□已完成 □未完成
		检测制动片厚度：数据（单位）	□已完成 □未完成
3	更换制动片		□已完成 □未完成
4	清理现场	复位车辆，清洁场地	□已完成 □未完成

备注：出现重大安全事故按0分计。

得分	
评分人	

四、检测蓄电池技术状况

（1）本题分值：20分

（2）考核时间：30 min

（3）考核形式：实际操作

（4）具体考核要求：

1）能正确使用工具、仪器、设备；

2）按操作规程检查蓄电池外观；

3）按操作规程连接蓄电池检测仪（正、负不能接反）；

4）按操作规程使用蓄电池检测仪（学会通过各参数：内阻、容量、电量等，判断蓄电池技术状况）；

5）作业过程规范、整洁、有序，并确保安全。

（5）作业清单：

序号	操作步骤	作业内容	完成情况
1	作业前准备	准备仪器	□已完成 □未完成
		外观检查（漏液、极柱氧化、破损等）	□已完成 □未完成
2	检测蓄电池技术状况	连接蓄电池检测仪	□已完成 □未完成
		打开仪器	□已完成 □未完成

续表

序号	操作步骤	作业内容	完成情况
2	检测蓄电池技术状况	进入仪器页面选择测试项目	□已完成　□未完成
		内阻:____电量:____　容量:____寿命:____ 充电量:____　能否正常使用：能□不能□	□已完成　□未完成
		根据需要打印参数	□已完成　□未完成
3	清理现场	复位车辆，清洁场地	□已完成　□未完成

备注：出现重大安全事故按0分计。

卷三　参考答案

一、更换转向横向拉杆和球头

序号	操作步骤	作业内容
1	拆卸前左右车轮	（1）将转向盘调整到中间位置 （2）用扭力扳手、十七套头、接杆按照对角多遍的要求旋松四条车轮固定螺栓 （3）操纵举升机将车辆举升至适当位置 （4）使用车轮扳手旋出四条车轮固定螺栓 （5）取下螺栓，取下车轮放置到车轮支架上 （6）按照相同要求拆卸另一侧车轮
2	拆卸转向横拉杆和球头	（1）使用工具拧松转向横拉杆球头固定螺母，旋下螺母 （2）将专用工具固定在球头销和转向节臂上 （3）使用 19～21 号梅花扳手旋入专用工具丝杆压出球头，取下拆卸工具
3	拆卸转向横拉杆支架	（1）操纵举升机将车辆举升至适当位置并可靠锁止 （2）使用扭力扳手、十七套头、接杆旋松转向横拉杆支架两条固定螺母，旋下螺母 （3）使用游标卡尺测量横拉杆外球头外露长度，并记录测量数值作为安装连接杆位置的依据 （4）将转向横拉杆外球头球头销插入转向节臂的成孔中 （5）使用 13～14 mm 开口扳手固定连接杆，使用 22～24 mm 开口扳手拧松连接杆锁紧螺母 （6）脱出转向球头销 （7）操纵举升机将车辆降至轮胎最低点距离地面适当高度后并可靠锁止 （8）使用扭力扳手、十七套头、接杆拧松转向横拉杆两条固定螺栓并旋出，取出固定螺栓，脱出转向横拉杆支架
4	取出转向器防尘罩	（1）使用鲤鱼钳松开转向器防尘罩压紧夹箍 （2）取下固定环及防尘罩
5	拆卸转向横拉杆及其球头	（1）使用铁锤震松连接杆两端的箍紧帽 （2）旋下左右转向横拉杆球头、连接杆，取下箍紧帽 （3）拧松转向横拉杆固定螺母，旋下固定螺母 （4）取出带连接板的固定螺栓
6	安装转向横拉杆和球头	（1）将带连接板的螺栓穿过衬套和支架，旋上螺母 （2）使用扭力扳手、十七套头、接杆将螺母力矩拧紧至 45 N · m （3）安装箍紧帽，旋入连接杆，安装箍紧帽，旋上球头 （4）按照相同要求旋上另一侧的连接杆和转向球头
7	安装转向防尘罩	安装防尘罩、固定环，使用鲤鱼钳安装防尘罩卡箍
8	安装转向横拉杆及其支架	（1）将横拉杆安放到转向器下方 （2）旋入转向横拉杆支架固定螺栓并拧紧至适当力矩（45 N · m） （3）操纵举升机将车辆举升至适当位置并可靠锁止 （4）将螺母旋到转向横拉杆支架上，使用扭力扳手、十七套头、接杆将固定螺母力矩拧紧至 45 N · m

续表

序号	操作步骤	作业内容
9	安装转向横拉杆球头	（1）将转向横拉杆外球头球头销插入转向节臂的成孔中，旋上固定螺母 （2）使用扭力扳手、十七套头、接杆将固定螺母力矩拧紧至 30 N·m （3）使用游标卡尺测量转向横拉杆连接杆外露长度，对照记录值调整其外露长度 （4）使用 13 ~ 14 mm 开口扳手固定连接杆，使用 22 ~ 24 mm 开口扳手拧紧连接杆锁紧螺母
10	四轮定位检查	四轮定位检查（口述）

注意事项：文明、安全作业，杜绝安全隐患，出现重大安全事故按 0 分计。

二、检测点火系统电路

序号	操作步骤	作业内容
1	作业前准备	安置三角木
		安装车内四件套（座椅套、方向盘套、换挡杆套、脚垫）
		安装车外三件套（左右翼子板布、前格栅布）
2	检测点火系统电路	正确使用汽车故障诊断仪
		就车检测点火系统电路
		查阅维修资料，分析电路故障
		拆检点火线圈、火花塞
		分析检测结果，确认故障点
		排除故障
3	清理现场	复位车辆，清洁场地

注意事项：文明、安全作业，杜绝安全隐患，出现重大安全事故按 0 分计。

三、检查及更换盘式车轮制动器制动片

序号	操作步骤	作业内容
1	作业前准备	安置三角木
		安装车内四件套（座椅套、方向盘套、换挡杆套、脚垫）
		安装车外三件套（左右翼子板布、前格栅布）
2	检查制动器	正确操作举升机
		解体制动器
		检查制动盘损伤情况
		检测制动片厚度：　数据（单位）
3	更换制动片	
4	清理现场	复位车辆，清洁场地

注意事项：文明、安全作业，杜绝安全隐患，出现重大安全事故按 0 分计。

四、检测蓄电池技术状况

序号	操作步骤	作业内容
1	外观检查	漏液、极柱氧化、破损等
2	连接仪器	连接蓄电池检测仪（正、负不能接反）
3	开机	打开仪器（ON 键）
4	选择测试项目	进入仪器页面选择测试项目
5	查看各参数	内阻、电量、容量、寿命、充电量测试结果，判断蓄电池技术状况
6	打印参数	根据需要可打印参数

注意事项：文明、安全作业，杜绝安全隐患，出现重大安全事故按 0 分计。

卷四　考核评分表

总成绩表

序号	试题名称	配分	得分	权重	最后得分	备注
1	更换转向横拉杆和球头	100		30%		
2	检测点火系统电路	100		30%		
3	检查及更换盘式车轮制动器制动片	100		20%		
4	检测蓄电池技术状况	100		20%		
合计		—	—	—		

统分人：　　　　年　月　日

试题 1：更换转向横拉杆和球头

序号	作业项目	考核内容及要求	配分	评分标准	扣分	得分
1	劳动保护用品穿戴	劳动保护用品穿戴齐全	5	穿戴不全不得分		
2	正确选用工具、量具、材料	选用工具、量具、材料齐全、准确	5	缺一件扣 1 分，选错一件扣 1 分		
3	准备	作业前准备	5	准备不充分一次扣 2 分		
				准备失误扣 5 分		
4	拆卸	拆卸横拉杆	15	操作方法不正确每次扣 2 分		
		拆卸球头	15	操作方法不正确每次扣 2 分		
5	组装	组装、调整	25	操作方法不正确每次扣 2 分		
6	检验	四轮定位验证	5	表述不完整扣 2 分		
7	正确使用工具、用具	工具、用具使用正确	10	一种工具、用具使用不正确扣 2 分		
				损坏或丢失一件工具、用具不得分		
8	操作规程	操作规程执行情况	10	违反操作规程不得分		
9	清理现场	清理、擦洗并回收工具、用具	5	少收一件工具、用具扣 1 分		
合计			100			

否定项说明：出现重大安全事故按 0 分计

评分人：　　年　月　日　　　　核分人：　　年　月　日

试题 2：检测点火系统电路

序号	作业项目	考核内容及要求	配分	评分标准	扣分	得分
1	劳动保护用品穿戴	劳动保护用品穿戴齐全	5	穿戴不全不得分		
2	正确选用工具、量具、材料	选用工具、量具、材料齐全、准确	5	缺一件扣 1 分，选错一件扣 1 分		
3	准备	作业前准备	5	准备不充分一次扣 2.5 分		
				准备失误扣 5 分		
4	检测点火系统电路	正确使用汽车故障诊断仪	10	操作方法不正确每次扣 2 分		
		就车检测点火系统电路	15	操作方法不正确每次扣 2 分		
		拆检点火线圈、火花塞	25	检测方法不正确每次扣 5 分		
		确认故障点	10	确认不正确扣 10 分		
5	正确使用工具、用具	工具、用具使用正确	10	一种工具、用具使用不正确扣 2 分		
				损坏或丢失一件工具、用具不得分		
6	操作规程	操作规程执行情况	10	违反操作规程不得分		
7	清理现场	清理、擦洗并回收工具、用具	5	少收一件工具、用具扣 1 分		
合计			100			
否定项说明：出现重大安全事故按 0 分计						

评分人：　　年　月　日　　　　核分人：　　年　月　日

试题 3：检查及更换盘式车轮制动器制动片

序号	作业项目	考核内容及要求	配分	评分标准	扣分	得分
1	劳动保护用品穿戴	劳动保护用品穿戴齐全	5	穿戴不全不得分		
2	正确选用工具、量具、材料	选用工具、量具、材料齐全、准确	5	缺一件扣 1 分，选错一件扣 1 分		
3	准备	作业前准备	5	准备不充分一次扣 2.5 分		
				准备失误扣 5 分		
4	检查制动器	解体制动器	15	操作方法不正确每次扣 2 分		
		检查制动盘损伤	15	操作方法不正确每次扣 2 分		
		检测制动片厚度	10	检验方法不正确扣 5 分		
5	更换制动片	更换制动片	20	操作方法不正确每次扣 5 分		
6	正确使用工具、用具	工具、用具使用正确	10	一种工具、用具使用不正确扣 2 分		
				损坏或丢失一件工具、用具不得分		
7	操作规程	操作规程执行情况	10	违反操作规程不得分		

续表

序号	作业项目	考核内容及要求	配分	评分标准	扣分	得分
8	清理现场	清理、擦洗并回收工具、用具	5	少收一件工具、用具扣1分		
合计			100			
否定项说明：出现重大安全事故按0分计						

评分人：　　年　月　日　　　　　　　　　　　　核分人：　　年　月　日

试题4：检测蓄电池技术状况

序号	作业项目	考核内容及要求	配分	评分标准	扣分	得分
1	劳动保护用品穿戴	劳动保护用品穿戴齐全	5	穿戴不全不得分		
2	正确选用工具、量具、材料	选用工具、量具、材料齐全、准确	5	缺一件扣1分，选错一件扣1分		
3	准备	作业前准备	5	准备不充分一次扣2分		
				准备失误扣5分		
4	检测蓄电池技术状况	外观检查	10	漏检一项扣2分		
		使用仪器检查	25	操作方法不正确每次扣5分		
		检测结果分析	25	分析不正确每个扣5分		
5	正确使用工具、用具	工具、用具使用正确	10	一种工具、用具使用不正确扣2分		
				损坏或丢失一件工具、用具不得分		
6	操作规程	操作规程执行情况	10	违反操作规程不得分		
7	清理现场	清理、擦洗并回收工具、用具	5	少收一件工具、用具扣1分		
合计			100			
否定项说明：出现重大安全事故按0分计						

评分人：　　年　月　日　　　　　　　　　　　　核分人：　　年　月　日

附录 《汽车维修工国家职业技能标准（2018年版）》摘录（汽车维修检验工、汽车机械维修工、汽车电器维修工中级部分）

1.8 职业技能鉴定要求

1.8.1 申报条件

具备以下条件之一者，可申报五级 / 初级工：

（1）累计从事本职业或相关职业工作1年（含）以上。

（2）本职业或相关职业学徒期满。

具备以下条件之一者，可申报四级 / 中级工：

（1）取得本职业或相关职业五级 / 初级工职业资格证书（技能等级证书）后，累计从事本职业或相关职业工作4年（含）以上。

（2）累计从事本职业或相关职业工作6年（含）以上。

（3）取得技工学校本专业或相关专业毕业证书（含）尚未取得毕业证书的在校应届毕业生；或取得经评估论证、以中级技能为培养目标的中等及以上职业学校专业或相关专业毕业证书（含尚未取得毕业证书的在校应届毕业生）。

2. 基本要求

2.1 职业道德

2.1.1 职业道德基本知识

2.1.2 职业守则

（1）遵守相关法律、法规和规定。

（2）爱岗敬业、忠于职守、诚实守信。

（3）认证负责、严于律己。

（4）刻苦学习、钻研业务、奉献社会。

（5）谦虚谨慎、团结协作。

（6）严格执行工艺文件，质量意识强。

（7）重视安全生产、环保意识强。

2.2 基础知识

2.2.1 汽车常用材料

（1）汽车常用金属和非金属材料的种类、性能及应用。

（2）燃料的标号、性能及应用。

（3）润滑油、润滑脂的规格、性能及应用。

（4）汽车常用工作液的规格、性能及应用。

（5）汽车轮胎的分类、规格及应用。

（6）紧固件的种类与代号。

2.2.2 电工与电子基本知识

（1）电路基础知识（直流电路、交流电路）。

（2）电路基本元件的名称与代号。

（3）电子电路基础知识。

（4）常见电子元件的名称与代号。

2.2.3 液压传动

（1）液压传动基本知识。

（2）液压传动在汽车上的应用。

2.2.4 汽车维修常用工量具、仪器仪表和维修设备

（1）汽车维修常用工量具、仪器仪表和维修设备的种类和功能。

（2）汽车维修常用工量具、仪器仪表和维修设备的选择和使用。

2.2.5 汽车构造

（1）发动机构造、工作原理。

（2）底盘构造、工作原理。

（3）汽车电气设备构造、工作原理。

（4）汽车车身结构和用材。

2.2.6 安全生产与环境保护知识

（1）安全防火知识。

（2）安全用电知识。

（3）现场急救知识。

（4）汽车维修作业安全知识。

（5）汽车维修设备、检测仪器和专用工具的安全操作规范。

（6）新能源汽车安全知识。

（7）危险化学品知识。

（8）车用油、液的储存和管理。

（9）废弃物及废弃油、液的处置。

（10）环保法规及相关知识。

2.2.7 质量管理知识

（1）质量管理的基本知识。

（2）汽车维修质量检验基础知识。

2.2.8 相关法律法规、规章和技术标准、规范

3. 工作要求

3.2 四级 / 中级工

汽车维修检验工、汽车机械维修工、汽车电器维修工考核职业功能 1–4 项。

职业功能	工作内容	技能要求	相关知识
1. 汽车维护	1.1 发动机维护	1.1.1 能更换燃油滤清器 1.1.2 能检查进、排气系统及其泄漏 1.1.3 能检查、调整及更换发动机传动皮带 1.1.4 能检查、更换发动机正时皮带或正时链条 1.1.5 能更换发动机悬置总成	1.1.1 发动机二级维护项目、作业内容和技术要求 1.1.2 进、排气系统密封性检查技术要求 1.1.3 发动机传动皮带检查调整操作方法和技术要求 1.1.4 正时皮带、正时链条更换操作方法和技术要求 1.1.5 发动机悬置总成更换操作方法和技术要求
	1.2 底盘维护	1.2.1 能检查、调整离合器踏板、制动踏板自由行程 1.2.2 能检查万向节、传动轴技术状况 1.2.3 能检查、调整转向拉杆及球头 1.2.4 能检查悬架弹簧、减振器技术状况 1.2.5 能检查、调整轮毂轴承间隙 1.2.6 能检查、调整制动器和更换制动片	1.2.1 底盘二级维护项目、作业内容和技术要求 1.2.2 二级维护竣工检测项目、技术要求 1.2.3 二级维护作业安全注意事项
2. 发动机检修	2.1 技术参数检测	2.1.1 能检测气缸压力和漏气量 2.1.2 能检测进气歧管真空度 2.1.3 能检测汽油机燃油压力 2.1.4 能检测汽车尾气排放 2.1.5 能使用汽车故障诊断仪	2.1.1 气缸压力及漏气量测试方法 2.1.2 进气歧管真空度测量方法及要求 2.1.3 燃油压力测量方法及要求 2.1.4 尾气排放检测方法及要求 2.1.5 汽车故障诊断仪操作方法及故障码相关知识
	2.2 曲柄连杆机构检修	2.2.1 能拆装、检测气缸体及气缸 2.2.2 能拆装、检测活塞、活塞环及活塞销 2.2.3 能拆装、检测连杆及轴承 2.2.4 能拆装、检测飞轮、曲轴及轴承	2.2.1 曲柄连杆机构组成与工作原理 2.2.2 气缸体及气缸检测技术要求 2.2.3 活塞、活塞环及活塞销检测技术要求 2.2.4 连杆及轴承检测技术要求 2.2.5 飞轮、曲轴及轴承检测技术要求 2.2.6 公差与配合、形位公差等测量技术相关知识
	2.3 配气机构检修	2.3.1 能拆装、检测凸轮轴 2.3.2 能拆装、检测气门组件 2.3.3 能拆装、检测气缸盖	2.3.1 配气机构组成与工作原理、检查方法 2.3.2 凸轮轴及衬套、座孔检测技术要求 2.3.3 气门组件检测技术要求 2.3.4 气缸盖检测技术要求
	2.4 燃油、电控系统检修	2.4.1 能检测燃油供给系统密封性能 2.4.2 能检测各传感器技术状况 2.4.3 能检测各执行器技术状况 2.4.4 能检测点火系统电路 2.4.5 能检查和校正点火正时	2.4.1 燃油供给系统组成、工作原理、检测方法、技术要求及安全注意事项 2.4.2 传感器、执行器工作原理、检测方法和注意事项 2.4.3 传感器、执行器清洗及更换注意事项 2.4.4 喷油器检测设备使用方法 2.4.5 点火系统电路检测方法及技术要求

续表

职业功能	工作内容	技能要求	相关知识
2. 发动机检修	2.5 润滑和冷却系统检修	2.5.1 能检测机油压力 2.5.2 能检测散热器盖的压力 2.5.3 能检测节温器工作状况 2.5.4 能检测冷却风扇的控制和工作状况	2.5.1 润滑系统组成与工作原理 2.5.2 机油压力检查技术要求 2.5.3 冷却系统组成与工作原理 2.5.4 散热器盖工作原理和检测方法 2.5.5 冷却风扇工作原理和检测技术要求
	2.6 进、排气系统检修	2.6.1 能拆装增压器 2.6.2 能检查增压器工作性能 2.6.3 能检测进气系统密封性 2.6.4 能检测排气背压	2.6.1 增压器组成与工作原理 2.6.2 增压器拆装、检测技术要求 2.6.3 进气系统密封性检测方法 2.6.4 排气背压的检测方法
3. 底盘检修	3.1 传动系统检修	3.1.1 能拆装离合器总成 3.1.2 能拆装手动变速器总成 3.1.3 能拆装万向传动装置 3.1.4 能拆装主减速器及差速器总成 3.1.5 能更换自动变速器油、滤芯	3.1.1 传动系统组成与工作原理 3.1.2 离合器总成拆装技术要求 3.1.3 手动变速器总成拆装技术要求 3.1.4 万向传动装置拆装技术要求 3.1.5 主减速器和差速器总成拆装技术要求
	3.2 行驶系统检修	3.2.1 能更换轮毂轴承 3.2.2 能进行车轮定位检查 3.2.3 能进行车轮动平衡检查 3.2.4 能更换轮胎	3.2.1 行驶系统组成与工作原理 3.2.2 四轮定位仪操作规程 3.2.3 车轮定位技术要求 3.2.4 车轮动平衡机操作规程 3.2.5 拆胎机操作规程
	3.3 转向系统检修	3.3.1 能更换转向器总成 3.3.2 能更换转向传动机构	3.3.1 转向系统组成与工作原理 3.3.2 机械转向器更换技术要求 3.3.3 液压助力转向系统更换技术要求 3.3.4 电动助力转向系统更换技术要求 3.3.5 转向传动机构更换技术要求
	3.4 制动系统检修	3.4.1 能更换制动主缸或制动控制阀 3.4.2 能更换制动助力器总成 3.4.3 能更换盘（鼓）式制动器总成 3.4.4 能拆装驻车制动装置	3.4.1 制动系统组成与工作原理 3.4.2 制动主缸和制动助力器检修技术要求 3.4.3 制动控制阀检修技术要求 3.4.4 盘（鼓）式制动器检修技术要求 3.4.5 驻车制动装置检修技术要求
4. 汽车电器检修	4.1 蓄电池检修	4.1.1 能检测蓄电池技术状况 4.1.2 能对蓄电池进行充电	4.1.1 蓄电池结构与工作原理 4.1.2 蓄电池技术状况检查方法 4.1.3 蓄电池充电方法及注意事项
	4.2 起动系统检修	4.2.1 能检测起动机技术状况 4.2.2 能检修起动机总成 4.2.3 能检修起动机控制线路	4.2.1 起动系统组成与工作原理 4.2.2 起动机检查方法 4.2.3 起动系统电路相关知识
	4.3 充电系统检修	4.3.1 能检测发电机技术状况 4.3.2 能检修发电机总成 4.3.3 能检修充电系统线路	4.3.1 充电系统组成与工作原理 4.3.2 发电机检查方法 4.3.3 充电系统电路相关知识
	4.4 照明、信号及仪表系统检修	4.4.1 能检修照明线路及元件 4.4.2 能检修信号系统线路及元件 4.4.3 能检修仪表线路	4.4.1 照明、信号及仪表系统组成与工作原理 4.4.2 照明、信号及仪表系统电路图知识 4.4.3 照明、信号及仪表系统元件的检测方法

续表

职业功能	工作内容	技能要求	相关知识
4. 汽车电器检修	4.5 辅助电气系统检修	4.5.1 能检查、更换电动车窗电机 4.5.2 能检查、更换门锁电机及开关 4.5.3 能检查、更换电动后视镜及开关 4.5.4 能检查、更换雨刷电机及开关 4.5.5 能检查、更换电动座椅电机及控制开关	4.5.1 辅助电器系统组成与工作原理 4.5.2 电动车窗电机及开关检查、更换方法 4.5.3 电动后视镜及开关检查、更换方法 4.5.4 雨刷电机及开关检查、更换方法 4.5.5 电动座椅电机及控制开关检查、更换方法
	4.6 空调系统检修	4.6.1 能检查空调压缩机电磁离合器 4.6.2 能检查空调制冷循环系统技术状况 4.6.3 能检查、更换制冷系统各组件（膨胀阀、冷凝器、储液干燥过滤器） 4.6.4 能拆装热水阀 4.6.5 能拆装鼓风机和通风装置	4.6.1 空调系统组成与工作原理 4.6.2 电磁离合器检测技术要求 4.6.3 汽车空调控制电路图相关知识 4.6.4 空调压力表、冷媒加注回收机的操作规程 4.6.5 空调取暖和通风系统组成与工作原理 4.6.6 鼓风机和通风装置拆装技术要求

4. 比重表

4.1 理论知识

项目 \ 技能等级			五级 / 初级工（%）	四级 / 中级工（%）	三级 / 高级工（%）	二级 / 技师（%）	一级 / 高级技师（%）
基本要求	职业道德		5	5	5	5	5
	基础知识	汽车维修检验工、机械维修工、电器维修工	25	15	15	10	10
		汽车车身整形修复工	—	—	—	—	—
		汽车车身涂装修复工	—	—	—	—	—
		汽车美容装潢工	—	—	—	—	—
		汽车玻璃维修工	—	—	—	—	—
相关知识要求	汽车维修检验工、机械维修工、电器维修工	汽车维护	20	20	—	—	—
		检修汽车发动机	20	20	30	—	—
		检修汽车底盘	15	20	25	—	—
		检修汽车电器	15	20	25	—	—
		汽车综合故障诊断	—	—	—	35	55
		汽车大修竣工检验	—	—	—	30	—
		技术管理与培训	—	—	—	20	15
		技术指导与革新	—	—	—	—	15
合计			100	100	100	100	100

备注：

1.“基本要求”中“职业道德”项为通考内容；

2.“基本要求”中“基础知识”项和“相关知识要求”均按工种分别考核；

3.“合计”项 100 分为“职业道德”与各工种对应的“基础知识”“相关知识要求”分值之和。

4.2 操作技能

项目		技能等级	五级 / 初级工（%）	四级 / 中级工（%）	三级 / 高级工（%）	二级 / 技师（%）	一级 / 高级技师（%）
技能要求	汽车维修检验工、机械维修工、电器维修工	汽车维护	30	30	—	—	—
		检修汽车发动机	30	30	40	—	—
		检修汽车底盘	20	20	30	—	—
		检修汽车电器	20	20	30	—	—
		汽车综合故障诊断	—	—	—	50	55
		汽车大修竣工检验	—	—	—	30	—
		技术管理与培训	—	—	—	20	20
		技术指导与革新	—	—	—	—	25
合计			100	100	100	100	100

备注：

1. 各工种分别考核对应的“技能要求”；

2. “合计”项 100 分为各工种对应的“技能要求”分值之和。